Kellner · „Alles gegen die Berliner“

Oliver Kellner

„Alles gegen die Berliner – immer!"

Eine Zeitreise in den West-Berliner Fußball
der 1970er-Jahre

Arete Verlag Hildesheim

Bibliografische Information der Deutschen Nationalbibliothek
Die Deutsche Bibliothek verzeichnet diese Publikation in der Deutschen National-bibliografie; detaillierte bibliografische Daten sind im Internet über http://dnb.ddb.de abrufbar.

Umschlagfoto: Bildarchiv Heinrich von der Becke
Layout, Satz und Umschlaggestaltung: Composizione Katrin Rampp, Kempten
Druck und Verarbeitung: Plump, Rheinbreitbach
ISBN 978-3-96423-123-9

Inhaltsverzeichnis

Einleitung

Nicht erst die Unterbrechung der Fußball-Bundesliga durch die Corona-Pandemie weckte bei vielen Fußballfreunden Nostalgie-Gefühle. Die Mediatheken von ARD und ZDF versorgten im Frühjahr 2020 die Zuschauer mit Sport-Sendungen und Aufzeichnungen herausragender Spiele vergangener Tage nicht nur, um die in der fußballlosen Zeit entstandenen Sende-Lücken zu füllen, sondern es bestand schon weit vorher eine Nachfrage. Auch Werder Bremens Stadionsprecher, Journalist und Moderator Arnd Zeigler („Zeiglers wunderbare Welt des Fußballs", WDR) registrierte in diesen Tagen, Wochen und Monaten ein gesteigertes Interesse an der Fußball-Vergangenheit, wobei der Schwerpunkt auf den 70er-Jahren lag, wie er in einer seiner ersten Sendungen während der Fußball-Pause erwähnte. Das verwunderte kaum, wurde doch in diesem Jahrzehnt genau das geboten, wonach sich ein Großteil der Fans seit Jahren vermehrt (zurück-)sehnt: „Fußball pur."

Welch Glück für mich, geboren 1963 in Berlin-Zehlendorf, meine Begeisterung für diese Sportart just in dieser Zeit entdecken zu dürfen. Ich besuchte in Berlin die Spiele von Tennis Borussia ebenso gern, wie ich leidenschaftlich mit Hertha BSC im Olympiastadion mitfieberte. Für den, der Fußball wirklich liebt, ist das trotz der damaligen Rivalität der beiden Vereine durchaus kein Widerspruch. Ich fuhr zur Neuendorfer Straße nach Spandau, zum Wackerweg nach Reinickendorf, verfolgte Spiele am gefürchteten Spandauer Ziegelhof und im alten, längst abgerissenen Neuköllner Stadion. Ich pilgerte ins Moabiter Post- wie ins Charlottenburger Mommsenstadion, in den Anfangsjahren immer an der Seite meiner Großmutter. Sie war es, die meine Begeisterung für den Fußball erst entfachte, und ohne sie hätte ich die Sportplätze West-Berlins als Knirps wohl kaum gefunden. Hertha BSC, Tennis Borussia oder Wacker 04, das spielte für sie (und mich) keine Rolle. Im Berliner Raum hielten wir zur „kleinen" Hertha aus Zehlendorf, aus der so viele großartige Talente wie Pierre Littbarski, Christian Ziege oder zuletzt Antonio Rüdiger hervorgingen. Wen wundert's, wohnte sie doch genau gegenüber dem Ernst-Reuter-Stadion, in dem ihr Sohn (mein Vater) regelmäßig im Tor der Regionalliga-Mannschaft stand – wie später noch bei Tennis Borussia und Hertha BSC. Ihre Einstellung, allen West-Berliner Vereinen die Daumen zu drücken, hat mich geprägt – bis heute. Als nach der Heim-Weltmeisterschaft 1974 die Stadt Berlin erstmals mit Hertha BSC und Tennis Borussia zwei Bundesligisten stellte, unterstützten wir beide Erstligisten. Die große Hertha in ihrem Kampf um die Bundesliga-Spitze, die Charlottenburger Veilchen in ihrem Bemühen, den Abstieg zu vermeiden. Beim ersten Aufeinandertreffen im November 1974 galten viele – auch unsere – Sympathien im mit 75.000 Zuschauern voll besetzen Olympiastadion zunächst dem Außenseiter. Erst nach Herthas Führungstreffer schwenkten viele um – wir nicht. Im Rückspiel besaßen die Veilchen keine Hoffnung mehr, die Klasse zu halten, so freuten sich die Berliner – und auch wir – über Herthas 2:1-Sieg, der den Funken Hoffnung auf die Meisterschaft noch ein wenig glimmen ließ. Viel mehr noch galt das für die Spielzeit 1976/77, als sich Aufsteiger TeBe mit Neuzugang und Publikumsliebling Benny Wendt in die Herzen der Berliner spielte und für einige Wochen Hertha BSC sogar den Rang in der Zuschauergunst ablief. So pragmatisch wie wir verhielten sich in den 70er-Jahren nicht wenige Berliner. Sie gönnten einfach demjenigen die Punkte, der sie dringender benötigte. Man dachte damals noch „berlinerisch".

Dieses Buch soll keineswegs eine historisch vollständige Aufarbeitung der Vereinsgeschichten von Hertha BSC oder Tennis Borussia in diesem Jahrzehnt darstellen. Mein Augenmerk richtete sich ausschließlich auf die (West-)Berliner Höhepunkte der 70er-Jahre, bot doch dieses Jahrzehnt so viel Spannendes, Dramatisches und Aufregendes. Meine Konzentration galt folglich mal einer spannenden Bundesliga-Saison, mal einem herausragenden Jahr im DFB-Pokal oder einer Spielzeit im Europapokal. So detailliert wie nur irgend möglich wollte ich all die Emotionen, Spielerstimmen sowie sub- und objektive Eindrücke vom Rand der Spiele festhalten – ergänzt um historische Kommentare der Fernsehreporter Heinz Deutschendorf, Jochen Sprentzel oder Wolfgang Mönch. Dabei galt den Berliner Journalisten der damaligen Epoche meine besondere Aufmerksamkeit. Die Brüder Lutz und Rudi Rosenzweig, die für die Berliner Tageszeitung *Der Abend* bzw. für die *Fußball-Woche* den Weg der Berliner Vereine verfolgten, aber auch Heinz Beyer und Günter „Micky" Weise von der *Berliner Morgenpost* waren für mich als junger Fußball-Fan in den 70er-Jahren meine ständigen virtuellen Begleiter – ebenso wie Albin „Sprotte" Neuendorf, Joachim Witte oder Michael Lion. Entsprechend häufig zitiere ich ihre Meinungen, Urteile und Einschätzungen. Es ist zugleich eine Würdigung ihrer Arbeit in dieser Zeit. Dabei wird deutlich, wie sehr sich die Sprache der Sportberichterstattung im Laufe der Jahre verändert hat. Ihre Sprache war blumig, lebendig, stilistisch geschliffen, kunstvoll und kam dennoch präzise auf den Punkt. Sie fingen die Atmosphäre und Reaktionen im Stadion ein, analysierten die Spiele, warfen einen Blick voraus, gaben Hoffnung und lieferten fundierte Argumente und Fakten, warum sie die jeweiligen Dinge so sahen und warum die Spiele so liefen und nicht anders. Dabei vermieden sie einseitige Schwarzmalerei nach Niederlagen genauso wie das Verklären durch die rosarote Vereinsbrille nach Erfolgen. Ihre Texte wirken keineswegs angestaubt, sondern emotional, frisch und begeisternd wie schon vor gut vierzig Jahren.

Herthas Vizemeisterschaft 1975, drei aufregende DFB-Pokalendspiele, glorreiche Auf- wie tragische Abstiege in und aus der Ersten Bundesliga, ein dramatisches Halbfinale im UEFA-Cup, drei Zweitligisten in einer Saison, eine Deutsche Junioren-Meisterschaft, der Bundesliga-Skandal sowie ein Finale um die Deutsche Amateurmeisterschaft. Der Berliner Fußball bot in diesen zehn Jahren beinahe in jeder Spielzeit einen Höhepunkt. Wenn auch den Berliner Mannschaften und ihren Fans die großen Triumphe verwehrt blieben, so sind sich doch rückblickend alle einig: Spannend war's immer. Die Namen der Akteure aus diesen Tagen sind heute noch jedem Berliner Fußball-Fan präsent, der die Spiele einst live und hautnah auf harten Holzbänken in nur zum Teil überdachten Stadien verfolgt hat: Erich „Ete“ Beer, Volkmar Groß, Benny Wendt, Norbert „Stolle“ Stolzenburg, Norbert Nigbur, Pierre „Litti“ Littbarski, Ludwig „Luggi“ Müller, Ditmar Jakobs, Hans „Hanne“ Weiner, Michael Sziedat, Karl-Heinz „Ellis“ Granitza, Uwe „Funkturm“ Kliemann und noch viele mehr.

Wie war es zu dieser Zeit um die Fernsehlandschaft bestellt? Wurde von allen Spielen berichtet? Welche Bedeutung besaß das Radio, und wie beeinflusste es die Stimmung im Stadion? Was wurde in den Kurven gesungen, und wie waren die Fans gekleidet? Gab es bereits Merchandising? Programmhefte? Konnte man außerhalb des Stadions den Spielstand anhand der Atmosphäre erkennen? Durfte man sitzen, wo man wollte oder gar den Platz während des Spiels wechseln? Gab es organisierte Auswärtsfahrten und welche Strapazen mussten die Anhänger in Zeiten des „kalten Krieges“ auf sich nehmen?

Bei der Beschreibung des „Bundesliga-Bestechungsskandals“ habe ich lange mit mir gerungen. Zum einen schien mir dazu eigentlich alles schon in anderen Veröffentlichungen geschrieben, jährten sich doch 2021 die Ereignisse zum 50. Mal. Zum anderen war es aus Berliner Sicht wahrlich kein erfreuliches Kapitel. Trotzdem war mir vieles im Detail noch nicht vollständig klar, obwohl ich dazu fast alles gelesen habe. Was lag da also näher, als mit meinem Vater darüber zu sprechen, der als Auswechselspieler von Hertha BSC hautnah dabei war. Wir haben über diesen kurzen Abschnitt seines Lebens nie wirklich diskutiert. Dieses Buch war der Anlass, ihn doch zu befragen. Es wurde ein spannender Nachmittag, den ich fast ungekürzt wiedergebe. Dieses Kapitel unterscheidet sich somit im Stil recht deutlich von den anderen.

Der Titel dieses Buches („Alles gegen die Berliner – immer!“) stammt von Herthas damaligen Nationalspieler Erich Beer, unmittelbar nach Abpfiff des verlorenen (Wiederholungs-)Pokalfinales gegen den 1. FC Köln im Frühling 1977 in die Mikrofone gesprochen. Die Berliner wurden in dieser Partie stark vom Schiedsrichter benachteiligt, der einem einwandfreien Treffer Beers (zur vermeintlichen 1:0-Führung) ohne ersichtlichen Grund die Anerkennung verweigerte. Zugleich steht Beers Aussage symbolisch für viele tragische, manchmal durchaus auch selbstverschuldete Momente. Aber ebenso für viele unglückliche Entscheidungen der Unparteiischen, die die Berliner Mannschaften in diesem Jahrzehnt erleben mussten.

Sicherlich wird sich so mancher an weitere Ereignisse und Dinge erinnern, die hier nicht geschildert werden. Allerdings habe ich versucht, neben den reinen Sach-Informationen so viel Atmosphäre und vermeintlich Nebensächliches zusammengetragen, wie nur irgend möglich war, um einen Eindruck der damaligen Zeit zu vermitteln. Es ist ein sehr persönliches Buch geworden, in dem ich alles festgehalten habe, was mir in dieser Epoche am Fußball wichtig war, in welcher Form ich ihn mochte. Natürlich kann ich heute alles live in HD-Qualität verfolgen, jede Szene des Spiels aus unzählig verschiedenen Blickwinkeln betrachten und das rund um die Uhr. Ich kann eine Regionalliga-Partie ebenso live verfolgen wie ein Champions-League-Finale und muss nicht bis wenige Minuten vor dem Anpfiff bangen, ob einer Fernseh-Übertragung zugestimmt wurde. Ich aber liebte den Fußball einfach so, wie er damals war – mit weniger „Brimborium" im Stadion, einem knarzenden und pfeifenden Radio, aus dem ich jene Live-Reportagen verfolgte, die meinen Puls beschleunigten und einem manchmal nicht ganz „flimmerfreien" Fernsehbild – wenn auch schon in Farbe.

Spüren Sie beim Lesen der Zeilen die Atmosphäre der damaligen Zeit, erkennen Sie sich selbst hier wie dort wieder, schleicht sich bei Ihnen ein Gefühl ein, eine kleine Zeitreise erlebt zu haben, dann hat das Buch sein Ziel erreicht.

Viel Spaß beim Eintauchen in vergangene, aber längst nicht vergessene Fußballzeiten.

„Man muss es bis nach Spandau gehört haben: „Hi – Ha – Ho – Bayern ist k.o.!" 80.000 Berliner freuten sich im Olympiastadion über den 4:1-Sieg von Hertha BSC gegen den Deutschen Meister Bayern München" – Heinz Beyer in der Berliner Morgenpost vom 2. Februar 1975

Kapitel 1

„Kein Vertrauen, diese Leute"
Ein Deutscher Meistertitel zum Auftakt der 70er-Jahre (1970)

Das Jahrzehnt begann für die Berliner Fußballfreunde mit einer Sensation. Dabei wollten die A-Junioren des FC Hertha 03 Zehlendorf wenige Wochen nach der Weltmeisterschaft in Mexiko einfach nur gut abschneiden.

Der Berliner Club war damals schon für seine hervorragende Jugendarbeit weit über Berlins Stadtgrenzen hinaus bekannt. Talente wie Uwe Kliemann, Volkmar Groß und Wolfgang „Sprotte" Sühnholz hatten bereits den Weg in die Bundesliga gefunden, in den folgenden Jahren und Jahrzehnten folgten ihnen Pierre Littbarski, die Brüder Robert und Niko Kovac, Christian Ziege, Karsten Bäron und Antonio Rüdiger. Dennoch wurden den Zehlendorfern im Juli 1970 vor dem Endturnier um die Deutsche A-Jugendmeisterschaft in Bochum von allen Seiten höchstens Außenseiterchancen zugerechnet. Die großen Favoriten auf den Titel hießen VfL Bochum, Eintracht Frankfurt und Südwestmeister TuS Altrip. Die Berliner dagegen hatte keiner auf der Rechnung. Kein Wunder, waren sie doch zur „Deutschen" nur als „Zweitligist" angereist, was zu einem Kuriosum in der deutschen Fußballgeschichte führte, denn die Zehlendorfer gehörten zu diesem Zeitpunkt nicht einmal der 1. Jugend-Fußballklasse Berlins an. Ein aus heutiger Sicht skurril anmutender Austragungsmodus machte es möglich. Hertha 03 gelang der Sprung ins Finale gegen den Meister der Leistungsklasse (höchste Liga), den SC Wacker 04. Das war in etwa als würde Zweitliga-Meister Darmstadt 98 gegen Bayern München um den Titel des Deutschen Meisters antreten. In einer wahren „Hitzeschlacht" setzten sich die Zehlendorfer in einer an Dramatik kaum zu überbietenden Partie mit 4:3 durch und holten sich den Berliner Titel.

Wenige Wochen später bestiegen die Jungen samt Anhang das Flugzeug, das sie von Tempelhof nach Düsseldorf bringen sollte. Dieter „Pimpel" Winter, der vier Jahre später zum VfL Wolfsburg wechselte, war zu diesem Zeitpunkt gerade einmal 16 Jahre alt, B-Jugendlicher und damit zum Teil drei Jahre jünger als seine Mitspieler. Er erinnerte sich, „dass der Flug für uns alle etwas Besonderes war." Einer jedoch fehlte an Bord der Maschine: Trainer Gerd Bialek. Die Termine für das Berliner Pokalfinale und das Finale um die Berliner Meisterschaft hatte sich der Coach zwar vorsorglich frei gehalten, aber mit der Endrunde um die „Deutsche" hatte er nicht gerechnet. So weilte er mit seiner Frau in Kärnten im Urlaub, reiste von dort mit der Bahn bis München und bestieg anschließend den Flieger nach Düsseldorf. Seine Mannschaft fuhr unmittelbar nach der Landung mit dem offiziellen DFB-Bus in die Sportschule Kaiserau, wo sie in Ein- und Zweibettzimmern untergebracht die nötige Ruhe fand, um sich auf das Großereignis vernünftig vorzubereiten. Auch das Trainingslager war für die Berliner

Jungen neu, denn „so etwas kannten wir nicht, wir waren noch nie woanders untergebracht." „Hundemüde" traf gegen 23:30 Uhr endlich auch Bialek in Kaiserau ein.

Am nächsten Morgen wurden die Zehlendorfer mit dem Bus von der Sportschule in das etwa 40 km entfernte Bochum gefahren. Sie gingen als klarer Außenseiter in die Partie, schließlich hatte ihr Kontrahent Eintracht Frankfurt als Süddeutscher Meister so renommierte Mannschaften wie Kickers Offenbach, Bayern München, den 1. FC Nürnberg und 1860 München distanziert. Beim Warmmachen registrierten die Berliner, „wie hochnäsig sich die Frankfurter gegenüber unseren Leuten verhielten. Bälle zum Warmmachen rückten sie nur widerwillig heraus." Im Halbfinale benötigte die „kleine" Hertha die kräftige Mithilfe der Glücksgöttin Fortuna, denn nach 80 hart umkämpften Minuten plus anschließender Verlängerung mit 2 x 10 Minuten waren immer noch keine Tore gefallen. Zu Beginn des Halbfinales hatten die Frankfurter wie die Feuerwehr losgelegt. Sie diktierten während der regulären Spielzeit durchweg den Rhythmus und verfügten auch über eine Fülle an Torchancen. Doch die guten Möglichkeiten in Tore umzusetzen, daran haperte es bei ihnen. So nutzte es auch nichts, dass sie gescheit kombinierten und den Ball laufen ließen – sie schossen einfach schlecht. Die Zehlendorfer setzten ihre Stärken dagegen: eine aufopfernd kämpfende Abwehr und einen brillanten Mittelfeldspieler Peter Hanisch, der für drei ackerte und seine Sturmspitzen Winter, Norbert Stolzenburg und Erwin Kunert mit langen Bällen nach vorn jagte. In der Verlängerung ließ bei beiden Teams die Kraft nach, vieles entsprang nur noch dem Zufall. So wurde der Finalist per Los-Entscheid ermittelt, denn ein Elfmeterschießen wurde weltweit erst Mitte der 1970er-Jahre ein- und erstmals beim EM-Finale 1976 zwischen Deutschland und der CSSR durchgeführt. Als sich endlich aus der kleinen Traube an Spielern, die um jenen DFB-Funktionär standen, dem die bedauernswerte Aufgabe zufiel, die Münze zu werfen, einige in blauen Jerseys lösten und Freudentänze aufführten, war klar: Die Münze war aus Berliner Sicht auf die richtige Seite gefallen.

Die Zehlendorfer erfuhren ihren Endspielgegner erst viel später. Längst waren sie wieder in die Sportschule zurückgekehrt und ließen sich ihre müden Muskeln von Masseur Zoll pflegen. Die andere Halbfinalpartie zwischen Altrip und Titelverteidiger Bochum war nach Aussage aller Beobachter eine ganze Klasse besser gewesen, sodass sich die siegreichen Altriper nach dem Abpfiff sicher waren, einen Tag später den Titel zu holen. Ungewohnte Atmosphäre herrschte dagegen bei den Zehlendorfern. Kein Witz machte wie sonst üblich die Runde, jeder war mit sich selbst beschäftigt. „Wir waren total nervös, auch wegen der großen Zuschauerkulisse. Das waren wir von Berlin nicht gewöhnt. Hier haben wir nur vor Freunden und Verwandten gespielt", gab Ulrich „Uli" Pfisterer zu. So waren alle froh, als sie endlich den Platz betreten konnten. Im Finale lief zunächst alles wunschgemäß für den „Dorfverein" vom Oberrhein, der den späteren Nationalspieler und HSV-Urgestein Manfred Kaltz in seinen Reihen wusste. Wie ein Favorit eröffnete TuS Altrip das Endspiel und übernahm sofort das Kommando. Ganze sieben Minuten dauerte es, da lagen die Zehlendorfer auch schon zurück. Kurt Böhm hatte getroffen und legte nach 18 Minuten gleich noch nach: 0:2! Schiedsrichter Dr. Gerd Siepe aus Bergheim hatte aus unerfindlichen Gründen auf indirekten Freistoß vom Elfmeterpunkt für Altrip im Berliner Strafraum entschieden. Diese Chance ließ sich Böhm nicht entgehen, sodass die Partie entschieden schien. Pfisterer ging in diesem Augenblick durch den Kopf, was vermutlich auch seine Mannschaftskameraden befürchteten: „Das wird ein Desaster, hoffentlich wird es nicht allzu peinlich." Doch die umstrittene Schiedsrichterentscheidung ließ die Stimmung unter den 7.000 Zuschauern kippen, ihre Sympathien galten in der Folge dem Zehlendorfer Außenseiter. Beim schnellen Anschlusstreffer profitierten die Berliner von einem schweren Torwartfehler ihres Gegners: Dieser hatte den Ball bereits in den Händen, ließ ihn jedoch zum Entsetzen seiner Mitspieler wieder fallen und Kunert war sofort zur Stelle – 1:2!

Die jungen Berliner bekamen Oberwasser, „Altrip dagegen hatte plötzlich Angst", erkannte Pfisterer die Situation. Die Zehlendorfer spielten nun *ihr* Spiel: Lange Pässe, meist von Hanisch geschlagen, auf die schnellen Winter und Kunert sowie den schussstarken Stolzenburg. Obwohl den Zehlendorfern noch die Verlängerung vom Vortag

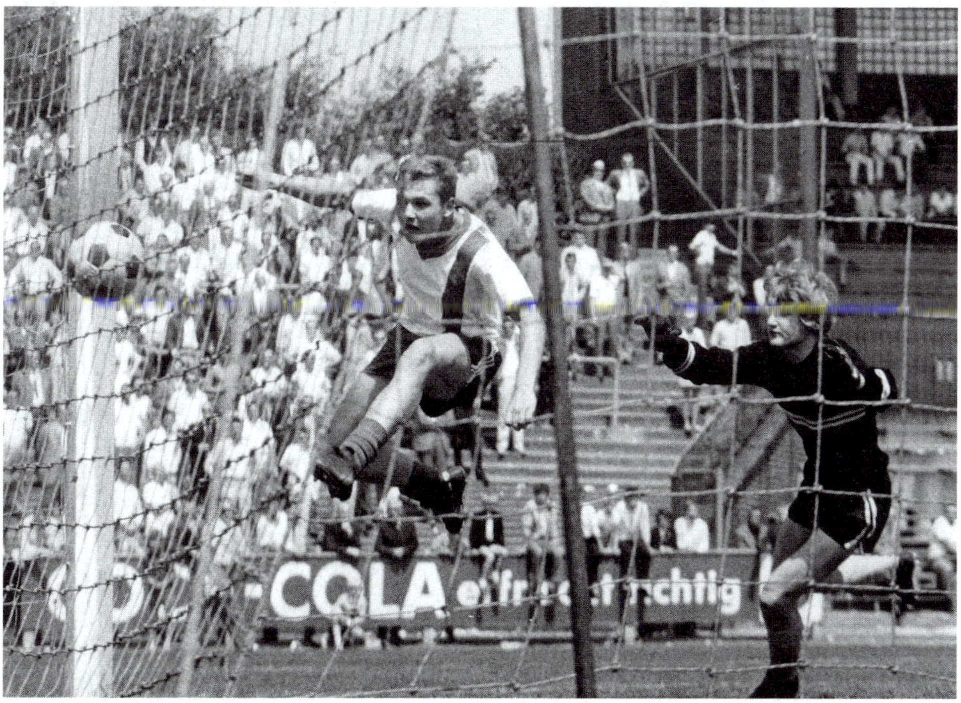

Alles wieder drin! Erwin Kunert erzielt den schnellen 1:2-Anschlusstreffer im Finale gegen TuS Altrip (Foto: imago/Horstmüller)

in den Knochen steckte, gehörte ihnen die zweite Halbzeit. Zwei Minuten erst waren nach dem Wechsel gespielt, als Stolzenburg der Ausgleich gelang.

Hanisch war inzwischen der herausragende Spieler des Berliner Meisters, umsichtig und gewandt im Dribbling. Die Chancen der Berliner häuften sich, besonders Stolzenburg war einer der auffälligsten Akteure. Als eine erneute Verlängerung unvermeidlich schien, fiel kurz vor dem Schlusspfiff die aus Berliner Sicht glückliche Entscheidung. Ein Altriper Verteidiger köpfte im eigenen Strafraum den Ball mit dem Hinterkopf zurück und dem heranstürmenden Kunert direkt vor die Füße. Der ließ sich die Chance zwei Minuten vor dem Ende nicht entgehen. Vielen Zehlendorfern schossen in diesem Augenblick die Worte Kunerts vor dem Abflug in Tempelhof durch den Kopf, mit denen er sie begrüßt hatte: „Wo ist der Koffer für die Trophäe? Kein Vertrauen, diese Leute!“

Aus den Händen von Professor Dr. Karl Zimmermann, dem Jugend-Obmann des DFB, erhielt Kapitän Hanisch den Pott. Selten hatte man den Zehlendorfer „Regisseur“ so strahlen gesehen. In der Kabine der „kleinen Hertha“ ging es drunter und drüber, selbst Bundestrainer Helmut Schön ließ es sich nicht nehmen, den Jungen zum Titel

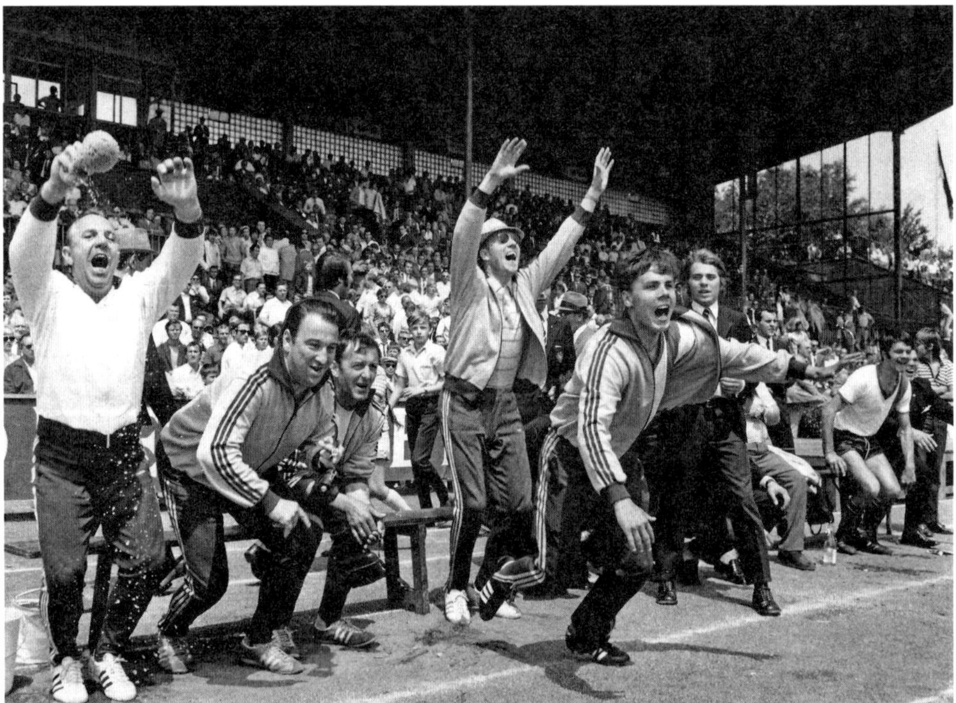

Die Begeisterung kennt auf der Zehlendorfer Bank nach dem Schlusspfiff keine Grenzen (Foto: privat)

zu gratulieren. Ihm imponierten vor allem die Kampfkraft der Zehlendorfer, besonders als sie vermeintlich aussichtslos zurücklagen. Den *Kicker* beeindruckte die sportliche Haltung der jungen Berliner Mannschaft: „Die Berliner zeigten sich nach Spielende als wahre Sportsleute, als sie trotz aller verständlichen Siegesfreude ihren Gegner nicht vergaßen und zu trösten suchten, so gut es ging." In diesem ganzen Wirbel um Ehrungen und Glückwünschen geriet fast in Vergessenheit, dass viele der Jungen, die soeben die höchste Deutsche Fußball-Jugendtrophäe gewonnen hatten, immer noch Sonntagnachmittags bei den Spielen ihrer Regionalliga-Mannschaft hinter den Toren zusahen und als Balljungen „ihrem" Torhüter die Bälle holten.

So endete die deutsche Meisterschaft der A-Jugend mit einer Sensation, dem Erfolg des krassen Außenseiters aus Berlin, den vorher kaum einer für möglich gehalten hätte. Zehlendorfs Jugendtrainer Bialek konnte es nach der Siegerehrung immer noch nicht fassen: „Damit hatten wir nicht gerechnet. Wir wollten nicht Letzter werden, aber Deutscher Meister ..." Herthas Vorsitzender Otto Höhne platzte fast vor Stolz, als er bemerkte: „Ich glaube, wir haben uns diesen Titel redlich verdient. Wie kein anderer Verein in Deutschland legen wir viel Wert auf die Jugendarbeit." Riesenju-

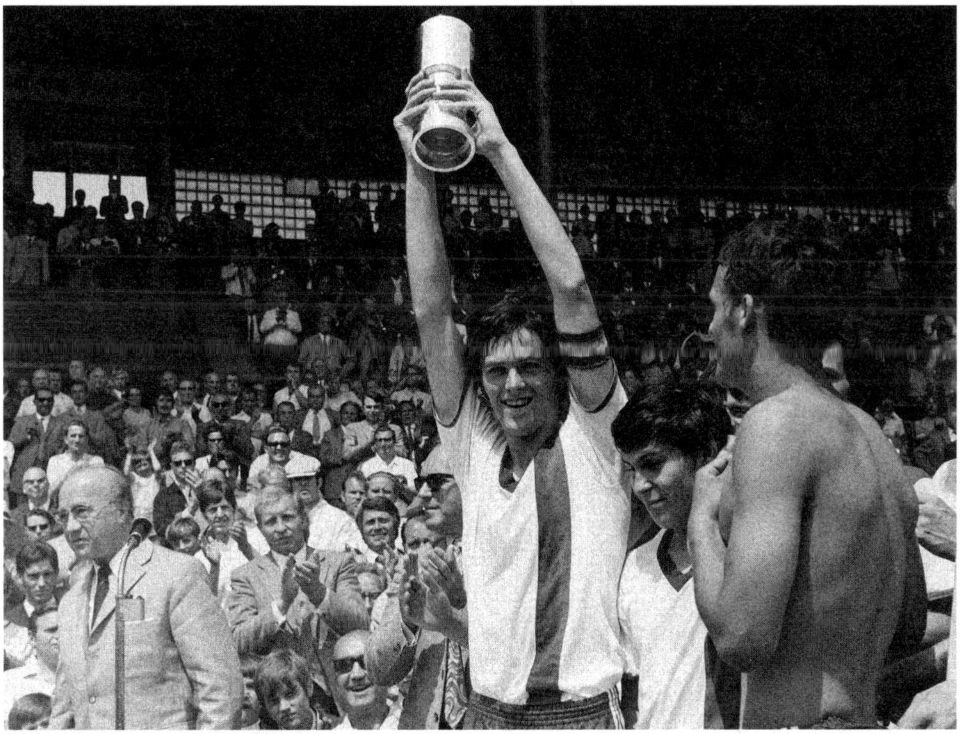

Stolz stemmt 03-Kapitän Peter Hanisch nach dem Gewinn der „Deutschen" den Pokal in die Höhe (Foto: imago/Werner Otto)

bel natürlich bei den Berliner Jungen, die sich schon ein wenig enttäuscht zeigten, als sie nach dem Abschlussbankett im Bochumer Park-Hotel nach Berlin zurückkehrten. „Gilt es so wenig, Deutscher Juniorenmeister zu sein, dass sich kein Mensch am Flughafen einfand?", fragte sich nicht nur Stürmer Stolzenburg. „Regisseur" Hanisch aber ließ sich davon nicht die Laune verderben: „Den Erfolg hätte uns keiner zugetraut. Die Altriper sind profihaft vorbereitet worden, sogar mit einem 14-tägigen Trainingslager. Aber denen haben wir ganz schön einen Strich durch die Rechnung gemacht." Auch über den Lapsus des *Sportschau*-Sprechers Dieter Adler hörten die Jungen hinweg. Der sprach in seinem rund achtminütigen Bericht immer wieder von „Stolzenberg". In der Aufzeichnung war außerdem zu sehen, wie Pfisterer ein Fallrückzieher gelang. „Das geschah irgendwo im Mittelfeld. Für die ARD-*Sportschau* aber wurde es so zusammengeschnitten, als wäre mein Rückzieher die Vorlage zum 3:2 gewesen. Das wäre sensationell, war es aber nicht – leider", gab Pfisterer ehrlich zu.

Etwas Wehmut lag an diesem Abend in der Luft, die Betreuer Hasso Wellnitz in den Hertha 03-Clubnachrichten mit folgenden Worten einfing: „Es hat mir Spaß gemacht, mit dieser ‚duften' Truppe zusammen gewesen zu sein. Bedauerlich, dass diese Mannschaft nie wieder zusammenspielen wird. Aber damit muss man sich abfinden, denn der neue Nachwuchs drängt nach vorn. „ „Regisseur" Hanisch und Torjäger Stolzenburg gelang wenig später nicht nur der Sprung in die Zehlendorfer Regionalliga-Mannschaft, ihr Weg führte sie bis in die Erste Fußball-Bundesliga. Dort wird *Sportschau*-Moderator Adler den Namen „Stolzenburg" als Torschützen noch mehrmals korrekt wiedergeben. Auch die Wege von Trainer Bialek und der „kleinen" Hertha trennten sich nach dem Titelgewinn. „Die Luft war raus", wie es der Trainer bezeichnete. Bialek wechselte beruflich von Berlin nach Hannover und arbeitete nebenbei als Trainer im Jugendbereich bei Hannover 96. Mit den A-Junioren der Niedersachsen nahm er später noch einmal an der Deutschen Meisterschaft teil, ein Erfolg wie mit seiner Zehlendorfer Mannschaft blieb ihm aber verwehrt.

Für die ungewöhnlichste Geschichte dieses Finales aber sorgte Zehlendorfs rechter Verteidiger Wolf-Dieter Ludwig, der zu Beginn der Corona-Pandemie als Vorsitzender der Arzneimittelkommission immer wieder auf den deutschen Bildschirmen präsent war. Er war erst 1970 zum Fußball gewechselt, nachdem er zuvor für den benachbarten Berliner HC Hockey gespielt hatte. Gerade einmal ein Jahr im Fußball aktiv – und gleich Deutscher Meister. Das soll ihm mal einer nachmachen!

Dass die Zehlendorfer etwas wirklich Besonderes geleistet hatten, wurde erst im Laufe der kommenden Jahrzehnte deutlich. Immer wieder nahmen talentierte Berliner Mannschaften einen neuen Anlauf, um den Titel der A-Junioren zu erringen – auch die Zehlendorfer selbst. Die „kleine" Hertha blieb bis 2018 der einzige Berliner Verein, dem es gelang, noch zweimal das Finale zu erreichen. Doch weder 1978 mit dem späteren Weltmeister Pierre Littbarski in ihren Reihen (2:5 gegen den MSV Duisburg)

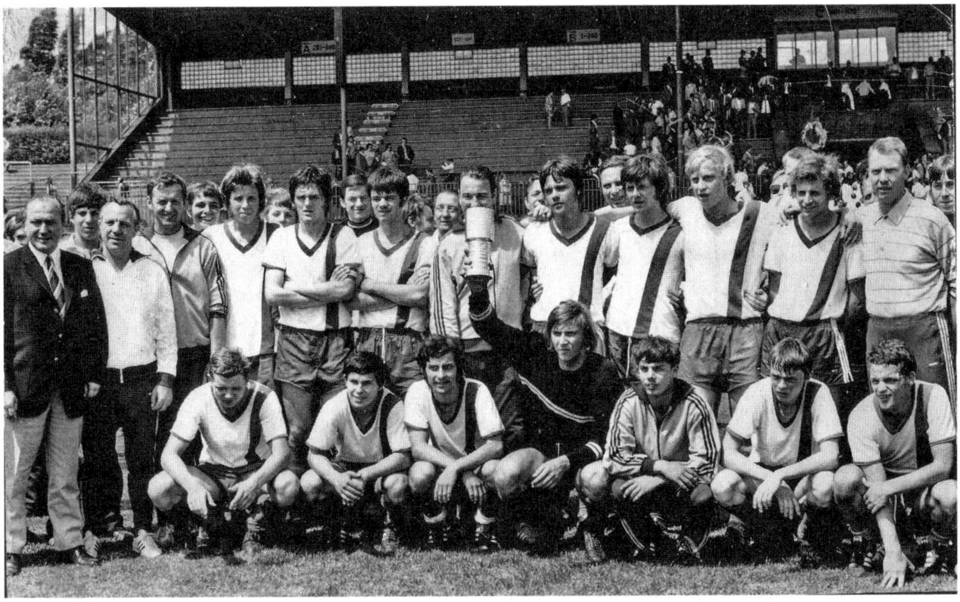

Das Zehlendorfer Meisterteam 1970. Nie wieder spielte die Mannschaft in dieser Besetzung. (Foto: privat)

noch 1990 mit Niko Kovač und Christian Ziege (1:5 gegen den VfB Stuttgart) konnten sie den Triumph wiederholen. Erst 2018 besiegte Hertha BSC den Fluch und holte den Titel wieder nach Berlin, als man im Endspiel den FC Schalke 04 3:1 bezwang.

Tor:
Bernhard Harthel
Abwehr:
Wolf-Dieter Ludwig, Harald Bertz, Gerd Biermann, Michael Rieger
Mittelfeld:
Reinhard Boenke, Rüdiger Kullack, Herbert Hochheim, Dieter „Pimpel" Winter, Klaus-Peter Hanisch, Lutz Hammer
Sturm:
Norbert Stolzenburg, Ulrich Pfisterer, Erwin Kunert
Trainer:
Gerd Bialek

Finale – Sonntag, 12. Juli 1970

FC Hertha 03 Zehlendorf – TuS Altrip 3:2 (1:2)
FC Hertha 03: Hartfiel; Ludwig, Kullack (ab 69. Biermann), Bertz (ab 58. Boehnke), Rieger, Hochheim, Winter, Hanisch, Stolzenburg, Pfisterer, Kunert.
TuS Altrip: Scherreich (ab 41. Goehlke); Stein, Kaltz, Winterkorn, Klüh, Remelius, Bayer, Rösel, Vanselow, Pfeiffer, Böhm (ab 60. Keller)
Die Tore: 0:1 Böhm (7.), 0:2 Böhm (18.), 1:2 Kunert (23.), 2:2 Stolzenburg (42.), 3:2 Kunert (78.)
Zuschauer: 7.000 im Bochumer Stadion an der Castroper Straße
Schiedsrichter: Dr. Gerd Siepe (Bergheim)

Kapitel 2

„An Canellas haben wir nicht gedacht" – Der Bundesligaskandal (1971)

Aus Berliner Sicht hätte es kaum einen erfolgreicheren Start in die 70er-Jahre geben können. Wenige Wochen vor dem Titelgewinn der Zehlendorfer A-Junioren schloss Berlins Bundesligist Hertha BSC die Saison 1969/70 auf Rang 3 ab. Im folgenden Jahr bestätigten die Berliner ihre gute Platzierung, sodass alles angerichtet schien für einen noch viel größeren Erfolg – bis Verantwortliche und Fans unsanft aus allen Träumen gerissen wurden.

„Ist nicht längst alles über den Bundesligaskandal geschrieben?", fragt mich mein Vater Michael Kellner, der im Sommer 1970 von Hertha 03 Zehlendorf aus der Regionalliga zu den Gesundbrunnern gewechselt war und bis 1972 als Torwart bei Hertha BSC spielte, angesichts des bevorstehenden Interviews. Im Grunde genommen ja, doch einiges ist vielen Berliner Fußballfreunden noch immer ein Rätsel. Wie lief es im Detail ab? Wie dachten die Spieler? Waren sie wirklich alle so abgebrüht und geldgierig wie in den Zeitungen beschrieben oder gab es doch Diskussionen, Zweifel und Gewissensbisse? Wo hielten sie sich auf, als die „Bombe" platzte und Offenbachs Präsident Horst-Gregorio Canellas via Bildschirm publik machte, dass etliche Spiele in der Fußball-Bundesliga verschoben wurden – auch das letzte Heimspiel von Hertha BSC gegen die abstiegsbedrohte Arminia aus Bielefeld?

An dieser Stelle möchte ich nicht noch einmal den gesamten Skandal aufarbeiten, aber schildern, wie die Geschehnisse speziell aus Berliner Sicht abliefen und wie es dazu kam, dass Stück für Stück über Monate eine Hertha-Mannschaft auseinanderfiel, der eine so große Zukunft prophezeit worden war.

Wochenlang schon waberten im Frühling 1971 Gerüchte durch Stadien und Presse, dass Bundesligaspiele verschoben wurden. Die drei abstiegsbedrohten Vereine Rot-Weiß Oberhausen, Kickers Offenbach und Arminia Bielefeld sollen durch Bestechungen versucht haben, die zum Klassenerhalt notwendigen Siege zu „kaufen". Selbst die DFB-Funktionäre erhielten, insbesondere in der Woche vor dem letzten Spieltag, verstärkt Hinweise, dass nicht alles mit rechten Dingen zugehen würde. Beweise hatte niemand. Erst am Sonntag, den 6. Juni 1971, kaum 24 Stunden nach Abschluss der Saison, veröffentlichte Offenbachs Präsident Canellas anlässlich seines 50. Geburtstages in seinem Garten vor Funktionären und Journalisten jene Tonband-Aufzeichnungen von Telefonaten mit Spielern, die genau diese Beweise lieferten. Im Laufe der nun einsetzenden Ermittlungen „kam Ungeheuerliches, Absurdes und Lächerliches zutage", wie Udo Muras für die *Sport-Bild* im Band „55 Jahre Bundesliga" schrieb. So die Geschichte, „dass der Berliner Zoltan Varga in der Halbzeit des Spiels gegen Arminia Bielefeld von einem öffentlichen Fernsprecher seine Frau anrief und fragte, ob sein versprochenes Extra-Honorar da sei. Es war nicht der Fall, weshalb Varga aus Empörung plötzlich gewinnen wollte, die Latte traf und danach kein Zuspiel mehr erhielt."

Nicht alles konnte vollständig offengelegt werden, vieles blieb bis heute im Unklaren, denn der DFB-Gerichtsbarkeit gelang es nicht, das Geflecht vollständig zu entwirren. Nachweislich wurden an den letzten acht Spieltagen elf Spiele manipuliert. 52 Spieler, darunter 15 von Hertha BSC, mehrere Funktionäre und Trainer waren in die Vorfälle verstrickt und wurden gesperrt, teils lebenslänglich. Einige Spieler des FC Schalke 04 schworen vor Gericht sogar einen Meineid, entgingen letztlich knapp einer Gefängnisstrafe. Kickers Offenbach und Arminia Bielefeld verloren in Folge ihre Lizenzen und mussten absteigen. Erst viele Jahre später, am 8. Januar 1976, wurden schließlich die letzten Akten offiziell geschlossen.

Der Bundesliga-Skandal hatte den deutschen Fußball in seinen Grundfesten erschüttert und damit auch wesentliche Auswirkungen auf die kommenden Spielzeiten. Die Zuschauer hatten ihr Vertrauen in die Ehrlichkeit des Sports verloren und viele blieben in den folgenden Jahren den Stadien fern, was deutlich am Absinken der Zuschauerzahlen abzulesen ist.

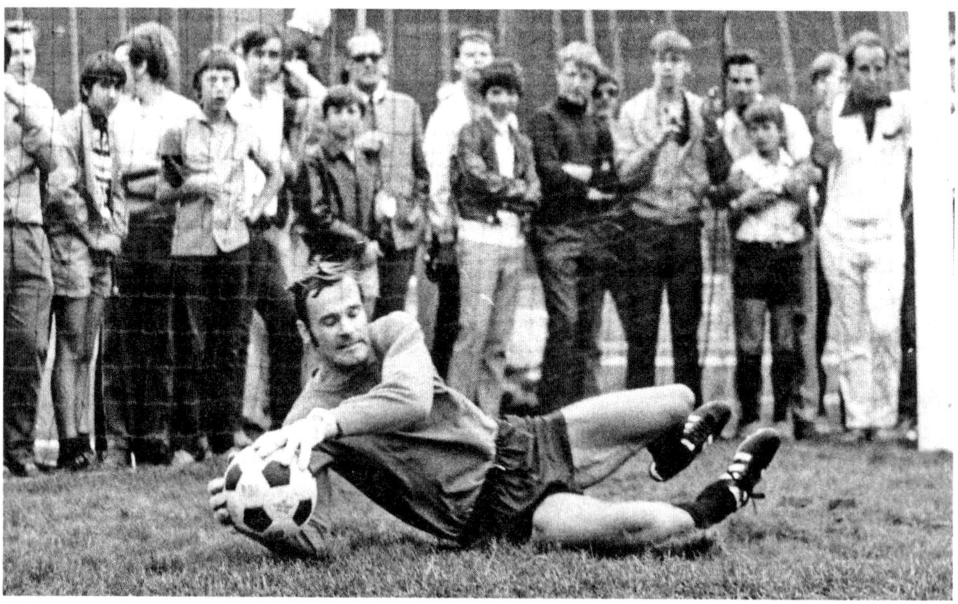

Michael Kellner im öffentlichen Training im Olympiastadion vor dem Europapokalspiel gegen Nyköbing. (Foto: Bildarchiv Schirner)

Aber wie lief es aus Berliner Sicht genau ab?

Hertha BSC hatte sich seit dem Aufstieg 1968 zu einem Spitzenteam der Ersten Bundesliga entwickelt. In der Saison 1969/70 belegte die Elf um Lorenz Horr, Volkmar Groß, Arno Steffenhagen und Bernd Patzke den 3. Platz. Die Saison 1970/71 verlief ebenso gut für die Berliner. Vor dem letzten Spieltag belegten sie wieder Platz 3, unmittelbar hinter den in diesen Jahren dominierenden Borussen aus Mönchengladbach und den Münchener Bayern. Hertha hatte erneut seine Heimstärke bewiesen, kein Heimspiel verloren, als die Berliner im Olympiastadion auf die abstiegsbedrohten Bielefelder trafen. 13 Siege und drei Unentschieden (darunter 4:2 gegen Mönchengladbach und 3:3 gegen Bayern München) zeugten von der Berliner Stärke auf dem heimischen Rasen. Natürlich ging es für die Zuschauer im Vorfeld nur um die Höhe des Sieges.

„Vor unserem Spiel hatte ich nichts mitbekommen, was vorher schon in der Bundesliga gelaufen sein könnte. Ich habe mich zwar über ein 0:1 von Schalke 04 gegen Arminia Bielefeld gewundert, aber im Fußball ist ja immer alles drin. Weshalb sollte es nicht da auch mal eine Überraschung gegeben haben? Aber von Manipulationen oder gar von mehreren verschobenen Spielen, davon hatte ich nichts mitbekommen", erklärt mein Vater, der in dieser Saison lediglich auf 18 Minuten Einsatzzeit bei einem Spiel in Dortmund kam, die Situation in den Wochen vor dem letzten Heimspiel.

„Erst als sich am Dienstag vor dem letzten Spiel vor Trainingsbeginn Gruppen bildeten, habe ich mich schon gewundert, was die zu besprechen hatten. Ich gehörte nicht zu den Stammspielern, so standen Spieler wie Tasso Wild, Franz Brungs und Patzke beieinander, die in der Hierarchie weiter oben rangierten. Aber ich hatte nie daran gedacht, dass es um Manipulationen geht. Die werden halt irgendwas besprechen und wenn es mich betrifft, werden sie mich sicher informieren", dachte er bei sich. Aber nach absolvierter Einheit hieß es: „Kommt mal alle zusammen, wir haben da ein Angebot von Offenbach erhalten." Zum ersten Mal war die Rede davon, dass bereits andere Spiele manipuliert worden waren, „was für die meisten von uns neu war. Wir beschlossen, am Mittwoch bei der Freundin von Steffenhagen in der Charlottenburger Schloss-

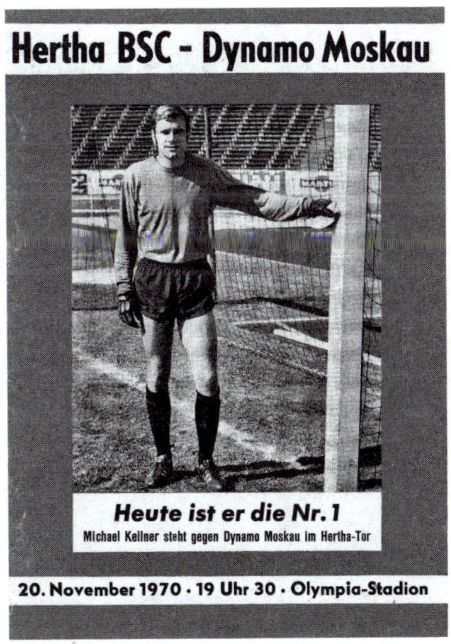

Programmheft zum internationalen Testspiel gegen Moskau (Foto: privat)

straße zusammenzukommen“, schildert er den Beginn des Geschehens, das wenige Wochen später den Lebenslauf fast aller beteiligten Spieler in eine völlig andere Richtung lenken sollte.

„Wir haben uns also am Mittwoch nach dem Training konspirativ getroffen, um einiges zu bereden. Nun haben wir das erste Mal im Detail von dem ganzen Ausmaß erfahren und auch, dass Patzke und Wild als Mannschaftsführer bereits längst verhandelt hatten.“ Sie berichteten von einer bizarren Offerte: Horst-Gregorio Canellas, der Präsident von Kickers Offenbach, ließ über die beiden Führungsspieler ausrichten, dass die Berliner 140.000 DM bekämen, sollten sie gegen Bielefeld gewinnen. Mit denen kämpfte Offenbach um den Klassenerhalt. Daran schien aus Berliner Sicht nichts auszusetzen zu sein. Sie wollten ja ohnehin siegen, und gegen eine kleine Extraprämie hatte sicherlich niemand etwas einzuwenden. „Wir verdienten damals 1.200 DM Grundgehalt, in guten Monaten kamen wir mit Prämien auf 3.000 DM. Das war für damalige Verhältnisse gutes Geld, aber reich wurde damit niemand“, gab Stammtorhüter Volkmar Groß später einmal einen Einblick in die finanziellen Verhältnisse.

„Doch neben Kickers Offenbach kam plötzlich auch Arminia Bielefeld ins Spiel, die wohl vorher schon Partien gekauft hatten. Wenn Offenbach davon profitieren sollte, müssten wir ja Bielefeld schlagen, oder wir verlieren gegen Bielefeld und erhalten von den Bielefeldern das Geld. Darum ging es in der Besprechung“, erzählt mein Vater. Die Diskussionen wogten hin und her. „Stimmt das auch?“, wurde gefragt. „Ja, Offenbach würde 10.000 Mark für jeden zahlen, wenn wir gewinnen.“ „Und was ist mit Bielefeld?“ „Die würden 15.000 Mark für jeden Spieler zahlen, wenn wir verlieren!“ Einige Spieler stimmten sofort zu, andere schlugen vor, ob es nicht besser wäre, wenn man sich das offen hält. „Sagt doch beiden zu, wir gucken dann mal, wie sich das Spiel entwickelt, es kann ja immer so oder so laufen. So wären wir in beiden Fällen auf der Gewinnerseite“, lautete der Tenor. Dann drehte sich die Stimmung. „Horr, der bei dem Spiel gar nicht dabei war, sagte energisch, dass auf Verlust überhaupt nicht gespielt wird. Das kommt nicht in Frage. Wir wollen gewinnen.“ So stellte sich die Frage: „Was ist, wenn wir gewinnen, aber die Offenbacher dann nicht zahlen wollen?“ „Dann“, so berichtet mein Vater, „wurde abgestimmt und der überwiegende Teil der Mannschaft hat gesagt, wir

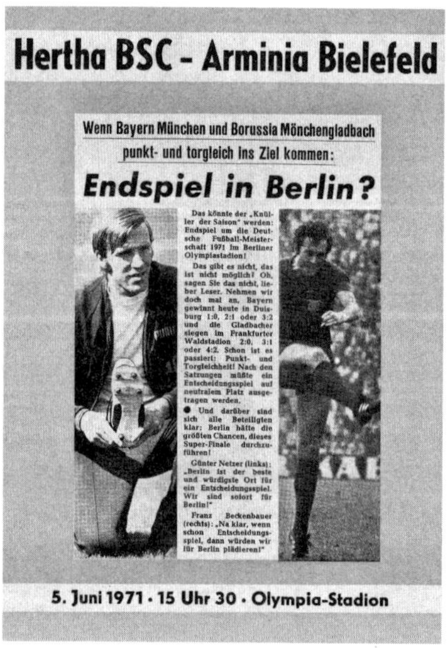
Hertha BSC - Arminia Bielefeld

Wenn Bayern München und Borussia Mönchengladbach punkt- und torgleich ins Ziel kommen:

Endspiel in Berlin?

Das könnte der „Knüller der Saison“ werden: Endspiel um die Deutsche Fußball-Meisterschaft 1971 im Berliner Olympiastadion!

Das gibt es nicht, das ist nicht möglich? Oh, sagen Sie das nicht, lieber Leser. Nehmen wir doch mal an, Bayern gewinnt heute in Duisburg 1:0, 2:1 oder 3:2 und die Gladbacher siegen im Frankfurter Waldstadion 2:0, 3:1 oder 4:2. Schon ist es passiert: Punkt- und Torgleichheit! Nach den Satzungen müßte ein Entscheidungsspiel auf neutralem Platz ausgetragen werden.

● Und darüber sind sich alle Beteiligten klar: Berlin hätte die größten Chancen, dieses Super-Finale durchzuführen!

Günter Netzer (links): „Berlin ist der beste und würdigste Ort für ein Entscheidungsspiel. Wir sind sofort für Berlin!“

Franz Beckenbauer (rechts): „Na klar, wenn schon Entscheidungsspiel, dann würden wir für Berlin plädieren!“

5. Juni 1971 · 15 Uhr 30 · Olympia-Stadion

Das Programmheft vom „Skandal-Spiel“ vom 5. Juni 1971 (Foto: privat) wollen gewinnen und nehmen die 10.000 Mark. Rumor solle den Bielefeldern die Entscheidung mitteilen und absagen", gibt er die letzten entscheidenden Augenblicke vor der verhängnisvollen Partie wieder.

In der Donnerstags-Ausgabe des *Kicker* wurde vor dem letzten Spieltag erstmals von „Drohbriefen und Anrufen aus Bielefeld" geschrieben. Von 30.000 DM für eine Niederlage gegen Bielefeld war die Rede und einer angeblichen Morddrohung gegen Herthas Trainer Helmut „Fiffi" Kronsbein. Doch Kronsbeins Assistent Hans „Gustav" Eder entgegnete, dass man dadurch das Gegenteil erreicht habe: „Unsere Mannschaft wird spielen, als benötige sie zwei Punkte, um die Klasse zu halten. Wir kennen kein Pardon gegen Bielefeld." Am Sonnabend, den 5. Juni 1971 begann pünktlich um 15:30 Uhr der letzte Auftritt dieser Spielzeit im Berliner Olympia-Stadion.

„Wir haben die Bielefelder mehr oder weniger dominiert, Varga hat sogar an die Latte geschossen", schildert mein Vater den Spielverlauf. „Manche haben sich gefragt, ob er das mit Absicht so inszeniert hat", erzählte Herthas Libero Uwe Witt später einmal zu dieser kuriosen Szene in einem Interview mit den *11 Freunden* und ergänzte: „Varga konnte einem zwar den Ball durch die Hosenträger spielen. Aber so was kann

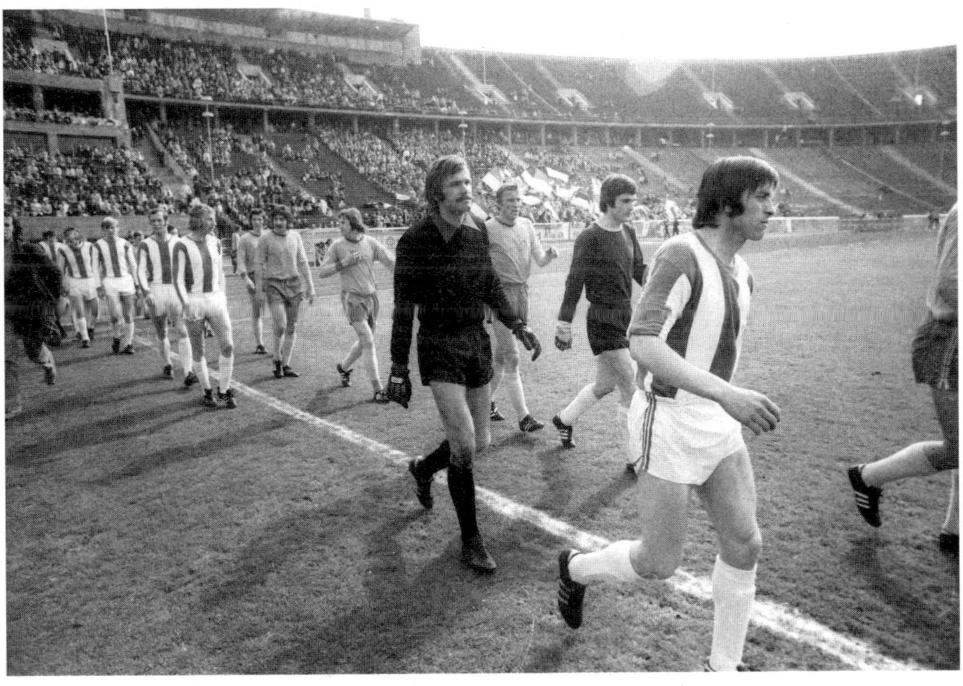

Auflaufen zum letzten Heimspiel der Saison 1971/72. Vorn Kapitän Lorenz Horr, gefolgt von Torhüter Michael Kellner. Anschließend fällt das Team endgültig auseinander. (Foto: imago/Werek)

keiner.“ Bei meinem Vater „kam im Verlauf der zweiten Halbzeit auf einmal das Gefühl auf, solange kein Treffer gefallen ist, kann immer etwas passieren.“ Das Eckballverhältnis von 12:4 sprach für eine deutliche Berliner Überlegenheit. Herthas Spieler schienen aber selbst nicht genau zu wissen, was denn nun der Stand der Dinge war, schließlich warteten auf der Tribüne ein Offenbacher Geldbote und im Hotel ein Bielefelder Abgesandter. Wer hatte denn nun wirklich was ausgehandelt? Während ein Teil der Mannschaft glaubte, für die Offenbacher und auf Sieg zu spielen, schienen sich andere in den Dienst der Bielefelder zu stellen. Während keinem so richtig klar war, was wirklich lief, erzielte der Bielefelder Gerd Roggensack zwanzig Minuten vor dem Ende das 1:0.

Die 34.465 Zuschauer, die bei bestem Wetter und mit guter Laune zum Saisonabschluss ins Olympiastadion gepilgert waren und einen klaren Sieg gegen den vermeintlichen Punktlieferanten erwarteten, riefen enttäuscht „Schiebung“, ohne zu ahnen, wie richtig sie lagen. „Auch ein Großteil der Mannschaft war total geplättet“, weiß mein Vater noch genau. Einige waren sichtlich verärgert, wie zum Beispiel Stef-

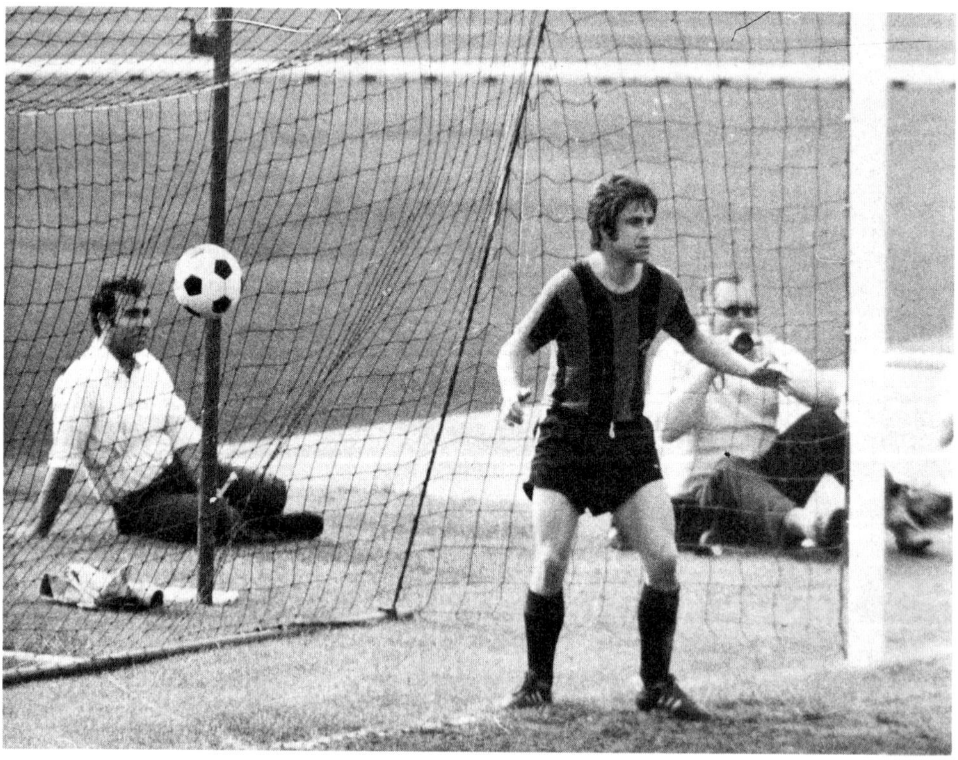

Tor durch den Bielefelder Roggensack, Herthas Bernd Patzke kann es auf der Torlinie nicht verhindern. Der Bundesligaskandal nimmt seinen Lauf. (Foto: Bildarchiv Heinrich von der Becke)

fenhagen, „der in der Kabine seine Schuhe aus Verärgerung an die Wand gefeuert hatte." Sogar an den Wortlaut kann er sich genau erinnern: „Das ist eine Sauerei, hier muss was gelaufen sein." Aber Steffenhagen war nicht der Einzige, der wütend und frustriert zugleich war. „Wir anderen waren auch enttäuscht, weil wir nicht nur das Spiel, sondern auch die Prämie der Offenbacher verloren hatten, die nach dem 2:4 in Köln abgestiegen waren", sagt mein Vater heute. Während es in der Kabine drunter und drüber ging und Worte fielen wie: „Mensch, wir hätten hier für einen Sieg 10.000 Mark erhalten", dachte mein Vater bei sich: „Wenn hier wirklich doch was gelaufen sein soll, dann gehst du heute noch mit der Mannschaft etwas trinken." Auf der Pressekonferenz tobte Trainer Kronsbein vor Wut: „Das war eine Zumutung, was meine Spieler geboten haben." Auf den Hinweis der Presseleute, dass ein neutraler Beobachter schon den Eindruck gewinnen müsse, dass hier etwas nicht mit rechten Dingen zugegangen sei, entgegnete Kronsbein ungehalten: „So ein Quatsch! Ich lege für meine Spieler die Hand ins Feuer, dass nichts passiert ist, was das Spiel beeinflusst hat." „Das würde ich nicht tun", wurde ihm abgeraten, „man kann sich daran die Finger verbrennen."

Ein Großteil der Mannschaft traf sich nach den Spielen am Scholzplatz, nahe dem Olympiastadion, im Lokal „Waldhaus", weil einige Spieler in der Nähe wohnten. „Jedenfalls haben wir dort gesessen, was getrunken und gewartet. Die Stimmung war nicht besonders. Es zog sich, und ich wollte schon gehen", schildert mein Vater den Abend nach dem Spiel. Das lange Warten machte ihn und die Mannschaft unruhig, schließlich hatte der Offenbacher Geldbote wutentbrannt das Stadion verlassen und auch Bielefeld sollte bereits auf den Heimweg sein. Als mein Vater schon aufbrechen wollte, hieß es: „Warte mal noch, Jürgen Rumor ist noch zu den Bielefeldern gefahren und versucht, noch was für uns zu erreichen. Die sind doch sicherlich happy, dass sie die Klasse gehalten haben."

Die Bielefelder gastierten im Rasthaus Grunewald an der Tankstelle Spanische Allee. Also wurde gewartet, bis Rumor mit einer schmalen Aktentasche aufkreuzte und sagte: „Die haben noch was rausspringen lassen." Der Inhalt der Tasche: Bündelweise Geldscheine, mehr, als jeder der Spieler jemals gesehen hatte. Anschließend zog der Tross in die Wohnung von Stammtorhüter Volkmar Groß, der gleich um die Ecke wohnte. Die Geldverteilung stand an. „Die Arminen hatten offenbar gedacht, wir hätten mit Absicht verloren. Wie auch immer: Wir waren jung, hatten alle ein paar Bier getrunken und waren überwältigt vom Reichtum vor uns. Jeder bekam 15.000 Mark, und als ein paar Tausender übrig blieben, scherzten wir: Das behalten wir für einen Rechtsanwalt", schilderte Groß den Abend. Mein Vater weiß noch genau, dass „fast alle Spieler dabei waren, bis auf Laszlo Gergely und Varga. Horr war schon einen Tag zuvor nach Hause gefahren, Steffenhagen nach dem Spiel sofort wutentbrannt abgehauen. Natürlich kam die Frage auf, wie wir das Geld verteilen wollen und was mit den Spielern sei, die schon weg waren." Wie zum Beispiel der ungarische Spielmacher

Varga. „Ja, die haben schon vorher was bekommen!", hieß es dann. Mein Vater, der damals einen sehr guten Kontakt zu Varga pflegte, erklärt, „dass Varga wohl schon vorher mit Bielefeld verhandelt hatte. Zoltan hatte sowieso immer das Gefühl, dass er von der Truppe gelinkt wird. Er war ein wirklich freundlicher, aber misstrauischer Mensch." Dann kam die Sprache auf Steffenhagen. Aber die Spieler sahen darin kein Problem: „Wir spielen doch morgen noch in Bad Hersfeld, da geben wir es ihm." „Wir waren wie kleine Kinder", schmunzelt mein Vater: „Sollen wir das Geld jetzt annehmen? Sollen wir es vergraben? Dann wurde abgestimmt und die Mehrheit (7:5) hat gesagt, dass wir ja eigentlich auf Sieg gespielt haben und uns keiner Schuld bewusst sind. Das wollten wir, wenn es doch auffliegen sollte, auch immer aussagen. Anschließend wurde das Geld verteilt in dem Glauben, dass Bielefeld sicher nichts sagen wird." Das bestätigte auch Groß, der 2004 gegenüber Frank Schürmann vom Hertha BSC-Museum angab: „Selbstverständlich hatten wir alle auch ein bisschen Angst, da wurde schon ziemlich diskutiert, das lief nicht in 20 Minuten ab. Die Entscheidung fiel uns nicht leicht, allerdings auch nicht schwer. Wir fühlten uns nicht schuldig, weil wir nicht absichtlich verloren hatten, was uns hinterher natürlich keiner geglaubt hat." Einzig Horr blieb außen vor. Im Oktober 2004 bezweifelte Groß, ob Herthas Stürmer das Geld auch genommen hätte, wäre er an diesem Nachmittag eingesetzt worden. „Ich vermute, er hätte sich anders verhalten. Er ist ein sehr gradliniger Mensch. Der würde wahrscheinlich nie einen Fuß von dieser Linie abweichen, und das respektiere ich unheimlich."

Es folgte der Sonntag, und die Herthaner hatten noch ein Freundschaftsspiel gegen Werder Bremen in Bad Hersfeld zu bestreiten. „Wir sind bis Hannover geflogen, und als wir am Flughafen ankamen, sahen wir eine riesige Überschrift in der *BILD*-Zeitung ‚Hertha verliert 0:1, das stinkt bis nach London'. Da es in Berlin zu dieser Zeit noch keine Ausgabe der *BILD am Sonntag* zu kaufen gab, waren wir davon ziemlich überrascht. Ich selbst hatte mir keine großen Gedanken gemacht, weil ich zum einen nicht mitgespielt habe, und dass die ganze Sache rauskommt, habe ich auch nicht geglaubt", ruft er sich seine damaligen Gedanken in Erinnerung. In der Pause des Spiels gegen Bremen lief die *Sportschau*, die ausgerechnet an diesem denkwürdigen Tag ihr zehnjähriges Bestehen feierte. In ihr präsentierte Offenbachs Canellas seine legendäre Tonbandaufzeichnung, die den Betrug offenlegte. Manager Wolfgang Holst und Kronsbein, die eiligst vor den Fernseher gerufen wurden, bekamen natürlich mit, dass auf den Tonbändern auch Patzkes Stimme zu hören war. „Wir haben immer gesagt, die Bielefelder werden sich doch nicht ans Messer liefern. An Canellas haben wir nicht gedacht", denkt mein Vater an die Fehleinschätzung der Mannschaft zurück. „Männer, habt ihr das Geld genommen?", fragte Wolfgang Holst geradeheraus. Die Spieler drucksten herum und verneinten schließlich. Und streng genommen stimmte das sogar – schließlich war es das Geld aus Bielefeld gewesen, nicht das aus Offenbach. Doch nur wenige Tage später standen die Akteure bei Holst im Büro und beichteten alles.

Die *Fußball-Woche* hatte in ihrer Montagsausgabe die Tragweite des Sonnabend-Spiels längst noch nicht erfasst. Für Reporter Fritz Clauss war „Herthas Saisonabschied ein Ärgernis" – mehr nicht. Im Gegenteil. Zu den „Schieber"-Rufen tausender Stadionbesucher war in seinem Kommentar zu lesen: „Das ging natürlich zu weit. Eine dümmliche Unterstellung, eine Beleidigung der Mannschaft und ihres Trainers." Die Redaktion sah in dem 0:1 lediglich, „eine Niederlage, wie sie jeder noch so guten Mannschaft widerfahren kann." Im *Kicker* lautete die Überschrift „Bestechung? Einfach absurd!", doch gab man hier lediglich die Meinung aus Bielefelder Sicht wieder. Am selben Tag begann für jeden Spieler der Urlaub. Unsere Familie flog zu dritt nach Ibiza. Jeden Tag stand in den Zeitungen, was in Deutschland bezüglich des Skandals vor sich ging. Wie schwer zu glauben die Geschehnisse für Außenstehende gewesen sein mussten, kann man den Zeilen der *Fußball-Woche* entnehmen. Noch 14 Tage nach den veröffentlichten Tonbändern hielt man „nach wie vor für abwegig, dass aus Bielefeld eine Prämie für Herthas Niederlage gezahlt worden ist." Man schrieb sogar, dass „diese Behauptung eine Beleidigung der großartigen Arminia-Mannschaft darstellt, die sich mit 1:0 den Klassenerhalt ehrlich erkämpfte." Dabei hatte sich Bielefelds Spieler Jürgen Neumann längst der *BILD*-Zeitung als Informant angeboten und zum Ende seiner Laufbahn noch einen lukrativen Vertrag abgeschlossen. Immer neue Details kamen ans Licht, welche Spiele verkauft worden waren. Für die *BZ* waren in dieser Affäre die Berliner Spieler zwar nicht unschuldig, doch erst in zweiter Linie für das Dilemma verantwortlich. In einem Leitartikel hieß es: „Genau wie der Offenbacher Präsident behaupten die beiden Berliner (Patzke, Wild), sie hätten dieses schmutzige Spiel nur zum Schein mitgemacht. Das mag ihnen abnehmen, wer will. Trotzdem aber haben diese Männer, die ihren Beruf in erster Linie mit den Beinen ausüben, nur die zweite Geige in diesem traurigen Orchester gespielt."

„Als wir nach der Sommerpause aus dem Urlaub zurückkamen, fing das Training wieder an. Während Patzke und Wild sofort mit einer Vor-Sperre belegt wurden, haben wir anderen uns gleich mit einem Anwalt zusammengesetzt, der uns zur Verfügung gestellt wurde", so mein Vater über den Saisonbeginn 1971/72. Holst fürchtete, dass der Deutsche Fußball-Bund alle Hertha-Spieler sperren würde, was den sicheren Abstieg bedeutet hätte. So schworen sie ihm, stillzuhalten, bis Hertha in der kommenden Saison den Klassenerhalt sicher hat. Es begann der fortan angespannte Alltag der noch nicht gesperrten Profis, der sich wie ein roter Faden durch die gesamte Saison ziehen sollte. Nach und nach wurden weitere Spieler mit Sperren belegt. Der Anwalt Horst Sandner, zugleich Beisitzer im Vorstand von Tennis Borussia, empfahl den Akteuren zwar zu „mauern", schließlich gelangte aber doch an die Öffentlichkeit, dass Rumor das Geld der Bielefelder in Empfang genommen hatte. Seine Sperre folgte prompt, Varga und Gergely folgten ihm im Dezember. „Im selben Monat 1971 hatten wir ein DFB-Pokalspiel gegen den FC Schalke 04 vor der Brust, für das der Verein noch eine einstweilige Verfügung erreichte, dass Varga spielen darf. Das Spiel haben wir 3:0 gewonnen, wurde aber im Nachhinein vom DFB als verloren gewertet, weil Varga nicht spielberechtigt war“, erinnert sich mein Vater noch an jenen Moment, der für viele Berliner Fans der entscheidende Auslöser für eine bis heute andauernde Feindschaft mit den Gelsenkirchenern war. Denn während in den nächsten Wochen und Monaten Herthas Mannschaft sukzessive gesperrt wurde, durften Schalkes Akteure noch über Monate fröhlich weiter kicken, später einen Meineid beschwören und am Ende der Spielzeit sogar den Pokalwettbewerb gewinnen, aus dem sie ausgerechnet gegen Hertha eigentlich schon ausgeschieden waren.

Für den 71er-Neuzugang Erich Beer, der nach Berlin gewechselt war, „um irgendwann mit Hertha Deutscher Meister zu werden“, gestaltete sich die Situation schwierig: „Man hatte schon ein ungutes Gefühl im Training, auch im Verhältnis zu den in den Skandal verwickelten Spielern. Wenn etwas Neues über den Skandal in der Zeitung stand, hat Holst die alten Spieler vor dem Training zusammengeholt und sie in ein Extrazimmer an der Plumpe mitgenommen, um etwas zu besprechen. Die anderen, die nichts mit dem Skandal zu tun hatten, mussten erstmal eine halbe Stunde mit Co-Trainer Eder allein trainieren. Das ging so bis Weihnachten 1971“. Auch für den jungen Berliner Verteidiger Michael Sziedat war es „eine ziemlich eigenartige Atmosphäre, weil man natürlich schon gemerkt hat, dass einige Spieler ganz schön gezittert haben.“ Natürlich war es auch für meinen Vater „keine schöne Situation mehr beim Training. Die Freude, die ich in meiner ersten Bundesligasaison noch verspürt hatte, war verflogen. Es ging dann für die Mannschaft bis zum Schluss nur noch ums Überleben. ‚Fiffi‘ (Kronsbein) musste bis zum Ende fast jedes Mal ein neues Team aus dem Hut zaubern.“ Tatsächlich musste gegen Ende der Saison sogar Eder nochmal für Hertha spielen.

Am 28. April 1972 kamen am 29. Spieltag gegen Eintracht Braunschweig nur noch 8.000 Zuschauer, um Herthas 1:0-Sieg zu sehen. „Leere Stadionkurven, aber keine Missfallensäußerungen. Es schwang eine eigenartige Zuschauerstimmung mit“, hieß es spät am Abend im *Aktuellen Sportstudio*. Der Bericht schloss mit den Worten: „Hertha gewinnt 1:0 und verliert zum Saisonende eine ganze Mannschaft.“ Zwei Stunden zuvor hatte ZDF-Journalist Gerd Krämer Herthas Trainer Kronsbein zu einem Interview bewegen können – wie passend unter einer Trauerweide. Kronsbein gab an, dass er so eine kuriose Situation noch nie erlebt habe, „es sei wirklich ein Trauerspiel.“ Die ersten Spieler hatten bereits ein Geständnis abgelegt, waren aber vom Verband noch nicht gesperrt worden, sodass dem Trainer noch eine vernünftige Mannschaft zur Verfügung stand. Offensichtlich gab es jedoch bereits Differenzen mit dem Vorstand, der die Sünder nicht mehr berücksichtigen wollte. Kronsbein antworte kühl: „Der Vorstand kann keine Mannschaft aufstellen, dafür bin ganz alleine ich verantwortlich. Er könnte die Spieler natürlich sperren, aber so viele Amateure hätte ich gar nicht herbeizaubern können, um die Mannschaft vollständig aufzufüllen.“ Man erfährt noch, dass Hertha im Bemühen, ein neues Team zusammenzustellen, bereits mit über 30 Kandidaten gesprochen hat. Doch Kronsbein blickte noch einmal zurück:

„Es ist bedauerlich, dass dadurch sechs Jahre Aufbauarbeit verloren gegangen sind." Auf die Frage, wie wohl die Reaktion des Publikums in den kommenden Monaten ausfallen und ob es der Hertha die Treue halten wird, antwortete er: „Wenn wir durch gute Spiele wieder das Vertrauen zurückgewinnen und die Zuschauer davon überzeugen, dass alles sauber vonstattengeht, dann werden die Berliner wieder hinter Hertha BSC stehen." Der anschließend befragte Witt wollte im Namen der Mannschaft unbedingt klarstellen: „In Presse, Rundfunk und Fernsehen ist nie zum Ausdruck gebracht worden, dass wir (im Spiel) nicht manipuliert haben, sondern, dass wir hinterher erst das Geld angenommen haben. Wir hoffen, dass es beim DFB differenziert behandelt wird."

Wie es weiter ging? „Der Rechtsanwalt hat uns angewiesen, nichts zu sagen, bis im Frühjahr 1972 der gesamten Mannschaft der Prozess gemacht wurde, der für mich auch wie eine Art Erlösung war", wie mein Vater offen zugibt. Die einzige Ausnahme bildete Horr, der unmittelbar nach dem Spiel in seine Heimat gefahren und bei der Geldverteilung am Abend nicht dabei war. Die Stimmung unter den Spielern war am Tag der Verhandlung äußerst gedrückt, als jeder Einzelne hereingerufen wurde und

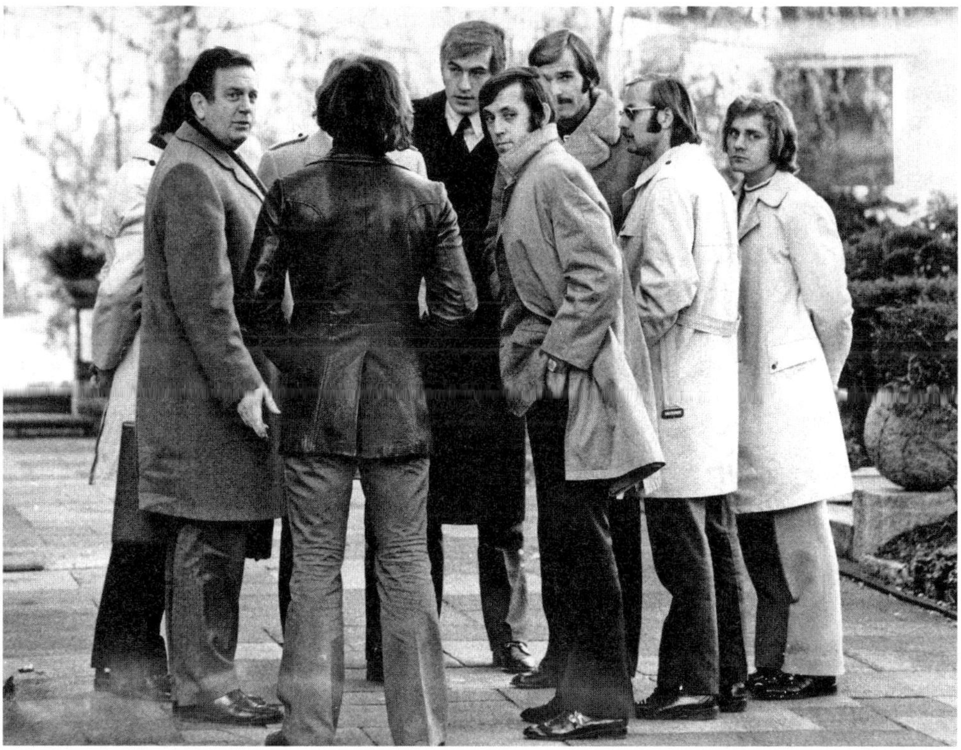

Die Hertha-Spieler vor dem Kontrollausschuss des DFB. Von rechts: Arno Steffenhagen, Karl-Heinz Ferschl, Michael Kellner, Wolfgang Gayer, Volkmar Groß, links Rechtsanwalt Sander (Foto: imago/Horstmüller)

Chefankläger Kindermann gegenüber saß. „Da wurde mir klar, dass ich auf keinen Fall einen Meineid schwören werde. Schließlich habe ich die Vorgänge dort genauso erzählt, wie ich es hier getan habe“, so mein Vater über diesen schweren Moment. Seltsam mutete an, dass auch der Berliner Alt-Internationale Helmut Faeder zum Verhör des DFB-Kontrollausschusses nach Frankfurt gebeten wurde. Offenbar dachte Kindermann, dass der Repräsentative Angaben über die Bestechungsaffäre machten könnte. „Da muss sich jemand einen Scherz erlaubt haben“, sagte Faeder gegenüber Rudi Rosenzweig von der *Fußball-Woche*. Natürlich konnte Faeder den Mitarbeitern des DFB nicht helfen, gehörte er doch längst nicht mehr zur Hertha-Elf und pflegte auch keine Beziehungen zu seinen ehemaligen Kollegen.

Gesperrt wurden 15 Akteure, die dazu noch eine Geldstrafe in Höhe von 15.000 Mark erhielten. „Aus heutiger Sicht sehe ich es so, dass ich nicht einmal das Geld von Offenbach hätte nehmen dürfen, obwohl es ja eine Siegesprämie gewesen wäre“, gibt mein Vater zu. Was folgte im Anschluss? „Ich wäre gern noch nach Südafrika gegangen, weil einige Spieler, die die Geldstrafe bezahlt haben, dorthin gewechselt sind: Groß, Rumor, Wolfgang Gayer und Jürgen Weber. Ich habe aber die Strafe nicht bezahlt, weil ich schon 30 Jahre alt war und sich meine Karriere ohnehin dem Ende zuneigte.“ Zwei Jahre nach den Geschehnissen kam der SC Wacker 04 auf ihn zu. Die Reinickendorfer waren 1974 gerade in die neu eingeführte 2. Liga Nord aufgestiegen und suchten noch einen Torwart, da ihr etatmäßiger Schlussmann Peter Scholich berufstätig war und er dies nur schwer mit dem Profifußball vereinbaren konnte. „Ich habe dort ein Probetraining absolviert, hatte aber zu dieser Zeit schon zwei Jahre keine Spielpraxis mehr gesammelt, sodass sich das zerschlug.“ Sein persönliches Fazit zog er für Jens Kirschneck vom Fußball-Magazin *11 Freunde* in einer Spezial-Ausgabe: „Der Fußball hat mir viel gegeben, aber der Abschluss war bitter. Ich habe es mir selbst zuzuschreiben, dass ich mir wegen so ein paar Mark alles kaputt gemacht habe.“ Mein Vater verstärkte später noch viele Jahre erfolgreich die mit zahlreichen Ex-Profis besetzte Senioren-Mannschaft seines Heimatvereins FC Hertha 03 Zehlendorf.

Herthas Aufstellung im Spiel gegen Arminia Bielefeld: Groß; Enders, Patzke, Witt, Gergely (71. Ferschl), Varga, Wild, Gayer, Sperlich, Steffenhagen, Weber (46. Brungs)

Kapitel 3

„Um 20:20 Uhr war die Sensation perfekt"
TeBes erfolgreiche Aufstiegsrunde zur Bundesliga (1974)

An den Spielen der Aufstiegsrunde zur Ersten Fußball-Bundesliga hatten Berliner Vereine bis dato nur mit mäßigem Erfolg teilgenommen. Dabei spielte es keine Rolle, ob Tasmania 1900, Blau-Weiß 90, Tennis Borussia, der SC Wacker 04 oder Hertha 03 Zehlendorf die Berliner Farben vertraten. Trotz einiger Achtungserfolge belegten sie die hinteren Tabellenplätze in ihren Gruppen. Jedes Jahr aufs Neue waren sie mit Ambitionen angetreten, der Aufstiegszug aber frühzeitig ohne sie abgefahren, was sich entsprechend auf die Zuschauerresonanz auswirkte. Für viele Klubs wurde die Runde daher zum Zusatzgeschäft. Einzig das Jahr 1968 bildet eine rühmliche Ausnahme: Hertha BSC zog nach drei Spielzeiten in der Regionalliga nicht nur wieder in die Bundesliga ein, sondern auch die Massen ins Olympiastadion. 74.000 Zuschauer im Schnitt besuchten die Spiele gegen Göttingen 05, Rot-Weiß Essen, Bayern Hof und den SV Alsenborn.

Nachdem der DFB-Bundestag am 30. Juni 1973 in Frankfurt/Main die Einführung einer 2. Bundesliga beschlossen hatte – vornehmlich um die Kluft zu verringern, die sich zwischen den Profi- und den Amateurvereinen aufgetan hatte – sollte dem Abschied von der Regionalliga auch der Abschied von der Aufstiegsrunde zur Ersten Fußball-Bundesliga folgen. Zum letzten Male winkte den Meistern und Vizemeistern der fünf Regionalligen die Chance, auf direktem Weg einen Platz im Oberhaus zu ergattern. Somit war die Aufstiegsrunde 1974 ein erster Versuch „mit doppeltem Boden", wie es Lutz Rosenzweig bezeichnete. Denn auch die acht Verlierer würden in diesem Jahr reichen Lohn ernten: Sie waren automatisch qualifiziert für die ins Leben gerufene 2. Liga (Nord- und Südstaffel), sodass eigentlich alle Teilnehmer ohne große Belastung ins Rennen gehen konnten.

Aus Berlin hatten sich Tennis Borussia als Meister der Regionalliga und der SC Wacker 04 als Vize qualifiziert. Beide Vereine hatten bereits in den Vorjahren mehrere vergebliche Anläufe genommen, sodass der *Kicker* die Berliner Teams als „Outsider" einstufte, gab aber zu bedenken: „Irrtümer vorbehalten. Sonst wäre Fußball kein Fußball."

Den Männern von TeBe-Trainer Georg „Schorsch" Gawliczek, der 1962 als designierter Nachfolger von Bundestrainer Sepp Herberger gegolten hatte, kam es entgegen, nicht sofort im Blickpunkt zu stehen. Dennoch hatten sie sich fest vorgenommen, nicht nur gelegentlich für Überraschungen zu sorgen. Finanziert von ihren Gönnern, dem Quizmaster Hans Rosenthal und Musik-Produzent Jack White, alias Horst Nuß-

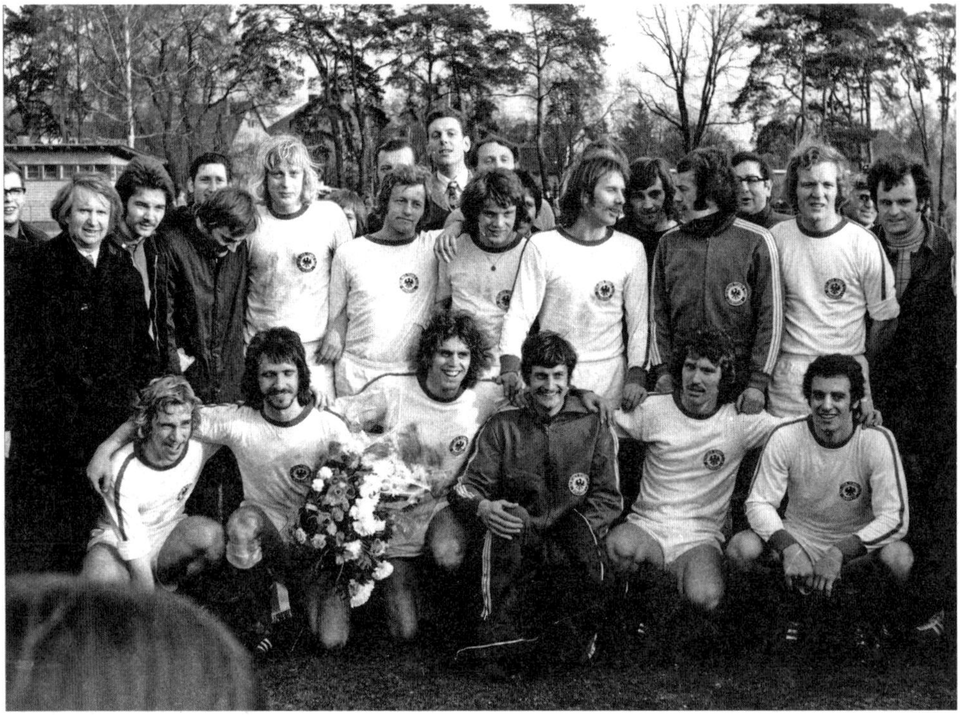

Regionalliga-Meister 1973/74 Tennis-Borussia. Der Titel wird am Siebenendenweg in Zehlendorf perfekt gemacht. Hintere Reihe von links: Manager Heinz Opitz, Manfred Wittke, Zeugwart Zimmermann, Norbert Stolzenburg, Hans Sprenger, Joachim Thiel, Gerd Schwidrowski, Hubert Birkenmeier, Gino Ferrin, Rainer Adler und Volker Becker (in Zivil) Vordere Reihe von links: Jürgen Schulz, Wolfgang Mulack, Norbert Siegmann, Peter Eggert, Karlheinz Subklewe, Jürgen Rumor (Foto: privat)

baum, waren sie mit deutlichem Vorsprung Berliner Meister geworden, hatten von 33 Spielen 31 gewonnen, bei einem Unentschieden und nur einer Niederlage. 103:19 lautete ihr imposantes Torverhältnis. „Aber trotzdem hat man uns null Chancen gegeben“, erinnerte sich Borussen-Torjäger Norbert Stolzenburg, der vor der Saison von Hertha Zehlendorf zu den Veilchen gewechselt war – wie auch Verteidiger Stephan Hoffmann vom Spandauer SV, Jürgen Schulz, der den Konkurs anmeldenden SC Tasmania 1900 verließ, und Stürmer Hans Sprenger vom SC Wacker 04. Sie zusammen kosteten die stolze Transfersumme von 250.000 DM.

Die Borussen bereiteten sich am Kleinen Wannsee auf das erste Heimspiel im Mommsenstadion gegen Borussia Neunkirchen vor. „Alles heil – die Großen können kommen“, hieß es aus dem Lager der Charlottenburger.

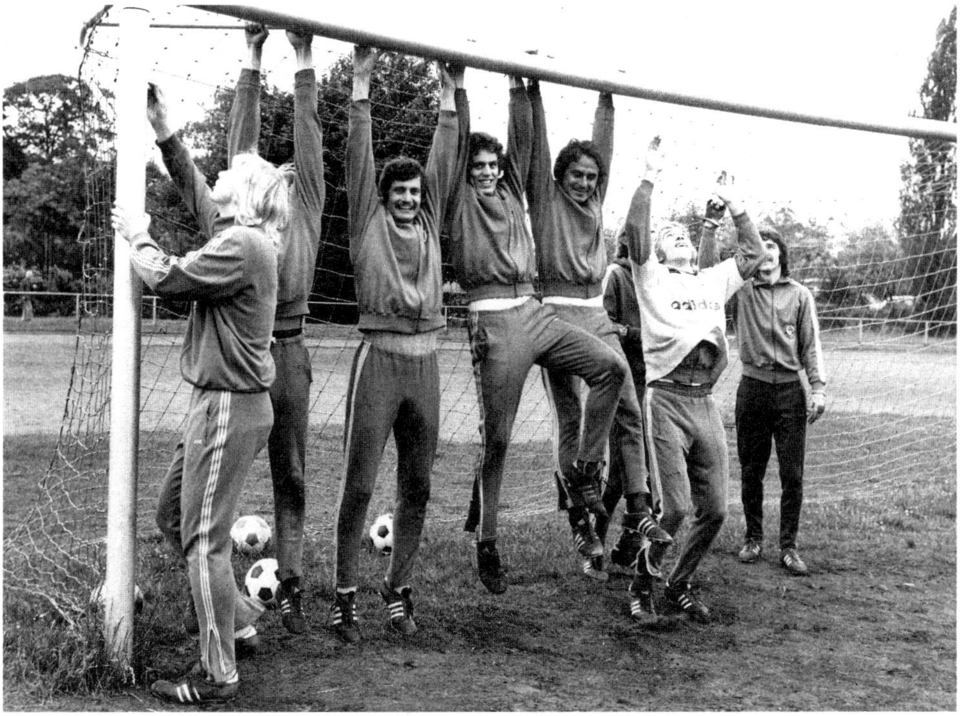

Lockerheit beim Training in der Aufstiegsrunde: Von links: Norbert Stolzenburg, Hubert Birkenmeier (verdeckt), Peter Eggert, Norbert Siegmann, Dieter Schollbach, Jürgen Schulz und Manfred Wittke (Foto: Bildarchiv Schirner)

Wer auf der Pressekonferenz nach dem ersten Spiel in die Augen von TeBe-Trainer Gawliczek schaute, hätte glauben können, seine Mannschaft hätte gerade den Aufstieg endgültig verpasst. Auch bei der *Berliner Morgenpost* sah man die Felle der Borussen fortschwimmen, noch ehe die Aufstiegsrunde so richtig in Fahrt kam: „Ist der Traum vom Aufstieg in die Erste Bundesliga für Tennis Borussia schon zerronnen?" Rosenzweig relativierte im *Abend* den Fehlstart: „Dabei war nur *ein* wichtiger Punkt verloren gegangen." Die Berliner hatten wenige Minuten zuvor im Mommsenstadion vor 7.949 Zuschauern 0:0 gegen Neunkirchen gespielt und angesichts des Gebotenen fragte sich Heinz Beyer von der *Berliner Morgenpost*, ob „am Sonntag in Augsburg schon Endstation ist?" Rosenzweig blieb seiner Linie treu: Realist, aber stets mit der nötigen Portion Hoffnung: „Sagen wir es so: Nach diesem schwachen Beginn in Berlin kann es beim FC Augsburg nur besser werden. Ein Unentschieden dort und alles ist wieder gut."

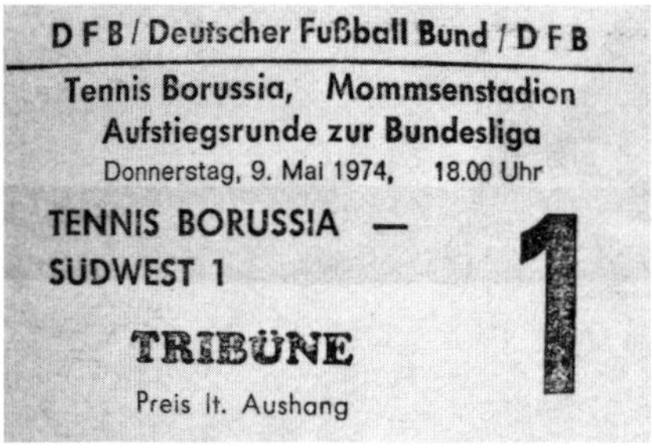

Eintrittskarte zur Bundesliga-Aufstiegsrunde 1974 Tennis-Borussia – Borussia Neunkirchen (0:0) (Foto: privat)

In Augsburg herrschte Fußballfieber. Die Nachfrage nach Eintrittskarten war derart groß, dass sogar Fälscher den Run ausnutzten und viele ungültige Tickets in Umlauf brachten. Die Borussen hatten ihre Starthemmungen überwunden und straften alle Prognosen Lügen, von wegen: In Augsburg ist eh nichts zu holen. Joachim Thiel hatte TeBe schnell in Führung gebracht. Doch als Augsburgs Spielmacher und mehrfacher WM-Teilnehmer Helmut Haller die Gastgeber mit einem phantastischen Freistoß in den Winkel 2:1 in Führung brachte, gab niemand mehr einen Pfifferling auf die Berliner. Als sich aber die 90 Minuten dem Ende näherten, kam in der vorletzten Minute der Schock für den FC Augsburg. „Da nämlich ‚kanonierte‘ TeBe-Verteidiger Hoffmann den Ball aus 30 Metern Entfernung zum 2:2-Ausgleich ins Netz des Südmeisters“, wie es im *Abend* hieß. Kein Wunder, dass fast alle der 39.000 Zuschauer tief enttäuscht das Rosenau-Stadion verließen.

1. FC Augsburg	2	5:4	3-1
2. RW Oberhausen	1	2:1	2-0
3. Tennis Borussia	2	2:2	2-2
4. Bor. Neunkirchen	1	0:0	1-1
5. FC St. Pauli	2	3:5	0-4

„Wir haben es nun selbst in der Hand, ob wir in der Aufstiegsrunde vorn mitspielen oder ob wir nach hinten rutschen“, sagte der Zweite Vorsitzende von Tennis Borussia, Heinz Opitz, vor dem Heimspiel gegen Rot-Weiß Oberhausen. Erstmalig eiferten die Berliner ihren großen Vorbildern aus der Bundesliga nach: Sie liefen nun auch Reklame. Der Werbevertrag mit einer deutschen Versicherung war jedoch befristet für die Aufstiegsrunde.

Riesenjubel herrschte nach dem Schlusspfiff im Mommsenstadion. TeBe-Spieler, der Vorstand und 6.851 zahlende Zuschauer schwammen in einem lila-weißen Freudenmeer, denn durch einen 3:1-Erfolg über Rot-Weiß Oberhausen hatte Tennis Borussia die Tabellenspitze der Gruppe 2 erklommen. Gawliczek strahlte, hatte seine Mannschaft doch gerade „mit glänzender Kondition und bester Moral gewonnen.“ Doch in den ersten 40 Minuten wirkten die Berliner überhastet und nervös, was sich schlagartig änderte, als Stolzenburg eine Flanke von Mulack aus Nahdistanz per Kopf einrammte (41.). Schon drei Minuten nach Wiederanpfiff war er es auch, der sich nicht vom Ball drängen ließ und das 2:0 erzielte. Gino Ferrins 3:1 beseitigte die letzten Zweifel (82.). *Der Abend* schrieb angesichts der nächsten Partie: „Ein Punkt beim FC

St. Pauli, dann müsste es im nächsten Heimspiel gegen den FC Augsburg endlich das erhoffte volle Haus geben."

1. Tennis Borussia	3	5:3	4-2
2. FC Augsburg	3	6:5	4-2
3. Bor. Neunkirchen	2	1:1	2-2
4. RW Oberhausen	2	3:4	2-2
5. FC St. Pauli	2	3:5	0-4

Angesichts der unerwarteten Berliner Erfolge in den Bundesliga-Aufstiegsspielen beobachtete man auch beim Lokalrivalen Hertha BSC das Geschehen aufmerksam. Schon flachste Herthas Kapitän Ludwig „Luggi" Müller: „Am 24. August starten wir mit einem Heimspiel gegen den VfL Bochum in die neue Saison, danach spielen wir ‚auswärts' gegen Wacker, dann kommt Kaiserslautern zu uns, dann spielen wir ‚auswärts' gegen Tennis Borussia und dann haben wir im fünften Spiel Werder Bremen zu Gast. Mit unserem neuen Trainer Dettmar Cramer könnten wir dann nach fünf Heimspielen sicher 10:0 Punkte haben. Ein guter Start in die Meisterschaft ..." So ganz falsch sollte „Luggi" mit seiner scherzhaften Prognose nicht liegen. Nur im wichtigsten Punkt irrte er: Der Name seines Trainers sollte sich kurz vor Saisonbeginn ändern.

„Spätestens nach diesem Sonntag musste die Konkurrenz wissen, wer im Kampf um den Bundesliga-Aufstieg zu allererst zu schlagen ist: Berlins Meister Tennis Borussia", hieß es im *Abend*. Die Charlottenburger Veilchen hatten sich mit einem souveränen 2:0-Sieg beim FC St. Pauli am Hamburger Millerntor eine hervorragende Ausgangsposition gesichert. „Wenn wir von hier einen Punkt mit nach Hause nehmen, mischen wir mit", hatte Gawliczek vor dem Anpfiff erklärt. Tatsächlich wurden es sogar zwei Punkte. „Die Begeisterung meiner Spieler war der Schlüssel zum Sieg. Jetzt peilen wir auch den Aufstieg an!", gab Gawliczek auf der anschließenden Pressekonferenz einen Warnschuss in Richtung Konkurrenz ab.
Aus einer sicheren Abwehr heraus wollten die Borussen ihren Gegner überraschen. Da passte das frühe 1:0 nach sechs Minuten genau ins Konzept, Sprenger erzielte es, und mitten hinein in die wütenden Angriffe St. Paulis erhöhten die Berliner auf 2:0 durch Ferrin. Die Ausgangsposition war für Tennis Borussia inzwischen „hervorragend", wie auch Beyer sah, und „die Chance zum Bundesliga-Aufstieg (war) riesengroß".

Die Tabelle nach Abschluss der Hinrunde:

1. Tennis Borussia	4	7:3	6-2
2. FC Augsburg	4	8:7	5-3
3. Bor. Neunkirchen	4	5:7	4-4
4. RW Oberhausen	4	6:8	3-5
5. FC St. Pauli	4	8:9	2-6

TeBe hoffte im Vorfeld des Spiels gegen die Haller-Mannschaft auf einen ähnlich guten Besuch, wie ihn Wacker 04 gegen Eintracht Braunschweig zu verzeichnen gehabt hatte, als eine Woche zuvor 25.700 Zuschauer ins Poststadion geströmt waren. Die Borussen waren bemüht, die organisatorischen Fehler zu vermeiden, die Wacker gemachte hatte, und wiesen immer wieder auf die Vorverkaufsstellen hin. Im „Sporthaus Berndt“, im Neuköllner Reisebüro Maas und im Wildbad-Kiosk an der Rankestraße waren die Karten erhältlich. Nach Auskunft von TeBe-Vize Opitz waren vor dem Spieltag bereits 10.000 Tickets abgesetzt, sodass er bei gutem Wetter auf eine Kulisse von 30.000 bis 35.000 Fußballfans hoffte. Während die Polizei an die Kraftfahrer appellierte, „ihren eigenen Untersatz“ zu Hause zu lassen, da Parkmöglichkeiten am Poststadion rar waren, bat die TeBe-Geschäftsstelle um rechtzeitiges Erscheinen und öffnete die Kassen bereits um 11:00 Uhr.

Die Stimmung im VBB-Heim am Kleinen Wannsee war bestens. Die blendend gelaunte Truppe bereitete sich dort seit Donnerstag auf das wichtige Spiel vor. Rund 90 Minuten vor Spielbeginn klagte TeBes Vorstandsmitglied Horst Sander noch: „Hätten wir uns doch bloß entschlossen, die Aufstiegsspiele im Olympiastadion auszutragen.“ Da hofften er und TeBe-Schatzmeister Optik noch auf rund 35.000 Zuschauer. Der eine halbe Stunde später einsetzende Regen machte einen dicken Strich durch ihre Rechnung. Statt der erwarteten großen Kulisse kamen nur 16.581 zahlende Zuschauer, „was uns mindestens 100.000 Mark gekostet hat“, wie Opitz enttäuscht feststellte.

Auch sportlich lief es nicht wie gewünscht. „Der Weg zum Gruppensieg ist weit und steinig“, schrieb Beyer und führte fort: „Wer glaubte, dass Tennis Borussia zu Hause gegen den FC Augsburg alles klarmacht, sah sich getäuscht. Wieder gab es ein 2:2, ein gerechtes Ergebnis, das beiden Mannschaften die Aufstiegshoffnung ließ.“ Ungewohnt pessimistisch zeigte sich Lutz Rosenzweig im *Abend*: „Wäre Adlers Kopfball 100 Sekunden vor Schluss nicht vom Augsburger Tormann zurückgeschlagen worden, hätten die Berliner möglicherweise den Aufstieg geschafft. So aber geht's vermutlich daneben.“ Weiter unten klang sein Schlusswort aber doch wieder positiv, denn er sah „angesichts der kuriosen bisherigen Ergebnisse noch keinen Anlass, Berlins Borussen in dieser Rechnung vorzeitig zu streichen.“

Gawliczek bekam ein „Klasse-Spiel“ zu sehen, sogar „das Beste von uns!“ Stolzenburg hatte die Berliner in der 19. Minute in Führung gebracht, kurz nach der Pause glichen die Augsburger aus, aber Siegmann konterte zwei Minuten später nach einem Eckball zum 2:1 (51.). Das 2:2 durch Vöhringer war umstritten. Beim Kopfball drückte er seine Bewacher Ferrin regelwidrig weg, was nicht nur Rosenzweig registrierte: „Das Foul war doch für alle klar ersichtlich.“ Gawliczek urteilte gegenüber der Presse moderat, meinte höchstens, dass seine Spieler in gewissen Dingen zu brav seien. Intern wurde er deutlicher, was die Aufnahmen eines Fernsehteams für die *ZDF-Sport-Reportage* am Sonntag deutlich wiedergaben. Die Bilder zeigten, wie sich der Trainer einen lautstarken Disput mit Abwehrspieler Ferrin lieferte. Ferrin beteuerte, eindeutig gestoßen worden zu sein, was Gawliczek nicht gelten ließ. Heute ist schwer vorstellbar, wie lange sich das Kamerateam unmittelbar nach dem Abpfiff im Umkleideraum der Berliner aufhalten und ungekürzt die heftige Diskussionen zwischen den Spielern und ihrem Trainer senden konnte.

1. Tennis Borussia	5	9:5	7-3
2. FC Augsburg	5	10:9	6-4
3. Bor. Neunkirchen	4	5:7	4-4
4. FC St. Pauli	5	11:9	4-6
5. RW Oberhausen	5	6:11	3-7

„TeBe steht jetzt der Himmel offen" und „Bei TeBe deuten die Zeichen auf Aufstieg" lauteten die Überschriften, die Berlins Fußballfreunde am Donnerstag im *Abend* und in der *Berliner Morgenpost* nach dem 1:1 vor 8.000 Zuschauern bei Borussia Neunkirchen zu lesen bekamen.

Schon frühzeitig hatten die Berliner die Saarländer erschreckt, indem Adler ein Prachttor schoss (9.). Aus 18 Metern traf er mit sattem Spannschuss hoch ins linke obere Eck! Für Mittelstürmer Stolzenburg war „es unser schlechtestes Spiel, der Gegner hat uns förmlich an die Wand gespielt." Doch mehr als den Ausgleich ließen die Berliner und ihr ausgezeichneter Schlussmann Birkenmeier nicht zu. Die Saarländer verzweifelten an ihm, dazu parierte er in der 62. Minute sogar einen Foulelfmeter. Gawliczek strahlte nach dem Schlusspfiff: „Hätte uns einer vor der Aufstiegsrunde prophezeit, dass wir nach dem sechsten Spiel noch ungeschlagen sind, er wäre für völlig verrückt erklärt worden." Den Berliner Fußballfans aber war inzwischen klar geworden: Gelingt den Veilchen ein Sieg im nächsten Heimspiel gegen den FC St. Pauli, muss sich Hertha BSC ernsthaft mit dem Gedanken anfreunden, in der nächsten Saison in Berlin eine Bundesliga-Konkurrenz zu haben.

Die Borussen waren nach einwöchiger Pause ausgeruht und zu einer noch verschworeneren Gemeinschaft geworden. Vor 15.133 zahlenden Zuschauern vergaben die Borussen in den ersten 30 Minuten allerbeste Torchancen, und sie durften sich nicht einmal wundern, als die defensiv eingestellten Hamburger durch einen 25-Meter-Flachschuss in Führung gingen (33.). Mönch vom *Abend* störte das folgende „Quer- und Rückwärtsgeschiebe der Norddeutschen genauso wie die ärgerliche Reaktion des Publikums, das statt mit Anfeuerungsrufen alles Bemühen der eigenen Elf mit Pfiffen quittierte."

Gawliczek hatte seine Hoffnungen auf die zweite Hälfte gesetzt, in der die Borussen dann ihre letzten Kraftreserven mobilisierten und ohne Hemmungen stürmten. Doch musste man bis zur 71. Minute warten, ehe Schwidrowski der Ausgleich gelang. „Im

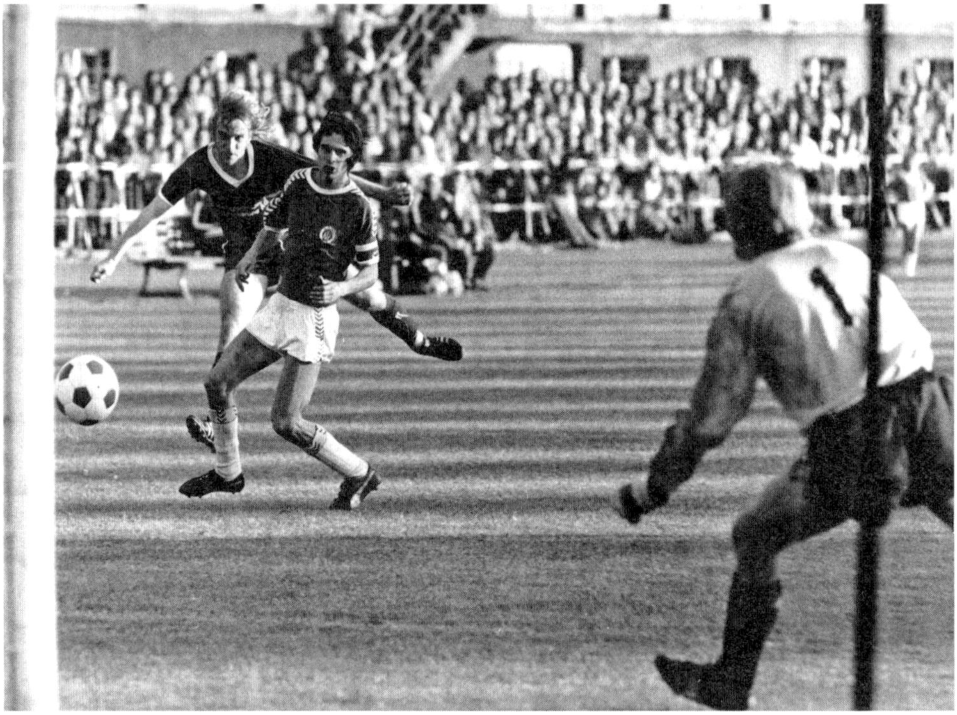

Jürgen Schulz beim Torschuss gegen den FC St. Pauli (Foto: Bildarchiv Schirner)

gleichen Augenblick war im Poststadion die Hölle los. Leidenschaftlich feuerten die Berliner Fußballfans die Borussen an", schrieb Hans Uhlich für die *BZ*. Es blieb dem besten Borussen vorbehalten, für das 2:1 zu sorgen: Libero Peter Eggert, ein Vorbild an Hingabe und Einsatz, köpfte einen Eckball Sprengers ins obere Tordreieck (81.). Sprengers 3:1 vier Minuten vor dem Ende machte endgültig alles klar. Um 20:20 Uhr war „die Sensation", so bezeichnete es der *Kicker*, perfekt: Als über Lautsprecher die Nachricht der gleichzeitigen 0:1-Heimniederlage von Konkurrent Borussia Neunkirchen gegen Rot-Weiß Oberhausen bekannt gegeben wurde und damit der vorzeitige Aufstieg feststand, kannte die Begeisterung keine Grenzen. Es herrschte Jubel – Trubel – Heiterkeit. Hunderte von Zuschauern rannten aufs Spielfeld, um die Spieler im Triumphzug in die Kabinen zu tragen. TeBe war auch im siebten Aufstiegsspiel ungeschlagen geblieben und „rund 16.000 Fußballfreunde schwelgten im Poststadion in einer kaum erwarteten ‚Veilchen-Blüte' ",, wie Mönch die Stimmung wiedergab.

Nur sehr langsam wurde bewusst, dass Berlin jetzt neben Hertha BSC einen zweiten Vertreter in der Bundesliga besaß – oder wie Weise es formulierte „Hertha BSC hat

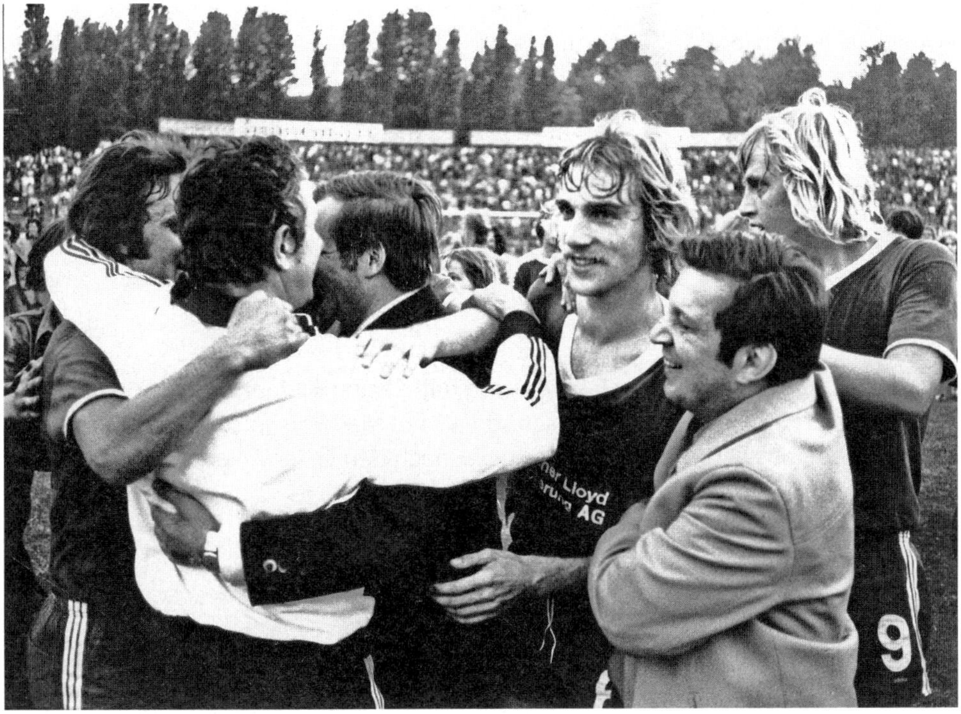

Aufstieg geschafft. Nach dem 3:1 gegen den FC St. Pauli im Poststadion freuen sich Trainer Georg Gawliczek (von hinten, weiße Jacke) und die Spieler Jürgen Schulz und Norbert Stolzenburg. (Foto: Bildarchiv Schirner)

ein Berliner ‚Brüderchen‘ bekommen.“ Zu später Stunde wehte vom Charlottenburger Rathaus die lila-weiße TeBe-Vereinsfahne, „von Bürgermeister Dr. Legien eigenhändig aufgezogen“, wie Mönch auf dem Weg in die *Abend*-Redaktion beobachtet hatte. Glückwünsche kamen vom Berliner Konkurrenten. Dettmar Cramer gratulierte seinem Freund Gawliczek und der Mannschaft, „die ganz sicher die stärkste in ihrer Gruppe war.“ Lutz Rosenzweig erinnerte sich an den Aufstieg Herthas 1968 und verglich ihn mit dem Erfolg der „Veilchen“, die angesichts der angespannten finanziellen Lage vor einer schweren Aufgabe standen: „Die Herthaner zogen einst im Kudamm-Triumph vom Halensee bis zur Gedächtniskirche. Die Borussen, deren Leistung keineswegs geringer einzuschätzen ist, machten es eine Nummer kleiner. Vielleicht ist solche Einstellung die Grundlage für ein gutes Gelingen.“ Heinz Hilb von der *BZ* wünschte den Borussen „von ganzem Herzen, dass sie nie in die prekäre Lage von Hertha kommen mögen“, steckte Hertha BSC doch tief in den roten Zahlen und wickelte gerade den Verkauf des vereinseigenen Stadions „Plumpe“ ab. Beyer spionierte für die *Berliner Morgenpost* in diesen Tagen bei der Deutschen Nationalmannschaft, die sich zur Vorbereitung auf das erste Spiel der Heim-WM gegen Chile in Berlin aufhielt, und traf dabei auf Gerd Müller. Als der Torjäger den Journalisten sah, rief er hinüber „Gratuliere!“. Später meinte er: „Ich fahre lieber zweimal nach Berlin als zweimal nach Köln.“ Das zeigte: Die Borussen waren in der Ersten Bundesliga angekommen.

1.	Tennis Borussia	7	13:7	10-4
2.	FC Augsburg	7	16:16	7-7
3.	Bor. Neunkirchen	7	7:9	7-7
4.	RW Oberhausen	7	10:13	7-7
5.	FC St. Pauli	8	16:17	5-11

Das letzte Spiel der Berliner in Oberhausen hatte keine Bedeutung mehr, man hätte also auch eine „Kranzkuchen-Mannschaft“ an den Niederrhein schicken können, wie es die *BZ* auf ihre Art festhielt. Die Luft war nach den vielen Feiern raus, Gawliczek nahm die 0:4-Niederlage verständnisvoll hin.

Wie überrascht der ganze Verein vom Aufstieg war, ist auch einem SFB-Interview noch zwei Wochen (!) vor dem Bundesligastart zu entnehmen. Manager Opitz wurde zum wiederholten Male gefragt, ob der Klub sein Aufstiegsrecht wahrnehmen möchte. Er bejahte die Frage zwar eindeutig, doch völlig aus der Luft gegriffen waren die Bedenken der Journalisten nicht. Auch der 1. Vorsitzende Manfred Pawlak wurde nach den Absichten der „Lila-Weißen“ befragt. „Wir sind doch kein Trimm-Dich-Klub“, antwortete er mit deutlichen Worten und verwies darauf, dass, wer nach Erfolg strebt, schließlich auch mit ihm leben können muss. Dennoch: „Die Verantwortlichen waren mit dem Aufstieg total überfordert und wussten gar nicht, wie sie finanziell damit umgehen sollten“, erinnerte sich Ferrin. TeBe war auf die 2. Liga Nord programmiert und musste nun völlig neu disponieren. Ging man zunächst noch von einem Jahresetat von 1,2 Millionen DM aus, erhöhte sich der Voranschlag für das Oberhaus auf 2,2 Millionen. Mäzene und Werbeträger mussten kurzfristig gefunden werden. Doch nicht nur die Klub-Bosse waren von der Situation überrascht, „auch von den Spielern wusste keiner, was man nun verdienen könnte. Es waren schwierige Verhandlungen – für beide Seiten“, gab Ferrin zu. Auch für Jürgen Schulz gestaltete sich die Situation kurios. Er hatte für die Aufstiegsrunde an der Universität extra ein Urlaubssemester eingelegt, um dabei sein zu können, und sollte als Mittelfeldspieler langjährige Borussen-Stütze werden. „Die Verträge für die 2. Liga Nord hatten wir alle schon unterschrieben, doch für die Bundesliga mussten wir nachverhandeln.“ Die Probleme, die durch den Aufstieg in der Sommerpause auf den Verein zukamen, konnte das Gespann Pawlak/Opitz in der Kürze der Zeit nicht überblicken. Im Grunde genommen war Tennis Borussia immer noch ein Amateurverein, der sich nun plötzlich im Oberhaus wiederfand. Die Spieler aber hatten bis zum 8. Juli Trainingspause – auch, um einige persönliche Dinge zu regeln. So mussten sie zunächst einmal ihren bisherigen Hauptberuf aufgeben.

Der Endstand:

1. Tennis Borussia	8	13:11	10-6
2. FC Augsburg	8	18:17	9-7
3. RW Oberhausen	8	14:13	9-7
4. Bor. Neunkirchen	8	8:11	7-9
5. FC St. Pauli	8	16:17	5-11

Die Torschützen von Tennis Borussia in der Bundesliga-Aufstiegsrunde:
Stolzenburg 3, Ferrin 2, Sprenger 2, Siegmann 1, Adler 1, Schwidrowski 1, Eggert 1, Thiel 1, Hoffmann 1

Das Aufgebot (Anzahl der Einsätze):

Tor:
Hubert Birkenmeier (8)
Abwehr:
Peter Eggert (7), Stephan Hoffmann (8), Norbert Siegmann (8), Wolfgang Mulack (7)
Mittelfeld:
Jürgen Schulz (8), Jürgen Rumor (4), Joachim Thiel (8)
Angriff:
Norbert Stolzenburg (8), Hans Sprenger (8), Gino Ferrin (7)
Ersatz:
Gerd Schwidrowski (8), Reinhard Adler (5), Karlheinz Subklewe (2), Dieter Schollbach (4)
Trainer:
Georg „Schorsch“ Gawliczek

Kapitel 4

„Vielen Dank für schöne Stunden!“ Erstmals zwei Berliner Bundesligisten (1974/75)

Bevor der Startschuss zur Spielzeit 1974/75 Ende August fiel, gab es aus Berliner Sicht zwei Besonderheiten. Zum einen den überraschenden Aufstieg der Tennis-Borussen und damit erstmals in der Bundesligageschichte zwei Berliner Vereine, zum anderen die bis heute einmalige Trainerposse beim Lokalrivalen Hertha BSC.

Trainer Kronsbein hatte nach achtjähriger Tätigkeit bei Hertha BSC den Klub um eine sofortige Freigabe gebeten und Berlin noch während der Spielzeit 1973/74 in Richtung Hannover verlassen. Für ihn verpflichteten die Verantwortlichen Anfang Januar 1974 Dettmar Cramer ab Sommer für drei Jahre. Man traute diesem erfahrenen Trainer zu, Hertha nach zwei Jahren Mittelmaß wieder näher an die Bundesligaspitze heranzuführen. Doch kurz vor Saisonbeginn sprang Cramer ab. Zwar leitete er am 9. Juli 1974 noch das erste Training am Gesundbrunnen, ließ sich auch für das Mannschaftsfoto ablichten und wurde anschließend sogar auf einer von Wolfgang Holst geleiteten Pressekonferenz der Öffentlichkeit vorgestellt, verkündete aber noch am selben Abend seinen Rücktritt. „Aus „persönlichen Gründen“, wie er angab. Dass er als „Trainer für einen Tag“ in Herthas Vereinsgeschichte einging, wird zwar rückblickend von Journalisten immer wieder gern behauptet, ist tatsächlich so jedoch nicht korrekt, wie späteren Aussagen von Spielern und Michael Jahns Buch „Blauweiße Wunder“ zu entnehmen ist: „Dettmar Cramer fuhr nach seinem abrupten Rückzug noch mit der Hertha-Mannschaft ins von ihm geplante und organisierte Trainingslager nach Herzogenaurach, was häufig in der Nachschau vergessen wird. Cramer blieb so lange im Trainingslager, bis sein auch von ihm unterstützter Nachfolger Georg Keßler am 16. Juli aus Holland in Herzogenaurach eintraf.“ Bevor Hertha jedoch mit Keßler fündig wurde, geisterten andere, prominentere Namen durch die Stadt: Hans Tilkowski, Helmuth Johannsen und Rudi Gutendorf wurden von Hertha-Präsident Warneke zugleich genannt und dementiert. In einem Interview in der *Berliner Abendschau* ließ sich Warneke von Heinz Deutschendorf nur so viel entlocken: „Ein afrikanischer Trainer wird es nicht!“

Die Gründe für Cramers spontane Entscheidung lagen lange im Dunkeln. Man vermutete zunächst, dass ihm der Kader mit 14 Spielern zu klein erschien, und er wohl fürchtete, sein Image würde unter einer schlechten Platzierung leiden. Eine andere Theorie besagte, er sei enttäuscht und fühlte sich belogen, dass die ihm seitens des Vereins zugesicherten Spieler Hoeneß, Breitner, Vogts und Ottmar Hitzfeld nicht verpflichtet wurden. Da die Finanzierung dieses Spielerpakets nicht gesichert war, konnte Warneke dem neuen Trainer Cramer keine exakten Zusagen wegen der Neuverpflichtungen machen. Mit Uwe Kliemann, der Cramer als DFB-Jugendtrainer kennengelernt hatte und der für ihn ein wichtiger Faktor gewesen war, um von der Frankfurter Eintracht nach Berlin zurückzukehren, wechselte schließlich nur ein Wunschspieler Cramers an die Spree. „Also dachte Cramer, dass er belogen wurde", gab Kliemann gegenüber Gilbert Blecken im Oktober 2003 in einem Interview seine Sichtweise wieder. Er und Kapitän „Luggi" Müller veranstalteten schließlich in Haßfurt, der Heimat Müllers und nicht weit vom Trainingslager in Herzogenaurach entfernt, einen Mannschaftsabend, um Cramer noch zu einem Bleiben in Berlin zu bewegen. „Wir haben als Mannschaft sogar angeboten, auf Prämien zu verzichten." Doch es gab kein Zurück. Keßler hatte bereits alle Brücken in seiner niederländischen Heimat abgebrochen und bei Hertha unterschrieben. Hertha-Experte Michael Jahn kam nach einem Gespräch mit Warneke zu einem anderen (weiteren) Schluss: Cramer hatte es wohl nicht mit seinem Gewissen vereinbaren können, mit dem wegen des Bundesliga-Skandals auf Lebenszeit gesperrten Holst zusammenzuarbeiten. Holst arbeitete zwar nicht in offizieller Funktion aber doch mit Zustimmung Warnekes eifrig im Hintergrund. „Cramer hat die Geschichte mit Holst nicht gepasst, sie ist ihm zu unseriös gewesen", gab Warneke später zu. Von Cramer selbst gab es bis zu seinem Tod am 17. September 2015 keine Stellungnahme dazu.

Stattdessen übernahm am 17. Juli 1974 Georg Keßler den Trainerposten bei Hertha BSC. Der wegen seines gepflegten Äußeren und gewählten Auftretens auch „Sir" Genannte, hatte von 1966 bis 1970 die niederländische Nationalmannschaft trainiert und galt als Entdecker von Hollands Fußballidol Johan Cruyff.

Die Erwartungen an die beiden Berliner Klubs vor der Spielzeit 1974/75 waren bescheiden. Während für Aufsteiger Tennis Borussia, der mit 12.000 Zuschauern pro Partie kalkulierte, nur der Klassenerhalt das Ziel sein konnte, wurde Hertha BSC nach den Turbulenzen des Bundesligaskandals und Jahren der Konsolidierung nur eine Platzierung jenseits von „Gut und Böse" zugetraut, auch wenn Präsident Warneke einen UEFA-Cup-Platz als Ziel ausgegeben hatte.

„Hallo Fans! Nach Weltmeisterschaft und DFB-Pokalfinale, nach verregnetem Juli-Urlaub und Hundstagen Mitte August, kommt nun der Fußballalltag wieder zu Wort. Und da wir in dieser Saison zwei Mannschaften im deutschen Fußball-Oberhaus haben, erscheint das *Berliner Fußball-Programm* selbstverständlich auch zu den Punktspielen von Tennis Borussia, erstmalig heute in einer Woche beim TeBe-Heimspiel gegen Werder Bremen." So stand es am Sonnabend, den 24. August 1974 im Programmheft anlässlich der Auftaktpartie von Hertha BSC gegen Fortuna Düsseldorf zu lesen. Man wünschte Herthas neuem Trainer Keßler, aber auch TeBes Coach Georg „Schorsch" Gawliczek Hals- und Beinbruch und begrüßte die Neuzugänge. Allen voran Kliemann, der wegen seiner stattlichen Körpergröße von 1,90 m „Funkturm" genannt wurde, aber keineswegs nur körperlich herausragte. Kliemann war für inoffizielle 850.000 DM von Eintracht Frankfurt nach Berlin zurückgekehrt, nachdem ihn seine Reise von der

„kleinen“ Hertha in Zehlendorf 1970 zuerst zu den Rot-Weißen nach Oberhausen geführt hatte. Sein Weg stand sinnbildlich für viele Sünden in Herthas Einkaufspolitik, die sich die Verantwortlichen zu dieser Zeit leisteten, indem sie talentierte Berliner Eigengewächse einfach übersahen, stattdessen teure Stars von „auswärts“ einkauften, obwohl Kliemann später einmal zugab, „dass ich es wohl schwerer gehabt hätte, wenn ich gleich bei Hertha BSC angefangen hätte, weil die Mannschaft Anfang der 70er-Jahre schon ein höheres Niveau hatte als zum Beispiel Rot-Weiß Oberhausen. So gesehen war das schon der richtige Weg für mich.“

Als wollten die Berliner Fußballer die wenig optimistischen Einschätzungen der Journalisten-Riege bestätigen, starteten sie schwach: Tennis Borussia geriet beim Mit-Aufsteiger Eintracht Braunschweig mit 0:5 gleich gehörig unter die Räder – trotz eines prominenten Neuzugangs aus Italien. Ex-Nationalspieler Karl-Heinz Schnellinger war vom AC Mailand an die Spree gewechselt, konnte das Unheil an diesem 1. Spieltag aber auch nicht verhindern. Schon nach 99 Sekunden lag der Ball das erste Mal hinter Birkenmeier im Netz. Als Torschütze zum 3:0 und 4:0 trat ein Ex-Berliner in den Vordergrund: Bernd Gersdorff war es, der zuvor in der Regionalliga für ebenjene Borussen die Fußballstiefel geschnürt hatte, ihnen aber nun ihre Bundesligapremiere gerade gründlich verdarb. Gersdorff kehrte einige Jahre später nach Berlin zurück, doch führte ihn sein Weg im Spätherbst 1976 nicht zu Tennis Borussia, er schloss sich dem Stadtrivalen Hertha BSC an.

Dieser startete gegen die Fortuna aus Düsseldorf durchwachsen in die Saison: 3:3 hieß es im Olympiastadion nach aufregenden 90 Minuten. Die Männer um Erich Beer konnten noch von Glück sagen, dass ihnen Schiedsrichter Kurt Tschenscher in der letzten Spielminute „Rabatt gab“, wie es im *Abend* hieß: „Haben renitente Hertha-Frösche für Herthas ersten Punkt gesorgt?“, fragte Lutz Rosenzweig und erklärte: „Als von links aus der Kurve in der 90. Minute eine halbe Hundertschaft der umstrittenen Blau-Weiß-Röcke den Schutzwall geentert und auf den Rasen gesprungen war, muss den wackeren Schiedsrichter Kurt Tschenscher aus Mannheim so etwas ähnliches wie Angst überkommen sein. Anders ist es nicht zu erklären, dass er beim letzten Hertha-Angriff das zaghafte Abwehr-Gestotter des Fortunen Dieter Brei gegen Holger Brück als elfmeterreif beurteilte. Gut, dass ‚Luggi‘ Müller die Ruhe bewahrte und eiskalt zum 3:3 vollstreckte.“

Vorher hatte Kliemann bewiesen, dass man ihn zurecht in seine Heimat zurückgeholt hatte. Als bester Mann auf dem Platz sorgte er nach 18 Minuten mit einem fulminanten Fernschuss für Herthas 1:0 und hatte damit sofort das Berliner Publikum auf seine Seite gezogen. „Der neue Schrei heißt Uwe – Uwe!“, lautete folgerichtig die Überschrift der *Fußball-Woche* am Montag, und auch Berlins Regierender Bürgermeister Kurt Neubauer befand: „Kliemann ist schon eine Wucht!“ Nach dem Ausgleich durch Seel (41.) setzte ein wahres Elfmeter-Festival ein: 1:2 Herzog (45., Foulelfmeter), 2:2 Beer (54.),

2:3 Herzog (86., Foulelfmeter) und 3:3 durch „Luggi" Müller (90., Foulelfmeter), der einen Tag vor seinem 33. Geburtstag trotz einer schweren Erkältung eine Energieleistung vollbrachte.

„Bange machen gilt nicht! Selbst nach dem 0:5-Schock von Braunschweig ist kein Grund zur Panik gegeben. Zu Hause, da müssen jene Punkte gewonnen werden, die zum Klassenerhalt notwendig sind", schätzten die Herausgeber des farblich in lila gehaltenen „*Berliner Fußball-Programms*" die Lage vor dem ersten Bundesliga-Heimspiel in der Geschichte von TeBe richtig ein. Karl-Heinz Schnellinger, mit 35 Jahren vom AC Mailand nach Berlin gewechselt, sollte die große Stütze der Borussen werden. Außerdem wurde mit Peter Geyer ein Stürmer vom 1. FC Nürnberg verpflichtet und mit Wolfgang „Sprotte" Sühnholz kehrte sogar ein Berliner in seine Heimatstadt zurück. Aber würde das gegen ein erfahrenes Team wie Werder Bremen ausreichen? Es reichte! Zwar zahlten nach der enttäuschenden Premiere vor Wochenfrist nur 8.620 Besucher Eintritt, „aber diese knapp 9.000 waren am Sonnabend so begeistert, dass sie bestimmt wiederkommen", schrieb Mönch im *Abend*. Joachim Witte von der *Fußball-Woche* fand sogar, dass „die 9.000 Zuschauer einen Krach machten für 50.000." Bis zum Mittwoch vor dem ersten Heimspiel hatten die Berliner übrigens 46 Dauerkarten zu je 160,– DM abgesetzt. Damit waren die Borussen preisgünstiger als der Lokalrivale Hertha BSC, der 206,– DM verlangte. „Jetzt nur nicht durchdrehen", gab Gawliczek zu Protokoll und versuchte vergeblich, die Euphorie an diesem sonnigen Tag zu dämpfen. Neuzugang Peter Geyer war der Mann des Tages. „Zugabe, Zugabe!", schallte es nach seinen Treffern zum 1:0 und 2:0 durchs weite Rund. In der 89. Minute setzte er mit dem 4:0 auch noch den Schlusspunkt. Das 3:0 hatte zwischenzeitlich Torjäger Stolzenburg beigesteuert, es war das erste Bundesliga-Tor des blonden Ex-Zehlendorfers.

Hertha erwischte es im Münchner Olympiastadion zwar nicht so arg wie befürchtet, doch die 1:2-Niederlage sorgte für ein einmaliges Tabellenbild: Tennis Borussia mit 2-2 Punkten auf dem 10. Platz vor (!) Hertha BSC mit 1-3 Zählern auf Rang 14. Wie gesagt: Einmalig, schon am nächsten Spieltag sollte sich das wieder ändern – und bis zum Saisonende so bleiben.

Schon vier Tage später schrieb Günter Weise nach Herthas klarem 4:1 gegen Kickers Offenbach zum 3. Spieltag in der *Berliner Morgenpost*: „Solche Siege braucht Fußball-Berlin. Kein Zweifel, dass gestern mehr als 19.510 Fans ins Olympiastadion gekommen wären, wenn man Herthas großartige Steigerung geahnt hätte". Die Mannschaft zwang im psychologisch wichtigen Moment den Gegner in die Knie, nachdem Offenbach auf 2:1 herangekommen war. Innerhalb von 60 Sekunden fielen die Treffer zum 3:1 durch Brück (76.) und Weiner zum 4:1 (78.), sodass Herthas Frösche begeistert ihren Gesang „Oh, wie ist das schön!" anstimmen konnten. Die 2:0-Führung hatten Kliemann mit einem spektakulärem 30m-Schuss (5.) und Brück (52.) herausgeschossen.

Die Tennis-Borussen hatten sich einen Tag zuvor achtbar geschlagen. Einen Erfolg beim Titelaspiranten Borussia Mönchengladbach hatte niemand erwartet, doch die „15.000 Zuschauer und die als 3:1 (1:1)-Sieger vom Platz gegangene Borussia sprachen nach Tennis Borussias Auftreten am gefürchteten Bökelberg mit einigem Respekt vom Berliner ‚Oberhaus‘-Neuling, der ein weit besseres Resultat erreicht hatte, als selbst Optimisten unter den wenigen Schlachtenbummlern es erwartet hatten“, wie Mönch im *Abend* schrieb. Die „Veilchen“ waren durch den vierten Saisontreffer von Peter Geyer sogar 1:0 in Führung gegangen (17.).

„Vorgestern beim 1:1 in Hamburg sahen wir die beste Auswärts-Hertha seit je! Als in den letzten 60 Sekunden nacheinander Weiner und Sidka den Pfosten trafen, erhob sich im gut gefüllten Volksparkstadion befreites Stöhnen.“ Lutz Rosenzweigs Einleitung seiner Nachbetrachtung im *Abend* gab das samstägliche Geschehen treffend wieder, denn das 1:1 vor 40.000 Zuschauern beim HSV war keineswegs ein Resultat glücklicher Umstände. Michael Sziedat hatte Hertha bei einem seiner Vorstöße mit einem mächtigen Hieb in Führung gebracht, Horst Bertl war der Ausgleich geglückt. „Würde Hertha immer so spielen wie in Hamburg – sie zählte absolut zu Bayern Münchens ernsten Titelkampf-Rivalen“. Doch hier lag Lutz Rosenzweig in seiner Einschätzung falsch. Nur anders, als man zu diesem Zeitpunkt vermuten konnte.

Zur gleichen Zeit überraschten die Borussen im Heimspiel gegen die Hessen aus Frankfurt mit einem furiosen Start und einem schönen Kopfball-Treffer Stolzenburgs (15.). Doch nutzte TeBe die Gunst der Stunde vor 12.634 zahlenden Zuschauern im Poststadion nicht, stattdessen bekamen die Berliner eine Lektion im Ausnutzen von Torchancen erteilt. Die Eintracht bestrafte die immer nervöser werdenden Borussen vier Mal: 1:4! „Wer seine Möglichkeiten nicht auszunutzen versteht, geht in der Bundesliga schweren Zeiten entgegen“, resümierte Beyer für die Leser der *Berliner Morgenpost*.

Am fünften Spieltag bot sich den Berliner Fußballfreunden die Gelegenheit, sich zunächst am Nachmittag Herthas Auftritt beim VfB in Stuttgart im Rundfunksender RIAS anzuhören und anschließend ins Olympiastadion zu fahren, um die Partie von Spitzenreiter HSV bei Tennis Borussia anzuschauen. Wer um 16:05 Uhr das Radio einschaltete, um „Sport & Musik“ zu hören, erhielt schlechte Nachrichten aus dem Neckarstadion: „Liebe Fußballfreunde aus Berlin, wir haben keine frohe Kunde für die Fans von Hertha BSC. Die Berliner liegen seit der 6. Minute mit 0:1 im Rückstand. Stickl war es. Und die Hertha macht wirklich keinen guten Eindruck.“

„Gewonnen hat die kämpferisch entschlossenere Mannschaft. Freilich auch die mit mehr Glück“, sollte Lutz Rosenzweig zwei Tage später schreiben, und gewonnen hatte – Hertha BSC! Zwar hatte der VfB, bis die Radioübertragung einsetzte, ununterbrochen gestürmt, doch am Ende der ersten 45 Minuten hieß es 1:1. In der 40. Minute hatte Herthas Sidka den Ball mit dem Kopf ins Netz dirigiert. In der Schlussphase der

Bundesligakonferenz entschied man sich, erneut nach Stuttgart zu schalten. „Liebe Berliner Hörer, immer noch steht es 1:1. Die Berliner sind im Ballbesitz. Handspiel von Weidmann. Kein Pfiff. Das Leder gelangt zu Grau. Der Berliner flankt, aber zu ungenau. Lorenz kann klären. Nein! Tor für die Berliner! Horr hat die Kugel ins Netz gestochert – und das in der letzten Spielminute", schilderte der enttäuschte Reporter vom Südwestdeutschen Rundfunk Herthas Siegestreffer. Und so hätte Lutz Rosenzweigs Überschrift im *Abend* am 23. September auch passender nicht lauten können: „Tore im rechten Moment gemacht."

Tennis Borussias Abend-Partie lässt sich dagegen kurz zusammenfassen, die Überschrift im *Abend* erklärte alles: „TeBe's Gastgeschenke". Wie schon in der Vorwoche schenkte der Erstliga-Neuling dem Tabellenführer HSV die entscheidenden Tore. Vor 11.356 Zuschauern lagen die Berliner bereits nach fünf Minuten im Rückstand, nach dem Wechsel erhöhten die Hanseaten auf 0:3. „Nicht, dass wir solche Spiele verlieren, sondern die Art, wie das geschieht, ist deprimierend", gestand ein enttäuschter Berliner Trainer hinterher ehrlich ein. Die Berliner Vereine drifteten auseinander: Hertha BSC 6-4 Punkte, TeBe 2-8 Zähler.

„Köln in der Krise?" hieß es am 28. September 1974 im Stadionprogramm vor der Begegnung bei Hertha BSC. „Es ist nicht zu fassen. Da spielt eine Mannschaft in der Bundesliga, die die halbe Nationalmannschaft stellen könnte – im Kampf um Punkte aber liegt sie auf dem letzten Platz." Als Hertha vor 43.310 Zuschauern schon früh durch Talent und Senkrechtstarter Sidka in Führung ging, schien alles seinen erwarteten Gang zu nehmen. Doch Lutz Rosenzweig hatte es im *Abend* bezugnehmend auf das Kölner Maskottchen schon geahnt: „Stößt der Geißbock zu?" Wie recht er behalten sollte, zeigt das aus Berliner Sicht enttäuschende Endresultat: 1:1. „Es war ein 1:1 wie die berühmte Faust aufs Auge. Es tat den euphorisierten Berlinern natürlich weh! Weil ‚alle Welt' auf Sieg eingestellt war", traf Rosenzweig die Stimmungslage.

Für Tennis Borussia wurde es inzwischen bitter. 0:4 hieß es vor rund 10.000 Zuschauern am Betzenberg beim 1. FC Kaiserslautern, dazu verlor man Verteidiger Thiel wegen eines Feldverweises. „Bitteres Lehrgeld" habe seine Mannschaft zahlen müssen, hieß es zum wiederholten Mal von TeBe-Trainer Gawliczek.

„Die Lage sieht nicht sehr rosig aus. Nach dem ersten halben Dutzend Bundesliga-Spiele ist Tennis Borussia ans Tabellenende gerutscht. Fünf Niederlagen steht nur ein Sieg gegenüber. Dennoch besteht kein Grund zur Panik. Im Gegenteil, jeder wusste: Es wird von Beginn ein harter Kampf gegen den Abstieg werden. Das ist die Lage – nicht mehr und nicht weniger." Die Herausgeber des *Berliner Fußball-Programms* wollten vor der Partie gegen den MSV Duisburg den Druck herausnehmen. Noch war ja auch längst nicht alles verloren: Trotz 2-10 Punkten betrug der Rückstand auf Tabellenplatz 13 nur zwei Zähler. Nur noch 4.606 Zuschauer hielten TeBe nach den Enttäuschungen der

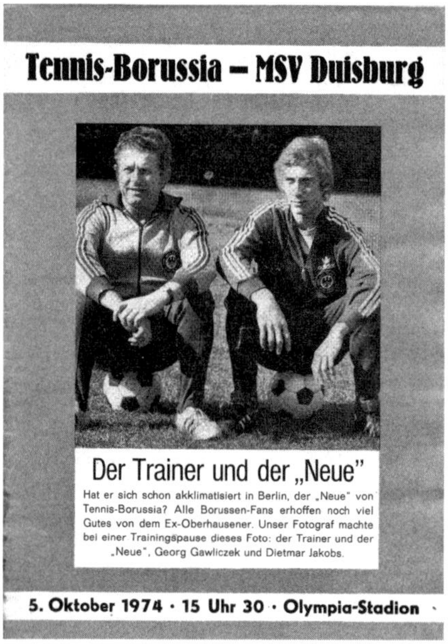

Programmheft Tennis – MSV Duisburg (2:3) Das Titelbild zeigt TeBe-Trainer Georg Gawliczek mit seinem Neuzugang Ditmar Jakobs. (Foto: privat)

letzten Wochen die Treue und durften bis zehn Minuten vor dem Ende auf den zweiten Erfolg hoffen. Dass es zum Schluss nicht mal für einen Zähler reichte, „verdankten“ die Berliner groben Abwehrfehlern. So kamen die Duisburger zu zwei glücklichen Punkten, mit denen selbst ihr Trainer Willibert Kremer nicht mehr gerechnet hatte, der „schon mit einem Unentschieden zufrieden“, gewesen wäre. Dabei entwickelte sich die Sache zunächst günstig für die Borussen: Stolzenburg drückte einen Eckball ins Tor (27.), und selbst der Direktschuss von Bernard Dietz zum 1:1 warf die Berliner nicht um (33.). Schulz erzwang mit einem sagenhaften Schuss aus 20 Metern das 2:1 (69.) und der zweite Bundesligasieg war zum Greifen nah – bis erneut Dietz (79.) und Büssers (86.) noch die Wende gelang. Weise versuchte die Borussen aufzumuntern: „Für Tennis Borussia gibt es in schwieriger Situation nur eine Gefahr: Die Resignation! Es ist noch längst nicht zu spät, die Wende zu erzwingen ...“

Wesentlich besser lief es beim Lokalrivalen. „Hertha bleibt oben dran. Und jetzt kommt Schalke“, lautete die Schlagzeile von Lutz Rosenzweig nach dem 0:0 beim Wuppertaler SV im damals fünfzig Jahre alten Stadion am Zoo.

Ein Jubelschrei aus 34.384 Kehlen begleitete im Olympiastadion den Schlusspfiff. Hertha BSC hatte die „zur Zeit beste Mannschaft der Bundesliga“, wie Herthas Trainer Keßler Schalke 04 bezeichnete, 1:0 geschlagen und war somit in Sichtweite der Tabellenspitze geblieben. Es war eine Begegnung so recht nach dem Geschmack des Berliner Publikums: schnell, kämpferisch und von den Herthanern aggressiv geführt wie lange nicht mehr. Dass bei vielen Berliner Tormöglichkeiten nur ein Treffer durch Hermandung (52.) per Kopf heraussprang, lag an Schalkes ausgezeichnetem Torhüter. „Norbert Nigbur bewies die Gewandtheit eines Panthers“, lobte Beyer überschwänglich den Schlussmann der Gäste. „Das einzige, was dem Sieger anzukreiden ist: Er machte zu wenig Tore! Die Chancen waren im Verhältnis 6:0 für Hertha verteilt. Das sagt eigentlich schon alles über dieses begeisternde Klasse-Spiel. Schließlich ist Schalke ein möglicher Titelanwärter – Hertha aber zählt man nicht dazu ...“, hieß es im *Abend*. Man hätte hinzufügen können „... zählt man *noch* nicht dazu ...“ Die Atmosphäre an diesem Mittwochabend beschrieb am besten Schalkes Trainer Ivica Horvat in seiner Stellungnahme: „Was verlangen Sie von Mannschaft in solchem Hexenkessel! Das Publikum pfiff von der ersten bis zur 90. Minute gegen uns. Oh, diese Zuschauer!"

Tennis Borussia bewies im Essener Georg-Melches-Stadion Bundesligareife, doch leider nur im Schlussspurt. Da waren die Essener vor 12.000 Zuschauern längst auf 3:0 davongezogen. Die Treffer durch Geyer (3:1, 74.) und Stolzenburgs Kopfball (3:2, 87.) kamen zu spät.

Wolfgang Mönch überschrieb seinen Artikel zur wichtigen Partie Tennis Borussias gegen den VfL Bochum am 12. Oktober 1974 im *Abend* mit „Zweiter TeBe-Sieg?" „Ein solcher Erfolg liegt doch nach unserem Pech in den letzten Wochen förmlich in der Luft", glaubte TeBe-Manager Heinz Opitz. Gawliczek wurde im Programmheft sogar noch mutiger: „Meine Mannschaft spielt heute mit Wut im Bauch. Ich bin sicher: Diesmal heißt der Sieger Tennis Borussia!"

„Glück gehabt und endlich mal nicht umsonst gezittert", atmete Kabarettist, „Stachelschwein" und TeBe-Fan Wolfgang Gruner erleichtert auf, nachdem seine Borussen vor 6.583 Zuschauern im Olympiastadion den VfL Bochum 2:0 bezwungen hatten. Für den Sieg sorgte ausgerechnet Geburtstagskind Sprenger. Schon im Stadionprogramm unkte man, ob sich Sprenger mit einem Treffer und einem doppelten Punktgewinn selbst zu seinem 26. Geburtstag beschenken würde. Kurios auch, wie das 1:0 zustande kam: Sprengers 25m-Schuss prallte vom Pfosten an den Rücken des sich werfenden Bochumer Torwart Scholz und von dort ins Netz. Die Überschrift der *Berliner Morgenpost* lag auf der Hand: „Sprenger und TeBe hatten Geburtstag". Für den zweiten Treffer sorgte Stolzenburg. Die Zuschauer fielen sich jubelnd in die Arme, während der Torschütze mit empor gestreckten Armen auf der Tartanbahn stand. Vergessen war in diesem Moment der Kummer der letzten erfolglosen Wochen.

Hertha BSC klebte am 9. Spieltag das Pech an den Stiefeln oder besser an den Händen der Braunschweiger Spieler. „Luggi" Müller explodierte zornig: „Der Schiedsrichter hat uns glatt das Geld aus der Tasche gestohlen!" Gemeint hat er wohl auch die Punkte. Es ging um drei Elfmeter, die der Paderborner Schiedsrichter Rainer Waltert den Berlinern vorenthalten hatte. Lutz Rosenzweig vom *Abend* sah das Geschehene so: „Dreimal flog der Ball den Braunschweigern an die Hand. Es waren jeweils Delikte, die man als Betroffener in den Bereich der ‚angeschossenen Hand' abtut, als Angreifer aber ‚Elfmeter' fordert. Wir meinen: Hertha hat schon durch Elfmeter, die auf solche Art gegen Berlin gegeben wurden verloren!" So unterlag eine ebenbürtige Hertha-Elf in einer hochklassigen Begegnung mit 1:2 in Braunschweig. Natürlich war der Ärger im Berliner Anhang groß, selbst die Niedersächsischen Zöllner in Helmstedt bekamen es auf der Rückfahrt zu hören: „Der Schiedsrichter hat uns verschoben."

Wer den Fußballsport aus dem Grund liebt, dass man vorher nie weiß, wie es ausgeht, hätte sich, orientierte er sich nur an der Berliner Tagespresse, den Besuch des Olympiastadions an diesem trüben Oktober-Nachmittag sparen können. Am 10. Spieltag stand die Begegnung zwischen Hertha BSC und Werder Bremen auf dem Plan. Lutz Rosenzweig schrieb in seiner Vorschau: „Wenngleich man immer davon ausgehen muss, dass im Fußball alles möglich ist, so gilt doch diesmal nur eine Prognose: Hertha wird siegen!“. Selbst das sonst eher zurückhaltende *Berliner Fußball-Programm* überschrieb seine Begrüßung mit „Tore – nichts als Tore“.

Kein Wunder, dass es lange Gesichter gab es, als Schiedsrichter Eschweiler die ersten 45 Minuten beendete. und ein tristes 0:0 auf der elektronischen Anzeigetafel flimmerte. Es war das ausgeblieben, womit die 18.275 Zuschauer fest gerechnet hatten: ein Torsegen für Hertha. Doch ehe die Pessimisten und auch die übrigen Besucher wieder Platz genommen hatten, lag Hertha schon vorn. „Aus dem Hinterhalt schlug der lange Kliemann einen Pass zu dem am rechten Flügel lauernden Beer. Der zog den Ball sauber nach innen, Grau brauchte seinen schwarzen Haarschopf nur noch hinzuhalten: 1:0“, schilderte Albin „Sprotte“ Neuendorf für die *Fußball-Woche* die spielentscheidende Szene. Die Erlösung durch Erwin Hermandungs 2:0 folgte erst in der 90. Minute. Lutz Rosenzweig wagte, nachdem sich Hertha mit 12-8 Punkten inzwischen auf Platz 6 vorgeschoben hatte, einen vorsichtigen Ausblick: „Hertha stehen wichtige Wochen bevor. Am 2. November in Mönchengladbach und dann drei Spiele in Berlin: gegen Eintracht Frankfurt, Tennis Borussia und Kaiserslautern. Nicht auszudenken, wenn Hertha in Gladbach nicht verlieren würde.“

Heutzutage wagt es niemand mehr, konkrete Zielsetzungen zu benennen, geschweige denn eine Platzierung des eigenen Teams zu tippen. Deutlich anders verhielt es sich in der „guten, alten Zeit“. Im Programmheft zur Partie „Hertha BSC gegen Werder Bremen“ nannte jeder einzelne Herthaner seinen Tipp. Am „offensivsten“ waren Trainer Keßler sowie die Spieler Detlef Szymanek und Sziedat, die Hertha am Ende der Saison Rang 5 zutrauten. Deutlich defensiver verhielten sich Routinier „Luggi“ Müller und Verteidiger Weiner, sie erwarteten ihre Mannschaft auf Platz 10. Sie sollten alle falsch liegen. Enttäuscht war am Ende aber deswegen niemand.

Im Gegensatz zu Herthas Partie im Olympiastadion waren im Düsseldorfer Rheinstadion vor der Pause reichlich Tore für das Heimteam gefallen. „Der kleine Borussen-Anhang unter den 13.000 Zuschauern hatte sich bis zur Halbzeit in ein Häuflein Schwarzseher verwandelt. Ihre ‚Veilchen‘ lagen gegen die Fortunen mit drei Toren im Rückstand und schienen einer schlimmen Schlappe entgegen zu schlittern.“ 45 Minuten später sah die Angelegenheit anders aus, wenn auch für die Borussen zum wiederholten Male nichts Zählbares heraussprang. Schon zum dritten Mal unterlagen sie 2:3, es war wie verhext. Stolzenburg und Sühnholz hatten den Anschluss hergestellt:

3:2 (83.). Nun würden die Bayern kommen, die nach einem missratenen Saisonstart gerade wieder den Anschluss an die Spitzengruppe hergestellt hatten.

Die Rollen waren daher klar verteilt: „Wenn die vielen TeBe-Pessimisten recht behalten sollten, dann wäre das alles andere als eine Überraschung. Man wäre den ‚Veilchen' noch nicht einmal gram; sie hätten dann ja gegen Deutschlands Renommier-Klub verloren, gegen die Elf der Weltmeister, gegen ‚Kaiser', ‚Bomber' und ‚Bullen'", lautete es in Michael Lions Vorschau. Auch im *Berliner Fußball-Programm* wurde tief gestapelt: „Na ja, man nimmt den Bundesliga-Neuling nicht so recht ernst. Das Küken ist eben immer noch – das Küken. Nur wenige glauben, dass es überlebt." Die Bayern reisten beflügelt nach Berlin. Im Europapokal der Landesmeister hatten sie drei Tage zuvor einen 0:2 Rückstand gegen den DDR-Meister 1. FC Magdeburg noch in einen 3:2-Erfolg gedreht. Doch Bayerns dreifacher Torschütze vom Mittwoch, Müller, musste passen. Der Mittelstürmer hatte sich den Zeh gebrochen.

„Ein stolzer Tag für Berlin!" Schon die Überschrift der *Fußball-Woche* ließ erahnen, wie die beiden Berliner Bundesligisten abgeschnitten hatten. „Berlins Fußballfreunde hörten am Wochenende mit besonderer Freude die Bundesliga-Ergebnisse. Ihre Unentschieden wiegen schwer: Das 2:2 des Aufsteigers Tennis Borussia gegen Meister Bayern München und das 1:1 der Gesundbrunner beim Vize-Meister in Mönchengladbach."

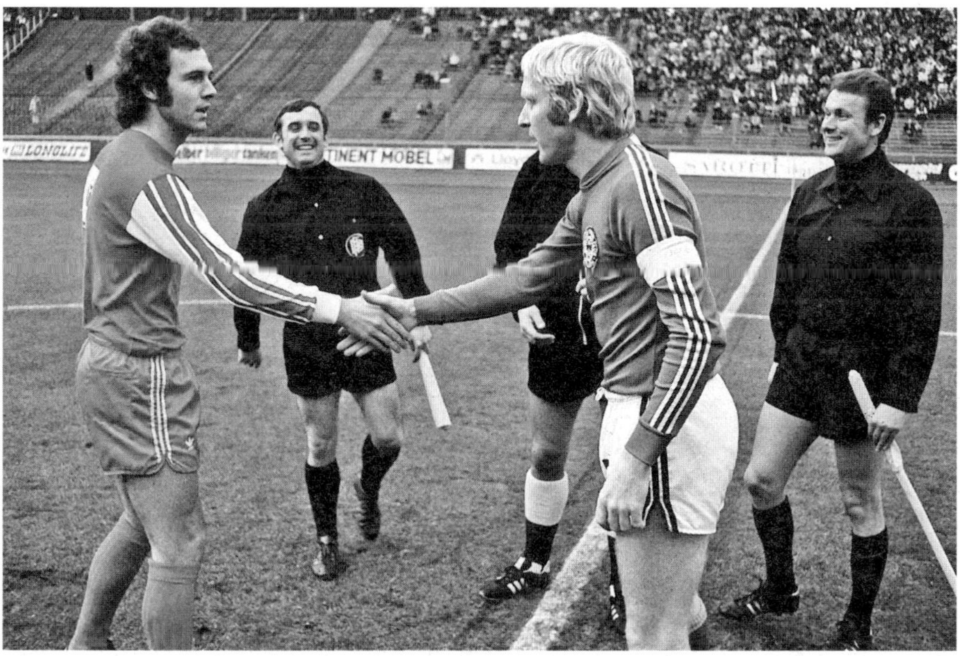

Zwei Stars unter sich: Franz Beckenbauer (links) und TeBe-Kapitän Karl-Heinz Schnellinger vor dem 2:2-Achtungserfolg der Borussen gegen Bayern München. (Foto: imago/Werek)

Bayerns Trainer Udo Lattek drückte sein Missvergnügen so aus: „Für diese katastrophale und schludrige Vorstellung hätten sich meine Spieler gleich drei Minuspunkte einhandeln müssen.“ „Lattek hätte es auch andersherum und damit für den Gastgeber Tennis Borussia generöser formulieren können. Dass nämlich Berlins Bundesliga-Neuling für dieses von ihm mit enormer Kampfkraft und couragiertem Einsatz erarbeitete 2:2 (1:0)-Unentschieden mehr als nur einen Pluszähler verdient hätte“, fand Lion die richtigen Worte. Nach Albert Bittlmayers Führungstreffer (35.), bot sich Sekunden nach dem Anpfiff zur zweiten Hälfte dem „rackernden Geyer“ die Chance zu erhöhen. Doch sein Versuch klatschte an den rechten Pfosten, trudelte von dort die Torlinie entlang, um schließlich am linken Pfosten zu landen. „Ein 2:0 und das Spiel wäre für die Berliner gelaufen gewesen“, gab Lattek ehrlich zu. Stattdessen schien die Partie den aus TeBe-Sicht üblichen Verlauf der letzten Wochen zu nehmen: Eindruck und Punkte beim Gegner hinterlassen. Denn statt Geyers möglichem 2:0 gelang Hoeneß im Gegenzug das 1:1 (48.). Als Jungspund Karl-Heinz Rummenigge fünf Minuten vor Schluss das 2:1 für die Bayern markierte, schienen den Borussen die Felle schon wegzuschwimmen. Der vorausgegangene Dauerregen und der verkaufsoffene Sonnabend hatten eine größere Kulisse als die nur 14.837 zahlenden Zuschauer verhindert. Doch an diesem 2. November 1974 hatte der Fußballgott ein Einsehen mit den bisher so vom Pech verfolgten Borussen. Ein Glückshändchen bewies Gawliczek mit der Einwechslung des 31-jährigen TeBe-Urgesteins Eggert. In der 83. Minute betrat er den Platz, drei Minuten vor dem Ende besorgte er mit einem prächtigen Hieb aus wenigen Metern das 2:2 und kehrte die große Enttäuschung ins Gegenteil um. „Die daheim gebliebenen ‚Wetterscheuen‘ versäumten viel“, zog Neuendorf in der *Fußball-Woche* sein Fazit. Am Abend waren Gawliczek und Schnellinger zu Gast in Mainz bei Harry Valérien im *Aktuellen Sportstudio*. Schnellinger erklärte den Unterschied zwischen dem italienischen und dem deutschen Fußball: „In Deutschland spielt man mehr auf Kondition, in Italien spielt man raffinierter.“ Mit der Kondition war es bei seinem Berliner Gastspiel nicht immer zum Besten bestellt. Das war den Journalisten in den ersten Spielen natürlich nicht entgangen, so fragte Valérien nach, welche Art ihm denn mehr zusagte, und erhielt eine sibyllinische Antwort: „Ich fühle mich in Deutschland wieder wohl und ich habe mich in meinen elf Jahren in Italien auch sehr wohl gefühlt.“ Valerien bemerkte sofort die feine Nuance – „wohl“ und „*sehr* wohl“. Schnellinger antwortete offen, dass er sich in der Woche nur vier Tage in Berlin, die anderen drei in Köln bei der Familie aufhielt, entsprechend reduziert war seine Trainingsbeteiligung. An der Torwand unterlag er seinem Trainer. Gawliczek traf zweimal rechts unten, Schnellinger einmal links oben.

Auch Hertha BSC machte an diesem Sonnabend Freude. Die Berliner hielten dem Gladbacher Ansturm vor frenetisch mitgehenden Zuschauern am Bökelberg stand und holten nach Hermandungs 1:0 und Wittkamps Ausgleich zum 1:1 einen verdienten Punkt. „Herthas Chance ist riesengroß“, erkannte Weise von der *Berliner Morgenpost*. „Mit dem gestrigen 1:1 in Mönchengladbach und 13-9 Punkten hat sich Hertha jene Basis geschaffen, die zu einer Art Abschussrampe werden könnte, denn nun spielt die Mannschaft drei Mal im Olympiastadion: gegen Frankfurt, TeBe und Kaiserslautern. Wenn es der Keßler-Truppe gelingen sollte, alle sechs Punkte zu erobern, dann hätte sie in drei Wochen 19-9 Punkte. Jeder kann sich ausrechnen, was das bedeuten könnte!“ Lutz Rosenzweig ordnete Herthas Leistungsstärke nach den 90 Minuten so ein: „Der ‚Hertha 74‘ mag es gegenüber der von 1969 bis 1971 an der einen oder anderen schillernden Persönlichkeit fehlen – was die mannschaftliche Wirkung angeht, so liegt ihre jetzige Leistungskraft höher.“

„Wenn das die Hertha-Mannschaft nicht zu ungewöhnlichen Leistungen beflügeln wird: Drei Heimspiele“, hieß es auch im *Berliner Fußball-Programm* eine Woche darauf vor dem Heimspiel gegen Eintracht Frankfurt. „Hertha, Hertha, deine Chance ist riesengroß. Nutze diese, denn sie kommt so schnell nicht wieder.“ Es sprach alles für die Gesundbrunner, denn der letzte Eintracht-Sieg lag mittlerweile zehn Jahre zurück.

32.975 Zuschauer bangten im ungemütlichen Nieselregen um ihre Herthaner, denn eine permanente Feldüberlegenheit fand nur durch einen Treffer von Hermandung ihren zahlenmäßigen Ausdruck. „Weiner knallte in Kopfhöhe nach innen, wo Hermandung mit seinem Eisenschädel die Kugel erwischte und ins Tor drehte“, wie Neuendorf das 1:0 prächtig beschrieb „Aber nach dem von Grabowski erzielten 1:1-Ausgleich wackelte vorübergehend alles, was im Berliner Dress umherlief.“ In jener Phase zeigte das Berliner Publikum eine Reaktion, die Lutz Rosenzweig missfiel und die er im *Abend* so beschrieb: „Hertha gewann nicht etwa kraft Unterstützung des ‚eigenen‘ Publikums, sondern eher trotz der Pfiffe und Missfallens-Kundgebungen von den Rängen. Die Berliner Zuschauer boten eine repräsentative Aussage der Verfassung weiter Teile unserer Bevölkerung: Höchste Zufriedenheit, wenn’s so geht, wie man es sich wünscht, aber hämische Ablehnung, Spott und Entrüstung, wenn’s nicht so klappt wie erwartet.“ In der 83. Minute entriss ausgerechnet der Ex-Frankfurter Kliemann mit einem prächtigen Kopfstoß der Eintracht den schon sicher geglaubten Punktgewinn. Neuendorf schilderte den Treffer sowie die anschließende Reaktion des Publikums mit viel Sarkasmus: „Kliemann reckte sich etwas, nickte mit dem Kopf, er traf das schwarz-weiß gescheckte Leder voll mit der Stirn, und Berlins Bundesligist hatte doch noch gewonnen, und alle die vorher pfiffen, zogen strahlend von dannen.“ Herthas starke Form der letzten Wochen und das Fehlen eines eindeutigen Titelfavoriten ließen Lutz Rosenzweig zu folgendem Schlusssatz kommen: „Meistern Herthas Stürmer ihre psychologischen (Hemmungs-)Probleme, oder findet man andere Rezepte, die Vielzahl der Chancen in Tore umzumünzen, dann kann Hertha noch Meister werden …“

Wer einen Abend zuvor zu später Stunde die *Sportschau* eingeschaltet hatte, dem muss in den ersten Minuten des Spielberichts „Kickers Offenbach gegen Tennis Borussia“ blanke Panik übermannt haben – sofern er zu den Berlinern hielt. Der Zeiger der Spieluhr hatte noch keine zwei Minuten vollendet, da stand es schon 2:0 für die stürmisch angreifenden Kickers. Eine Katastrophe schien sich anzubahnen. Als nach 24 Minuten gar das 3:0 fiel, „konnte das leidgeprüfte TeBe-Häuflein auf der Tribüne nur noch eine Hoffnung haben: Hoffentlich fallen die Nebelschwaden noch dichter, damit der Schiedsrichter das Spiel abbrechen muss. Dass es nachher fast noch zu einem Punktgewinn gereicht hätte, sagt an sich schon genug über die sensationelle Wandlung", hieß es in der *Fußball-Woche* über den kuriosen Spielverlauf. Wo in der ersten halben Stunde Mitleid und Hohn über die „Anfänger aus Berlin" zu hören war, klang schließlich Hochachtung durch – und Furcht vor dem 3:3. Jakobs hatte noch im ersten Abschnitt per Kopfball-Aufsetzer auf 3:1 gestellt (37.), und als kurz nach der Pause Stolzenburg auf 3:2 verkürzte, schien alles möglich. Doch letztlich reichte es nicht. Die Borussen hatten nun in drei Auswärtsspielen hintereinander 0:3 zurückgelegen, um jeweils „nur" 2:3 zu verlieren – eine merkwürdige Serie. Die *Fußball-Woche* riet: „Wie wär's mal mit dem umgekehrten Fall?" Vielleicht ausgerechnet im ersten Berliner Bundesliga-Lokalderby am folgenden Wochenende?

Weise hatte schon eine Woche zuvor in seinem Kommentar in der *Berliner Morgenpost* auf das Großereignis in Berlin hingewiesen: „So ist alles klar zum ersten großen Gefecht, das es nach zwölf Jahren Bundesliga zwischen zwei Berliner Rivalen geben wird. Ein Familienfest sozusagen, bei dem mancher Berliner nicht so recht wissen wird, wem er nun eigentlich seine Gunst schenken soll." Gawliczek bewies am Freitag vor der Partie Humor: „Am besten, wir fangen gleich mit der zweiten Halbzeit an." Er spielte auf die Startschwierigkeiten seiner Elf an, die zuletzt dreimal schnell 0:3 in Rückstand geraten war, wobei es am Ende jeweils nur eine 2:3-Niederlage gegeben hatte. Die Borussen galten laut Ansetzung als Gastgeber, sodass sie in Eichkamp auf gutes Wetter und eine entsprechende Einnahme hofften. Sie konnten womöglich bei Zuschauerzahlen zwischen 40.000 und 60.000 Summen zwischen 280.000 und 420.000 Mark kassieren. Der gesamte Jahresetat der Borussen lag bei 1,5 Millionen Mark. Kartenverkaufs-Experte Hanne Berndt, einst „Schusskanone" der „Veilchen" sagte in seinem Charlottenburger Sporthaus in der Damaschkestraße: „Wenn das Wetter so bleibt, wird der Laden voll." Lutz Rosenzweig gab am Spieltag folgende Prognose ab: „Hertha würde höchstens mit einem Tor Differenz verlieren, TeBe könnte dagegen höher unterliegen!"

„Die größte Überraschung saß auf den Rängen. 75.000 – damit hatte man auch im TeBe-Vorstand selbst in kühnsten Träumen nicht gerechnet. Sonst hätte man noch mehr als die bereitgehaltenen 75.000 Billetts an die Kassen gebracht, und es wäre vielleicht vermieden worden, dass Hunderte sich gewaltsam freien Eintritt verschafften, wobei Zäune und Barrieren kaputt gingen", beschrieb Lutz Rosenzweig die Szenen, die sich unmittelbar vor dem Anpfiff vor den Eingängen abspielten. Wenige Tage später wurde nach der Schlussabrechnung die exakte Zuschauerzahl mit 74.146 bekanntgegeben. „Schon frühzeitig hatten sich Berlins Fußballfreunde mit Fahnen und Lärminstrumenten aus allen (westlichen) Bezirken in Marsch gesetzt. Die BVG hatte Hochbetrieb. Schon in den U-Bahn-Wagen begann der (friedliche) Kampf der Fans. Den Sprechchören der Hertha-Freunde ‚Ha-Ho-He-Hertha BSC' setzten die der Borussen den Wunsch ‚Hi-Ha-Ho Hertha geht k.o.!' entgegen. Vor den Stadionkassen und den Imbiss-Ständen ging das Gerangel um Karten und Bratwürste weiter. Die Programmhefte waren lange vor Spielbeginn vergriffen. Wer noch eines ergattern konnte, bekam zu lesen, dass ihm das ‚Spiel der Spiele' bevorsteht", hieß es in der *Berliner Morgenpost*.

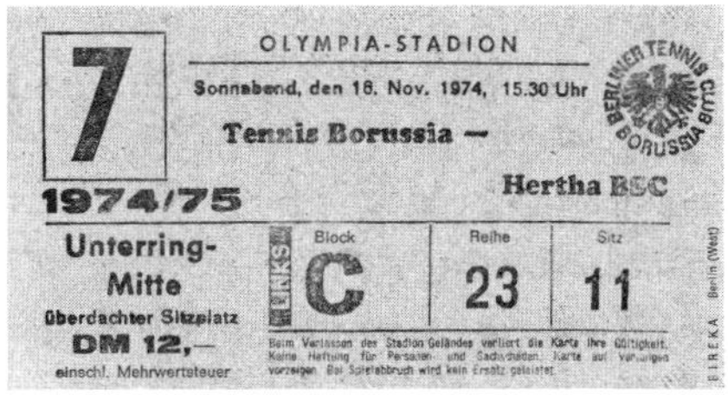

Eintrittskarte vom ersten Derby Tennis – Hertha im November 1974 (Foto: privat)

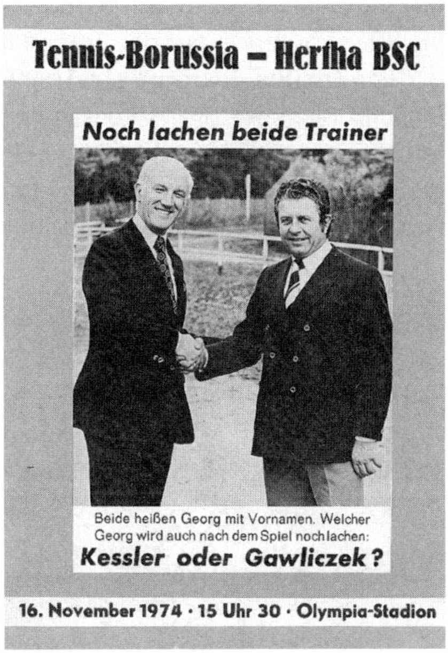

Programmheft Tennis – Hertha (0:3). TeBe-Trainer Georg Gawliczek (rechts) und Herthas Coach Georg Keßler vor dem ersten Berliner Bundesliga-Derby im November 1974. (Foto: privat)

Es wurde ein Hochfest des Berliner Fußballs, in dem der uralte Fußballschlager vergangener Jahre und Jahrzehnte ein großes Wiederauferstehen feierte. Ein Volksfest mit einer jubelnden, teilweise großartig spielenden Hertha-Mannschaft, die den Besuchern im lange nicht so prall gefüllten Olympiastadion unbedingt beweisen wollte, wer im Berliner Fußball die Nummer Eins ist. Die Borussen mussten dies insbesondere nach dem Wechsel neidlos anerkennen, spielten die Herthaner doch streckenweise wie aus einem Guss. Dass es beim Wechsel noch 0:0 stand, verdankte TeBe seinem Torwart Birkenmeier, der Glanztaten vollbrachte wie lange nicht. Doch Herthas Druck nahm in den zweiten 45 Minuten zu. Die Blau-Weißen wollten nicht den geringsten Zweifel aufkommen lassen und die Massen durch ein überzeugendes Spiel auf ihre Seite ziehen. Es gelang ihnen vollends. Interessant dazu Lutz Rosenzweig Nachbetrachtung: „Viel weniger überraschte später die einseitige Hertha-Haltung der Zuschauer. Doch lag das nicht etwa an einer etwaigen TeBe-Anti-Stimmung, sondern an der dynamischen (Tabellen-)Entwicklung. Denn es sieht allmählich auch der kühlste Skeptiker: Hertha ist diesmal im Meisterschaftsrennen dabei! Da denkt der Berliner eben ‚berlinerisch'. So gab's diese Begründung: Alles Gute den Borussen, aber heute darf hier nur Hertha gewinnen! Daran hätte vielleicht ändern können, was TeBes Trainer Gawliczek nicht unberechtigt erwähnte: ‚Die Zuschauer warteten nur auf das erste Tor. Dem Erfolgreichen hätten sie ihre Sympathien geschenkt!‘ Das hat viel für sich“, fasste er die Stimmungslage der Berliner Fans zusammen.

Nach der Pause fielen die sehenswerten Treffer oder, wie es die *Berliner Morgenpost* überschrieb, „Herthas Druck ließ die Tore wie reife Früchte fallen.“ Von der Mittellinie spurtete Grau mit dem Ball davon, spielte Horr im Strafraum an, der fallend den Ball wieder zurück spitzelte. Grau lief mit raschen Schritten am herauseilenden Birkenmeier vorbei, dann folgte ein Schuss aus spitzem Winkel – 0:1 (53.). Welcher psychologische Druck auf dem Favoriten lastete, wurde nach dem Treffer ersichtlich: Der Triumph-Lauf des Torschützen endete erst auf der roten Kunststoff-Bahn vor der Tribüne, „wo sich um Trainer Keßler die gesamte Elf jubelnd versammelte, einschließlich des am weitesten herbeigeeilten Torwarts Thomas Zander.“ Störend fand *Morgenpost*-Journalist Beyer einzig das nun einsetzende Feuerwerk auf den Rängen. Dann begannen die großen Momente des Erich Beer. Trotz gebrochener rechter Hand, zugezogen in der ersten Minute nach einem Zusammenprall mit Geyer, schoss

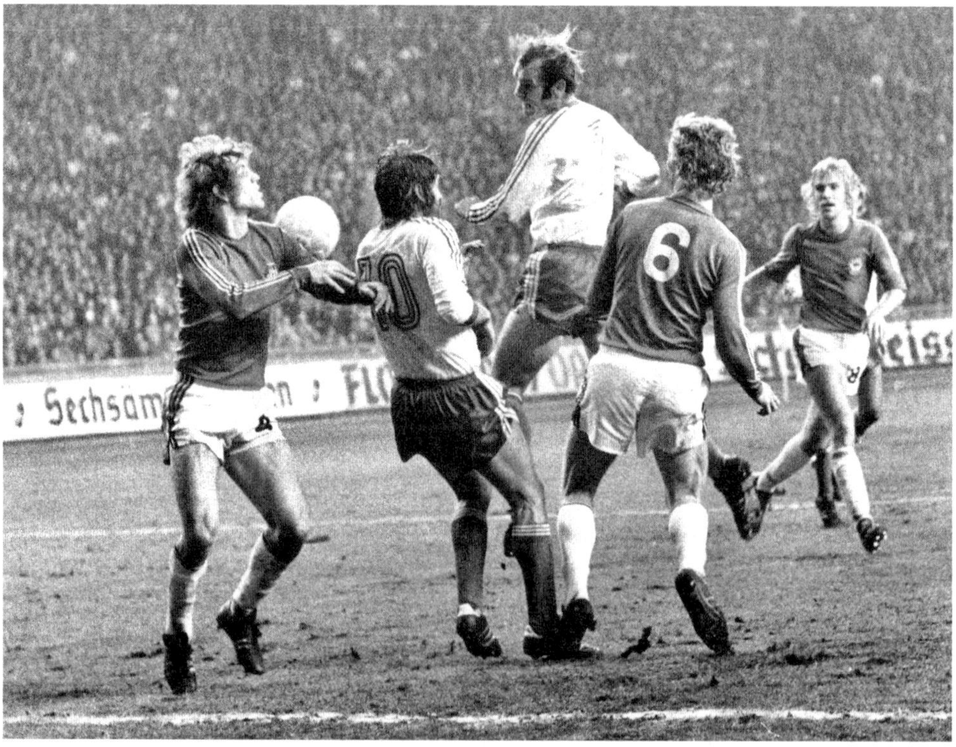

Erwin Hermandung beim Kopfball im Derby Tennis – Hertha im November 1974. Von links: Norbert Siegmann, Lorenz Horr, Ditmar Jakobs und Jürgen Schulz (Foto: Bildarchiv Schirner)

er zwei spektakuläre Treffer. Oder, wie es zu später Stunde im *Aktuellen Sportstudio* hieß: „Es waren ausgesprochen schöne Tore.“ Zunächst drückte Beer aus 25 Metern ab. Wie eine Rakete zischte die Kugel unter die Latte, schlug hoch oben links in den Winkel (66.) ein. Auch das 3:0 erzielte er von außerhalb des Strafraums. Sein tückischer Effet-Schuss war genau platziert. Von der Innenkante des Pfostens sprang der Ball ins Netz (75.). „Zwei ‚dicke Brummer‘ von Erich Beer“, lautete folglich die Schlagzeile der *Fußball-Woche*. Zehntausende feierten anschließend Herthas Sprung auf Platz 3 (17-9 Punkte).

Angesichts der Faszination des Schlagerspiels wünschte man sich bei Hertha fürs Rückspiel ähnlich guten Besuch. Weise blickte nicht so weit voraus, die nahe Zukunft versprach ja auch so einiges: „Für Hertha sieht die Sache äußerst günstig aus. Wenn nächsten Sonnabend Kaiserslautern bezwungen werden sollte, könnte Hertha bereits Tabellenzweiter sein. Dann folgen als Gegner „nur“ noch Duisburg, Essen und Bochum. So wie sich die Mannschaft zurzeit in Szene setzt, braucht sie keines dieser Spiele mehr zu verlieren.“

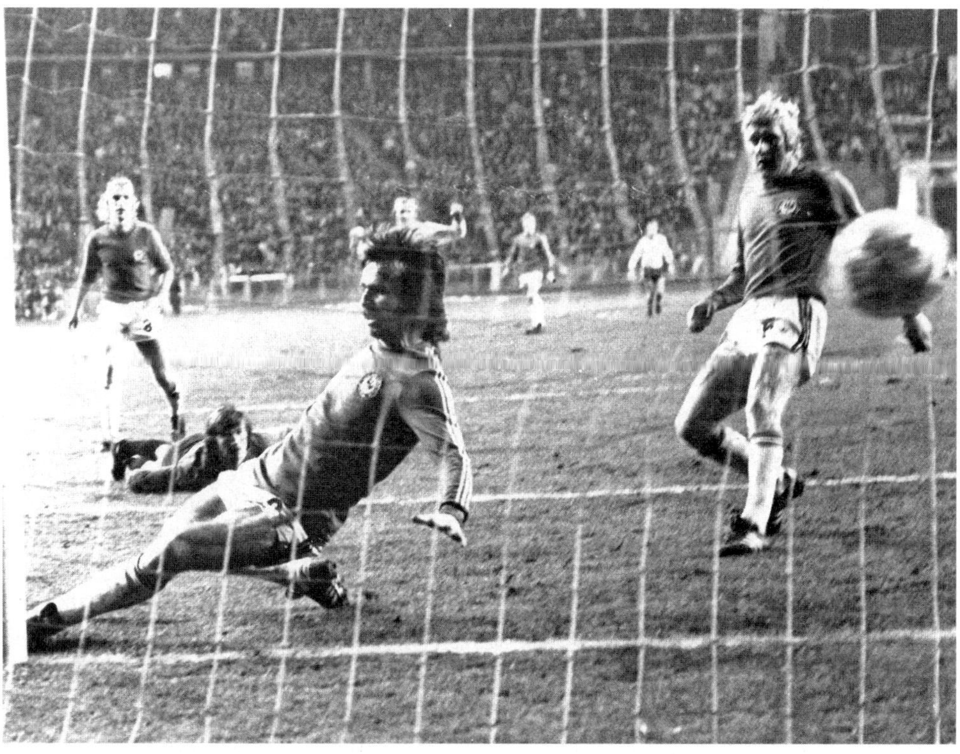

Wolfgang Mulack (TeBe) kann Gerd Graus 1:0 für Hertha BSC nicht verhindern.
Rechts: Karl-Heinz Schnellinger (Foto: Bildarchiv Schirner)

Zwei Enttäuschungen galt es vor Herthas Partie am 14. Spieltag gegen den 1. FC Kaiserslautern zu verkraften: Die Handverletzung aus dem Lokalderby zwang den Doppeltorschützen Beer zum Zuschauen. Nicht weniger enttäuschend war die Zuschauerzahl von 24.870 zahlenden Besuchern. Doch Herthas Siegesserie hielt an, wenngleich man die Erfahrung machen musste, dass der Weg zur Spitze dornenreich ist. Im Programmheft wurde noch die Frage gestellt: „Was ist nur mit den Hertha-Stürmern los?" Wann gibt es mal wieder Tore von Horr und „Kudi" Müller?" Bei ihnen herrschte trotz Erfolgswelle des Teams Ladehemmung. Keßler war sich sicher: „Im Training treffen sie und schießen tolle Tore. Ich bin sicher, dass eines Tages die Pechsträhne reißt." In der vierten Minute stand „Kudi" Müller richtig und drückte den Ball über die Linie. Ein Auftakt nach Maß gegen einen Kontrahenten, der mit der Empfehlung eines 5:2-Auswärtssieges bei Meister Bayern München angereist war. Im zweiten Abschnitt war es wieder „Kudi" Müller, der Torwart Ronnie Hellström umspielte und das 2:0 herstellte. Mehr als das 2:1 ließ Hertha nicht zu. „Fände man im Fundus doch noch einen, der Tore machen kann – Hertha würde aus der Spitzengruppe nicht mehr verschwinden", schloss Lutz Rosenzweig seine Analyse im *Abend*.

Tennis Borussia dagegen blieb auswärts ohne Glück und Punkte. Nach dem 1:2 bei einem keineswegs überzeugenden VfB Stuttgart hatte sich die Bilanz in der Fremde auf 0-14 Zähler verschlechtert. Verzichten mussten die Berliner auf Schnellinger, der nach Leistenbeschwerden und einem Grippe-Rückfall gar nicht erst nach Stuttgart mitgeflogen war. Rudi Rosenzweig aber mutmaßte, dass „die Gründe tiefer liegen. Der 35-Jährige, nicht mehr schnell und wendig genug, hat noch nicht die ihm zugedachte Rolle als Chef der Mannschaft spielen können. Obwohl der Vorstand ihm einräumte, dass er erst am Dienstag zum Training erscheinen muss, Schnellinger wäre gut beraten, wenn er gerade in der jetzigen Notlage für TeBe nicht auf seinem Recht beharren würde."

Nach der vierten Auswärtsniederlage mit einem Treffer Differenz in Folge, nahm der Druck der Borussen vor der Heim-Partie gegen den 1. FC Köln zu. Auch das *Berliner Fußball-Programm* erkannte: „TeBe braucht dringend Punkte! Woher nehmen und nicht stehlen?" Kölns Trainer Cajkovski prophezeite dem Neuling nach den 90 Minuten, „dass er im nächsten Jahr eine Klasse besser spielen wird." Den ironischen Zusatz „aber auch eine Klasse tiefer" verkniff sich der verschmitzte Jugoslawe. TeBe verlor zum fünften Mal mit 2:3 und allmählich mussten sich selbst die größten Optimisten mit dem Gedanken vertraut machen, dass diese erste Bundesligasaison der Charlottenburger auch die vorläufig letzte sein würde. Stolzenburg hatte zwar vor der Pause mit einem Foulelfmeter den 0:1-Rückstand ausgeglichen. Doch durch einen Doppelschlag von Hannes Löhr gerieten die Berliner nach der Pause mit 1:3 in Rückstand. Nach Stolzenburg zweitem Treffer blieb es beim Standard-Ergebnis aus TeBe-Sicht. Nur noch 5.500 Zuschauer waren ins Olympiastadion gekommen.

Einige hundert Kilometer von Berlin entfernt umarmte Keßler seine nach dem Abpfiff auf ihn zustürmenden Schützlinge. Hertha hatte im Duisburger Wedaustadion begeistert gekämpft und gespielt und durfte sich erstmals Bundesliga-Spitzenreiter nennen. „Hertha war eiskalt und konterte meisterhaft", gestand MSV-Trainer Willibert Kremer fair ein. Lutz Rosenzweig fügte hinzu: „Hertha hat vielleicht schon besser gespielt, oder mal besser gekämpft. Aber was die Kombination Kampf-Spiel angeht, hat Hertha in Duisburg Spitze demonstriert." In der 37. Minute fiel Herthas Führungstor, und was für eines. Nach einem leicht abgefälschten Flankenball von „Luggi" Müller nahm Beer wuchtig Maß und knallte das Leder aus der Luft aus etwa 16 Metern unter die Latte. Ein Traumtor, das Wochen später bei der *Sportschau* mit 44.240 der insgesamt 90.000 abgegebenen Stimmen zum „Tor des Monats" gewählt wurde. Bis zum Wechsel gelang noch ein Treffer – er fiel auf kuriose Art: Horr schoss aus spitzem Winkel auf die vordere Torecke, Torhüter Linders lenkte das Leder gegen den linken Pfosten von dort prallte es gegen den rechten Pfosten und fiel ausgerechnet dem etwa fünf Meter vor dem Tor völlig frei stehenden Sidka vor die Füße, für den es ein Kinderspiel war, den Ball über die Linie zu stoßen.

Nach der Pause klang es fordernd „Emm-Ess-Vau" von den Rängen. Doch Zander hütete das Tor ausgezeichnet und auch die Defensivreihe mit Müller, Kliemann, Sziedat und Weiner stand unter Dauerbelagerung sicher. Zumindest solange, bis Lehmann doch noch das 1:2 gelang (73.). Mit viel Emotion schilderte Lutz Rosenzweig die folgenden Minuten: „Nun wurde dem Berliner Beobachter Angst und Bange. Aber wieder saß der Hertha-Konter. Grau und Hermandung rissen im Doppelpass die aufgelockerte Duisburger Deckung auf, und Graus Flankenball stieß Horr mit dem Kopf an Linders vorbei, der auf dem ‚falschen Bein' gestanden hatte (76.)". Besonderes Lob erhielt der junge Sidka, der in der *Berliner Morgenpost* von Weise zum „König im Mittelfeld" erhoben wurde. „Welch wertvoller Spieler ist aus diesem Burschen geworden." Sidka selbst hatte in der Donnerstag-Ausgabe des *Kicker* ein 1:1 getippt.

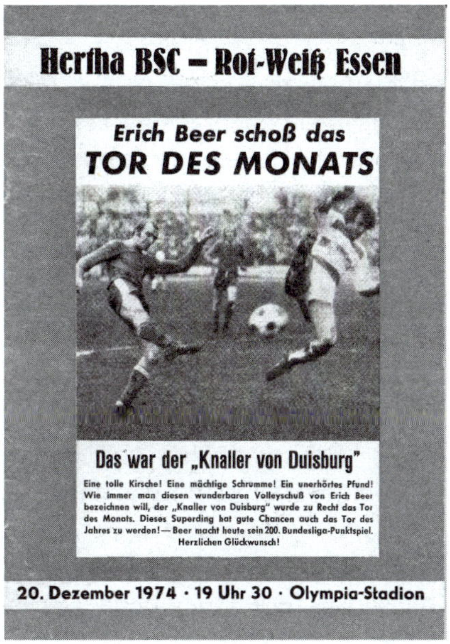

Programmheft Hertha – RW Essen (4:2). Kurz vor Weihnachten muss Hertha nochmal ran und übernimmt über den Jahreswechsel die Tabellenführung. Das Titelbild zeigt Erich Beers „Tor des Monats" aus der Partie beim MSV Duisburg. (Foto: privat)

Wie die Lage Herthas an der Tabellenspitze in diesen Tagen beurteilt wurde, dazu zwei Kommentare nach dem wertvollen Auswärtssieg: „Hertha an der Spitze der Bundesliga? Der Berliner sagt: Ick gloob, ick spinne! Vergessen ist der Bundesliga-Skandal, der ganze Wirbel um die absonderliche Flucht Dettmar Cramers. Da hat sich plötzlich ein Haufen zusammengefunden, der die anfängliche Skepsis vor dem neuen Trainer ablegte, und eine Chance zu erkennen beginnt“, schrieb Weise. „Was die Mannschaft als Titelaspirant wirklich wert ist, wird sich aber noch zeigen müssen. Den Erfolg freilich, den sie bisher errang, hat kein Mensch vorausgesagt“, hieß es bei Lutz Rosenzweig.

Einen Tag vor der Partie gegen Rot-Weiß Essen warnte Herthas Trainer: „Man verstehe mich nicht falsch. Ich halte die morgige Begegnung für schwerer als das Spiel eine Woche später in Bochum! Einfach deshalb, weil gegen Essen alle Welt unseren Sieg erwartet.“ Die Befürchtungen erwiesen sich als unnötig, denn die Partie wurde aufgrund starker Regenfälle über den gesamten Tag erst gar nicht angepfiffen. Und das, obgleich sowohl der SFB als auch der RIAS Berlin mehrfach in ihrem Rundfunk-Programm verkündet hatten: „Das Spiel Hertha BSC gegen Rot-Weiß Essen findet statt!“ Schiedsrichter Heinz Aldinger aus Waiblingen hatte gegen 14:00 Uhr den Rasen besichtigt und ein negatives Urteil gefällt. Eine Stunde vor Beginn der angesetzten Begegnung war er bereits über alle Berge. Hertha jedoch tat fast nichts, um die Zuschauer rechtzeitig zu informieren, was auch zur Verärgerung der 15.000 beitrug, die sich bereits im Stadion aufhielten. Während Helfer bereits das Gebälk der Fußball-Tore wegschleppten, kam um 14:27 Uhr über Lautsprecher die viel zu späte Absage, während draußen noch weiter fleißig Karten verkauft wurden. Auch das Abstiegsduell zwischen dem Wuppertaler SV und Tennis Borussia fiel dem schlechten Wetter zum Opfer.

Vor dem 3. Advent hatten die Zuschauer Tennis Borussia wohl aufgegeben, auch die dichte Schneedecke, die ganz Berlin an diesem Tag einhüllte, hatte wohl dazu beigetragen, dass nur noch 3.900 Unentwegte das Spiel gegen den FC Schalke 04 verfolgen wollten. Vor dem Spiel hatte TeBes Torjäger Stolzenburg auf dem Titelbild des Programmheftes noch so optimistisch ausgesehen und Mittel- und Zeigefinger zu einem „V“ gespreizt. „Entweder will er mit den erhobenen zwei Fingern ein „V“ andeuten, was victory = Sieg bedeuten würde. Oder aber es soll eine ‚2‘ sein. Das könnte heißen: Nachdem ich im letzten Heimspiel gegen Köln zwei Tore geschossen habe, will ich auch den Schalkern zwei Knallbonbons in den Kasten schmettern!“ Am Ende gelang weder ein Sieg, noch hatte „Stolle“ getroffen. Es hatte überhaupt kein Berliner getroffen, dafür waren die Schalker zwei Mal erfolgreich: Zu Beginn durch „Hannes“ Bongartz und kurz vor Schluss durch Klaus Fischer. Anschließend wurde dem Trainer in einer Vorstandssitzung das Vertrauen ausgesprochen. Die Borussen hielten tatsächlich ihr Wort, Gawliczek blieb bis Saisonende ihr Trainer.

Zeitgleich erlebte Hertha BSC die schwärzeste Stunde der Hinrunde. „Hertha im Bochumer Regensturm verweht – 0:4", hieß es in der *Fußball-Woche*. Zugleich feierten die Berliner ein wenig erfreuliches Jubiläum: Es war ihre 100. Niederlage in der Bundesliga. War Hertha vor der Pause (0:0) mit dem Wind und Eisregen im Rücken noch ebenbürtig, begann ab der 60. Minute der Niedergang. Ein Bochumer Doppelschlag um die 60. Minute herum brachte die Vorentscheidung, in den letzten Minuten fielen die Treffer zum 3:0 und 4:0. Das Berliner Wochenende war mit 0:6 Toren und 0-4 Punkten gründlich verhagelt.

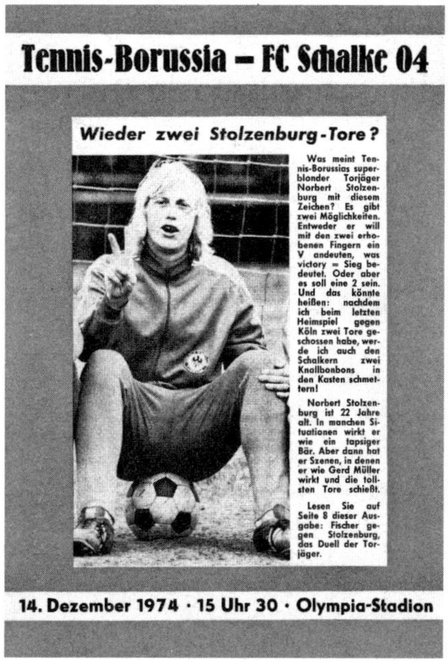

Programmheft Tennis – Schalke 04 (0:2). Noch schaut TeBe-Torjäger Norbert Stolzenburg optimistisch in die Kamera. Nach dem Spiel sah es sicherlich anders aus, sein Team ziert das Tabellenende. (Foto: privat)

„Wer Sinn für einen optischen Effekt hat, darf heute Abend als Hertha-Freund hoffen. Es steht die Chance ins Haus, zum dritten Mal in der Bundesliga-Geschichte Berlins Fußball-Lieblinge an der Tabellenspitze zu sehen. Dazu bedarf es ‚nur' eines Sieges gegen Rot-Weiß Essen", machte Lutz Rosenzweig den Berlinern Appetit auf die Nachholpartie, vier Tage vor Heiligabend. Wenige Tage zuvor war Beers „fulminante Kirsche" von Duisburg von den Zuschauern der *Sportschau* zum „Tor des Monats" gewählt worden. Das *Berliner Fußball-Programm* gratulierte auf seiner Titelseite. Zugleich stand Beer vor seinem 200. Bundesliga-Spiel.

Es wurde eine Art Vorweihnacht für Hertha BSC. Als nur noch wenige der 28.702 im Stadion beim Stand von 2:2 auf einen Sieg zu hoffen wagten und der Festbraten schon anzubrennen drohte, fiel drei Minuten vor Schluss durch „Kudi" Müller das nicht mehr erwartete 3:2. 60 Sekunden später das 4:2 durch Beer. Keßler nannte später die Faktoren, die Hertha zunächst für eine Nacht an die Tabellenspitze geführt hatten: „Erfahrung – jugendliche Kraft – Kampfgeist" und: „Weil von der ersten bis zur letzten Minute nur auf Angriff gespielt wurde." Dabei begann der Abend ungünstig: 0:1 durch Burgsmüller: 0:1 (12.). Zum Glück für die Berliner gelang „Kudi" Müller noch vor der Pause der Ausgleich. Nach dem Wechsel schien alles in schönster Ordnung als Grau das zweite Berliner Tor erzielte (59.). Doch als Lippens unaufhaltsam auf Herthas Zander zustrebte und ihm der nacheilende „Luggi" Müller innerhalb des Strafraums in einer Art Parterre-Aktion den Ball mit der Hand weg hangelte, nutzte

Bast die Chance vom Elfmeter-Punkt zum 2:2 (62.). Hertha schien einen wertvollen Punkt zu verlieren, da geschah doch noch das fast Unmögliche. Die Freudenszenen im Stadion waren unbeschreiblich. Mitunter wurde es übertrieben, denn munter schossen Undisziplinierte Leuchtraketen und Silvesterknaller wild in die Gegend. „Luggi" Müllers Mikrofon-Ermahnung – „Lasst diesen Unsinn" – hatte nicht gefruchtet. Lutz Rosenzweigs Fazit nach Herthas Hinrunden-Abschluss fiel so aus: „Bayerns Tiefgang und die Tatsache, dass Klasse-Teams wie Gladbach und Köln bisher auch mit allem glänzten, nur nicht in punkto Stabilität, bieten Hoffnung auf weiteren guten Bestand Herthas im Feld der Titelaspiranten."

Die Tabellenspitze zum Jahreswechsel 1974-1975:

1.	Hertha BSC	17	31:21	23-11
2.	Kickers Offenbach	16	37:27	22-10
3.	Hamburger SV	17	25:15	22-12
4.	Eintracht Frankfurt	17	46:21	21-13
5.	Schalke 04	16	24:13	20-12
6.	Eintracht Braunschweig	16	24:16	20-12
7.	VfL Bochum	17	31:23	20-14
8.	Bor. Mönchengladbach	15	37:23	19-11

Tennis Borussia dagegen zierte zu Silvester das Tabellenende. „Selten war das Wort vom lachenden und weinenden Auge so wörtlich zu nehmen wie beim Betrachten der Bundesliga-Tabelle", schrieb Weise in seiner Hinrunden-Bilanz. „Berlins Brüderpaar hat sich weit auseinandergelebt: Favorit Hertha ganz oben, aber Außenseiter Tennis Borussia dort, wo es nicht mehr tiefer geht." Die Berliner rahmten die Tabelle ein.

Bis zur 78. Minute hielten die Veilchen beim Wuppertaler SV vor 6.500 Zuschauern im Zoo-Stadion ein 0:0, dann traf Gerber zwei Mal. Die zehntägigen Weihnachtsferien kamen für die Borussen zur rechten Zeit. Dass im neuen Jahr die Klasse noch zu halten wäre, glaubte selbst Gawliczek inzwischen kaum noch.

Die Lage am Tabellenende:

15.	Werder Bremen	17	18:37	11-23
16.	VfB Stuttgart	17	24:42	10-24
17.	Wuppertaler SV	17	13:42	6-28
18.	Tennis Borussia	17	21:45	5-29

Vor Herthas Rückrundenauftakt bei Fortuna Düsseldorf sagte Herthas vorsichtiger Trainer Keßler: „Ein Unentschieden ist allemal drin. Ich hätte aber auch nichts gegen einen Sieg." „Schon nach wenigen Minuten glich der aufgeweichte Rasen des Düsseldorfer Rheinstadions einem Rübenacker", wusste Rudi Rosenzweig für die *Fußball-Woche* zu berichten. Es war auf schwerem Boden ein schwer erkämpftes 0:0, mit dem die Berliner die Rückreise antraten. Hinter Herthas sicherer Abwehr stand mit Zander ein Schlussmann, dem der *Kicker* folgendes Urteil ausstellte: „Zander zeigte, dass er zu den besten Torhütern Deutschlands zählt." In der *Fußball-Woche* bewertete man ihn so: „Eine konfuse Leistung, mehrfach schlecht stehend und auch seltsam abwerfend." Da werde einer schlau draus. In der gut 8-minütigen Aufzeichnung des WDR war jedenfalls kein Fehler auszumachen.

Auf der Titelseite des Borussen-Programmheftes wurde provokant gefragt: „Kennen Sie den?" Natürlich kannten die Berliner Zuschauer den auf dem Foto abgebildeten – es handelte sich um Bernd Gersdorff. Der Mann mit dem „flotten Schnauzer" war einer jener Fußballspieler, die zu dieser Zeit erst in die Fremde ziehen mussten, um in der Heimat volle Anerkennung zu finden. Die Borussen-Fans kannten ihn genauer, hatte er doch vier Jahre erfolgreich für ihren Verein gespielt und dabei 45 Tore erzielt. An diesem kalten Januar-Tag brachte Gersdorff die Gäste zwei Mal in Front: Zum 1:0 und 2:1. Doch auch die Borussen verfügten über einen Doppeltorschützen in ihren Reihen: Ex-Herthaner Jürgen Rumor, nach langer Verletzungspause wieder genesen, glich jeweils aus. Für die Berliner war es der erste Punktgewinn seit fast drei Monaten.

Der FC Bayern München reiste als Tabellenvierzehnter nach Berlin. Doch der Respekt vor dem Deutschen Meister und Europapokalsieger war auf Herthas Seite noch immer riesengroß, schließlich hatte sich der Kader kaum verändert: Die fünf Weltmeister Maier, Beckenbauer, Hoeneß, Müller und Schwarzenbeck sowie „Bulle" Roth und der aufstrebende Rummenigge standen in ihren Reihen. Würden die Bayern ihr großartiges Europa-Cup-Gesicht zeigen oder die mäßige Bundesliga-Form bestätigen? Wie würden die Zuschauer auf Dettmar Cramer reagieren – Herthas Coach für wenige Tage und jetzigen Bayern-Trainer? Hertha rechnete mit gutem Besuch, waren doch bereits 53.000 Billetts im Vorverkauf abgesetzt worden. Sorgen machte man sich um Kapitän „Luggi" Müller, ihn plagte eine fiebrige Erkältung, die er in seinem Bett in Dahlem auskurierte. Doch zum Spielbeginn stand er auf dem Feld. Lutz Rosenzweig war skeptisch, was Herthas sportliche Aussichten betraf: „Sagen wir es hart und ohne Emotionen: Am nächsten liegt ein Unentschieden! Weil Hertha möglicherweise nicht mit der Rolle des nach vorn gepeitschten Angreifers fertig wird, nicht genug stürmen kann, um das Bayern-Bollwerk zu knacken. Erst in zweiter Linie trauen wir Hertha einen Sieg zu. Ihn gibt es nur, wenn die Mannschaft zweimal 45 Minuten kämpft und – dann jenes Quäntchen Glück hat, ohne das auch der Tüchtigste nicht auskommt." Nun, ein Bayern-Bollwerk sollte Hertha nicht überwinden müssen.

Dettmar Cramer, unter Polizeischutz ins Stadion geführt, wurde von 81.732 Zuschauern mit einem ohrenbetäubenden Pfeifkonzert empfangen, wie es die Berliner Fans nie zuvor und auch später keinem Trainer mehr zuteilwerden ließen. Er zeigte aber Verständnis für die heftigen Reaktionen: „Ich bin den Berlinern nicht böse. Ich habe Verständnis dafür. Sie haben ein Recht darauf, ungehalten zu sein und ihren Unmut lautstark Ausdruck zu geben, aber ich hatte zwingende persönliche Gründe, nicht zu Hertha zu kommen." Im *Berliner Fußball-Programm* wurden die Zuschauer noch einmal an den eigentümlichen Trainingsauftakt im Sommer erinnert: „Dass Dettmar Cramer aus den allen Fußballfreunden bekannten Gründen in Berlin nicht beliebt ist, weiß er sicherlich. Und ohne Zweifel hat er sich das selbst zuzuschreiben." Dann widmete man sich im Heft dem sportlichen Geschehen und hoffte, „dass die Hertha-Mannschaft endlich mal den Bock umstößt und der Bayern-Elf die erste Niederlage auf Berliner Boden beibringt."

In der Vorwoche waren die Bayern schon dem Spott der Konkurrenz ausgesetzt gewesen: Sie hatten ihren Auftakt zur Rückrunde „versemmelt" und daheim gegen Kickers Offenbach einen 2:0-Vorsprung hergeschenkt. Am Ende stand eine 2:3-Pleite, zu der Beckenbauer mit seinem Eigentor zum 2:2 nicht unwesentlich beigetragen hatte. Wer konnte schon ahnen, dass des „Kaisers" Slapstick-Einlagen schon nach neun Minuten eine Fortsetzung finden sollten: Unglücklich lenkte er einen Kopfball von Hermandung ins eigene Netz. Als Rummenigge jedoch nur zwei Minuten später ausglich, rechnete niemand im voll besetzten Olympiastadion mit einem klaren Resultat. Auch ahnte niemand, dass der immer dichter werdende Nebel für die Herthaner ein größeres Problem darstellen würde als die „etwas morsch gewordenen Bayern", wie Neuendorf

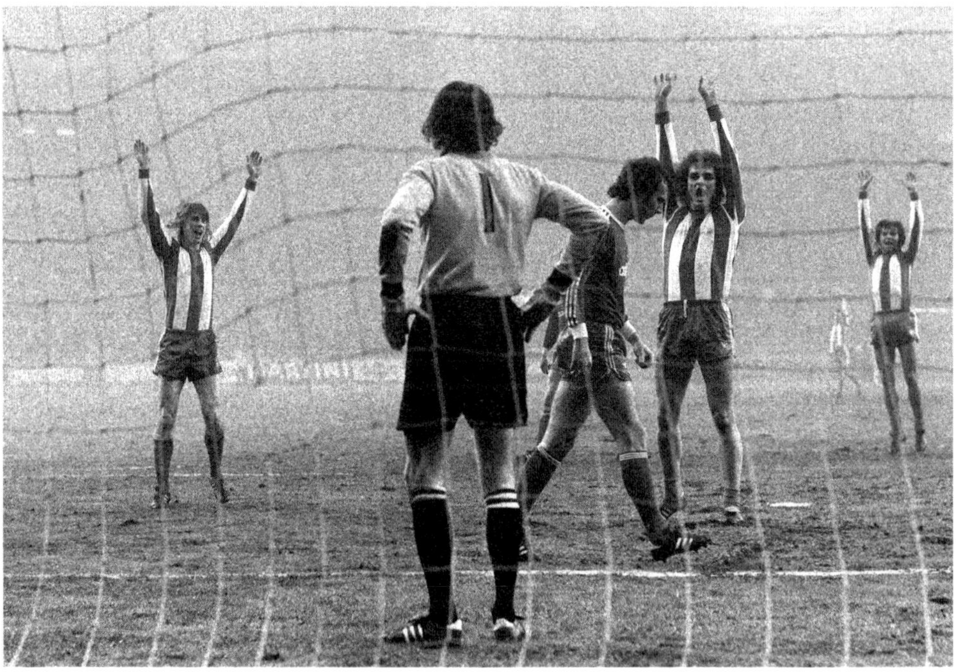

Während Sepp Maier fassungslos ist, reißt Uwe Kliemann vor Freude die Arme hoch. Soeben hat Franz Beckenbauer die Berliner mit einem Eigentor 1:0 in Führung gebracht. Sein zweites Selbsttor innerhalb von acht Tagen. (Foto: imago/Sven Simon)

den Deutschen Meister bezeichnete. Bereits zwei Minuten nach dem Wechsel erlief Beer einen 30-Meter-Rückpass von Müller auf Maier, umspielte den Nationaltorhüter und schob die Kugel aus spitzem Winkel ein: 2:1. Nach gut einer Stunde konnte Maier eine Eingabe von „Kudi" Müller nur vor die Füße von Sidka und Hansen abwehren. Sidka dazu später: „Ich wollte gerade einschießen, da kam mir Hansen noch mit der Fußspitze zuvor." Das zweite Eigentor der Bayern an diesem Nachmittag verwandelte das Stadion in ein einziges Wonne-Meer und ein gewaltiges „Hi-Ha-Ho – Bayern ist k.o." donnerte durchs Rund, „dass man es bis nach Spandau gehört haben muss", wie Beyer den Moment festhielt. Vier Minuten vor Schluss war der famose Beer zum 4:1 erfolgreich. Noch heute gibt Beer gern zum Besten, dass seine größte Sorge dem Nebel galt: „Es war mein schönster Sieg mit Hertha. Wir hatten nur Angst, dass der Schiedsrichter die Begegnung irgendwann in der zweiten Halbzeit abpfeifen würde, weil die Sicht immer schlechter wurde. Ich kann mich noch erinnern, dass ‚Katsche' Schwarzenberg und Sepp Maier immer miteinander gesprochen haben, dass hoffentlich noch mehr Nebel kommen möge, damit das Spiel abgebrochen wird." Auch Sprentzel sprach in der *Sportschau* davon, „dass ihnen unsere elektronischen Kameras ein viel besseres Bild zeigen, als es in Wirklichkeit war." Es hätte für die Bayern durchaus noch schlimmer kommen können, als Beer zwei Minuten vor Schluss im Strafraum gelegt wurde. Die meisten der Zuschauer bekamen den „Elfmeter-Fehlschuss" von Kliemann gar nicht mit, so schlecht war die Sicht inzwischen. Maier meisterte den Strafstoß. In die Geschichte ging diese Partie als „Herthas große Nebelschlacht" ein. Es war Herthas erster Bundesliga-Sieg über die Bayern in Berlin.

Auch Tennis Borussia machte an diesem ersten Februar-Wochenende Freude. Ein guter Birkenmeier und ein überragender Libero Schnellinger waren die Garanten für den Punktgewinn in Bremen. Es war der erste Auswärtspunkt der Veilchen in der Bundesliga. Rumor hatte mit seinem dritten Treffer im zweiten Spiel die Berliner 1:0 nach vorn gebracht (35.), Horst Höttges per Strafstoß für Werder zum 1:1 ausgeglichen.

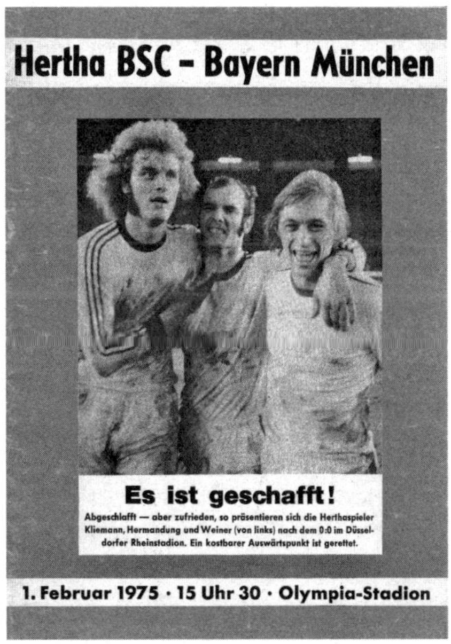

Programmheft Hertha – Bayern (4:1) vom 1.2.1975, das als Nebelspiel in die Fußballgeschichte einging. Es ist Herthas erster Bundesliga-Heimsieg gegen Bayern München. (Foto: privat)

Der Winter war nach Berlin zurückgekehrt. Eine dichte Schneedecke überzog nicht nur den Rasen des Berliner Olympiastadions. TeBes Trainer Gawliczek sah es vor der Partie gegen die Gladbacher Borussen positiv:

„Je mehr Schnee oder Regen desto besser für uns.“ Das *Berliner Fußball-Programm* hoffte auf zahlreiche Unterstützung für die Borussen: „Bestimmt werden heute nicht nur TeBe-Freunde im Olympiastadion sein. Auch viele Anhänger von Hertha BSC wollen mit Pauken und Trompeten kommen, um Tennis Borussia lautstark Rückendeckung zu geben. Denn was kann sich Hertha BSC mehr wünschen als einen Punktverlust des großen Rivalen!“ Am Ende pilgerten aber doch nur 9.884 zahlende Besucher bei frostigen Temperaturen in den „Eisschrank Olympiastadion“. Letztmalig bot sich ihnen die Gelegenheit, ein TeBe-Programmheft zu erwerben. Die Stadionzeitung erschien fortan nur noch zu den Partien von Hertha BSC, der finanzielle Aufwand rentierte sich für die Herausgeber bei sinkenden Zuschauerzahlen nicht mehr. Bis zur Pause hielten die Borussen in einer rassigen Partie achtbar mit. Stolzenburg hatte in der 33. Minute den Rückstand durch Heynckes (27.) egalisiert. Doch nach dem Wechsel reichten Tennis Borussias guter Wille und eine intakte Moral nicht mehr aus: Heynckes, Bonhof und noch einmal Heynckes sorgten für ein 1:4.

„Die genaue Besetzung der Mannschaft kann ich erst ein paar Stunden vor dem Spiel bekanntgeben“, verriet Keßler den Journalisten einen Tag vor der Spitzenpartie des 20. Spieltages bei Kickers Offenbach. Eine Grippewelle hatte beinahe die gesamte Bundesliga erfasst, darunter einen Großteil der Hertha-Mannschaft. Jeden Tag folgten neue Hiobsbotschaften. ZDF-Moderator Werner Schneyder scherzte dazu abends im *Aktuellen Sportstudio*: „In den meisten Stadien wurde man heute mit ‚Hatschi‘ begrüßt.“ Schließlich musste Keßler auf seine Mittelfeldspieler Beer und Sidka verzichten, die sich zuletzt in Hochform befunden hatten. Dennoch sah es zunächst gut aus. Der für Beer in die Elf gerückte 20-jährige Detlef Szymanek hatte Hertha vor 31.000 Zuschauern am ausverkauften Bieberer Berg in Führung gebracht: 0:1 (29.). Doch die Gastgeber ließen sich nicht irritieren und glichen schnell durch Ritschel aus. „Im großen Kampf kein Glück gehabt“. Die Überschrift im *Abend* traf den Nagel auf den Kopf. Nach dem Wechsel zählten die Statistiker sage und schreibe 11:2 Chancen für die Herthaner. Doch es trafen nur die Kickers-Stürmer: 2:1 Janzon (58.) und 3:1 Kostedde (72.). „Es war geradezu grotesk wie die Herthaner Torchancen versiebten. Hier durfte man wirklich mal von gehäuftem Pech sprechen“, zeigte Lutz Rosenzweig Verständnis für die grippegeschwächten Berliner. Alles in allem war es ein Spitzenspiel voller Dynamik und Dramatik. Diese Eindrücke verleiteten Lutz Rosenzweig zu einer mutigen Prognose: „Vergleichen wir nach dem Offenbacher Großkampf nüchtern die Chancen der Kickers und der Herthaner, dann wird Hertha Deutscher Meister.“ Am späten Abend gelang Keßler im ZDF eine kleine Revanche. Im *Aktuellen Sportstudio* entschied er das Torwand-Duell der Trainer gegen seinen jungen Offenbacher Kollegen Otto Rehhagel mit 1:0 für sich.

Hertha jagte inzwischen einen eigenen Rekord: Zählte man das (Auswärts-)3:0 gegen Tennis Borussia hinzu, hatte Hertha seit dem 9. Oktober 1974 sieben Spiele in ununterbrochener Folge im Olympiastadion gewonnen. Sollte Hertha den HSV schlagen, wäre Herthas Serien-Rekord nach Siegen eingestellt. Er datierte bis dahin aus dem Jahr 1970, als saisonübergreifend gegen Dortmund (9:1), Stuttgart (3:1), Bremen (4:1), Kaiserslautern (5:3), Oberhausen (3:1), Köln (3:2), Braunschweig (1:0) und Stuttgart (2:0) eine Erfolgsserie zu verzeichnen war.

Die attraktive Ansetzung Dritter (Hertha) gegen Vierter (HSV) und die Vor-Frühlingssonne lockten 50.735 Zuschauer ins Olympiastadion – dabei waren zunächst 60.000 angesagt worden. Auf schwerem Boden boten vor allem die Berliner Rutschpartien am laufenden Band. „Wenn zwei Mannschaften wie Hertha und der HSV, die wochenlang großartige Leistungen zeigten, plötzlich optisch ein schwaches Spiel bieten, dann muss das nicht unbedingt an einer plötzlichen Formkrise beiderseits liegen. Beide Trainer entschuldigten die spielerisch so holprige Gangart übereinstimmend mit dem schlechten Boden. Das hat was für sich, denn schon nach wenigen Minuten glich der Rasen einem Feld von Maulwurfshügeln“, entschuldigte Lutz Rosenzweig. „Nur gut, dass (...) Szymanek so erfreulich werkte. Als ihm Grau den Ball vorgelegt hatte, wand er sich blitzschnell um seinen Gegenspieler herum und wuchtete ebenso schön wie glücklich die Kugel aus etwa 20 Metern Distanz oben rechts ins Netz“, lobte Lutz Rosenzweig den Berliner Jungen. Für Kliemann hatte er ein humoriges Extra-Lob parat: „In der Hertha-Elf macht sich Uwe Kliemann immer mehr bezahlt. Es mag zwar aussehen, als käme ein ungelenkes Wüstenschiff daher, wenn er mit seinen langen Haxen übers Feld stakst, doch kennen wir keinen einzigen Bundesliga-Kämpen weit und breit, der so wie er Einfluss nehmen kann auf ein Spiel.“

Der Auftritt Tennis Borussias bei Pokalsieger Eintracht Frankfurt wurde im *Kicker* mit „Tag der offenen Tür“ umschrieben. Die Borussen bezogen mit 1:7 eine derbe Pleite. Bester Borusse? Birkenmeier! „Enorm reaktionsschnell, mutig und fangsicher verhinderte er eine zweistellige Niederlage“, stufte die *Fußball-Woche* seine Leistung als „sehr gut“ ein. Bei sieben Punkten Rückstand auf Platz 15 benutzte im Borussen-Lager niemand mehr den Rechenschieber.

Eine Woche später reiste der VfB Stuttgart als 15. der Tabelle zur Hertha nach Berlin, wo in diesen Tagen wegen der Entführung des CDU-Politikers und Bürgermeisterkandidaten Peter Lorenz durch die „Bewegung 2. Juni“ Alarmstufe Nummer Eins herrschte. „Großartige Hertha! Sie ist meisterschaftsreif“, gab Stuttgarts Trainer Albert Sing nach der 0:4-Niederlage seines Teams in der Pressekonferenz zu Protokoll. Nach Horrs 2:0 geriet sein Team ins Schwimmen, verlor die Balance und war nachher mit dem 4:0 noch gut bedient. Hertha im Olympiastadion – das garantierte zu dieser Zeit Tore. Doch es dauerte. Als die 35.306 Hertha-Fans schon unruhig wurden, schlug Kliemann zu. Langgezogene „Uuuuuwe“-Rufe brausten danach durchs Stadion. Nach Horrs Vorentscheidung fielen noch weitere Treffer: Szymaneks 3:0 und Weiners 4:0. Trainer Keßler hatte die Hertha-Hoffnung anschließend um einen Platz höher geschraubt: „Ich könnte mir vorstellen, dass wir jetzt 4. werden.“ Der *Kicker* titelte prompt: „Die Tiefstapler aus Berlin“. Voller Respekt wurden aber die Stärken der Herthaner erkannt: „Es gibt kaum eine nahkampfstärkere Mannschaft als die Berliner von 1975. Wie ein Meister spielt Hertha längst noch nicht. Niemand weiß das so gut wie die Mannschaft und ihr Trainer. Aber die Berliner können dennoch Meister werden – weil sie wie Meister fighten können!“

Tennis Borussia blieb am Freitagabend im Hamburger Volksparkstadion ohne Chance: 0:4. Immer mehr Borussen gelangten zu der Erkenntnis: „Wir müssen uns langsam aber sicher auf die 2. Bundesliga einrichten.“ Auf den Rängen des Olympiastadions flüsterten sich Herthas Anhänger bereits zu: „TeBe verkauft drei seiner besten Spieler an Hertha BSC!“ – Schnellinger sollte nicht darunter sein.

„Interessant wurde es erst hinterher“, hieß es im *Abend* nach der Begegnung zwischen Tennis Borussia und dem 1. FC Kaiserslautern vor nur noch 3.097 Zuschauern im gespenstisch leeren Olympiastadion. „Am 30. Juni läuft mein Vertrag aus, und ich habe heute dem Vorstand mitgeteilt, dass ich ihn nicht mehr verlängern werde. Ein neuer Mann kann der Mannschaft neue Ideen geben“, verkündete Gawliczek nach Spielschluss seinen Abschied. Vorher hatten die Zuschauer erstmals auf „ihr“ Programmheft verzichten müssen, der Service ließ nach. Dafür durften sie sich anschließend über den dritten Sieg ihres Teams freuen. Stolzenburg, Subklewe und Sprenger sorgten mit ihren Toren für das 3:2.

„Inmitten der ersten Halbzeit sagte ein Kölner: ‚Alle Achtung vor dieser Hertha! Sie ist völlig ebenbürtig.‘ Derselbe Mann stellte zehn Minuten vor Schluss fest: ‚Wenn diese Hertha Meister wird, haben wir im nächsten Europacup keinen Spaß. Schwächer geht's nicht!‘„ Für Lutz Rosenzweig waren diese Aussagen Beleg für Herthas wechselhafte Vorstellung in Köln. „Doch dieser mit etlichen Nationalspielern gespickten Mannschaft, die augenblicklich in großer Form spielt, knapp zu unterliegen, bricht den ebenfalls prächtig spielenden Herthanern keinen Zacken aus der Krone“, schrieb Neuendorf in der *Fußball-Woche*. Zwei Szenen waren es, die vor 28.000 Zuschauern in der ausverkauften Kölner Radrennbahn zu Beginn wesentlich zum Kölner Sieg beitrugen. „Eine Viertelstunde war gespielt, als der völlig frei stehende Beer in Ballbesitz kam. Ein Berliner Treffer schien unabänderlich. Da spitzelte der Herthaner dem Kölner Schumacher das Leder in die Arme. Im Gegenzug fiel sofort das Kölner 1:0 durch Dieter Müller (16.). Wer vermag zu sagen, welchen Verlauf das Spiel genommen hätte, wäre Hertha in Führung gegangen. Noch einmal war die Konstellation für die Domstädter günstig. Genau 60 Sekunden lagen zwischen dem 2:0 durch Heinz Flohe (88.) und dem 2:1 durch Kliemann (89.). Die umgekehrte Reihenfolge hätte Köln sicher arg getroffen“, trauerte Neuendorf in der *Fußball-Woche* den vergebenen Möglichkeiten nach.

Die Angelegenheit schien eindeutig: Gerd Zimmermann von Fortuna Düsseldorf tippte in der Donnerstags-Ausgabe des *Kicker* auf ein klares 4:0 der Meidericher, und auch in der Stadionzeitschrift des „MSV“ ging es nur um die Höhe des Sieges. Die Tennis-Borussen würden im Duisburger Wedau-Stadion keine Chance besitzen. Umso verwunderter rieb sich der Berliner Fußballfan die Augen, als er am späten Freitagabend die *Sportschau* einschaltete und den von Dieter Adler kommentierten Spielbericht verfolgte. War das der Berliner Aufsteiger, der in der Fremde zumeist heftige Prügel bezogen hatte und bisher nur einen Zähler in auswärtigen Stadien hatte ergattern können? „Die Borussen zogen sich naturgemäß in die Defensive zurück, aber sie waren immer mit allen Mann dabei anzugreifen, wenn dies sich bot“, Adlers Tonfall verriet in keiner Phase, wie die Partie enden würde. Sieben Minuten vor Schluss war die Sensation perfekt: Geyers Tor zum 3:2 hatte den Berlinern im zwölften Auswärtsspiel den ersten doppelten Punktgewinn beschert. Es ist bis zum heutigen Tag der einzige Auswärtssieg der Borussen im deutschen Fußball-Oberhaus geblieben. Nach dem Abpfiff lagen sich elf Lila-Weiße in den Armen. Zur Pause schien bereits alles für den Außenseiter aus Berlin geklärt. Erst verwandelte Stolzenburg einen Foulelfmeter zum 1:0 (42.), drei Minuten später erhöhte Rumor mit einem Volley-Schuss auf 2:0. Doch die „Zebras“, wie die Duisburger aufgrund ihrer gestreiften Spielkleidung genannt werden, kamen zurück: 1:2 durch Bücker, im *Sportschau*-Bericht fälschlich bereits als 2:2 angegeben. Da ahnte man als Berliner Fernsehzuschauer, was noch kommen würde. Das 2:2 fiel dann tatsächlich. Was aber niemand mehr für möglich gehalten hatte, kommentierte Adler für die ARD: „Nach dem Ausgleich glaubten die Zuschauer, dass die Wende kommen könnte, ja kommen müsste – Freistoß Rumor...“ Dieser segelte in den MSV-Strafraum, Geyer traf zuerst den Pfosten, den Abpraller schoss Subklewe Duisburgs Linders an die Brust, bis schließlich Geyer den Ball ins leere Tor schob. Trotz des zweiten Sieges in Folge blieb die Lage hoffnungslos. Der Rückstand auf den rettenden 15. Platz betrug beachtliche sechs Zähler.

Bei zwei Punkten Rückstand auf Tabellenführer Borussia Mönchengladbach war die Erwartungshaltung vor Herthas Heimspiel gegen Schlusslicht Wuppertaler SV eindeutig. „Wir dürfen keinen Punkt abgeben“, gab Keßler die Marschrichtung vor. Wer nur die Reaktion der gut 24.491 Zuschauer nach Spielschluss vernahm, musste zu dem Schluss kommen, dass für die Herthaner beim Kampf um die Meisterschaft tatsächlich etwas schief gelaufen war. Ein gellendes Pfeifkonzert begleitete „Luggi“ Müller und seine Mitspieler nach dem Abpfiff auf ihrem Weg in die Stadionkatakomben. Je mehr sich dieses Spiel bei schönstem aber kühlem Frühlingswetter dem Ende näherte, desto stimmgewaltiger tönte es den Herthanern von den Rängen in die Ohren: „Aufhör'n – Aufhör'n!“ Die *Fußball-Woche* stufte die Leistung des Tabellenzweiten so ein, „als wären die meisten Berliner am Sonnabendmorgen mit dem „linken Fuß“ zuerst aufgestanden.“ Dabei begann es wie gewünscht. Grau lenkt eine Eingabe von Horr ins Wuppertaler Netz – nach 40 Sekunden! Doch schon beim 2:0 in der 42. Minute benötigte Hertha Schützenhilfe der Gäste: Eigentor! Der 24. Spieltag blieb aus sportlicher Sicht für Berlin lange Zeit einmalig. Dass zwei Berliner Mannschaften gleichzeitig ihre Bundesliga-Partien gewannen, gab es zunächst nur an diesem März-

Wochenende 1975. Erst in der Spielzeit 2019/2020 sollten Hertha BSC und der 1. FC Union Berlin dieses Kunststück wiederholen.

„Schafft es TeBe doch noch?“, lautete die Überschrift der *Fußball-Woche* am Dienstag nach Ostern. Tennis Borussia hatte am Gründonnerstag gegen Rot-Weiß Essen den dritten Sieg in Reihenfolge eingefahren und schien Anschluss an die vor ihnen platzierten Mannschaften zu finden. Stolzenburgs spielentscheidender Treffer nach 38 Minuten hatte sogar „Spitzenklasse-Appeal“, wie es Lion im *Abend* beschrieb. Aus 18 Metern zirkelte er einen Freistoß mit dem Innenrist an dem verdutzten Essener Schlussmann Jürgen Rynio vorbei ins Netz. Die 4.832 Zuschauer staunten nicht schlecht über „Stolles“ Fertigkeiten. Was ihnen auch auffiel, war, dass seit Schnellinger am 28. Februar verletzt in die Kabine des Volksparkstadions hinuntergestiegen war, es mit der TeBe-Elf aufwärts ging. Lion empfahl den TeBe-Offiziellen, nicht ganz ernst gemeint, „den im Urlaub in Italien weilenden ‚Carlo‘ per Postkarte zu bitten, ruhig noch einige Wochen länger fernzubleiben.“ Trainer Gawliczek, in der Pressekonferenz von Journalisten auf die statistische Besonderheit angesprochen, antwortete nur kurz und knapp: „Kein Zufall“.

Hertha BSC trat beim Tabellensiebten FC Schalke 04 an. Keßler urteilte hinterher so: „Hätten wir das 1:0 gemacht – wir hätten nicht mehr verloren.“ Eine Viertelstunde nach der Pause hatte Brück das weit offen stehende Tor verfehlt. „Nicht zu fassen“, fand Neuendorf. So siegten die Schalker 1:0 durch einen 20-Meter-Flachschuss von Hannes Bongartz (76.). Nach Beginn der Rückrunde hatten die Blau-Weißen nur einen von zehn möglichen Auswärtspunkten geholt.

Dafür löste Hertha BSC am Dienstagabend nach Ostern seine Aufgabe im Olympiastadion. Braunschweigs Trainer Branco Zebec musste zugeben: „Wir haben unser stärkstes Auswärtsspiel gezeigt und trotzdem verloren!“ Das bezeichnete die Klasse des Spiels. Die *Fußball-Woche* fand sogar: „Tatsächlich war diese Eintracht die stärkste, die wir je sahen. Es spricht für die gehobene Klasse der Keßler-Elf, dass sie einen so starken Gegner schlagen kann.“ Das 1:0 durch „Luggi“ Müllers Foulelfmeter glich Eintracht-Mittelstürmer Wolfgang Frank aus. Das Spiel balancierte auf des Messers Schneide, bis schließlich Jung-Talent Szymanek dafür sorgte, dass die Sache noch „in die Reihe“ kam. Für den 3:1-Schlusspunkt sorgte Beer. Enttäuscht war man über die Zuschauerzahl. Trotz reeller Meisterschaftschancen zahlten bei gutem Wetter nur 21.346 Fans Eintritt. So hoffte man bei Hertha auf einen finanziellen Segen beim kommenden Heimspiel gegen Borussia Mönchengladbach.

Tennis Borussia setzte seine beeindruckende Serie am gleichen Abend fort und blieb auch in Bochum ungeschlagen. „Es stimmt zur Zeit alles“, strahlte Gawliczek nach einem gerechten 0:0. Der Rückstand auf das rettende Ufer betrug nur noch vier Punkte.

Was für ein Berliner Wochenende – was für eine Ernüchterung! Die *Fußball-Woche* nannte in ihrer Überschrift die Bilanz: „Absoluter Tiefpunkt: 1:8!" Nach einer Serie von 7-1 Punkten glimmte bei den Borussen vor der Partie gegen Fortuna Düsseldorf wieder ein Hoffnungsfunken. Doch nur 5.700 Zuschauer verloren sich an diesem regnerischen Nachmittag im gähnend leeren Stadion, und sie hätten es am liebsten schon nach einer knappen halben Stunde wieder verlassen. Mit 0:3 war die Entscheidung frühzeitig gefallen, am Ende hieß es 1:4. „TeBes Lichter gingen aus", schrieb Neuendorf für die „Fußball-Woche", und auch Lion befand im *Abend*, dass „die Situation Tennis Borussias mit dieser Heimschlappe nun wieder hoffnungslos zu nennen ist." Die Berliner Aufholjagd der vergangenen Wochen hatte zu viel Kraft gekostet.

Auch an der Weser war die Vorentscheidung früh gefallen: 1:0 Röber (8.), 2:0 Weist (22.). Kurios war der Bremer Führungstreffer, als Herthas Zander einen Ball durch die Arme rutschen ließ, „mit dem normalerweise selbst ein Schülertorwart keine Schwierigkeiten gehabt hätte", wie es im *Kicker* hieß. Nach dem Wechsel wurde es nicht besser: 3:0 Röber (47.), 4:0 Weist (54.). Rudi Rosenzweig ging in seinem Bericht für die *Fußball-Woche* entsprechend hart mit den Berlinern ins Gericht: „Am Sonnabend unterlag eine schon als Titelanwärter bezeichnete Hertha-Elf gegen die vom Abstieg bedrohte und weit unter dem Bundesliga-Durchschnitt liegende Werder-Truppe, weil sie kein gutes Konzept und nicht die richtige Einstellung mitbrachte." Ausgerechnet vor dem Schlagersiel gegen den Tabellenführer.

1.	Borussia Mönchengladbach	27	63:32	38-16
2.	1. FC Köln	27	58:38	34-20
3.	Hertha BSC	27	47:33	34-20
4.	Eintracht Frankfurt	27	71:34	33-21

Keßlers Parole war eindeutig: „Sieg um jeden Preis. Nur bei einem Erfolg von uns bleibt die Titelfrage offen, sonst ist Mönchengladbach Meister!" Das *Berliner Fußball-Programm* stellte vorher die Frage: „Bleibt Hertha im Olympiastadion ungeschlagen?" Seit Beginn der laufenden Saison hatte die Hertha-Mannschaft 13 Punktspiele auf heimischen Boden ausgetragen. Elf wurden gewonnen, zwei endeten unentschieden. Nicht ein einziges wurde verloren. Die Borussen kamen mit einer nicht minder imposanten Erfolgsserie nach Berlin: Sie waren die letzten 17 Spiele ungeschlagen geblieben. Dies wollten die Berliner beenden, folglich lautete die Ansage in der Donnerstag-Ausgabe des *Kicker*: „Wir machen Gladbachs Rekord kaputt!" Das Olympiastadion stand folglich im Bundesliga-Mittelpunkt. Von den 63.000 Karten, die vor der Begegnung in den Umlauf gingen, waren 55.000 verkauft worden, was eine beachtliche Zahl war, wurde doch der Vorverkauf in frühen Jahren längst nicht so genutzt wie heutzutage.

Die Fülle im Riesenrund deutete auf einen neuen Rekord hin. Die alte Bestmarke datierte vom 26. September 1969, als 88.075 Herthas Erfolg gegen den 1. FC Köln verfolgt hatten. Bereits eine Dreiviertelstunde vor dem Anpfiff waren an diesem sonnigen April-Nachmittag alle Plätze belegt. Während der Stadionsprecher 91.000 verkündete, schätzte man im *Kicker* die Zahl sogar „über den Daumen gepeilt in Wirklichkeit sicherlich noch um ein paar Tausend höher." „Vor so vielen Leuten habe ich nie wieder gespielt", erinnerte sich Kliemann. Abgerechnet wurden später tatsächlich „nur" 81.455, was Erstaunen bei denen hervorrief, die live dabei waren. Des Rätsels Lösung: Viele hatten kurz vor Beginn einfach die Kassen gestürmt und sich auf die preiswertere Weise Zutritt verschafft. Ernst Huberty sprach einige Stunden später in der *Sportschau* bei seiner Moderation davon, „dass der alte Rekord damit eingestellt ist. 91.000 wollten natürlich Hertha BSC siegen sehen in diesem Spitzenspiel", und er führte fort: „Ich habe immer gesagt, für mich gilt folgendes: Wenn Borussia Mönchengladbach das gewinnt, werden sie Deutscher Meister. Wenn nicht, ist alles wieder offen. Ob es ihnen gelungen ist, davon berichtet aus dem Olympiastadion mein Kollege Jochen Sprentzel."

Es wurde Herthas Glanztag, und viele rätselten auf dem Heimweg über Herthas zwei Gesichter: Auswärts jammervoll, im Olympiastadion souverän, taktisch und kämpferisch ausgezeichnet. Dabei begann es längst nicht nach Wunsch. Als Stielike nicht rechtzeitig attackiert wurde, nahm er sich aus 25 Metern ein Herz und traf genau links oben in den Winkel (23.). Im Rückstand liegend begann Hertha, sich auf die kämpferischen Qualitäten zu besinnen, was am Ende auch für den Sieg ausschlaggebend war. So war es auch im *Kicker* zu lesen: „An die Wand gedrückt – Hertha BSC machte mit Dauer-Offensive Gladbachs Super-Rekord kaputt". Der Rückstand rüttelte Hertha wach, es begann ein Kampf um jeden Meter Boden, um jeden Ball. Und es begann das große Spiel des Schweizer Nationalspielers „Kudi" Müller. In der 32. Minute nutzte er eine zu schwache Faustabwehr von Gladbachs Wolfgang Kleff per artistischem Seitfallzieher zum Ausgleich. Nach dem Wechsel setzten die Herthaner zu einem Power-Play an, an dessen Ende der Siegtreffer gelang. Seitlich an der Strafraumgrenze unterschätzte der bedrängte Vogts die Lage. Beim Versuch, den Ball zum herauslaufenden Kleff zurückzuspielen, bediente er unfreiwillig den schnell schaltenden Herthaner Grau. Dessen Hacken-Trick gelangte zu Müller, der die Ruhe behielt und präzise in die linke Ecke traf: 2:1 (76.). „Die große Panne des kleinen Berti", titelte die *Fußball-Woche*. Wolfgang Mönch, der die letzten zwölf Minuten ohne Unterbrechung aus dem Stadion kommentierte, beendete seine Reportage für *RIAS aktuell „Sport & Musik"* mit den Worten: „Die reguläre Spielzeit läuft noch 15 Minuten, dann müsste Schiedsrichter Biwersi abpfeifen. 15 Sekunden natürlich, und dann wäre selbstverständlich nicht nur für die Hertha, sondern auch für die anderen Mannschaften, die den Gladbachern auf den Fersen sind, also für Köln, für Frankfurt, für die Offenbacher und den HSV (...) alles wieder drin – und in diesem Augenblick, wo ich das sage, kommt die Bestätigung durch den Schlusspfiff von Schiedsrichter Biwersi. (...) Damit ist nur nur die Serie der Borussia im 18. Spiel in Reihenfolge zu Ende gegangen, es ist auch der Heimnimbus der Herthaner erhalten geblieben. Und es ist auch, und das ist

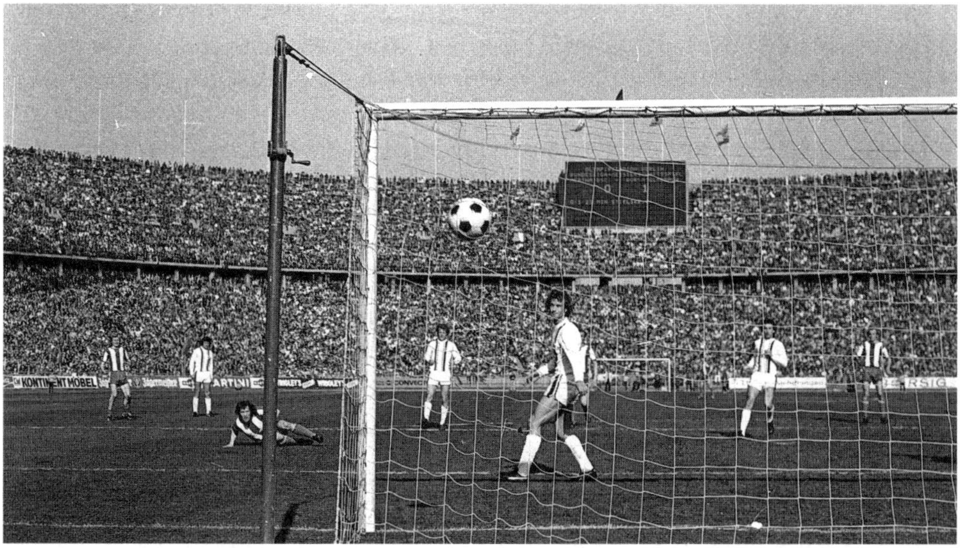

Mit einem herrlichen Seitfallzieher trifft „Kudi“ Müller (liegend) zum 1:1 gegen Bor. Mönchengladbach. Rainer Bonhof schaut machtlos hinterher. (Foto: Bildarchiv Heinrich von der Becke)

vielleicht die erfreulichste Feststellung, die Spannung in der Deutschen Fußballmeisterschaft nach wie vor drin. (...) Also, 2:1 für Hertha gegen den Titelfavoriten. Das war's aus dem Berliner Olympiastadion. Wir rufen die angeschlossenen Funkhäuser!“ Auch Lutz Rosenzweig sah wieder realistische Meisterschaftschancen für die Berliner, hielt im *Abend* aber auch fest, dass sich diese Hoffnungen auf einer „resoluten Auswärtssteigerung Herthas aufbauen.“ Weise blickte in der *Berliner Morgenpost* auf die nächste Partie in Frankfurt: „Nicht auszudenken, wenn es gelänge, der Frankfurter Eintracht im Waldstadion einen Sieg zu vermasseln ...“

Die Tabellenspitze:

1. Borussia Mönchengladbach	28	64:34	38-18
2. 1. FC Köln	28	61:38	36-20
3. Hertha BSC	28	49:34	36-20

Tennis Borussias Begegnung bei Bayern München war bereits nach 18 Minuten entschieden. Zweimal Müller und Andersson hatten für das frühzeitige 3:0 gesorgt. In der zweiten Hälfte kamen sie durch Jürgen Rumor zum 3:1.

Lutz Rosenzweig war skeptisch. „Herthas Meisterchancen würden bei einem Sieg in Frankfurt sprunghaft steigen. Sogar ein Punkt wäre schon Gold wert für die Berliner. Wäre nicht die Erinnerung ans kürzlich total verkorkste Bremer Abenteuer, könnten

Hoffnungen keimen“, schrieb er vor der Begegnung bei Eintracht Frankfurt. Sein Artikel endete mit den Worten „Vielleicht klappt es besser, als man denkt.“ Auch im Berliner Olympiastadion war Herthas Auftritt in der Hessen-Metropole allgegenwärtig. 3.251 Unentwegte hatten beim Spiel von Tennis Borussia gegen Kickers Offenbach auf den Rängen Platz genommen, genau genommen, auf den Rängen des Unterrings. Der Oberring blieb geschlossen, die Anzeigetafel stillgelegt, und ein Programmheft gab es ja schon lange nicht mehr. „Spar-Look“ war bei TeBe angesagt. Als die Gäste auch noch in Führung gingen, weilten viele Zuschauer längst mit ihren Gedanken woanders. Wie „spannend“ das Spiel im Olympiastadion verlief, geht aus einer Episode am Rande hervor: Aus 3.000 Kehlen gellte plötzlich zehn Minuten vor dem Ende ein Tor-Schrei durch das leere Stadion, obwohl der Ball irgendwo im Mittelfeld hin- und her gespielt wurde. Des Rätsels Lösung: Die Zuschauer verfolgten an ihren mitgebrachten Transistor-Geräten längst Herthas Partie im Frankfurter Waldstadion, wo gerade ein Treffer gefallen war. Dieses Tor war um einiges erfreulicher als das, das wenige Minuten später im Olympiastadion den Offenbacher 2:0-Sieg besiegelte.

Die mitgereisten Berliner Journalisten waren sich nach den 90 Minuten vom Main einig: „In Frankfurt spielte die stärkste Hertha, die es je gab“, telefonierte Weise in die Redaktion der *Berliner Morgenpost*. Und Weise konnte sich ein Urteil erlauben, war er doch ein steter Begleiter des Blau-Weißen Trosses. Gleiches galt für Lutz Rosenzweig, der „Herthas größten Sieg aller bisherigen 26 auswärtigen Bundesliga-Siege seit September 1963“ gesehen hatte. Dabei hatte es in der ersten Hälfte gar nicht gut ausgesehen. Nationalspieler Bernd Hölzenbein hatte die Gastgeber in Führung gebracht (35.), fortan stürmte die Eintracht so schwungvoll, dass man eher an ein 2:0 glauben musste. Doch das Blatt wendete sich in der zweiten Hälfte, in der nach zehn Minuten der Ausgleich fiel: „Wie vom Schreck erstarrt blieben die Frankfurter stehen, und Torwart Weinhold klebte an der Linie, als Grau einen Eckball zur Mitte zirkelte und Kliemann hochsteigend mit Kopfstoß das 1:1 erzielte.“ Mit „Brachialgewalt“, wie es Lutz Rosenzweig beschrieb, dem zum Torschützen noch etwas anderes an diesem Nachmittag einfiel: „Frankfurts Waldstadion ist der einzige deutsche Bundesliga-Platz, in dem Herthas ‚Funkturm‘ wegen seiner Eintracht-Herkunft nicht ausgepfiffen wird. Im Gegenteil: Der Lange erhielt eine akustische Anerkennung.“

In der 70. Minute zog sich „Luggi“ Müller im Zweikampf eine tiefe Risswunde am Knöchel zu und musste ausgetauscht werden. Kliemann trug Herthas Libero auf den Armen vom Platz. Doch die Berliner ließen sich nicht beirren. In der 79. Minute schien die Chance beinahe schon vertan, da fasste sich Grau ein Herz und hieb den Ball aus 20 Metern mit einem eindrucksvollen Billardstoß ins Tor. Es war der Moment, in dem im Berliner Olympiastadion der Tor-Schrei aus 3.000 Kehlen kam. Im Frankfurter Waldstadion quakten links im Stehrang Herthas Frösche „Oh, wie ist das schön!“ „Beim Schlusspfiff schwammen die Herthaner in Wonne. Die blau-weißen Frösche fegten vor Begeisterung fast den Hertha-Bus vom Fleck“, wie Lutz Rosenzweig die

Berliner Glücksmomente in blumigen Worten festhielt. „Nun steht der Himmel offen“, hieß es in der *Fußball-Woche* nach Herthas Husarenstück. Die Berliner entführten die Punkte aus dem Waldstadion, wo die Eintracht seit dem 11. September 1974 nicht mehr verloren hatte. Selbst Herthas Trainer Keßler wurde angesichts des beeindruckenden Auftritts seiner Mannschaft mutiger: „Wir können es packen!“ Weise beschrieb die Stimmung in Berlin an diesem Wochenende so: „Man glaubt zu träumen. Seit gestern ist Hertha BSC der gefährlichste Konkurrent des großen Favoriten Borussia Mönchengladbach. Es wächst die Ahnung, dass Hertha vielleicht doch noch das ganz große Ding drehen könnte.“

Der 80. lokale Berliner Punktekampf zwischen Hertha BSC und Tennis Borussia versprach herzerfrischenden Angriffsfußball. TeBe hatte nichts zu verlieren, Hertha wollte sich beim Angriff auf die Tabellenspitze nicht aufhalten lassen. Aber es war neben dem Berliner Lokalderby eine andere Ansetzung, die diesen Spieltag so besonders machte: 1. FC Köln gegen Borussia Mönchengladbach.

Der Blick auf die Tabellenspitze vor dem 30. Spieltag verdeutlicht warum:

1.	Borussia Mönchengladbach	29	69:35	40-18
2.	Hertha BSC	29	51:35	38-20
3.	Kickers Offenbach	29	65:49	37-21
4.	1. FC Köln	29	62:42	36-22

Das *Berliner Fußball-Programm* hatte es richtig erkannt: „In München und Düsseldorf, in Hamburg und Stuttgart, in Wuppertal und bei Schalke – überall finden heute Bundesligaspiele statt. Aber Millionen Menschen blicken nur nach Berlin und Köln. Zwischen Rhein und Spree glühen die Drähte. Wie steht's in Köln? Wie steht's bei Hertha? Es gibt eine ganze Serie von Möglichkeiten. Die von den Berlinern sehnlichst herbeigewünschte, die einen Jubelschrei im Olympiastadion auslösen würde, heißt: Hertha gewinnt, Mönchengladbach verliert.“ „Luggi“ Müller stand Hertha nach seiner Verletzung in Frankfurt wieder zur Verfügung. Die mit sechs Stichen genähte Wunde war gut verheilt. Auf der Tribüne saß Tennis Borussias neuer Trainer Helmuth Johannsen, um sich ein Bild von der Leistungsstärke seiner zukünftigen Schützlinge zu machen. Große Enttäuschung herrschte Augenblicke vor dem Anpfiff auf Seiten der Hertha-Verantwortlichen beim Blick ins weite Rund des Olympiastadions. Waren im November noch über 74.000 Zuschauer gekommen, wollten an diesem herrlichen Frühsommertag nur 45.295 erwartungsfrohe Fußballfreunde Herthas Kampf um die Tabellenspitze verfolgen.

Die Sympathien der Berliner waren im Gegensatz zur ersten Partie einseitig verteilt. Die Unterstützung galt von Beginn an dem Titelaspiranten in Blau-Weiß, der loslegte wie die Feuerwehr. Rumors Nachlässigkeit im Mittelfeld bestrafte Sziedat, dessen Hereingabe – halb Schuss, halb Flanke – den am vorderen Pfosten stehenden Bir-

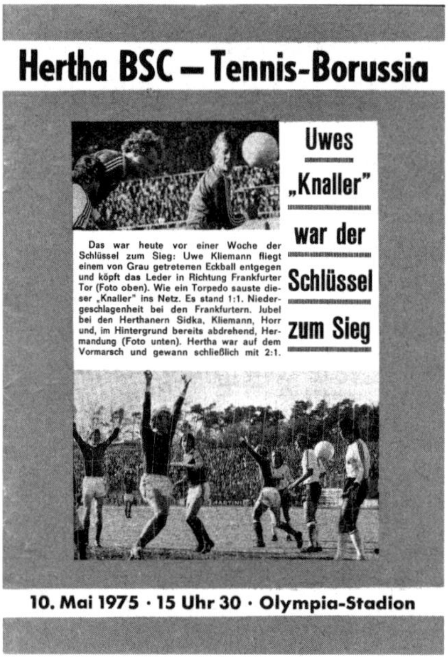
Hertha BSC – Tennis-Borussia

Uwes „Knaller“ war der Schlüssel zum Sieg

Das war heute vor einer Woche der Schlüssel zum Sieg: Uwe Kliemann fliegt einem von Grau getretenen Eckball entgegen und köpft das Leder in Richtung Frankfurter Tor (Foto oben). Wie ein Torpedo sauste dieser „Knaller“ ins Netz. Es stand 1:1. Niedergeschlagenheit bei den Frankfurtern. Jubel bei den Herthanern Sidka, Kliemann, Horr und, im Hintergrund bereits abdrehend, Hermandung (Foto unten). Hertha war auf dem Vormarsch und gewann schließlich mit 2:1.

10. Mai 1975 · 15 Uhr 30 · Olympia-Stadion

Programmheft Hertha – Tennis (2:1). Das Titelbild zeigt Uwe Kliemanns 1:1-Ausgleich beim 2:1-Sieg in der Vorwoche bei Eintracht Frankfurt. (Foto: privat)

kenmeier überraschte. „Meine Mannschaft findet nur zu ihrem Spiel, wenn innerhalb der nächsten zehn Minuten das 2:0 fällt“, versuchte Keßler später eine Erklärung für den schwachen Auftritt seiner Spieler zu finden. Auf das 2:0 aber warteten die Massen vergeblich. Und so war das frühe 1:0 nach 50 Sekunden – so paradox es klingen mag – ein „Unglück“ für Hertha, der es nicht gelang, seiner Favoritenrolle gerecht zu werden. So kehrte sich der vermeintliche Vorteil ins Gegenteil. Tönte es nach vergebenen Hertha-Möglichkeiten noch ironisch „Zugabe, Zugabe“, wandelte sich die Stimmung anschließend zunächst in Unmut und nach Rumors Ausgleichstreffer in Spott und Gelächter gegen Hertha um. Der 1:1-Pausenstand entsprach dem Spielverlauf.

Mit Herthas erster Chance nach der Pause wurde die Partie entschieden. Sidka schlug mit verzögertem Schuss Birkenmeier zum zweiten Mal (51.): 2:1. In der Folge entwickelte sich das, „was der Betrachter je nach Temperament und Sachverstand mit ‚Nichtskönnen‘, Unlust, Versagen oder Frechheit bezeichnet“, wie Lutz Rosenzweig es treffend zusammenfasste. Für seinen Bruder Rudi von der *Fußball-Woche* „war bei Hertha wenig vom Glanz der Siege über Frankfurt und Mönchengladbach zu spüren.“ Die Hoffnungen der Gesundbrunner auf Schrittmacher-Dienste durch den 1. FC Köln erfüllten sich nicht. Der 2:1-Sieg der Mönchengladbacher in der Kölner Radrennbahn könnte schon das Meisterstück der Weisweiler-Elf gewesen sein. Lutz Rosenzweig sah daher auch weniger den mühevollen Hertha-Sieg als Stimmungsdämpfer. Immerhin war es der 13. Erfolg im 15. Heimspiel, also eine Serie von erfreulichem Seltenheitswert. „Schlimm ist eher die Gesamtbilanz des 30. Spieltages. Täuscht nicht alles, dann ist für Hertha der Meisterschaftszug abgefahren“, schrieb er am 12. Mai 1975.

Der Betzenberg war schon immer ein heißes Pflaster. Auch Europapokal-Gewinner Bayern München hatte im Vorjahr trotz einer 4:1-Führung sein „rote Teufel-Wunder“ erlebt und war von den aufgedrehten Gastgebern zum Schluss förmlich niedergewalzt worden. 7:4 hatten die Lauterer gesiegt – in einem begeisternden Spiel, das in die Fußballgeschichte einging. Erst recht aber musste man als Gastmannschaft aufpassen, nicht unter die Räder zu geraten, wenn das Spiel an einem Freitagabend

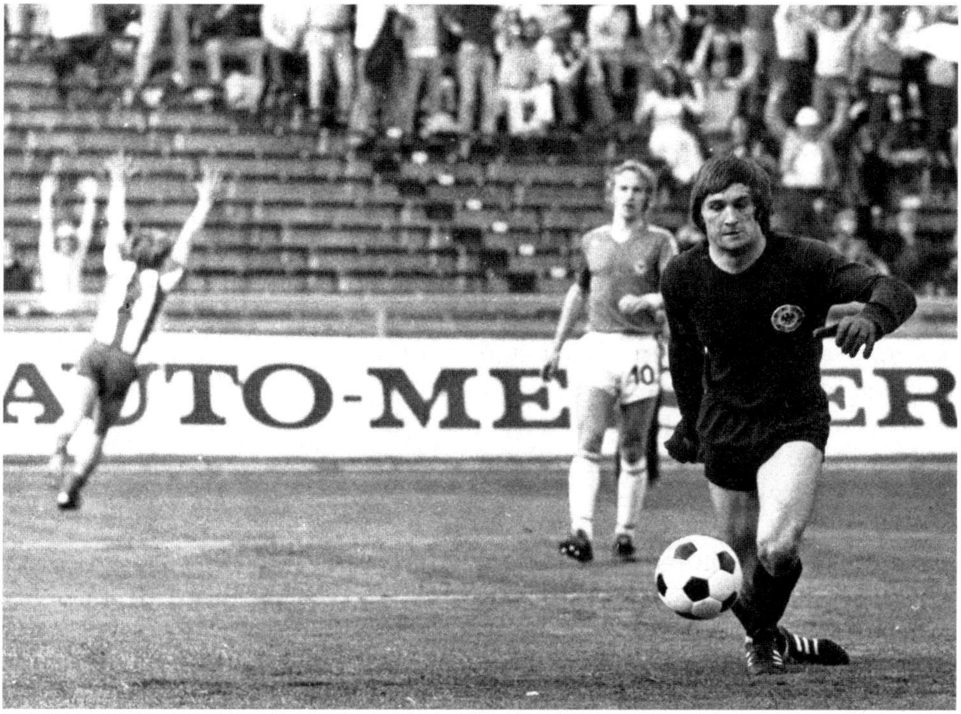

Herthas frühes 1:0 im zweiten Derby 1975. Torschütze Michael Sziedat dreht hinten jubelnd ab, Torhüter Hubert Birkenmeier (vorn) wurde von der Flanke überrascht. (Foto: Bildarchiv Schirner)

angepfiffen wurde – unter Flutlicht! Als dieses noch gar nicht eingeschaltet war, geriet Hertha bereits in Rückstand. „Der Berliner Pessimist hätte schon nach 23 Sekunden nach Hause gehen können. Da stand es 1:0 durch den fixen Lauterer Schweden Roland Sandberg", schrieb Lutz Rosenzweig enttäuscht. Als Kliemann mit einem Selbsttor für das 0:2 gesorgt hatte, war alles geklärt. Später fiel noch das 3:0. Ein bitteres Fazit zog Rudi Rosenzweig in der Montagsausgabe der *Fußball-Woche*: „Hertha war genauso ‚stark' wie in Bremen und Bochum." Zur Erinnerung: Beide Spiele hatten die Berliner sang- und klanglos 0:4 verloren. Die richtigen Worte fand Lutz Rosenzweig: „Wer in der Stunde der Entscheidung versagt, hat keinen Anspruch auf den Titel. Doch das ist kein Negativ-Urteil über eine Mannschaft, die schon mehr erreicht hat, als selbst Optimisten angenommen hatten."

Bei Tennis Borussia tat sich im Olympiastadion nicht viel. Es war ein müdes Spiel zweier müder Mannschaften, obwohl der VfB Stuttgart sogar noch die Aussicht hatte, in der Bundesliga zu verbleiben. Vor nur noch 2.169 Zuschauern endete die Partie 1:1. Längst liefen bei den Borussen die Vorbereitungen auf die 2. Liga Nord.

Die Herausgeber des *Berliner Fußball-Programms* waren nach Herthas Niederlage in Kaiserslautern und vor der Partie gegen den MSV Duisburg Realisten genug: „Der Kampf um den Titel ist entschieden. Herthaner, jetzt alle Kraft für die Teilnahme am UEFA-Cup!“ Am Montag schrieb Rudi Rosenzweig in der *Fußball-Woche:* „Zwischen dem 0:3 von Kaiserslautern und dem 3:0 gegen den Pokalfinalisten MSV Duisburg lagen Welten. Am Betzenberg eine im Sturm hilflose Durchschnittself, am Freitag ein echter Vizemeister“. Hertha blieb vor 17.500 Zuschauern auch im 16. Heimspiel der Saison ungeschlagen, seit 14 Spielen im Olympiastadion gar ohne Punktverlust und benötigte nach dem überzeugenden Sieg nur noch einen Punkt in Essen oder daheim gegen Bochum, um die Qualifikation für den UEFA-Cup sicher zu haben. Es war ein fast ununterbrochener, eineinhalbstündiger Sturmlauf der Blau-Weißen, der mit Toren von Kliemann (67.) – im *Kicker* hatte er einen 2:0-Erfolg prophezeit – Szymanek (79.) und Beer (81.) gekrönt wurde. Herthas Zander widerfuhr Einmaliges, er wurde bei der Vergabe der *Abend*-Noten zur Einschätzung der persönlichen Leistung nicht bewertet: „Mangels Beschäftigung“.

Keine 24 Stunden später geriet Tennis Borussia in der Kölner Radrennbahn mit 1:7 unter die Räder.

Um Tennis Borussias vorerst letzten Heimauftritt in der Bundesliga zu beschreiben, genügen zwei Sätze der Einleitung von Neuendorf in der *Fußball-Woche*: „Der Letzte gegen den Vorletzten, viel konnte dabei nicht herauskommen. Es wurde dann allerdings noch weniger als erwartet, denn TeBe und die Wuppertaler reizten die 1.452 bei schönstem Sommerwetter erschienenen Zuschauer zu Lachsalven.“ „Volksbelustigung“, titelte der *Kicker* und Lion vom *Abend* fand, „dass das Spiel eher auf eine Kokswiese gehört hätte.“ Von einer solchen TeBe-Elf fiel den Zuschauern der Bundesliga-Abschied wahrlich nicht schwer. Ach ja, wie es ausgegangen ist, will man vielleicht doch noch wissen: 0:0.

Hertha bezog bei Rot-Weiß Essen dagegen seine für die Rückrunde obligatorische Auswärtspleite (1:2) und büßte dabei den zweiten Tabellenplatz ein. Es war eine unnötige Niederlage und ein weiterer Beweis, warum Hertha nicht Meister werden konnte. Die schwache Auswärtsbilanz von 4-4-9 unterstrich dies.

„Vielen Dank für schöne Stunden!“, hieß es im *Berliner Fußball-Programm* vor der Schlussbegegnung zwischen Hertha BSC und dem VfL Bochum, und weiter: „Besonders hier im Olympiastadion haben wir großartige Spiele gesehen mit schönen Kombinationen und herrlichen Toren. Aus dem ‚Notnagel‘ Keßler wurde ein Glücksgriff. Keßler hatte schon nach ein paar Monaten das Vertrauen aller Spieler gewonnen. Hoffen wir, dass heute der Rekord gelingt, als einzige Mannschaft der Bundesliga auf eigenem Platz ungeschlagen zu sein.“

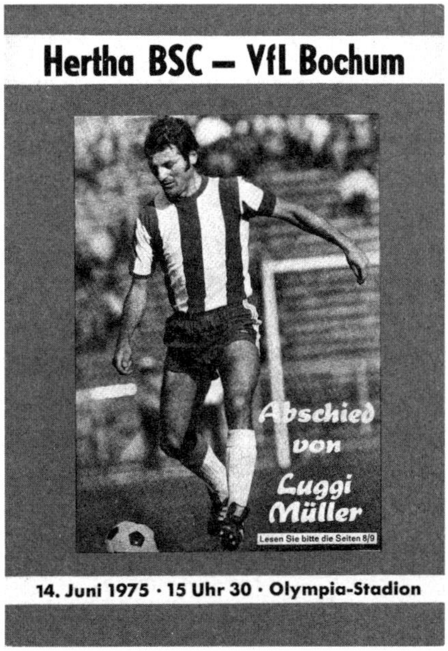

Programmheft Hertha – Bochum (4:2). Das letzte Spiel der Saison 74/75 ist zugleich „Luggi" Müllers letzte Partie für Hertha BSC. (Foto: privat)

Wehmut lag über dem sonnigen Stadion. Es hieß Abschied zu nehmen von einem, dessen Beinbruch zu Herthas Glücksfall wurde. Der 33-jährige „Luggi" Müller konnte 1969, ein Jahr nach der Meisterschaft mit dem 1. FC Nürnberg, den Abstieg des „Clubs" nicht verhindern und wechselte zur Borussia nach Mönchengladbach. Dort holte er unter Trainer Weisweiler seine zweite und dritte „Deutsche" (1970 und 1971) und hatte seine Laufbahn fast beenden müssen, als ihm im Dezember 1971 in Berlin im unvergessenen Europacup-Zusatzspiel Mailands Inter-Stürmer Boninsegna mit unglücklichem Tritt das Schien- und Wadenbein brach. So komisch es auch klingen mag: „Luggis" Beinbruch war Herthas Glück. Die Gladbacher hatten keine Hoffnung mehr, dass ihr „Luggi" „noch mal wird", sie hatten ihn abgeschrieben. Hertha dagegen war katastrophal in die Saison 1972/73 gestartet, lag am Tabellenende und suchte einen Libero, einen Mann mit Erfahrung, der die Abwehr zusammenhielt. Hertha griff nach dem Strohhalm. Müller unterzog sich einem Leistungstest, bestand ihn und kam für 60.000 Mark Ablöse nach Berlin. Zunächst mit Skepsis betrachtet, bestritt er am 7. Oktober 1972 in Bremen mit einem Silbernagel im Bein sein erstes Spiel für Hertha. Es endete 1:1, Müller erwies sich in der Folge als Volltreffer, und es war zu einem wesentlichen Teil seinem Wirken zu verdanken, dass Hertha nicht abstieg. Seitdem hatte er bis zu diesem 14. Juni 1975 alle 97 Hertha-Spiele mitgemacht und zehnmal per Elfmeter getroffen – einmalig! Für Kliemann war die Verpflichtung „Luggi" Müllers der entscheidende Schritt für Herthas Aufschwung zur Vizemeisterschaft. „Er gab Hertha die notwendige Stabilität." Müller hatte Herthas Vorstand und Trainer Keßler frühzeitig über sein Karriereende informiert, nach Spielschluss würde er in seine Heimat zurückkehren, nach Haßfurt im Frankenland. Alle Versuche Herthas, Müller zum Bleiben zu überreden, schlugen fehl. In Berlin schrieb er ein erfreuliches Kapitel, und die Hochachtung für den fairen Sportsmann ist ungebrochen. „Wir alle werden noch oft an ihn denken. Ein ganz großer Spieler verlässt den Rasen des Olympiastadions. Für immer. Mach's gut ‚Luggi'„, schrieb das *Berliner Fußball-Programm* passende und bewegende Zeilen. Nach dem Spiel veranstalteten Herthas Fans einen Dankes-Marsch, der von der Halensee-Brücke aus den Kurfürstendamm hinab bis zur Gedächtniskirche führte. „Wegen der guten Leistung unserer Mannschaft und zum Abschied für ‚Luggi' Müller", wie Ober-Frosch „Pepe" Mager verkündete.

„Zum prallen Rundherum-Erfolg“ für „Luggi“ Müllers Abschiedsarie und Herthas Saisonausklang fehlten nur zwei Dinge: Statt der nur 20.266 Zuschauer ein randvolles Stadion und statt der beiden Bochumer Treffer noch zwei weitere von Hertha. Wenn es am Ende 6:0 gestanden hätte – wer im Bochumer Lager hätte klagen dürfen?“, schrieb Lutz Rosenzweig am 16. Juni 1975 im *Abend*. Von Beginn an hatten die Herthaner keinen Zweifel daran gelassen, ihren Heimrekord zu halten und sich mit einer großartigen Leistung vom Berliner Publikum zu verabschieden. Hertha spielte in meisterwürdiger Gala-Form. Grau und Beer hatten auf 2:0 gestellt, bis Sekunden vor dem Pausenpfiff der große Auftritt von „Luggi“ Müller kam. Nach Foul an Horr verwandelte Müller den Strafstoß hoch unter die Latte zum 3:0 (45.). Ein Schützenfest bahnte sich an, als Sidka in der 64. Minute das 4:0 gelang! Im Spielrausch ließ die Konzentration der Berliner nach, die Bochumer verkürzten auf 4:2, der überschäumenden Stimmung tat das keinen Abbruch, denn wenige Minuten vor Schluss bestätigte der Stadionsprecher die Nachricht, dass Herthas Vizemeisterschaft feststand. Die Berliner Zuschauer feierten den 2. Platz, kurz nach dem Abpfiff glich die Rasenfläche einem blau-weißen Fahnenmeer.

„Luggi, wir danken dir!“, hallte es nicht nur während des Spiels durchs Olympiastadion, auch später noch tönten die Sprechchöre über den Kurfürstendamm. Auch der Trainer erhielt seine Anerkennung. Auf den Schultern der Recken Hermandung und Klie-

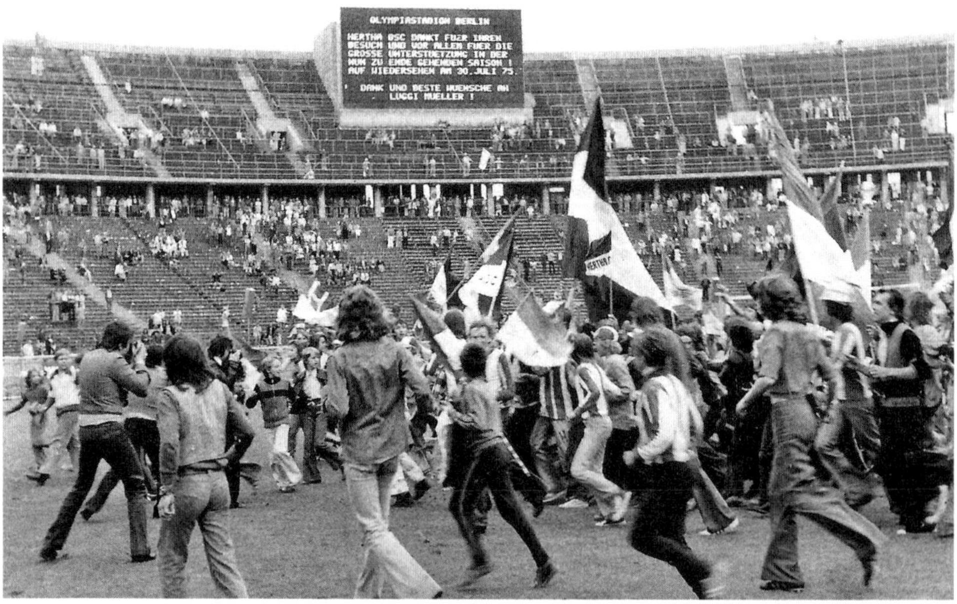

Herthas Anhänger feiern nach dem 4:2-Erfolg ihrer Mannschaft gegen den VfL Bochum die Vizemeisterschaft. Herthas Kapitän „Luggi“ Müller wird auf der Anzeigentafel gebührend verabschiedet. (Foto: Knut Hasse)

mann ritten Keßler und der scheidende Kapitän „Luggi" Müller im Jubelsturm des Publikums vom Platz. Keßlers erste Spielzeit in Berlin konnte sich wahrlich sehen lassen. Er erreichte mit seinem Team die bis heute beste Platzierung von Hertha BSC in der Bundesliga überhaupt, und er war auch für die beste Heimbilanz in der Geschichte des Vereins mit 15 Siegen und 2 Unentschieden (44:15 Tore bei 32-2 Punkten) verantwortlich. Der Zuschauerschnitt stieg auf 35.828, was Platz 2 hinter dem FC Schalke 04 bedeutete. Die Nachwehen des Bundesliga-Skandals waren endgültig überwunden. Im *Kicker* bezeichnete man Herthas Platzierung „als die vielleicht größte Sensation der Saison."

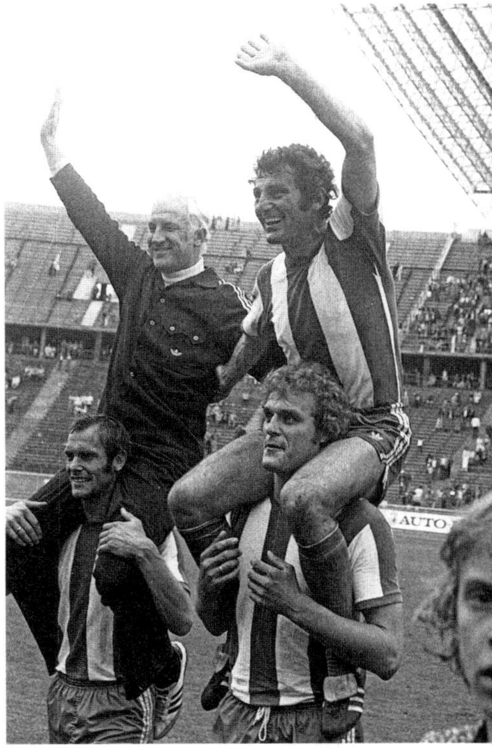

Abschied von einem tadellosen Sportsmann. Trainer Georg Keßler verabschiedet Kapitän Ludwig „Luggi" Müller. (Foto: Bildarchiv Heinrich von der Becke)

Für Lutz Rosenzweig waren am 16. Juni 1975 drei Faktoren ausschlaggebend für Herthas Aufschwung: „1. die gewachsene Spiel-Homogenität, 2. der Zugang von Uwe Kliemann, 3. der Trainerwechsel Kronsbein-Keßler!" Woran lag es, dass es für den Titel dann doch nicht ganz gereicht hat? „An Herthas Auswärtsschwäche", wie Rosenzweig feststellte. Ähnlich sah es Kliemann: „Vielleicht hätten wir mehr daran glauben müssen, dass wir den Titel holen können, aber drei Auswärtspunkte in der Rückrunde waren zu wenig." Neben Kliemann, der von der *Kicker*-Redaktion im Sommer 1975 zum besten deutschen Vorstopper gewählt wurde, spielte auch Beer eine herausragende Saison. Der gebürtige Franke hatte 1971 Angebote von Bayern München, Borussia Mönchengladbach, dem 1. FC Köln und dem HSV ausgeschlagen und stattdessen dem Werben von Holst nachgegeben. „Hertha wollte mich als Mittelfeldspieler einsetzen, das gab den Ausschlag. Die anderen sahen mich eher als Außen. Die Vizemeisterschaft holten wir, weil wir eine Mannschaft waren, die man auch als solche bezeichnen konnte – ohne Stars. Der Mannschaftsgeist und Trainer Keßler waren entscheidend." Keßler war im Übrigen entweder ein cleverer Geschäftsmann oder vor Saisonbeginn weitaus optimistischer als er nach außen zugab, schließlich hatte er für sich eine gesonderte Prämie für die Tabellenplätze 1-3 ausgehandelt. Sehr wahrscheinlich aber war er beides. Im Nachgang stimmen zwei Dinge traurig: Vor allem die Nachricht, dass „Luggi" Müller, der untadelige Sportsmann und sportliches Vorbild vieler Hertha-Fans, nach schwerer Krankheit am 24. Juni 2021 in seiner Heimatstadt verstorben ist. Zum anderen aber auch, dass weder von „Luggis" letztem Punktspiel gegen Bochum noch von den emotionalen Momenten nach dem Schlusspfiff bewegte Bilder die Zeit überstanden haben.

Die Torschützen von Hertha BSC:
Beer 11, Kliemann 7, K. Müller 6, Grau 6, Sidka 6, Szymanek 5, Hermandung 4, Horr 3, L. Müller 3, Sziedat 3, Weiner 2, Brück 2, Magnusson 1, dazu je ein Eigentor von Beckenbauer (Bayern München) und Dupke (Wuppertaler SV)

Fünf Herthaner waren in allen Spielen dabei, elf Akteure absolvierten 30 und mehr Einsätze. „Wir hatten 1974/75 kaum Verletzte“, sah Kliemann den entscheidenden Mosaikstein im Erfolgsgebilde. „Ich selbst habe 145 Bundesliga-Spiele in Folge gemacht, da hat man seinen Rhythmus.“ Neben „Luggi“ Müller verließ auch Namensvetter „Kudi“ Müller am Ende der Saison den Verein. 1974/75 ergab sich folgende Stammelf (Gesamteinsätze in Klammern):

Tor:
Thomas Zander (34)
Abwehr:
Michael Sziedat(31), Ludwig „Luggi“ Müller (34), Uwe Kliemann (34), Hans Weiner (33)
Mittelfeld:
Erwin Hermandung (32), Erich Beer (32), Wolfgang Sidka (30)
Angriff:
Kurt „Kudi“ Müller (30), Lorenz Horr (34), Gerhard Grau (34)
Ersatz: Holger Brück (25), Detlef Szymanek (13), Benno Magnusson (8), Frank Hanisch (1), Horst Wolter (1)
Trainer:
Georg Keßler

Tennis Borussia unterlag am letzten Spieltag bei Schalke 04 mit 0:3. Von den 13 Borussen, die zum Auftakt am 24. August in Braunschweig aufgelaufen waren, trugen beim Schlussakt in Gelsenkirchen nur noch fünf das lila-farbene Trikot. „Im Enddefekt haben uns die Neuzugänge nicht geholfen“, sah Ferrin in der verfehlten Personalpolitik den größten Fehler nach dem Aufstieg. „Man hatte sich von dem Weltstar Schnellinger so viel mehr versprochen. Dass sich ein so renommierter Spieler, eine Fußball-Ikone, überhaupt so etwas antut, um bei Tennis Borussia zu spielen, war uns allen ein Rätsel.“ Auch für Schulz gab es „in der 74er-Mannschaft insbesondere Probleme mit dem Sonderstatus von Schnellinger, der weniger trainieren musste.“ TeBe hatte bei der Verpflichtung Schnellingers sicherlich das Beispiel „Luggi“ Müllers vor Augen, der zur großen Stütze des Lokalrivalen Hertha BSC wurde. Doch Müller war schon vom Typ her nicht mit Schnellinger zu vergleichen und außerdem erst 31 Jahre alt, als er vom Bökelberg nach Berlin wechselte. Schnellinger dagegen wurde im Verlauf der Saison 36 Jahre alt!

Die Torschützen von Tennis Borussia:
Stolzenburg 13, Rumor 6, Geyer 6, Jakobs 3, Bittlmayer 2, Schulz 2, Sprenger 2, Schwidrowski 1, Eggert 1, Sühnholz 1, Subklewe 1

Das Aufgebot (Anzahl der Einsätze):

Tor:
Hubert Birkenmeier (33)
Abwehr:
Ditmar Jakobs (30), Hans-Georg Kraus (17), Karl-Heinz Schnellinger (19), Norbert Siegmann (28)
Mittelfeld:
Jürgen Schulz (33), Peter Geyer (33), Jürgen Rumor (16)
Angriff:
Norbert Stolzenburg (33), Albert Bittlmayer (20), Hans Sprenger (32)
Ersatz:
Wolfgang Mulack (22), Joachim Thiel (22), Karlheinz Subklewe (20), Stephan Hoffmann (17), Peter Eggert (11), Reinhard Adler (10), Wolfgang Sühnholz (8), Gerhard Schwidrowski (7), Gino Ferrin (6), Werner Novak (4), Manfred Wittke (2)
Trainer:
Georg „Schorsch" Gawliczek

Abschlusstabelle 1974/75:

1.	Borussia Mönchengladbach	34	86:40	50-18
2.	Hertha BSC	34	61:43	44-24
3.	Eintracht Frankfurt	34	89:49	43-25
4.	Hamburger SV	34	55:38	43-25
5.	1. FC Köln	34	77:51	41-27
6.	Fortuna Düsseldorf	34	66:55	41-27
7.	FC Schalke 04	34	52:37	39-29
8.	Kickers Offenbach	34	72:62	38-30
9.	Eintracht Braunschweig	34	52:42	36-32
10.	FC Bayern München	34	57:63	34-34
11.	VfL Bochum	34	53:53	33-35
12.	Rot-Weiß Essen	34	56:68	32-36
13.	1. FC Kaiserslautern	34	56:55	31-37
14.	MSV Duisburg	34	59:77	30-38
15.	Werder Bremen	34	45:69	25-43
16.	VfB Stuttgart	34	50:79	24-44
17.	Tennis Borussia	34	38:89	16-52
18.	Wuppertaler SV	34	32:86	12-56

Was sonst noch geschah

Hertha BSC musste aufgrund finanzieller Nöte, die durch sinkende Zuschauerzahlen nach dem Bundesligaskandal entstanden waren, das „Stadion am Gesundbrunnen“ verkaufen. Die bei den Berliner Fußballfreunden besser als „Plumpe“ bekannte Spielstätte wurde im Herbst 1974 abgerissen, um 440 neuen Wohnungen Platz zu machen. Der Erlös von 6,2 Millionen DM verringerte Herthas Schuldenberg beträchtlich. Die für den 22. Oktober 1974 arrangierte letzte Vorstellung, ein Freundschaftsspiel zwischen Hertha BSC und dem 1. FC Nürnberg, musste aufgrund starker Regenfälle abgesagt werden. Für die Herthaner erschwerten sich von nun an die Trainingsbedingungen, denn bei offiziellen Anlässen stand das Maifeld am Olympiastadion den Kickern nicht zur Verfügung. „Wir mussten dann durch ganz Berlin reisen und haben immer erst nach dem Training erfahren, wo die Einheit am nächsten Tag stattfinden wird. Für mich war es nicht schlecht, schließlich habe ich dadurch Berlin kennengelernt“, erinnert sich Erich Beer.

Kapitel 5

„So fit waren wir nie wieder!“ TeBes Rückkehr ins Oberhaus (1975/76)

Die Saison 1975/76 bot Berlins Fußballfreunden eine großzügige Auswahl. Im wöchentlichen Wechsel wurden entweder zwei Partien der 2. Liga Nord auf Berliner Boden ausgetragen, oder es fand neben einem Zweitliga-Spiel das Bundesligaspiel von Hertha BSC statt. Die Ambitionen der drei Berliner Vereine in der 2. Liga Nord hätten unterschiedlicher kaum sein können. Bundesliga-Absteiger Tennis Borussia hatte sich als Ziel gesetzt, im Aufstiegskampf ein gewichtiges Wörtchen mitzureden. Im Idealfall sollte es am Ende die schnellstmögliche Rückkehr in die Erste Bundesliga sein. Der SC Wacker 04 dagegen wollte nach Gründung der Zweiten Liga in seiner zweiten Spielzeit einen sicheren Mittelfeldplatz ansteuern und für den Spandauer SV, Überraschungsaufsteiger aus der Berliner Oberliga, stand allein der Klassenerhalt im Fokus. Doch dem „sensationellen Aufschwung“, den die *Fußball-Woche* dem Spandauer Verein bescheinigte, folgte der jähe Absturz. Der Vorsitzende Heinz Balzer hatte es am Tag des größten Erfolges bereits geahnt: „Jetzt beginnen die Sorgen.“ Eine Saison lang kämpften die Amateure mit ungleichen Voraussetzungen zugleich aufopferungsvoll und bemitleidenswert gegen die übermächtige Konkurrenz. Der Neuling aus Spandau zahlte reichlich Lehrgeld, stieg sang- und klanglos ab und bildet bis heute das einsame Schlusslicht in der Gesamttabelle der Zweiten Liga. Gleich in seinem ersten Heimspiel gegen Mitaufsteiger Union Solingen setzte es eine herbe 2:7-Niederlage. Gute Leistungen boten die Spandauer dagegen in drei ihrer vier Berliner Derbys gegen Tennis Borussia (2:3, 0:5) und Wacker 04 (2:3, 1:1) Nach 22 Spieltagen wiesen sie als Tabellenletzter ein rekordverdächtiges Punktekonto von 1-43 auf, das Torverhältnis hatte mit 19:79 beängstigende Ausmaße angenommen, ehe im Heimspiel gegen Bayer Leverkusen der erste Sieg gelang (1:0). Am Ende war die Rückkehr in die Berliner Oberliga nicht zu vermeiden. Der Zuschauerschnitt lag bei immerhin knapp 1.900, was angesichts der sportlichen Erfolglosigkeit von 8-68 Punkten und 33:115 Toren erstaunlich war. Für den zweiten Berliner Zweitligisten Wacker 04 lief es bis zum 22. Spieltag ordentlich. Die Reinickendorfer belegten zu diesem Zeitpunkt mit 23-21 Punkten einen sicheren Mittelfeldplatz, dann folgte mit einer Serie von 8-24 Zählern der Absturz. Erst am vorletzten Spieltag hatten die Reinickendorfer die Gefahr gebannt. Die Spielzeit der Tennis-Borussen hingegen ist es Wert, intensiver verfolgt zu werden.

Am Mommsenstadion hatte man die personellen Weichen durch den seit Monaten feststehenden Abstieg aus der Bundesliga rechtzeitig gestellt. Den immer wieder mit Hertha BSC und anderen Vereinen in Verbindung gebrachten Mittelstürmer Stolzenburg konnten die Borussen überzeugen, seine Zelte in Berlin nicht abzubrechen.

Einzig nennenswerte, aber früh feststehende Abgänge waren Stürmer Peter Geyer, den es in die 2. Liga Nord zum Konkurrenten Borussia Dortmund zog, und Libero Schnellinger, der im Konzept der Berliner aber schon seit Februar keine Rolle mehr gespielt hatte. Auf der Seite der Neuzugänge wurden Winfried Berkemeier vom 1. FC Köln sowie die beiden Talente Christian Sackewitz und Michael „Zippo“ Zimmer vom FC Hertha 03 Zehlendorf aufgeführt. Als Trainer fungierte der erfahrene Helmuth Johannsen, der 1967 sensationell mit der Braunschweiger Eintracht die Deutsche Meisterschaft gewonnen hatte.

Das Team fuhr mit Johannsen 14 Tage ins Trainingslager nach Ochsenzoll im schleswig-holsteinischen Norderstedt. Viele Borussen erlebten auf der großen Anlage erstmals am eigenen Körper, warum ihrem Trainer der Ruf als „Schleifer“ vorauseilte. Am Ende der Saison gab Stolzenburg allerdings zu, dass „uns das ungemein geholfen hat, denn wir konnten in den letzten 20 Minuten immer noch zulegen und haben dadurch viele Spiele gewonnen.“ Schulz dagegen erinnerte sich mit Grausen daran, „in den Trainingspausen tatsächlich Salzwasser trinken“ zu müssen. Auch Neuzugang Zimmer fand „Johannsens Trainingsmethoden grenzwertig. Aber so fit wie zu dieser Zeit waren wir später nie wieder.“

Zuerst einmal aber starteten die Veilchen in die Spielzeit so, wie sie die vergangene Saison zwei Monate zuvor beendet hatten: mit einer 0:3-Niederlage. Der Fehlstart bei Göttingen 05 bedeutete Platz 18 von 20 Mannschaften, ein Tabellenbild, das den Borussen seit geraumer Zeit vertraut war. TeBe-Trainer Johannsen war hinterher sprachlos und wiederholte nur, worauf er vor Saisonbeginn immer wieder hingewiesen hatte: „Ich wusste, dass wir alle schlagen, dass wir bei unserer Anfälligkeit aber auch gegen alle verlieren können.“

Mittelstürmer Stolzenburg bekam das 0:3 zwei Tage später besonders zu spüren: „Johannsen hat mich nach dem 0:3 in Göttingen rundgemacht. Wir hatten eine Sitzung auf dem Rasen vor dem Mommsenstadion. Zuerst sprach er zur Mannschaft, anschließend eine halbe Stunde nur über mich. Ich wurde dermaßen niedergemacht, dass ich seine letzten Worte nie vergessen werde: „Stolzenburg, wenn du nicht zehn Kilo abnimmst, fliegst du aus der Truppe.“ Ich war immerhin Kapitän. Das ging mir durch den ganzen Körper, aber ich hatte zum Glück die Mentalität und habe mir innerlich gesagt: Dem werde ich es zeigen. Ich habe zehn Kilo abgenommen und bin Torschützenkönig der 2. Liga Nord geworden.“

Das Olympiastadion war den Borussen längst zu groß und kostenintensiv geworden, sodass man für die 2. Liga Nord zunächst ins heimische Mommsenstadion umzog. Immerhin 3.303 Zuschauer waren trotz des missratenen Auftakts gekommen, um das Duell zweier Bundesliga-Absteiger gegen den Wuppertaler SV zu verfolgen, was doppelt so viele waren wie beim letzten Bundesliga-Treffen. Nach einem schnellen 0:1 bestand vor der Pause die Möglichkeit zur Wende: Stolzenburg wurde am Arm festgehalten, doch er missachtete eine alte Fußballer-Weisheit, nach der der gefoulte Spieler niemals selbst den Strafstoß ausführen sollte. Tatsächlich scheiterte er, sodass es mit einem 0:1-Rückstand in die Kabine ging. Nach einer Standpauke von Trainer Johannsen kamen die Veilchen wie verwandelt auf den Rasen zurück. Siegmanns aus 18 Metern Entfernung ins Netz gepeitschter Ausgleichstreffer (49.) und Stolzenburgs Kopfball zum 2:1 bereits zwei Minuten später brachten den Sieg. Beyer schrieb für die *Berliner Morgenpost*, „dass die Mannschaft von TeBe deutlich machte, dass sie zu den Spitzenmannschaften der Zweiten Liga gezählt werden muss."

Betont offensiv eingestellt, gelang den Tennis-Borussen nur drei Tage später beim 1. FC Mülheim mit 2:0 ein bemerkenswerter Sieg. „Wir hatten nach dem Führungstor durch Stolzenburg ein paar Schwierigkeiten, doch als 20 Minuten vor Schluss durch Bittlmayer das 2:0 gefallen war, blieben keine Fragen mehr", fasste Johannsen die 90 Minuten zusammen.

„Wo vor einigen Monaten noch Krampf im Kampf gegen den Abstieg dominierte, regiert jetzt Spielgeschick", war Lion vom *Abend* sichtlich angetan vom Frühschoppen im Mommsenstadion. Die Partie der Borussen gegen Alemannia Aachen wurde zu ungewohnter Stunde um 11:00 Uhr am Vormittag angepfiffen, dennoch kamen 3.786 Zuschauer nach Eichkamp, was auch Beyer „erfreulich" fand. „Aufgrund des Gebotenen werden sie wohl wiederkommen", ergänzte er. Tatsächlich kombinierten die Veilchen beim 6:0-Sieg gekonnt, sie schossen scharf und tricksten die bedauernswerten Aachener immer wieder aus. Bittlmayer und Stolzenburg hießen die Männer des Tages, die je drei Treffer beisteuerten. „Die TeBe-Elf vom Sonntag hatte keinen einzigen schwachen Punkt", lobte Joachim Witte in der *Fußball-Woche.*

Im neuen Dortmunder Westfalenstadion war die Messe dagegen für Tennis Borussia schon nach 18 Minuten gesungen, als die Berliner 0:3 zurücklagen. Am Ende hieß es 0:4. Der lange verletzte Birkenmeier ersetzte ab der 63. Minute den bis dahin im Tor stehenden Wittke und galt fortan bis Saisonschluss wieder als feste Nummer Eins.

Doch „Im Mommsenstadion blühten die Veilchen", schrieb Mönch zum 2:1-Sieg gegen Wattenscheid 09. „Dass die TeBe-Blümchen von immerhin 4.274 zahlenden Besuchern ‚begossen' wurden, freute den Schatzmeister und zeigte, dass bei guten Heimleistungen selbst Auswärtsniederlagen wie das 0:4 vor einer Woche in Dortmund durchaus hingenommen werden." Es wurde aus allen Lagen gut, aber mit viel Pech geschossen. Es wirkte daher fast wie Hohn, dass ausgerechnet ein sogenannter „Haltbarer" von Berkemeier nicht pariert werden konnte (6.). Stolzenburgs Kopfballtreffer in der 24. Minute zum 2:0 war lange überfällig. Dass sich die TeBe-Elf danach über weite Strecken unerklärlich und unnötig zurückzog, erklärte Trainer Johannsen mit „Angst vor der eigenen Courage". „Mit Mühe und Not erreichte das TeBe-Schiff den rettenden Hafen, doch der 2:1-Sieg ist zweifellos verdient", lautete Uhlichs Urteil.

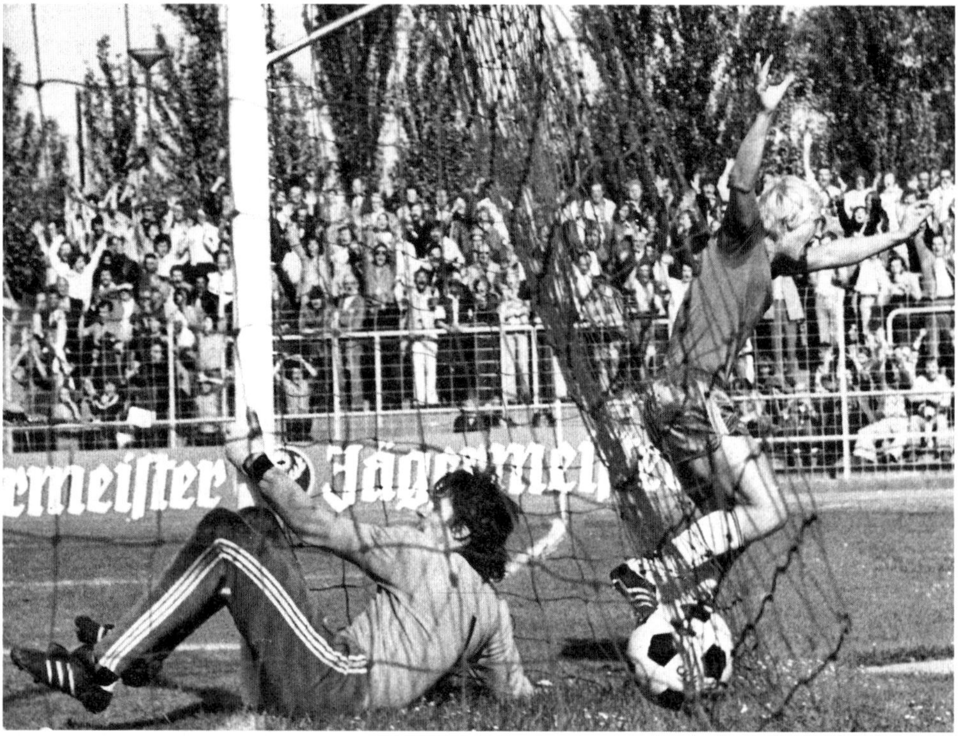

Eins seiner 27 Tore als Torschützenkönig der 2. Liga Nord erzielt Stolzenburg beim 2:1-Sieg gegen Wattenscheid 09. (Foto: Bildarchiv Schirner)

Auch auswärts blieb Tennis Borussia auf dem Vormarsch. Der 4:2-Sieg bei der DJK Gütersloh stellte den Johannsen-Schützlingen ein ausgezeichnetes Zeugnis aus. Stolzenburg zum 1:0 und 2:1 sowie Bittlmayer mit dem 3:1 erzielten die Treffer vor der Pause. Nach dem Wechsel parierte Birkenmeier noch einen Handelfmeter, ehe Subklewe in der 85. Minute den 4:2-Endstand herstellte. Die Borussen machten damit beste Reklame für das folgende Heimspiel gegen den Tabellensechsten Fortuna Köln. Wer sich davon überzeugen wollte, ob TeBe auf seinem Weg zur Spitze noch aufzuhalten war, musste sich am folgenden Sonnabend ins Olympiastadion aufmachen. Um das Mommsenstadion herum befürchtete man ein Verkehrschaos angesichts des gleichzeitig stattfindenden Oktoberfests gegenüber dem Messegelände.

„Vierter Sieg im vierten Heimspiel! TeBe-Herz, was willst du mehr?“, fragte Rudi Rosenzweig nach dem 3:2-Sieg gegen Aufstiegs-Mitbewerber Fortuna Köln. Vielleicht etwas mehr Interesse der Fußballfreunde, denn für ein solches Spitzenspiel bildeten die 7.295 Besucher doch eine recht dürftige Kulisse. Johannsen hielt diesbezüglich mit seiner Meinung nicht hinter dem Berg: „Bisher haben wir absolut sehenswerte

Heimspiele angeboten. Es bleibt sehr bedauerlich, dass die Berliner unsere Spiele einfach nicht annehmen."

Die Zuschauer aber, die gekommen waren, erlebten ein aufregendes Spiel mit drei Elfmetern. In der 31. Minute gerieten die Veilchen durch einen Elfmeter 0:1 in Rückstand. Nach der Pause gelang Jakobs mit feinem Heber das 1:1, Berkemeiers 25-Meter-Freistoß zum 2:1 schien zehn Minuten vor Schluss die Begegnung entschieden zu haben. Doch von nun an überschlugen sich die Ereignisse. In der 85. Minute verwandelte Stolzenburg einen Strafstoß mit seinem 9. Saisontor zum 3:1. Für viele Zuschauer stand der Berliner Erfolg fest. In Scharen strebten sie den Ausgängen zu und verpassten dramatische Schlussminuten, denn im Gegenzug verkürzte Wesseler auf 3:2 (87.). „Dass das Sprichwort vom Glück des Tüchtigen nicht immer nur leeres Gerede ist, durften die Borussen schließlich zwei Minuten vor Schluss erfahren: Kölns Scharfschütze Struth jagte einen von Jakobs ‚verbrochenen' Foulelfmeter unkonzentriert am TeBe-Tor vorbei", fasste Mönch im *Abend* zusammen. Trotz der Erfolgsserie herrschte Unruhe im Verein, geisterten seit Tagen Meldungen durch Berlin, „Stolles" Vater würde ein Angebot von Ajax Amsterdam vorliegen. Die Geschichte nahm derart an Dramatik zu, dass sich TeBe-Schatzmeister Rösler genötigt sah, die entsprechende Meldung über Stadion-Lautsprecher zu dementieren: „Eine Ente – Stolzenburg ist und bleibt Borusse!" Mönch kommentierte es auf ironische Art und Weise: „Diese Aussage muss nicht falsch sein. Man kann auch einen TeBe-Mitgliedsausweis in der Tasche haben und trotzdem als Profi in Holland Tore schießen." Aber „Stolle" blieb.

TeBe-Trainer Johannsen trauerte nach dem 1:1 bei der SpVgg Erkenschwick den vielen vergebenen Chancen der ersten Halbzeit nach, nur Jakobs traf zur 1:0-Führung.

Vor dem ersten Lokalderby ging es nur um die Höhe des Sieges, als der Tabellenzweite Tennis Borussia auf Schlusslicht und Liga-Neuling Spandauer SV traf. Der SSV lag mit 0:18 Punkten weit abgeschlagen am Ende der Tabelle und hatte häufig heftige Prügel bezogen. Was sollte da für die Borussen schon schiefgehen?

2:0 hieß es noch knapp 20 Minuten nach der Pause – für die Spandauer! „Alles, was zu TeBe gehörte, ergriff schon langsam aber sicher die pure Verzweiflung", beschrieb Neuendorf für die *Fußball-Woche* die Atmosphäre unter den 3.876 Zuschauern an diesem trüben, verregneten Sonntagnachmittag. Am schlechtesten sah TeBe vor der Pause aus. Die Spandauer agierten mit größtem Ehrgeiz, um ihrem übermütigen Kontrahenten heftig eins auszuwischen. Ihre 1:0-Führung durch einen Freistoß von Ressel war vollkommen verdient. Erneut ein Freistoß war es, dieses Mal durch Bremekamp, der dem SSV nur zwei Minuten nach Wiederanpfiff das 2:0 einbrachte. Eine Sensation bahnte sich an, und wer weiß, welchen Lauf die Partie genommen hätte, wäre ein drittes Spandauer Tor durch Hornig nicht von Schiedsrichter Brückner wegen Abseits aberkannt worden. TeBe wäre wohl nicht mehr zu retten gewesen. So aber lief die

64. Minute, als Eggert mit einem herrlichen Kopfball das hochwichtige Anschlusstor gelang. „Ihrem Senior Peter Eggert sollten die Borussen kräftig die Hände schütteln“, erkannte Neuendorf die Bedeutung dieses Treffers. Der eingewechselte Subklewe sorgte für den Ausgleich, Jakobs erzielte in der 79. Minute den 3:2-Siegtreffer gegen die Spandauer, deren Kräfte zum Schluss merklich nachließen. Innerhalb von 14 Minuten hatten die Borussen das Spiel gedreht. Johannsen konterte eine Bemerkung, dass TeBe durch den verpassten Sieg mit zwei Toren Unterschied nicht die Tabellenführung übernehmen konnte: „Wenn es in diesem Spiel überhaupt Gerechtigkeit gab, dann die, dass wir nicht Spitzenreiter wurden.“

Die Presse war sich nach dem zweiten Berliner Lokalderby einig, was den Ausschlag für den überraschenden 2:1-Sieg von Wacker 04 gegen TeBe gegeben hatte: „Die Entscheidung fiel im Mittelfeld“, hieß die Überschrift im *Abend*, die *Fußball-Woche* titelte übereinstimmend: „TeBes Mittelfeld gelähmt.“ Wackers Trainer und Ex-TeBe-Coach Gawliczek hatte es darauf angelegt, die Schaltzentrale der Borussen lahmzulegen. Er hatte seinen etatmäßigen Rechtsaußen Ingo Krüger als Bewacher auf Schulz angesetzt, die Bewachung von Berkemeier übernahm der fleißige Michael Müller. Zudem hatten die Reinickendorfer an diesem Tag den besseren Mittelstürmer. „Wolfgang John schuftete verbissen, Stolzenburg tat nichts, was die Wacker-Abwehr hätte beunruhigen können“, analysierte Neuendorf. Trotz dieser Vorteile für Wacker 04 gingen die Tennis-Borussen durch einen Berkemeier-Freistoß in der 40. Minute in Führung. Keine 200 Sekunden später glich John durch einen Foulelfmeter aus. Von diesem Nackenschlag erholte sich TeBe nicht mehr. John war auch der Schütze des zweiten und entscheidenden Treffers (63.). Zu planlos blieben in der Folge die Bemühungen der Johannsen-Schützlinge, zudem verfügte Wacker 04 mit Peter Hanisch über einen famosen Libero, „der beste organisatorische Fähigkeiten bewies“, wie Neuendorf den für Wacker spielenden Ex-Zehlendorfer Strategen lobte. Unverständlich wieder einmal die dürftige Kulisse von 5.850 zahlenden Zuschauern im Poststadion. Die Berliner Fans schienen trotz des guten Wetters offensichtlich nur auf die „Fußball-Dame Hertha“ zu reagieren.

Seit einiger Zeit spielte TeBe nun schon unter Form, sodass die 0:1-Niederlage bei Aufsteiger Union Solingen keine Überraschung mehr war. Auch eine Woche später hatten die nur 2.136 Zuschauer ihr Team selten so schwach gesehen. Dass es trotzdem zu einem klaren 3:0-Sieg für die Borussen reichte, war einigem Glück zuzuschreiben. „Glück gehört auch zum Fußball“, schrieb so auch Hanne Uhlich in der *Fußball-Woche* und ergänzte, „Tennis Borussia hatte es gegen Preußen Münster in reichlichem Maße. Was aber zählte, waren die Tore – und die schossen nun einmal die Berliner.“ Bittlmayer und zwei Mal Jakobs trafen und durchbrachen damit die Kette erfolgloser Spiele. Sieben Tage darauf erwies sich die Rückkehr von Regisseur Berkemeier als Gewinn. Beim FC St. Pauli war er mit einem langen Solo der Wegbereiter zum Führungstor durch Stolzenburg, den 2:1-Siegtreffer besorgte der aufgerückte Verteidiger

Kraus, der mit einer tückischen „Flattermine" aus 20 Metern Entfernung genau in den oberen Winkel traf.

Das folgende Heimspiel war ein klarer Fall für die Borussen. TeBe war im Mommsenstadion auch von Bayer Leverkusen nicht zu knacken. Schon zur Pause hätte die Partie vor 2.585 Zuschauern entschieden werden können, doch mehr als ein 1:0-Vorsprung durch Schulz (37.) sprang nicht heraus. Vor allem Stolzenburg ließ mehrere große Gelegenheiten aus, darunter einen Handelfmeter. Der 1:1-Ausgleich der Leverkusener animierte die Borussen eher, als dass er sie schockte. Mit dem 2:1 machte „Stolle" seine Versäumnisse aus dem ersten Abschnitt wieder gut (61.). Die Entscheidung zugunsten der in der letzten halben Stunde konditionell überlegenen Borussen erzwangen Berkemeier (3:1, 67.) und Jakobs, der als überragender Mann auf dem Platz seine Leistung mit einem „Tor des Monats" zum 4:1 krönte (80.). Neuendorf bescheinigte den Borussen gehobene Klasse: „Vor allem in den letzten 30 Minuten spürte man, dass diese Mannschaft zur Spitze der 2. Liga Nord zählt."

Im Duell zwischen dem Tabellenfünften Schwarz-Weiß Essen und Tennis Borussia als Tabellendritten kam es im Essener Grugastadion zu einem echten Spitzenspiel. „Borussen, übt mal das Elfmeterschießen", hieß es tags darauf in der *BZ*. Nach Stolzenburg Fehlschuss in der Vorwoche war diesmal Jakobs der Unglücksrabe, der in der 19. Minute einen Elfmeter an den Pfosten setzte und somit die Chance zur Führung vergab. Die Zuschauer waren sich einig, mit Tennis Borussia die beste Mannschaft der 2. Liga Nord gesehen zu haben. Als jedoch im zweiten Abschnitt zunächst Birkenmeier einen harmlos geschossenen Ball durch die Hände rutschen ließ (59.) und die Gastgeber sogar auf 2:0 erhöhten (67.), schien alles verloren. Aber die konditionsstarken Berliner ließen nicht locker und kamen durch Bittlmayer und TeBe-Libero Eggert zum 2:2.

Gegen Westfalia Herne waren die Borussen erneut ins Olympiastadion umgezogen, dessen Rasen Ende November von einer dünnen Schneedecke überzogen war. Trainer Johannsen sagte dazu: „Natürlich hat sich meine Mannschaft an die Atmosphäre im Mommsenstadion gewöhnt. Aber man muss auch die Interessen des Vereins berücksichtigen. Im Olympiastadion können alle Zuschauer sitzen. Es gibt Parkplätze in reichlichem Maße. Und vor allem glauben wir, dass um 15:30 Uhr einfach mehr Leute zum Fußball kommen, als um 14:00 Uhr." 1975 verfügte das Stadion in Eichkamp noch über keine Flutlichtanlage. Das Olympiastadion-Experiment bezeichneten die Borussen als gelungen. Mönch schrieb dazu: „Zugegeben, 2.583 Zahlende wären im Nieselregen mit Spielbeginn um 14:00 Uhr wohl kaum ins Mommsenstadion gekommen. Die Stimmung im Riesen-Oval zwischen Marathon-Tor und aus Kostengründen unbenutzter elektronischer Anzeigetafel war allerdings im Vergleich zu den letzten Spielen in Eichkamp recht trübselig." TeBe-Chef Pawlak wies allerdings auf besondere Umstände hin: „Es regnete, dann war verkaufsoffener Sonnabend, und schließlich hätte auch das Mommsenstadion gar nicht vom Schnee geräumt werden können."

Die Zuschauer, die gekommen waren, wurden Zeugen des achten Sieges im achten Heimspiel. Berkemeier, Stolzenburg und Sprenger erzielten die Treffer.

Der Wunschtraum Johannsens, „nur einmal und zwar am 12. Juni 1976, am Saisonende, an der Tabellenspitze zu stehen", fand am Nikolaustag ein jähes Ende. Seine Borussen machten ihrem Trainer einen Strich durch die Rechnung, trumpften bei Arminia Bielefeld mit einem überraschenden 2:0-Erfolg auf und übernahmen so noch vor Saisonhalbzeit die Tabellenspitze. Spätestens in der 52. Minute, als Schiedsrichter Redels einen Elfmeter gegen TeBe verhängte und Bielefelds Torjäger Graul den Strafstoß an den Pfosten schoss, war die Partie für die Bielefelder verloren. Vor 12.000 Zuschauern ließ Arminen-Schlussmann Siese Stolzenburgs nicht allzu scharfen Schuss durch Hände und Beine rollen (38.). Nur sechs Minuten nach dem von Graul verschossenen Elfmeter krönte TeBe-Rechtsaußen Albert Bittlmayer sein hervorragendes Solo mit einem erfolgreichen Torschuss zum 2:0-Endstand.

Im letzten Spiel des Jahres hatte es Tennis Borussia doch noch erwischt. Nach acht Siegen in Reihe vor eigenem Publikum gab es mit dem 0:0 im Spitzenspiel gegen den Tabellendritten VfL Osnabrück den ersten Heim-Punktverlust. Die Borussen nahmen diesen Ausrutscher auch weniger tragisch als die für ein Spitzenspiel ärgerlich dürftige Zuschauerkulisse von nur 4.822 Zahlenden. Rudi Rosenzweig ging zum Jahresabschluss in seiner Kritik verständnisvoll mit den Borussen um: „Man kann die Mannschaft für den ersten Punktverlust auf eigenem Platz nicht tadeln: Sie hat bei schwierigen Bodenverhältnissen gegen einen starken Gegner alles gegeben."

Die Tabellenspitze zum Jahreswechsel:

1.	Borussia Dortmund	18	46:13	27-9
2.	Tennis Borussia	19	40:24	27-11
3.	VfL Osnabrück	18	29:21	25-11
4.	Arminia Bielefeld	18	23:14	23-13
5.	Schwarz-Weiß Essen	17	34:21	22-12
6.	Wuppertaler SV	17	39:23	21-13
7.	Wacker 04	19	33:36	21-17

Zum Auftakt der Rückrunde hatten Fußballer und Fans von Tennis Borussia gleich zweimal Grund zur Freude. Einmal galt es, einen deutlichen 4:0 (1:0)-Erfolg über Göttingen 05 zu feiern, zum anderen brachte eine Niederlage von Borussia Dortmund die Tabellenführung zurück. Doch Mönch stellte ernüchtert fest, „dass der Sprung an die Spitze bedauerlicherweise so gut wie unter Ausschluss der Öffentlichkeit stattfand." Nur 2.844 Zahlende sahen im Olympiastadion das Ereignis, bei dem es bis zur 40. Minute dauerte, ehe der Bann gebrochen war: 1:0 Jakobs, 2:0 Bittlmayer (52.), 3:0 Stolzenburg (58.), 4:0 Siegmann mit Foulelfmeter (66.). Eine Woche später verteidigte Tennis Borussia seine Spitzenposition, und ganz Wuppertal staunte. Die Borussen gewannen eindrucksvoll und hatten auf schneebedecktem Rasen nur nach Gerbers Anschlusstor (67.) ein paar Schwierigkeiten. Insbesondere Bittlmayer war nicht zu bremsen und erzielte für seine Mannschaft nach einer Viertelstunde den ersten Treffer. Nur eine Minute später musste Birkenmeier sein ganzes Können aufbringen, um einen Elfmeter von Pröpper mit toller Reaktion zu parieren und damit den Ausgleich zu verhindern. Bittlmayer wiederum erhöhte auf 2:0. Nach dem Anschlusstreffer brach Stolzenburgs Kontertor zum 3:1 (77.) den Widerstand der Bergischen. Er traf in der 78. Minute sogar noch zum 4:1.

„Es kostet schon einige Mühe, die Moral der Mannschaft in Takt zu halten", verriet TeBe-Trainer Johannsen den Journalisten am Telefon. Zu diesem Zeitpunkt lag er nach einer erfolgreichen Meniskus-Operation in einer Braunschweiger Klinik. Seine ehrlichen Worte bezogen sich aber nicht aufs Sportliche, denn da gab es nichts zu mäkeln. Seine Mannschaft hatte mit einem 5:0 (1:0) gegen den 1. FC Mülheim einen weiteren deutlichen Erfolg im schneebedeckten Olympiastadion eingefahren, er selbst war während der 90 Minuten telefonisch mit der *Fußball-Woche* live verbunden Was er meinte, war vielmehr die Abkehr der Berliner Fußballfreunde von seinem Team, erfuhr er doch am Krankenbett, dass erneut nur 2.284 Zahlende gekommen waren. Trotz TeBes Tabellenführung war in Berlin nur Hertha BSC „in". Das Bild würde sich nur zugunsten Tennis Borussias ändern, wenn die Mannschaft in die Bundesliga aufsteigen und die Keßler-Schützlinge überflügeln würde. Das Spiel gegen den großen Aufstiegsfavoriten Borussia Dortmund am 21. Februar kam daher schon einem Wegweiser gleich. Würden gegen die renommierten Gelb-Schwarzen nicht wenigstens 10.000 Zuschauer kommen, müssten die TeBe-Verantwortlichen ihre Aufstiegspläne überdenken.

Die Treffer zum 5:0 für die Borussen gegen Mülheim erzielten Berkemeier, Schulz, Heun, Subklewe und Bittlmayer. Mühlheims Trainer Wiking war bedient: „Wenn man so einen Torwart hat, kann man ruhig mal einen trinken. Es gab kein Tor, an dem unser Schlussmann Manfred Manglitz nicht schuld war." Tatsächlich war der inzwischen 35-jährige ehemalige Nationaltorwart an diesem Nachmittag an mindestens drei Treffern der Hauptschuldige.

Ausgerechnet am Freitag, dem 13., noch dazu eine Woche vor dem Spitzenspiel gegen Borussia Dortmund riss TeBes Siegesserie am Aachener Tivoli. Bei einem Gemisch aus Schnee und Regen machte ein spätes Tor von Reuter (82.) alles zunichte und sicherte der Alemannia den Erfolg.

Dennoch zahlten 16.285 Zuschauer Eintritt, um die Partie gegen Borussia Dortmund zu sehen und erfreuten damit den Kassierer der „Veilchen". Als dann Stolzenburg seine Mannschaft nach zehn Minuten in Führung brachte und die schwungvoll startenden Berliner dem zweiten Treffer nahe waren, schien sich ein Tag anzubahnen, wie gemalt für die Johannsen-Schützlinge. Doch das Blatt wendete sich nach der Pause auf verblüffende Weise. Der schnelle Ausgleich nach dem Wechsel hatte die psychologische Wirkung eines Keulenschlags. Dortmund kontrollierte durch den erbarmungslos ausgepfiffenen Ex-Herthaner Zsoltan Varga fortan die Partie. Die Tennis-Borussen aber verloren völlig den Rhythmus. Die Dortmunder dagegen trafen zum 2:1 und 3:1. Triumphierend gellte es vom Oberring aus dem starken Dortmunder Fan-Block: „Hi – Ha- Ho – Tennis ist k. o.“. Rudi Rosenzweig sprach den TeBe-Verantwortlichen aus der Seele: „Schade, ausgerechnet als es darauf ankam, vor einer größeren Zuschauerkulisse überdurchschnittliches Können unter Beweis zu stellen, versagten die Tennis-Borussen und kassierten durchaus gerecht die erste Heimniederlage. Nun wird es nach diesem Reinfall wahrscheinlich wieder Wochen dauern, bis TeBe den verspielten Kredit beim Publikum zurückgewonnen hat.“

Doch die Borussen erholten sich von diesem Nackenschlag und gewannen eine Woche später durch Treffer von Stolzenburg und Bittlmayer mit 2:1 im Wattenscheider Stadion Lohrheide. Durch gütige Mithilfe der Konkurrenz hatte TeBe den Platz an der Sonne zurückerobert.

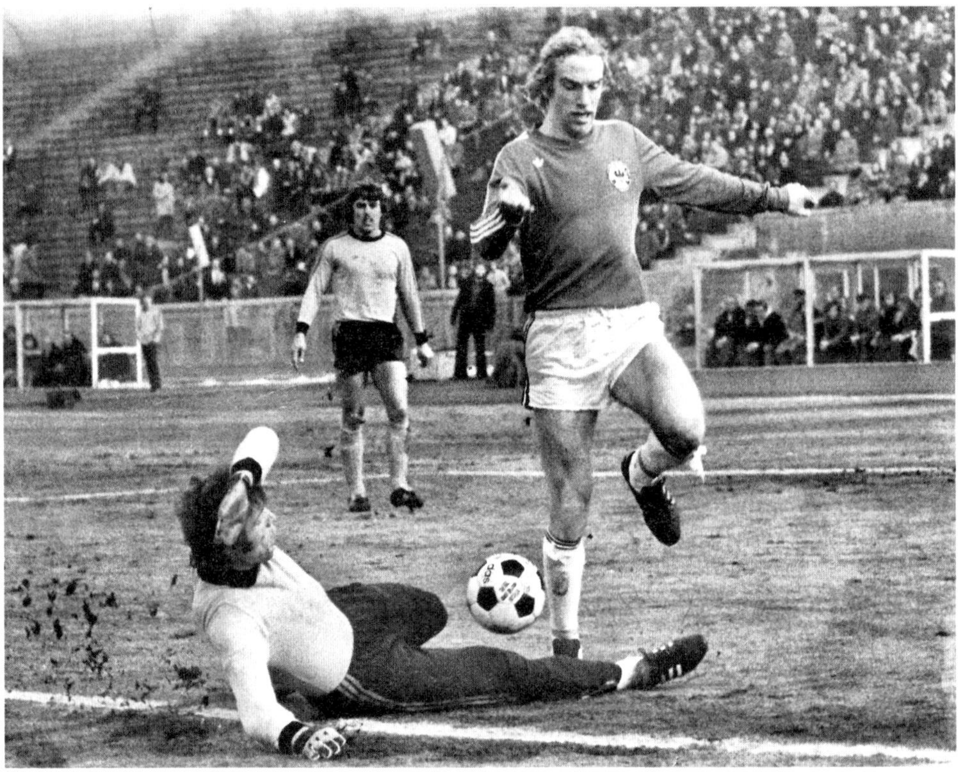

Jürgen Schulz scheitert an Dortmunds Schlussmann Horst Bertram.
(Foto: Bildarchiv Schirner)

Wer am darauffolgenden Sonntagabend die *Sportschau* einschaltete, glaubte beim Vorlesen der Spielergebnisse entweder an einen Hör- oder einen Übermittlungsfehler. Ein aus Berliner Sicht schlechter Scherz der Redaktion war dagegen auszuschließen – bis zum 1. April sollten schließlich noch einige Tage ins Land gehen. „Tennis Borussia gegen DJK Gütersloh 0:1", das konnte doch bei der Konstellation Spitzenreiter gegen Tabellenvorletzten unmöglich stimmen! Von „Frühjahrsmüdigkeit" war im Artikel von Mönch zu lesen. Wo doch alle mit einer unterhaltsamen Partie, vor allem aber mit einem Schützenfest ihres Teams gerechnet hatten. „Prompt fiel das Tor, von dem zu diesem Zeitpunkt niemand ahnen konnte, dass es bereits über Sieg und Niederlage entscheiden sollte. Roggensack hatte übrigens schon einmal ein entscheidendes Tor geschossen: Für Bielefeld – beim berühmten Skandalspiel gegen Hertha...", wurden bei Uhlich düstere Erinnerungen wach. „Wenn man aufsteigen will, muss man solche Spiele einfach gewinnen", stellte Trainer Johannsen fest.

Das konnte ja nur schief gehen. Eine nach der 0:1-Enttäuschung gegen Gütersloh verunsicherte TeBe-Mannschaft traf auf eine Kölner Fortuna, die nach dem 7:1 bei Wacker 04 in der Vorwoche nur so vor Selbstbewusstsein strotzte. 1:6 hieß es dieses Mal aus Berliner Sicht. Dabei war die Begegnung vor 10.600 Zuschauern in der Kölner Radrennbahn bis zur 55. Minute nach Treffern von Berkemeier (0:1, 2.) und Müller (16., 1:1) völlig offen geblieben. Den Fortunen genügte eine Viertelstunde nach dem Wechsel, um auf 6:1 davonzuziehen. „Trotz der Niederlagenserie herrschte keine große Hektik, weil wir in der Tabelle als Tabellenzweiter immer noch gut standen", erinnerte sich Zimmer an die schwierige Phase in den letzten Tagen des Winters. Für Schulz war der Zusammenhalt der Mannschaft ein wesentlicher Faktor dafür, dass sich die Unruhe in Grenzen hielt. „Ein Großteil des Teams ist montags nach unserem Saunagang immer noch zu Joe's Bierhaus am Theodor-Heuss-Platz gelaufen und hat zusammen gesessen."

„Außer-Rand-und-Band", so beschrieb Lion den Zustand des Berliner Tabellenzweiten. „TeBe immer noch im Leistungstief", hieß es bei Beyer angesichts des mageren 1:0-Erfolgs gegen den 17. aus Erkenschwick. „Es lief wieder nichts zusammen", war auch Stolzenburg nach den 90 Minuten etwas ratlos. Sein 19. Saison-Treffer bedeutete zugleich den Sieg. Gerade einmal noch 1.781 Zuschauer unterstützten die Charlottenburger, und immer deutlicher zeichnete sich ab, dass der angestrebte Zuschauerschnitt von 6.000 wohl nicht erreicht werden würde. Daher plante der Vorstand eine im deutschen Fußball bislang einmalige Aktion. In einer Art „Volksentscheid" sollten die Fußballfreunde über die Zukunft von TeBe entscheiden. Manager Opitz erläuterte den Vorgang: „Wir werden in den Berliner Zeitungen einen Aufruf an die Berliner richten, wenn wir zwei oder drei Spiele hintereinander gewinnen." Sollte der Aufruf ungehört verhallen und die Zuschauerzahlen nicht ansteigen, wollte der Verein im nächsten Jahr seine Spieler nur noch als Halbprofis beschäftigen. „Wenn du zum Warmmachen ins Stadion einläufst, dabei dein eigenes Echo von den leeren Rängen widerhallt, ist das schon deprimierend. Das nimmt dir auch die Heimstärke, die du für den Aufstieg unbedingt benötigst“, gab Zimmer die Sichtweise der Mannschaft wieder.

Der Spandauer SV hatte inzwischen einige Pünktchen gesammelt, genau genommen sechs. Zwei Siegen und zwei Unentschieden standen 24 Niederlagen gegenüber. Doch nach einem 1:0-Sieg gegen den Aufstiegskandidaten aus Osnabrück und einem 1:1 im Stadtduell mit Wacker 04 hatten die Havelstädter Selbstvertrauen getankt. Vielleicht ein wenig zu viel, denn womöglich war es eine Art Selbstüberschätzung oder ein Versäumnis ihres Trainers, denn sie trafen nicht wie erwartet auf eine „kaputte“ TeBe-Elf. Als sich der SSV nach fünf Minuten ein Tor durch Bittlmayer fing, war praktisch schon alles entschieden, kaum dass es begonnen hatte. „Als Subklewe mit prachtvollem 16-Meter-Schuss das 2:0 glückte (31.) und nur zwei Minuten später Zippel eine unverzeihliche Rückgabe zu Bechem gab, ohne darauf zu achten, dass Stolzenburg dazwischen stand, da war Spandau total weg vom Fenster“, schilderte Hanne Uhlich die Vorentscheidung. Als die Spandauer sich ein letztes Mal aufbäumten, stießen die Borussen in die sich ihnen bietenden Lücken: 0:4 Schulz (82.), 0:5 Subklewe (84.). Der Ex-Herthaner Lothar „Wanze“ Groß sagte später frank und frei: „TeBe war die beste Mannschaft, gegen die wir bisher spielten.“ Die lila-weißen Fans feierten ihre Mannschaft nach den letzten schwächeren Spielen wie befreit: „TeBe, TeBe noch einmal – es war so wunderschön ...“ Erfreulich für den SSV-Kassierer war an diesem Nachmittag eine Woche vor Ostern die Zuschauerzahl: 6.228 Zahlende bedeuteten Saison-Rekord. Sie stopften ein großes Loch in der Kasse, und mit einem Schlag waren die Spandauer fast schuldenfrei.

Nicht einer unter den immerhin 4.785 im Olympiastadion wäre am Karfreitag bereit gewesen, nach einer Stunde auch nur einen Pfennig auf die Berliner gegen Union Solingen zu setzen. Eine halbe Stunde später hatte Tennis Borussia 4:0 gewonnen. Gerade als sich Langeweile im Stadion breit machte, schoss Schulz zum 1:0 ein (62.), Jakobs köpfte eine Bittlmayer-Ecke zum 2:0 ins Tor (70.), das 3:0 erzielte Sprenger (85.) und Tor Nummer Vier ging auf das Konto von Stolzenburg (86.). Lion bemerkte im *Abend* zum TeBe-Mittelstürmer allerdings, dass „Stolle“ bis dahin „vor allem die Fotografen neben dem Tor und die Fans im Oberring im Visier“ hatte. Auf die leisen Pfiffe gegen die Nummer 9 der Borussen ging Trainer Johannsen auf der Pressekonferenz gesondert ein: „Ich schätze Stolzenburg nach wie vor sehr hoch ein. Er schimpft nicht auf Gegner, Mannschaftskameraden oder Publikum, sondern ist immer selbstkritisch. Und der Norbert kämpft 90 Minuten lang.“ Eine Hoffnung für die Zukunft verknüpfte er mit der Zuschauerzahl von fast 5.000: „Leider ist der Zuschauerstrom sonst weit schwächer gewesen. Vielleicht ändert sich diesbezüglich nach dem Karfreitag etliches.“

Am 31. Spieltag waren 15.000 Zuschauer wieder einmal von einer Heimvorstellung Preußen Münsters enttäuscht. Das Schlussresultat von 0:0 schmeichelte den Gastgebern sogar, denn Tennis Borussia war sowohl technisch als auch taktisch klar überlegen. Bei TeBe debütierte der von Hertha Zehlendorf gekommene 20-jährige Zimmer. Der Berliner Punktgewinn wurde einen Tag später vergoldet: Die seit elf Spielen ungeschlagene Kölner Fortuna bezwang vor 24.700 Zuschauern in einer begeisternden Partie Tabellenführer Borussia Dortmund mit 3:1 und hievte die Veilchen wieder an die Spitze. Nach zuletzt 7-1 Punkten war das Selbstbewusstsein der Borussen merklich gestiegen, und so ließen sie auch gegen den FC St. Pauli nichts anbrennen. Sprenger brach mit seinem 1:0 den Bann, Jakobs und der junge Zimmer mit seinem ersten Saisontor im zweiten Spiel schraubten das Ergebnis auf 3:0. Erneut über 4.600 Zuschauer verließen zufrieden das Stadion.

Wie schnell sich doch die Stimmung drehen kann! Nach ihrer Schwächephase von Mitte Februar bis März waren die Veilchen wieder zu einem heißen Anwärter auf den Aufstieg in die Bundesliga geworden. Fünf Spieltage vor Schluss hatten sie sich mit dem 2:0-Sieg bei Bayer Leverkusen in eine gute Ausgangsposition gebracht. Für die *BZ* war es „vielleicht schon der entscheidende Schritt zum Aufstieg“ und auch die *BILD* frohlockte „So schafft Tennis wieder den Aufstieg. TeBe steht mit einem Bein in der Bundesliga!“ TeBe präsentierte sich in Leverkusen tatsächlich wie ein kommender Erstligist: kaltschnäuzig, abgeklärt, souverän in der Abwehr, eiskalt im Kontern. Ein Fehler von Leverkusens Torwart Bockholt schenkte den Berlinern die frühe Führung durch Stolzenburg, Berkemeier markierte das 2:0. TeBes Birkenmeier war inzwischen seit 559 Minuten ohne Gegentor. In der Westdeutschen Ausgabe der *Fußball-Woche* wurde der Spitzenreiter aus Berlin wie folgt beschrieben: „Tennis Borussia ist ein schmuckloser Tabellenführer, der aber deshalb allzu leicht unterschätzt wird. Die Elf hat eine ausgezeichnete Kondition – man denke nur an das Pensum von Sprenger und Zimmer. Wer glaubt, dass Tennis Borussia noch von einem der ersten beiden Plätze verdrängt werden kann, der sehe sich einmal genau die Tabelle an: Die Berliner haben mit 19-15 Punkten die beste Auswärtsbilanz, sie haben nach Dortmund die wenigsten Gegentore und die zweitmeisten geschossen!“ Kein Wunder, dass Rosenthal bester Laune war: „Dalli, dalli“, rief er auf dem Rückflug der Stewardess humorvoll zu und schmiss eine Lage Sekt.

„Nun wichen die Borussen mit dem Spiel gegen den Tabellenfünften Schwarz-Weiß Essen schon auf den Freitagabend aus, in der Hoffnung, endlich einmal besseren Besuch zu haben, da regnete es den ganzen Tag über“, fand Beyer in seinem Bericht die Erklärung für die wiederum nicht zufriedenstellende Kulisse von 5.485 Zuschauern. Doch trotz des leichten Dauerregens verteidigten die Berliner den Platz an der Sonne. Sie boten auf dem rutschigen Rasen des Olympiastadions eine so gute Partie, dass sogar Neuendorf in der *Fußball-Woche* begeistert schrieb, dass „das Spiel leistungsmäßig den Rahmen guter Zweitligisten sprengte. Es erreichte während der 90 Minuten das Niveau der Erstdivisionäre.“ Erneut gefiel das hervorragend besetzte Mittelfeld mit Jakobs, Schulz und Berkemeier und allein die wunderschönen Tore

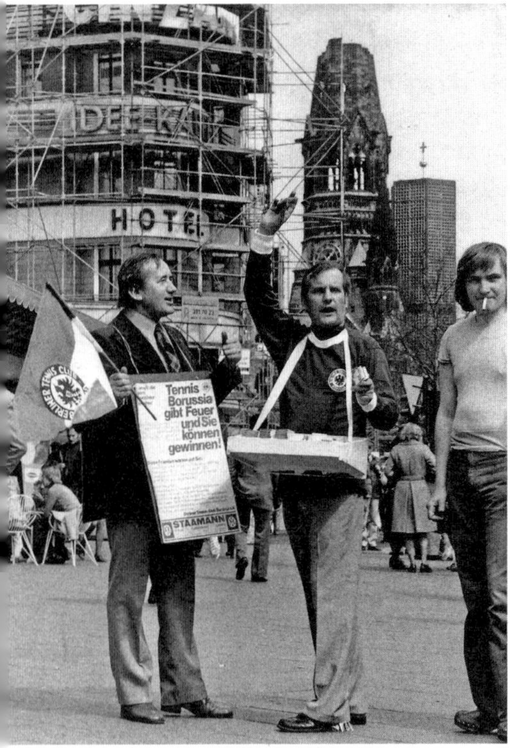

TeBe siegt sich tot. Als trotz der Erfolge die Zuschauer ausbleiben, greift man zu unorthodoxen Methoden und verkauft TeBe-Streichhölzer am Ku'damm. (Foto: Wende)

durch Stolzenburg, Jakobs, Sprenger und Berkemeier hätten mehr Zuschauer verdient gehabt. „Man soll den Tag nicht vor dem Abend loben, doch diese Borussen vom Freitag können den Sprung in die deutsche Spitzenklasse schaffen“, war Uhlich vor den letzten Begegnungen optimistisch.

Was viele geahnt und befürchtet hatten, wurde zur Gewissheit. TeBe-Trainer Johannsen würde die Veilchen im Sommer verlassen und sein Gastspiel in Berlin nach nur einem Jahr beenden. Er hatte einen Vertrag bei Grashoppers Zürich unterschrieben. Auf die Frage, ob er denn bei einem eventuellen Aufstieg seinen Vertrag dort noch einmal lösen könnte, antwortete er: „Dafür bestehen nur hauchdünne Möglichkeiten, obwohl mich die Aufgabe mit TeBe in der Bundesliga natürlich reizen würde.“ Zu tief saß die Enttäuschung über die mangelnde Resonanz der Berliner Fußballfreunde. Dazu wurde drei Spieltage vor Saison-Schluss der von vielen schon sicher geglaubte Aufstieg plötzlich wieder in Frage gestellt. Bei der 2:3 (0:3)-Niederlage bei Westfalia Herne waren zwei Treffer von Jakobs nach dem Wechsel zu wenig.

„Es ist ja geradezu peinlich, so viele Zuschauer im Olympiastadion zu sehen“, kommentierte Johannsen mit beißender Ironie die Bekanntgabe der Zuschauerzahl beim vorletzten Heimspiel. Schatzmeister Rösler hatte die Zahl von 7.985 bekanntgegeben, dann aber noch hinzugefügt, dass 11 Vorverkaufsstellen noch nicht abgerechnet hätten. Tatsächlich dürften es Achteinhalbtausend gewesen sein, die zum Spiel gegen Arminia Bielefeld gekommen waren. „Jetzt kann es passieren, dass gegen Wacker in vierzehn Tagen sogar 9.000 kommen“, fügte Johannsen voller Sarkasmus hinzu. Vor dem Spiel war bekannt geworden, dass neben Trainer Johannsen auch zwei Leistungsträger die Berliner verlassen würden: Vorstopper Norbert Siegmann hatte bei Werder Bremen einen Vertrag unterschrieben und auch der Wechsel von Stolzenburg zu Eintracht Braunschweig war beschlossene Sache. Ausgerechnet die beiden Abwanderer schossen an diesem Nachmittag die Tore. Helmut Johannsen blieb sachlich: „Wir haben unsere gute Position gehalten. Wenn wir am nächsten Sonnabend das schwere Spiel in Osnabrück gut überstehen, dann müsste es zum Aufstieg reichen.“

Auch wenn die Osnabrücker vor ihrem Heimspiel gegen Tennis Borussia keine Aufstiegschancen mehr besaßen, blieb die Aufgabe im Stadion an der „Bremer Brücke" für den Spitzenreiter aus Berlin eine Herkules-Aufgabe. Dazu genügte ein Blick auf die Statistik: Seit dem 1. Februar 1975, seit nunmehr anderthalb Jahren, waren die Osnabrücker daheim ungeschlagen geblieben. 18 Mannschaften der 2. Liga Nord hatten in dieser Spielzeit versucht, den Gastgeber zu bezwingen – vergeblich. 16 Heimsiegen standen ganze zwei Unentschieden gegenüber – eine wahrlich stolze Bilanz. Mit sechs Pkws waren die Borussen bereits am Freitagvormittag nach Osnabrück gereist, um die etwa DM 2.000 Fahrtkosten gegenüber dem Flug nach Hannover zu sparen.

Nur 5.000 Zuschauer waren noch gekommen. Dennoch schien dem VfL die Wahrung des Heim-Nimbus wichtig zu sein, zeigte er sich doch von seiner besten Seite. Aber die Borussen blieben kühl bis ans Herz. „Ausgerechnet die beiden TeBe-Spieler, die es am Pfingstsonnabend über weite Strecken am schwersten hatten, sich durchzusetzen, zeichneten für den Sieg verantwortlich", schrieb Joachim Witte in der *Fußball-*

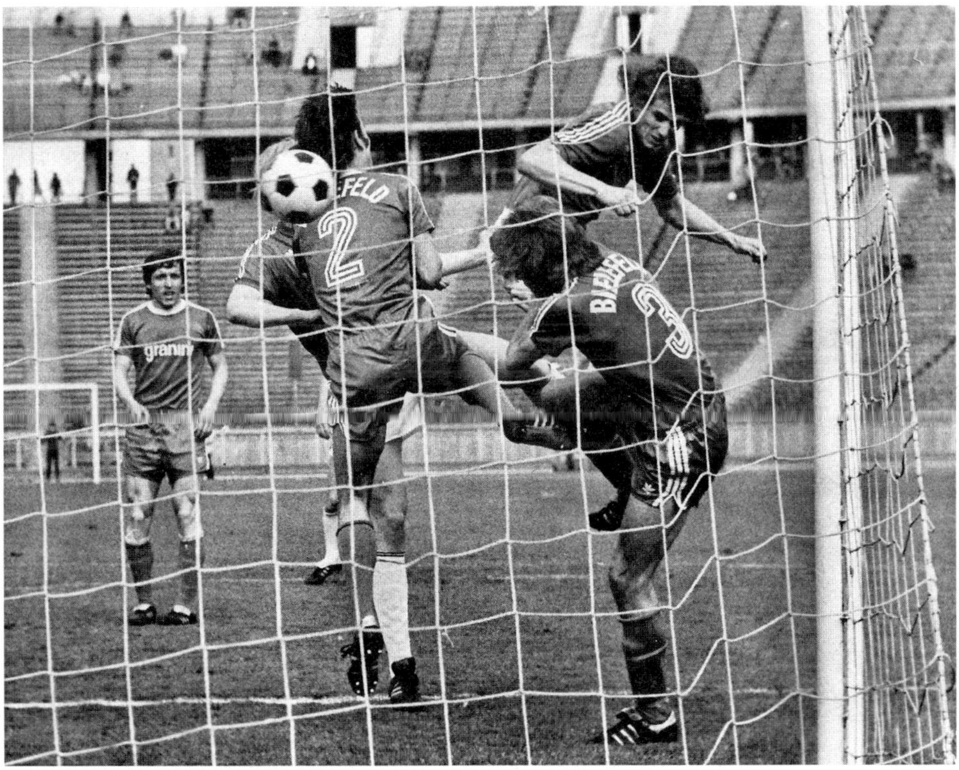

Vor dem Spiel gegen Arminia Bielefeld geben Stolzenburg und Siegmann ihren Abschied von TeBe bekannt. Anschließend treffen beide zum 2:0-Sieg. Im Bild Siegmanns Kopfballtreffer zum 1:0. (Foto: Bildarchiv Schirner)

Woche. In der 67. Minute servierte Subklewe seinem Stürmer-Kollegen Stolzenburg den Ball vom rechten Flügel so maßgerecht, dass dessen verdeckter Kopfball nicht zu parieren war. Es war Stolzenburgs 24. Saisontreffer, Tor Nummer 25 zum 2:0 fiel neun Minuten später. Reporter Witte saß übrigens während der gesamten 90 Minuten neben TeBe-Schatzmeister Erhard Rösler. „In den letzten zehn Minuten zählte der gute Erhard nach dem 1:2-Anschlusstreffer des VfL nicht mehr in Minuten, sondern nur noch in Zigaretten die Einheiten bis zum Abpfiff“, hielt Witte die spannende Schlussphase fest.

„Vermutlich hat Tennis Borussia gestern sein Meisterstück vollbracht. Im letzten Spiel gegen Wacker 04 genügt ihnen am nächsten Sonntag ein Unentschieden, um den Aufstieg in die Erste Bundesliga perfekt zu machen“, telefonierte Weise in die Redaktion der *Berliner Morgenpost*. Das Tor zur Bundesliga stand sperrangelweit offen. „Wer hätte das gedacht!“, war Joachim Witte überwältigt. Johannsen kam die allseits einsetzende Gratulations-Cours höchst ungelegen und die Feststellung, „mit einem Bein doch schon in der Ersten Liga zu stehen“, konterte er gelassen: „Mit einem Bein bin ich noch nicht drin.“

Die Tabellenspitze bot vor dem letzten Spieltag folgendes Bild:

1.	Tennis Borussia	37	82:42	52-22
2.	Borussia Dortmund	37	90:37	50-24
3.	Preußen Münster	37	65:41	49-25

38. Spieltag – Sonntag, 13. Juni 1976

Für Tennis Borussias Neuentdeckung Zimmer war die Partie gegen Wacker 04 „schon unabhängig von der Konstellation an diesem Tag immer ein brisantes Duell – Lokalderby, Lila gegen Lila.“ Auf die Frage, wieviel Zuschauer er denn am Sonntag beim Lokalderby gegen Wacker 04 erwarte, meinte TeBe-Schatzmeister Erhard Rösler leicht gereizt: „Vielleicht kommen tatsächlich nochmal 10.000.“ Auf diese viel zu gering geschätzte Anzahl an Fußballfreunden waren die Borussen dann auch nur vorbereitet. Mit dem Ansturm, der dann einsetzte, hatten sie offenbar nicht gerechnet, waren doch nur 14 Kassen geöffnet und viel zu wenig Karten bereitgelegt. So verschafften sich schließlich einige Tausend Fans gewaltsam auf „billigere“ Weise Einlass, was Tennis Borussia nicht nur eine Menge dringend benötigtes Geld kostete, sondern auch den Glauben an die erforderliche Bundesliga-Reife der Borussen-Organisatoren. Allerdings zeigte der Sonntag auch, dass TeBe in Zukunft mit dem Berliner Publikum würde rechnen können, vorausgesetzt, man würde nicht nur die Rolle des Punkte-Lieferanten besetzen. Schon die ganze Woche über hatte es Spitzen vom Kontrahenten aus Reinickendorf gehagelt. Schenkte man Fritz Herz, dem Vorsitzenden von Wacker 04, Glauben, würde „seine“ Mannschaft mit „vollen Segeln“ in dieses für die Tennis-Borussen entscheidende Spiel gehen. Gegenüber Radio-Reporter Hans Ostermann vom RIAS gab er an, dass man am Sonntag vorhabe, „Tennis Borussia die Suppe zu versalzen. Wir sind ein wenig Egoisten und sehen die Borussen lieber bei uns in der 2. Liga Nord." Trainer Klaus Basikow bereitete seine Elf intensiv auf die Begegnung vor, eine erhöhte Siegesprämie sollte den Ehrgeiz seiner Mannen noch zusätzlich stärken. Beyer schrieb dazu: „Um 15:00 Uhr wird man wissen, wie viel Wahrheitsgehalt in den wilden Sprüchen steckt, die in den vergangenen Tagen reichlich gekloppt wurden, wie der Berliner zu sagen pflegt."

Vor der Berliner Zweitliga-Rekordkulisse von mehr als 25.000 Zuschauern, jedoch nur 19.485 Zahlenden, beseitigte ein deutlicher 4:1 (0:0)-Sieg über Wacker 04 im Olympiastadion alle Zweifel an Tennis Borussias Aufstieg. Vor Erreichen des Aufstiegs-"Wunders", denn zumindest vor Saisonbeginn hätte man die Meisterschaft der Lila-Weißen dafür gehalten, hatte Wacker 04 noch eine Halbzeit erbitterte Gegenwehr geleistet. „Stolzenburgs Alleingang zum 1:0 in der 53. Minute war der Auftakt für zwei weitere herrliche Tore, wie sie zur Zeit in Berlin eben nur TeBe schießt", schrieb Lion im *Abend*. Ein Kopfball des überragenden Schulz (63.) sowie Schützenkönig Stolzenburgs 27. Saisontreffer (68.) machten innerhalb von fünf Minuten alles klar: 3:0! Die siegessichere Borussen-Abwehr erlaubte Horst Lunenburg in der 75. Minute Wackers einzigen Treffer. Den Schlusspunkt setzte Siegmanns Elfmeter (84.). „Als der ausge-

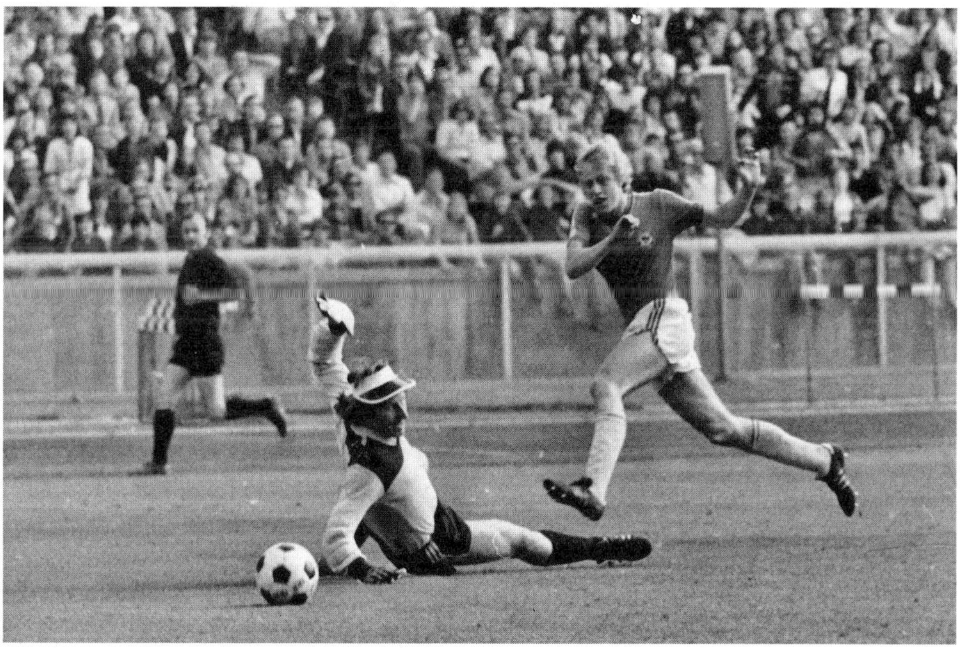

Stolzenburg überwindet Wacker 04-Torhüter Axel Lange zum 1:0 und ebnet seinem Team den Weg zur Bundesliga. Am Ende steht ein 4:1-Erfolg und die sofortige Rückkehr in die 1. Liga. (Foto: Bildarchiv Schirner)

zeichnete Berliner Schiedsrichter Zuchantke das Schlusszeichen für ein sehenswertes Spiel gab, lagen sich TeBe-Trainer Johannsen und sein Mittelstürmer Stolzenburg freudetrunken in den Armen. Dieses Bild, diese Sekunden waren die traurigsten und schmerzlichsten aller Borussen, verlassen doch neben Vorstopper Siegmann auch diese beiden Männer in Kürze Berlin“, fand Neuendorf die passenden Worte. „Es war tatsächlich erstaunlich, mit wieviel Können und Geschick, mit wieviel Ruhe und Übersicht Johannsen die TeBe-Mannschaft wieder in die Erste Bundesliga führte.“ Auch Stolzenburg, häufig wegen seiner Behäbigkeit kritisiert, würde eine große Lücke hinterlassen. Dasselbe Publikum nämlich, das an ihm herummäkelte, hatte zugleich ein feines Gespür dafür, dass „ihr Stolle“ eben kein schneller Konterspieler war, dafür auf dem Platz aber immer alles gab und auch sehr genau wusste, wo das Tor steht.

Groß gefeiert wurde nicht. „Eine kleine Aufstiegsfeier bei Heinz Pietzsch in Gatow – in einem Einfamilienhaus mit Garten“, erinnert sich Zimmer. „Anwesend waren nur die Spieler mit ihren Frauen. Der Rahmen steht in keinem Vergleich zu heute üblichen Feierlichkeiten mit Champagner-Bad und Edel-Diskos.“ Doch war das für die Spieler

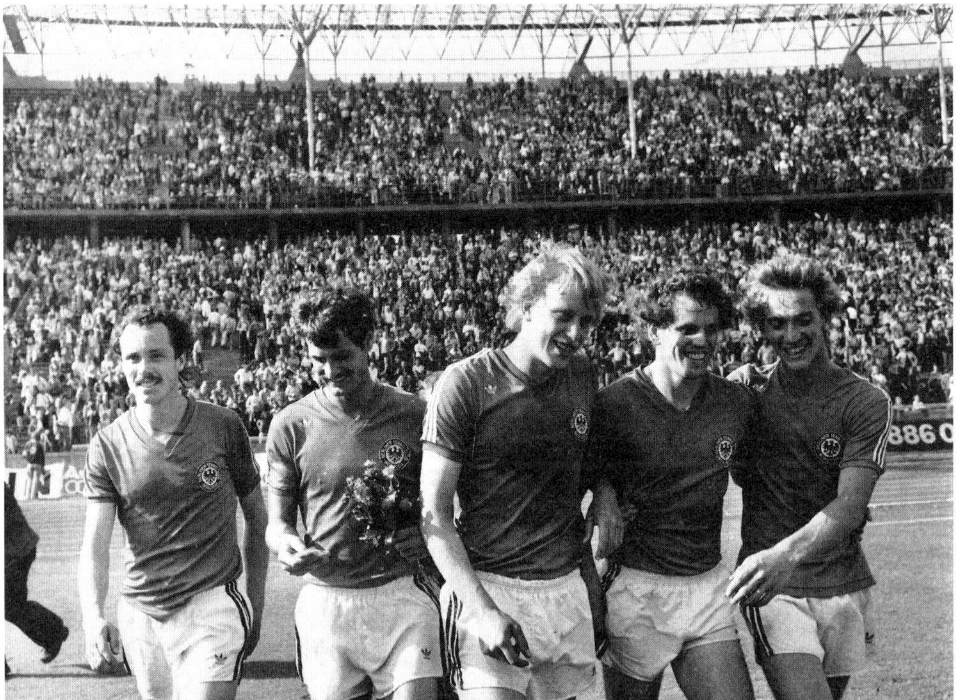

Grenzenlose Freude über den Aufstieg und eine endlich einmal ansprechende Kulisse von über 25.000 Zuschauern. Von links: Winfried Berkemeier, Peter Eggert, Norbert Stolzenburg, Norbert Siegmann und Ditmar Jakobs. (Foto: Bildarchiv Schirner)

nebensächlich, sie zogen anschließend in einzelnen Gruppen um die Häuser und feierten bis spät in die Nacht. Nach drei Wochen Urlaub würde für die Mannschaft das aufregende Abenteuer beginnen.

Doch zuvor wartete viel Arbeit auf die Verantwortlichen Pawlak und Opitz, denn es galt, die Abgänge von Stolzenburg und Siegmann gleichwertig zu ersetzen. Eine halbe Million wollte man für Neueinkäufe ausgeben. Außerdem musste ein neuer Trainer für den bei der Mannschaft so beliebten Johannsen gefunden werden. Ein sparsamer Etat, dem ein Zuschauerschnitt von 10.000 pro Heimspiel zugrunde lag, und geplante Trikotwerbung sollten dazu beitragen, den Schuldenberg abzutragen. Der angepeilte Zuschauerschnitt sollte zu überbieten sein, so war man sicher, hatten doch bereits im ersten Bundesligajahr jeweils 11.000 Besucher die Heimspiele der Borussen gesehen, obwohl sie sportlich nur selten hatten mithalten können. Dieses Mal wurden dem Team bessere Chancen eingeräumt, zweifellos das Verdienst von Trainer Johannsen. Ihm war es in seiner einjährigen Tätigkeit gelungen, die „Veilchen“ zu einer homogenen und schlagkräftigen Einheit zu formen. Nie schien die Gelegenheit für TeBe so günstig, Hertha BSC den Rang als Nummer Eins in Fußball-Berlin abzulaufen, da die fest etablierten Gesundbrunner in der abgelaufenen Spielzeit keine Bäume ausgerissen hatten. Noch am Abend des Aufstiegs galt plötzlich Rudi Gutendorf als Favorit für die Nachfolge von Johannsen. Ihm eilte in Fußballerkreisen zwar der Ruf eines erfahrenen Trainers voraus, aber es hieß auch, er sei ein Weltenbummler besonderer Art.

Die Spitze der Abschlusstabelle:

1.	Tennis Borussia	38	86:43	54-22
2.	Borussia Dortmund	38	93:37	52-24
3.	Preußen Münster	38	65:42	49-27
4.	Fortuna Köln	38	74:49	45-31
5.	Wuppertaler SV	38	76:53	45-31
6.	VfL Osnabrück	38	61:47	45-31

Der Spandauer SV stieg als Tabellenletzter mit 8-68 Punkten umgehend wieder in die Berliner Oberliga ab, sorgte jedoch für ein Novum in der deutschen Fußballgeschichte. Im Verlauf der Hinrunde verpflichtete man den 14-maligen deutschen Handballnationalspieler Helmut Kosmehl, der zuvor mit dem VfL Gummersbach mehrfach Deutscher Meister geworden war und vier Mal den Europapokal der Landesmeister gewonnen hatte. Für die Spandauer bestritt er zwei Einsätze. Wacker 04 dagegen hielt die Klasse und lag mit 31-45 Punkten genau einen Zähler vor den Abstiegsrängen.

Die Torschützen von Tennis Borussia in der Meistersaison:

Stolzenburg 27, Bittlmayer 14, Jakobs 10, Berkemeier 9, Subklewe, Sprenger, Schulz je 5, Siegmann 4, Eggert 2, Zimmer, Heun und Kraus je ein Tor. Die Borussen vergaben drei ihrer sechs Elfmeter. Es trafen Siegmann (2) und Stolzenburg (1), Jakobs verschoss einmal, Stolzenburg zweimal.

Zum Ende der Spielzeit hatte Johannsen seine endgültige Stammformation gefunden. Sie bestritt in nahezu unveränderter Besetzung die letzten, entscheidenden Partien (Gesamteinsätze in Klammern):

Tor:
Hubert Birkenmeier (35)
Abwehr:
Norbert Siegmann (37), Ditmar Jakobs (38), Hans-Georg „Johnny“ Kraus (32), Peter Eggert (37)
Mittelfeld:
Winfried Berkemeier (37), Jürgen Schulz (38), Michael „Zippo“ Zimmer (9), Hans Sprenger (36)
Sturm:
Norbert Stolzenburg (38), Karlheinz Subklewe (35)
Ersatz:
Albert Bittlmayer (29), Dirk Heun (15), Werner Novak (7), Manfred Wittke (3), Gerhard Schwidrowski (2), Stephan Hoffmann (1)
Trainer:
Helmuth Johannsen

Während Tennis Borussia mit dem Aufstieg ins Oberhaus das angestrebte Ziel erreichte, gelang es Hertha BSC in dieser Saison nie, die guten Leistungen aus dem Vorjahr zu bestätigen, in dem man die Vizemeisterschaft errungen hatte. Zu selten zeigte das Team, welches Potenzial in ihm steckt, wie beim glänzend herausgespielten 3:0-Erfolg gegen den Deutschen Meister Borussia Mönchengladbach oder einem spektakulären 6:2-Auswärtssieg bei Hannover 96 mit vier Treffern von Beer. Es fehlte den Herthanern an Konstanz, sodass es am Ende nur zu einem enttäuschenden 11. Platz mit 11 Siegen, 10 Unentschieden und 13 Niederlagen reichte.

Kapitel 6

„Dann gehst Du zu Beckenbauer und sagst ihm: Du hast doch keine Ahnung!“ Tennis Borussia begeistert – und steigt dennoch ab (1976/77)

Tatsächlich verpflichteten die Borussen Rudi Gutendorf, was die Bundesliga durchaus aufhorchen ließ, handelte es sich doch um eine schillernde Trainer-Figur. Aufgrund seiner Defensiv-Taktik, mit der er den Meidericher SV (heute MSV Duisburg) in der ersten Bundesliga-Saison der Geschichte zur Vizemeisterschaft geführt hatte, erhielt er den Spitznamen „Riegel-Rudi“. Eine sattelfeste Abwehr, da waren sich die Berliner Verantwortlichen sicher, würde sehr hilfreich sein. Ebenso von Nutzen war, dass zu den Auswärtsspielen zukünftig geflogen werden sollte. Zuschüsse vom Berliner Senat machten es möglich. „In der 2. Liga Nord sind wir tatsächlich noch zu allen Spielen in drei VW-Bussen von der Firma Staamann gefahren, selbst die gut 600 Kilometer nach Aachen saß Peter Eggert am Steuer“, beschrieb Jürgen Schulz die amateurhaft anmutenden Bedingungen, unter denen die Berliner den Aufstieg erreicht hatten, und ergänzte: „Wir hatten wochenlang nicht einmal einen Masseur, so war TeBe damals aufgestellt. In der Bundesliga wurde es besser.“

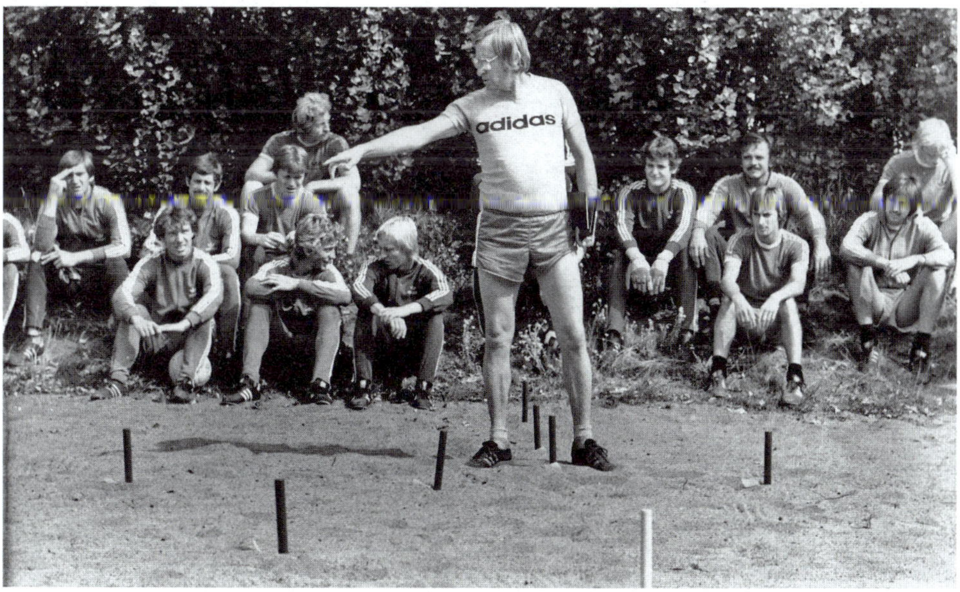

Taktische Anweisungen auf höchstem Niveau. Trainer Rudi Gutendorf erklärt seinen „Rudi-Abwehr-Riegel“. (Foto: Wende)

Eine Woche vor dem Auftakt zur Spielzeit 1976/77 führte Hanne Uhlich für die *Fußball-Woche* ein Interview mit Eggert, dem Kapitän des Berliner Aufsteigers. „Wenn bei Tennis Borussia der Name Eggert fällt, dann spricht man vom ‚Eisernen Pferd' oder vom „Guten Geist der Mannschaft", schrieb Uhlich fast bewundernd. „Einen besseren Kapitän, einen besseren Sprecher für ihre Belange können sich seine Mitspieler nicht wünschen", fügte er hinzu, schließlich spielte Eggert in seiner Karriere ausschließlich für die Borussen. Auf Uhlichs Frage, ob sich die Mannschaft im zweiten Anlauf würde halten können, antwortete Eggert optimistisch: „Alle meinen, wir sind der erste Absteiger. Darin liegt unsere Chance." Den Neuzugang Peter Hanisch schätzte er als „exzellenten Techniker, der meines Erachtens zu wertvoll für die Abwehr ist." Aber wer würde den zu Eintracht Braunschweig gewechselten Torschützenkönig Stolzenburg ersetzen? „Die Club-Leitung ist bemüht, noch einen guten Mittelstürmer zu kaufen", hatte er volles Vertrauen in die Verantwortlichen. Mit Recht, wie sich nur wenige Tage später herausstellen sollte. Verpflichtet wurde ein unbekannter Schwede, der beim 1. FC Köln bisher nur die Ersatzbank gedrückt hatte. Er entwickelte sich zum absoluten Glücksgriff und ist bis heute in Berlin unvergessen: der aus Norrköping stammende Benny Wendt!

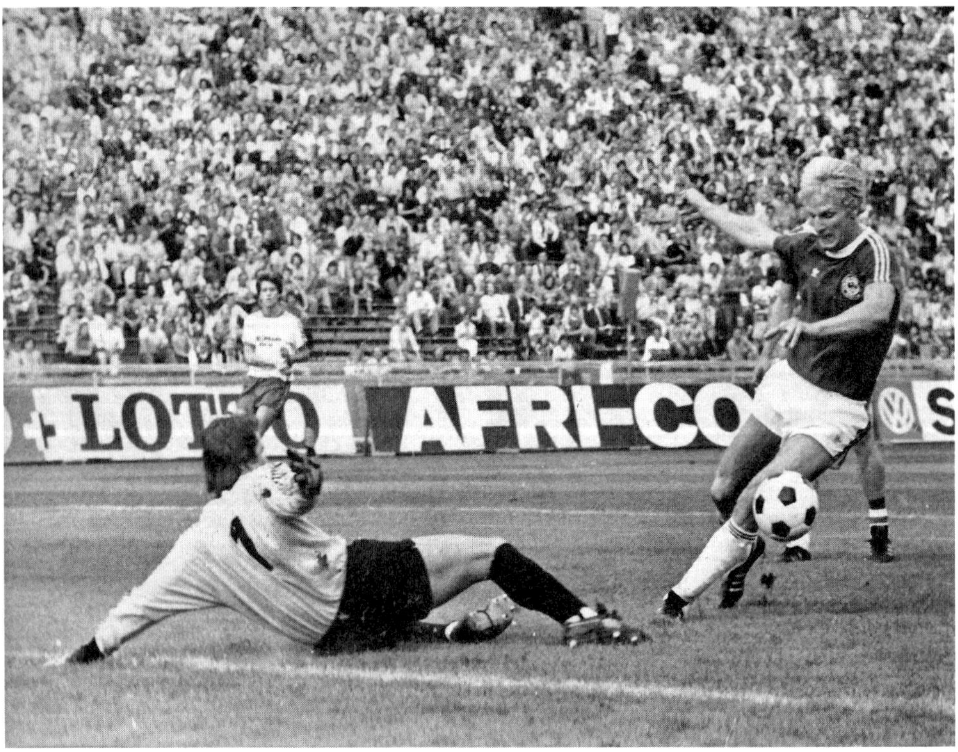

Neuzugang Benny Wendt umspielt RWE-Torhüter Blasey, trifft in seinem ersten Spiel zum 1:0 und entwickelt sich zum Glücksgriff für die „Veilchen". (Foto: Bildarchiv Schirner)

„Die Zuschauer sahen einen gelungenen Einstand von Tennis Borussia und ihrem Neuzugang Benny Wendt", hieß es zu später Stunde im *Aktuellen Sportstudio*. Rudi Rosenzweig bemerkte zum TeBe-Auftakt gegen Rot-Weiß Essen, „dass dieser nicht so überzeugend ausfiel, wie ihn vielleicht Superoptimisten erwartet hatten, aber von einem Neuling kann man zum Anfang nicht mehr erwarten." Dabei wäre es „um Haaresbreite zu einer rauschenden Premiere gekommen." Neuzugang Wendt brachte die Borussen zweimal in Führung, doch Dörre und der baumlange Essener Mittelstürmer Horst Hrubesch sorgten für den jeweiligen Ausgleich. Mönch schrieb zur Saison-Premiere des Stolzenburg-Ersatzes im *Abend*: „Wenn nicht alles täuscht, wird man beim 1. FC Köln noch staunen, was für einen skandinavischen Edelstein man auf der Reservebank ein ganzes Jahr lang am Funkeln hinderte." 23.693 Zuschauer zahlten Eintritt, zum Vergleich: Im ersten Bundesligajahr der Veilchen stand der Rekord bei 74.146 im Lokalderby gegen Hertha BSC, mit weitem Abstand folgte die Partie gegen Bayern München mit 14.941 Zuschauern. Für die *Fußball-Woche* gab die Kulisse deshalb Anlass zur Hoffnung, „dass die Borussen vom Publikum nicht unbeachtet bleiben" würden.

Wie schon in ihrem ersten Bundesligajahr 1974/75 zahlten die Borussen eine Woche später Lehrgeld bei der Frankfurter Eintracht. Das 1:7 war nach dem erfreulichen Auftakt gegen Rot-Weiß Essen „zweifellos eine herbe Enttäuschung", wie nicht nur Beyer empfand. Dabei erhielten die Berliner von den 12.000 Zuschauern sogar Beifall, und auch das Eckenverhältnis von 10:4 für TeBe beeindruckte. Rudi Rosenzweig sah daher einen „himmelweiten Unterschied zur Partie vom 22. Februar 1975". Rudi Gutendorf aber zog ein ernüchterndes Fazit: „Wir sind vorn und hinten noch zu grün."

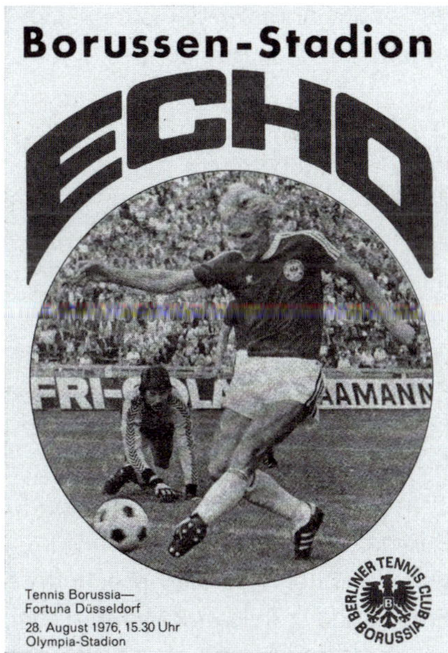

Programmheft Tennis-Borussia – Fortuna Düsseldorf (4:2). Titelbild: Benny Wendt schiebt zum 1:0 gegen RW Essen ein. (Foto: privat)

Zum Heimspiel gegen Fortuna Düsseldorf warteten die Verantwortlichen der Borussen mit drei Neuerungen auf. „Liebe Sportfreunde, zum heutigen Spiel erhalten Sie erstmalig unser neues Stadionprogramm. Hiermit möchten wir unsere treuen Anhänger umfassender und ausführlicher informieren", schrieb Schatzmeister Erhard Rösler. Das „Borussen Echo", dessen erste Ausgabe noch unter dem Titel „Borussen-Stadion Echo" lief, begleitete die Anhänger Tennis Borussias über viele Jahre. Neu war auch, dass sich Gutendorf an die Zuschauer wandte. „Ich suche gern den Kontakt mit ihnen“, versicherte er und bat gleichzeitig „alle Zuschauer, uns durch ihr Kommen zu unterstützen, damit unser schwer zu erreichendes Ziel – der Verbleib in der Bundesliga – realisiert werden kann. Meine Spieler sind bestimmt nicht mit dem Können und den Anlagen eines Beckenbauer ausgestattet, aber in punkto Opferbereitschaft müssen wir einfach alle übertreffen.“ Zu guter Letzt präsentierte die Mannschaft auf ihren Trikots den Schriftzug des neuen Werbepartners: Die Pelzfirma „Epon-Echt-Pelz Only GmbH“ – kurz „Epon-Pelze“ – wollte die Borussen langfristig unterstützen. Nur eines blieb glücklicherweise im Vergleich zum Auftakt vor 14 Tagen unverändert – Wendt traf und traf.

„Wie die Weltmeister gefeiert wurden die Borussen nach ihrem ersten Bundesligasieg in einem kochend-heißen Spiel, in dem Jubel und Enttäuschung dicht beieinander lagen“, hielt Rudi Rosenzweig für die *Fußball-Woche* einen aus Berliner Sicht faszinierenden Nachmittag fest. Selbst der sonst nicht um Worte verlegene Trainer Gutendorf war am Abend seines „ganz großen Tages“, wie er selbst sagte, sprachlos. „Ich muss meine Gedanken erstmal ordnen“, sagte er zu Beginn der Pressekonferenz, schwieg 30 Sekunden lang und kam anschließend auf jenen Mann zu sprechen, dem nach diesem Spiel die uneingeschränkte Aufmerksamkeit galt: „Vier Klasse-Tore von Benny Wendt“, titelte die *Fußball-Woche,* und Rudi Rosenzweig fragte sich, „wann es das schon einmal in der Bundesliga-Geschichte gegeben hat, dass der Stürmer eines Aufsteigers vier Tore schoss.“

Der Traum eines jeden Bundesligaspielers begann in der 5. Minute, als der 26-jährige Wendt einfach seinen Gegenspieler überlief und in die kurze Ecke „in der Art eines Weltklassespielers“ traf, wie Gutendorf urteilte. Auch beim 2:0 vollendete Wendt einen Konter. „Es trug ausgesprochene Klasse-Merkmale, wie das TeBe-Spiel auf den Sprinter zugeschnitten war“, urteilte Rosenzweig begeistert. Als die Fortuna jedoch zum 2:2 ausglich *wackelte* TeBe nicht nur bedenklich, sondern *schwankte* wie im Orkan. Mit bewundernswerter Moral fingen sich die Borussen wieder. In der 68. Minute flankte Subklewe „und Eisenbieger Wendt bog sich hoch in der Düsseldorfer Strafraum-Luft zum harten und erfolgreichen Kopfball“, beschrieb Lion den für 9.279 Zuschauer erlösenden Moment. „Und die Fußballfreunde auf den Rängen des Olympiastadions gerieten in einen Taumel der Begeisterung“, hielt Hans Uhlich für die *Berliner Morgenpost* die Stimmung fest. Schon jetzt intonierte das begeisternd mitgehende und TeBe mit Sprechchören anfeuernde Publikum: „Ben-nie, Ben-nie!“ Die Entscheidung fiel zwölf Minuten vor dem Ende durch ein Traumtor: Hanisch fing einen Düsseldorfer Angriff ab, spielte den Ball zum 18-jährigen Bruckhoff, der die Kugel direkt zu Wendt lenkte, der alles und jeden ausspielte, zuletzt noch den Fortunen-Torwart Woyke, und schließlich den Ball ins Tor hämmerte. Wendt hatte sich nach drei Spieltagen mit Toren am Fließband nicht nur in die Herzen der Zuschauer gespielt, sondern mit sechs Treffern auch die Spitze der Torschützen-Liste übernommen.

Am folgenden Freitag hatte TeBe bei der Braunschweiger Eintracht trotz einer 1:3-Niederlage eine gute Partie geliefert. Sie war sogar so gut, dass Rudi Rosenzweig in seiner Analyse festhielt: „Wir wollen die Tennis-Borussen nicht mit Schokolade überziehen, aber ihre Haltung im Braunschweiger Flutlicht hat doch tiefen Eindruck hinterlassen." Eine topfitte Eintracht-Elf griff in der ersten Hälfte unentwegt und atemberaubend schnell an, sodass die beiden Treffer durch Wolfgang Dremmler und Wolfgang Frank zum 2:0 nur der verdiente Lohn für ihre Bemühungen waren. Nun hieß es von den begeisterten Zuschauern „Hi – Ha – Ho – Tennis ist k.o.!" Doch in der 56. Minute gelang wiederum Wendt mit Flachschuss das 1:2. Als er wenig später mit einem Kopfball das 2:2 knapp verpasste und auch Berkemeiers Freistoß nur Millimeter fehlten, veränderte sich die Gemengelage auf den Rängen. „Nun donnerten fast beschwörend die ‚Eintracht, Eintracht!'-Rufe über den Platz", hielt Rudi Rosenzweig den Stimmungsumschwung fest. Erst das 3:1 durch den jugoslawischen Weltklassespieler Danilo Popivoda erlöste die heimischen Fans.

In München lief es weniger gut, das 0:9 war schon happig. Aber die Borussen waren bereits vor dem Anpfiff verloren, mussten sie doch beim FC Bayern auf die verletzten Sprenger, Jakobs, Berkemeier und Wendt verzichten. Nach 25 Minuten musste auch noch der junge Zimmer mit einer Zerrung vom Platz. Er erinnert sich noch genau an die Worte seines Trainers Gutendorf, der das 19-jährige Talent Christian Sackewitz mit folgender „Marschroute" auf den Platz schickte: „Pass auf, ‚Sacke', du spielst heute gegen den Franz. Dem gibst du schön ein paar mit. Und wenn er sich dann beschwert, sagst du einfach ‚Du hast doch keine Ahnung'." Die *Fußball-Woche* verglich Bayern und Borussen mit einem „Rolls Royce und einer Schubkarre." *Der Abend* setzte sogar noch einen drauf: „Als ob Rudi Carrell gegen Muhammad Ali boxen würde." Angesichts dessen glich es fast schon einem Wunder, dass erst 22 trefferlose Minuten vergehen mussten, ehe Jupp Kapellmann mit einem strammen 25-Meter-Schuss den Torreigen eröffnete. Der Rest ist schnell erzählt: Müller traf fünf Mal, es waren seine Bundesliga-Treffer 305 bis 309, die restlichen drei Tore steuerte Rummenigge vor 15.000 Zuschauern bei. Eine Kritik verbot sich bei dieser Ungleichheit von selbst. „Im Spiel kamen wir überhaupt nicht an den Ball. Keiner von uns hat Franz Beckenbauer angegriffen. Wie die Kugel bei denen durch die Reihen lief, war für uns wie Fußball vom anderen Stern", erinnert sich Zimmer an die Unterlegenheit seiner Mannschaft.

„Wir sind in einer Situation, die nicht schlimmer sein könnte", übertrieb Gutendorf vor dem Spiel gegen Spitzenreiter 1. FC Köln dieses Mal nicht. „Ich habe meine Zweifel an Bennys Einsatz." Kabarettist und TeBe-Fan Wolfgang Gruner ging im „Borussen-Echo" auf das Verletzungspech „seiner" Borussen ein: „Wie lange muss oder kann oder darf man an Bundesliga-Spielen teilnehmen, wenn man nicht mehr eine Elf, sondern nur noch eine Zehn oder gar nur noch Neun auf die Schienbeine bringt? Vielleicht sollte man in die Halle ausweichen, da braucht man bloß sechs Spieler oder man pumpt sich ein paar vom Gegner wie früher auf dem Schulhof." Gegen Ende des

Vorworts kehrte seine Zuversicht zurück: „Zeigt den Kölnern, dass ihr mit elf Spielern wirklich spielen könnt. Und dann wird sich alles wendten. Benny gut – alles gut.“ Nicht so positiv gestimmt war die Berliner Prominenz, die erstmals im Programmheft ihren Tipp für das Spiel abgab: Quizmaster Rosenthal (2:3) und Schlagerproduzent Jack White (1:3) glaubten nicht an Wunder. Entsprechend begann der Bericht im *Aktuellen Sportstudio* mit folgenden Worten: „Ihre weiße Weste wollten die Kölner behalten und einen Punkte-Startrekord mit 12-0 aufstellen.“

Doch die Borussen eröffneten die Partie gegen den Spitzenreiter aus Köln mit einem knalligen Auftakt: Noch nicht einmal 60 Sekunden waren gespielt, als Subklewe von rechts vor das Tor flankte und Wendt, der rechtzeitig fit geworden war, im Tiefflug einköpfte: 1:0. Dieser Treffer leitete ein Spiel ein, das zu den „sensationellsten der letzten Bundesliga-Jahre gezählt werden muss“, wie es Lion empfand. Dass er damit Weitsicht bewies, konnte er nicht ahnen. Bis heute schwärmen die Augenzeugen von „diesem tollen Ding, das TeBe gedreht hat“, wie es die *Fußball-Woche* formulierte. Tennis Borussia degradierte die Kölner-Fußballartisten an diesem Nachmittag zu schlichten Mitspielern. Als Jürgen Schulz nur elf Minuten später das 2:0 erzielte und damit die ersten „Zugabe, Zugabe“-Rufe provozierte, schienen die Berliner auf dem Rasen und auf den Rängen plötzlich doch an eine Überraschung zu glauben. Das schönste Tor des Tages köpfte Subklewe fliegend (55.). „3:0 für die selbstbewussten und überraschend gut spielenden Borussen hieß es noch drei Minuten vor dem Ende“, wie Neuendorf schrieb, „erst dann vermochte der Meisterschaftsfavorit sein Image noch durch zwei Treffer auszubessern.“ „Begeisterungstürme solcher Phonstärke, wie sie die 18.754 Besucher erlebten, waren seit langer Zeit eine Rarität im Berliner Olympiastadion. Aber nicht der schon immer bevorzugte Publikumsliebling Hertha BSC, sondern die bisher stets vergeblich das Herz der Fußballfreunde suchenden Tennis-Borussen entfachten sie“, analysierte Neuendorf für die *Fußball-Woche*. Beyer sah „endlich wieder einmal ein Freudenfest für die Berliner Fußballfreunde“, und hielt schriftlich fest, was sich in diesen Tagen in der Stadt anbahnte: „TeBe brillierte mit einer Riesenleistung und lief durch diese schlechthin grandiose Partie dem Ortsrivalen Hertha BSC den Rang ab. Was die Borussen an

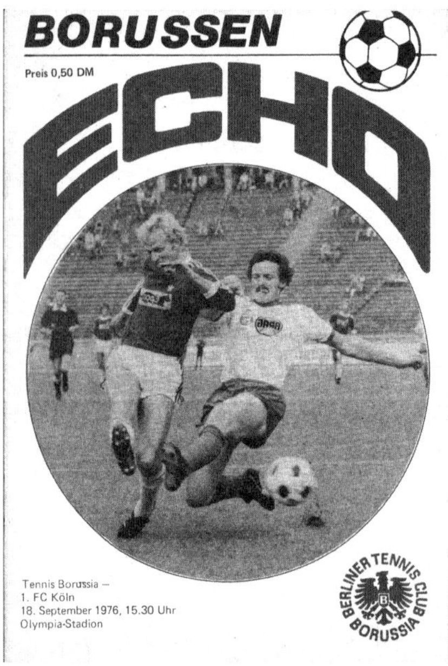

Programmheft Tennis-Borussia – 1. FC Köln. Auf dem Titelbild erzielt Benny Wendt eines seiner vier Tore gegen Fortuna Düsseldorf. (Foto: privat)

Kampfgeist und Spielwitz boten, war wesentlich mehr als Hertha in drei Heimspielen zusammen gezeigt hatte." Bei der *BZ* ahnte man, dass „Hertha einen Zahn zulegen muss, sonst werden mit Sicherheit viele künftig ihre Sympathien dem ‚kleinen' Bruder schenken." Die Verantwortlichen hofften im kommenden Heimspiel gegen den Hamburger SV auf eine Kulisse von mehr als 20.000 Zuschauern. In der Euphorie des Sieges überraschte Gutendorf mit der Nachricht, dass er seinen Mercedes 450 SL verkaufen und den erhofften Erlös von 30.000 Mark als Grundstock für einen Fonds verwenden wollte, aus dem zwei Neuzugänge bezahlt werden sollten.

Als die Berliner Anhänger eine Woche darauf um 16:05 Uhr erwartungsfroh RIAS Berlin einschalteten, um zu erfahren, wie es ihren Lila-Weißen-Lieblingen in der Partie „auf Schalke" bisher ergangen war, wurden sie tief enttäuscht. „Liebe Hörer aus Berlin, leider gibt es keine frohe Kunde aus dem Gelsenkirchener Parkstadion. Soeben scheint hier die Entscheidung gefallen zu sein. Klaus Fischer hat das 3:0 erzielt, und man muss inzwischen um die Borussen fürchten, dass sie nach ihrem 0:9 bei Bayern München nicht ein weiteres Fiasko erleben." So richtete man sich als Berliner auf einen Fußballnachmittag am Radio ein, der ganz sicherlich nicht von der Span-

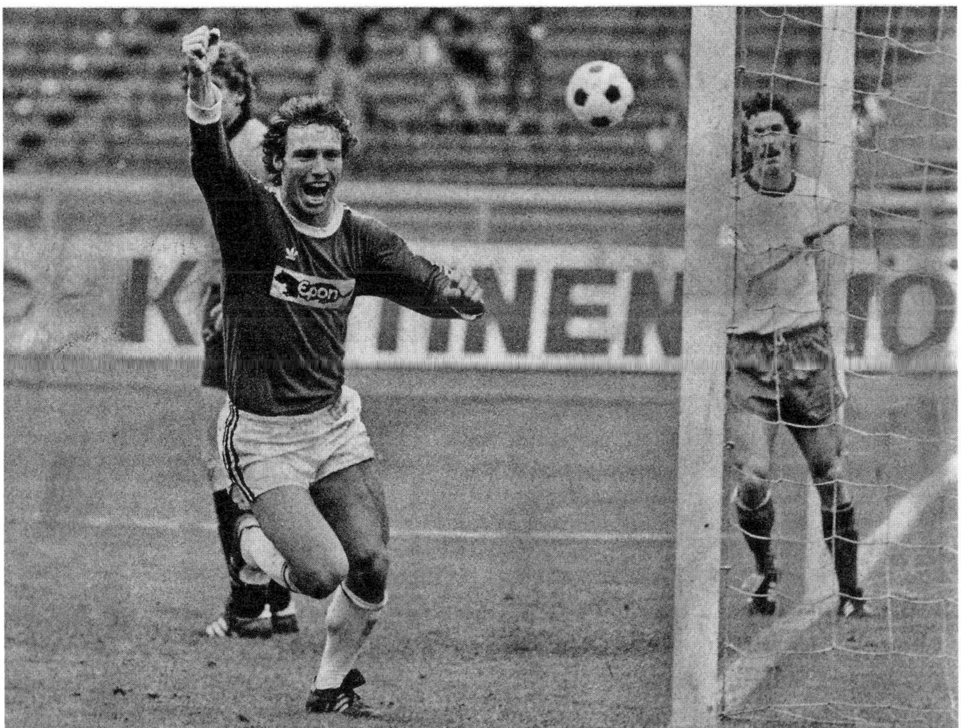

Karlheinz Subklewe hat zum 3:0 gegen den verlustpunktfreien Spitzenreiter 1. FC Köln eingeköpft. Am Ende siegen die Tennis-Borussen sensationell 3:2. (Foto: Bildarchiv Schirner)

nung leben dürfte. Schalke, in seinen bisherigen drei Heimspielen ohne Punktverlust geblieben, sah nach 33 Minuten wie der sichere Sieger aus. Als Sekunden vor dem Pausengang noch einmal ins Parkstadion geschaltet wurde, kassierten die Schalker durch Schneider den ersten Gegentreffer. „Ehrentreffer“, hieß es. Niemand nahm davon ernsthaft Notiz. Doch nach dem Wechsel schlugen die Borussen zu. „Es war schon imponierend, mit welcher Frische sich die Berliner an das Verfolgungsrennen machten“, schrieb Weise. Ein weiterer Treffer von Schneider mit prachtvollem Kopfball und ein bildschöner Aufsetzer von Subklewe aus 35 Metern Entfernung folgten – plötzlich stand es 3:3 (54.). Die Gastgeber waren fassungslos – die Stimmung im Parkstadion schlug um. Die 15.000 Schalke-Fans, die noch vor der Pause freudetrunken „So ein Tag...“ angestimmt hatten, pfiffen ihre Lieblinge aus. Statt aber diesen psychologischen Vorteil auszunutzen, erlaubte sich TeBe nur drei Minuten später eine Unachtsamkeit in der Abwehr, die Fischer zum 4:3 (57.) nutzte. Im hitzigen Auf und Ab der Angriffe schaffte Wendt mit seinem obligatorischen Treffer das 4:4 (62.). Im Stadion und an den Radiogeräten glaubte man seinen Augen und Ohren kaum zu trauen. Doch das Happy End aus Berliner Sicht blieb aus. „Nachher war es sogar ein bisschen ärgerlich, dass TeBe das 4:4 nicht zu halten vermochte. Aber die Kräfte schwanden und der überragende Branko Oblak zwang köpfend das Leder am rechten Pfosten ins Netz“, trauerte Rosenzweig dem möglichen Punktgewinn hinterher. TeBe-Trainer Gutendorf nutzte die Gelegenheit und klagte beim Sieg-Torschützen: „Sehen Sie – der Oblak allein kostet so viel wie meine gesamte Mannschaft.“

Trotzdem durften vor dem Anpfiff der Begegnung gegen den Hamburger SV endlich auch mal jene Männer strahlen, die sonst oft nicht wussten, wie sie die notwendigsten Verpflichtungen erfüllen sollten: 37.400 zahlende Zuschauer füllten die Ränge des Berliner Olympiastadions, honorierten damit die guten Leistungen der Tennis-Borussen in den vergangenen Wochen und wurden für ihr Kommen belohnt. Die 300.000 Mark Einnahme mochte ein Polster für die Bemühungen um weitere Verstärkungen sein. „Tennis Borussia ist – zumindest, was die Heimspiele betrifft – ein mündiges Mitglied der Bundesliga. Die letzten Zweifel beseitigte das 1:1 der Borussen gegen den Hamburger SV. Die Berliner blieben in ihrem vierten Treffen im Olympiastadion nicht nur ungeschlagen, sie machten dem Publikum auch erneut Freude. Die Art zu spielen, frisch von der Leber weg, gefällt und schafft Freunde“, schrieb Beyer am Sonntag in der *Berliner Morgenpost*. Er traf exakt die Atmosphäre, die sich in der Stadt unter den Fußballfreunden ausbreitete, war doch TeBe tatsächlich drauf und dran, Hertha in der Gunst der Fans den Rang abzulaufen. Sprentzel verwies in der *Berliner Abendschau* auf den TeBe-Torschützen vom Dienst: „Alle Blicke richteten sich einmal mehr auf Benny Wendt, und er enttäuschte seine Anhänger nicht.“ „Wenn man mal zusammenrechnet was die HSV-Mannschaft kostet und was TeBe kostet, da liegen ja Welten zwischen“, strich beim Pausentee auf der Ehrentribüne Schauspieler Heinz Drache die unterschiedlichen Voraussetzungen beider Mannschaften heraus. In der 57. Minute zögerte Schiedsrichter Burgers nach einem Foul an Schulz mit dem Elfmeterpfiff keine Sekunde. Wendt verwandelte scharf ins linke Eck. Doch nach einem Konter glichen die Hamburger noch aus.

7 Tage später ging gegen 17:10 Uhr ein Aufschrei durchs Berliner Olympiastadion, als nach der Partie Hertha BSC gegen Rot-Weiss Essen (2:1) ein bemerkenswertes Resultat über Lautsprecher verkündet wurde. Nicht das Ergebnis der Partie Tennis Borussias in Saarbrücken war der Auslöser, sondern die Heimniederlage des FC Bayern München gegen den FC Schalke 04: Sage und schreibe 0:7 hieß es da! Das Ergebnis des Aufsteigers aus Berlin in Saarbrücken bot den entsprechenden Kontrast: 0:0. Es war allerdings ein wertvolles Unentschieden, das die „Veilchen" aus der saarländischen Metropole entführten. Gutendorf empfahl Bundestrainer Helmut Schön zukünftig ein Auge auf den zuletzt so starken Jakobs zu werfen. Die Berliner bewerteten das Remis als Riesenerfolg, besonders angesichts des Ausfalls von Wendt, der nur 300 Kilometer entfernt in Basel ein Länderspiel für Schweden spielte.

„Benny – Benny" und „Tennis – Tennis" schallte es noch lange nach Spielschluss durchs Olympiastadion. Auch Beyer war am 10. Spieltag angetan vom Auftritt des

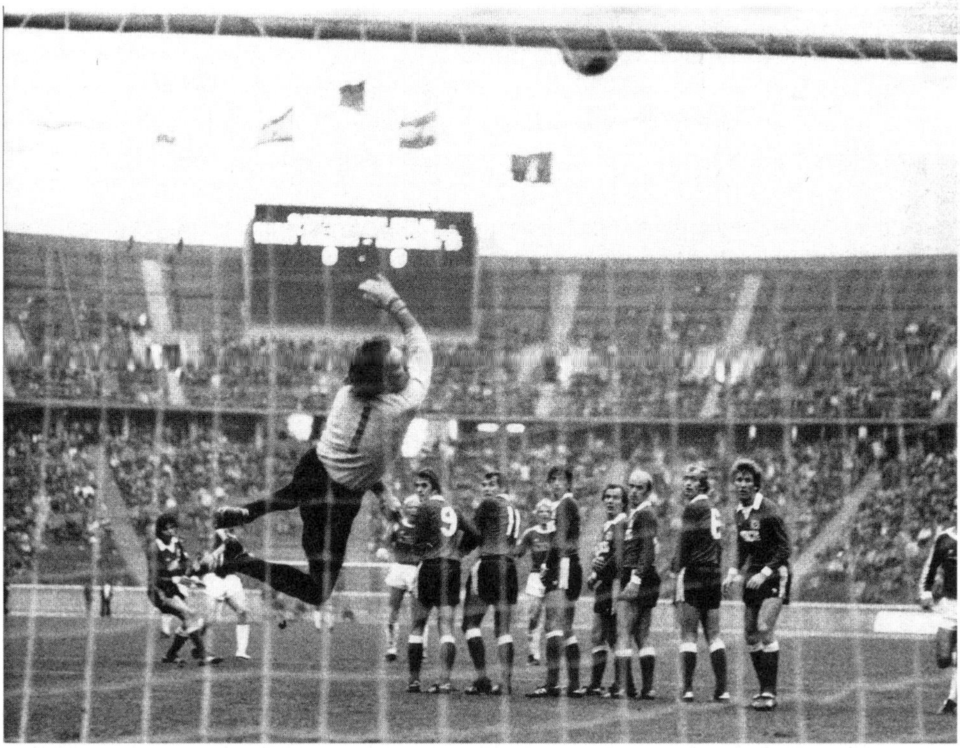

Der Freistoß von Jürgen Schulz geht über den Kasten des HSV. Torhüter Rudi Kargus fliegt dennoch spektakulär. (Foto: Wende)

Berliner Aufsteigers: „Tennis Borussias 4:2-Sieg über den Karlsruher SC wurde enthusiastisch gefeiert, nach einem Spiel, das alles in sich barg, was ein Fußballspiel zu einem Erlebnis werden lässt.“ Insgeheim hatte Beyer schon damit gerechnet, traf er doch beim Prominenten-Tipp der Berliner Sportjournalisten im Borussen-Echo als Einziger genau ins Schwarze: 4:2! Die Runde war prominent besetzt: Lothar Hinze und Wolfgang Mönch vom SFB, Lutz Rosenzweig und Michael Lion vom *Abend*, Albin „Sprotte“ Neuendorf und Rudi Rosenzweig von der *Fußball-Woche*. Sie setzten allesamt ebenso auf die Borussen – nur eben nicht mit dem exakten Ergebnis. Mit seiner Meinung allein stand Günter-Peter Ploog von der Deutschen Presse-Agentur, er prophezeite ein 1:2 für den KSC. Offensichtlich war ihm die bisherige Heimstärke der Borussen völlig entgangen.

Zwei Akteure ragten an diesem Nachmittag heraus: Doppel-Torschütze Wendt und die „Sensation des Spiels“ Michael „Zippo“ Zimmer, wie es einstimmig in den Berliner Zeitungen hieß. Lion konnte sich sogar ein „Super-Zimmer“ nicht verkneifen. Die 90 Minuten begannen mit „Highlights, wie sie von Gutendorf genannt wurden, Benny-Wendt-Tore hießen sie im branchenüblichen Sprachgebrauch. Wen hielt es schon auf den Sitzen, als der blonde Schwede nach sieben Minuten auf der rechten Seite des Spielfeldes beinahe parallel zur Torauslinie dem Karlsruher Kasten entgegen sprintete und, als der Schusswinkel endlich besonders spitz war, mit links den Ball zwischen Pfosten und Torwart Wimmer wuchtete. Wer außer Wendt ist überhaupt imstande, solche Tore zu schießen?“, fragte sich nicht nur Lion. „Es lohnt sich, seine Tore zwei Mal zu zeigen“, kommentierte Fritz Hattig abends im *Aktuellen Sportstudio*.

Wendt-Tor Nummer zwei war noch eindrucksvoller. Während die *Fußball-Woche* den Treffer als „Knallbonbon“ bezeichnete, ging im *Aktuellen Sportstudio* bei Wendts 2:0 ein Raunen durchs Publikum. Harry Valérien sah sich genötigt, auf die Reaktionen einzugehen und noch einige Worte an die Zuschauer vor den Bildschirmen zu richten: „Als Benny Wendt das zweite Tor schoss, haben die Leute hier fast geklatscht, so beeindruckt waren sie. Der Ball ist dem Benny genau auf den Spann geflogen, so hatte er noch mehr Druck, noch mehr Dampf.“ Der *Abend* hielt das 2:0 auf besonders blumige Art und Weise fest: „In der 37. Minute strebte der Kraftprotz aus Norrköping wieder von rechts nach links, ignorierte Freund und Feind und hieb das Leder aus zehn Metern so machtvoll ins Netz, dass Karlsruhes Rudolf ‚Rudi‘ Wimmer gut daran tat, die Finger einzuziehen.“ Nach dem 3:0 von Schmitz schien die Partie entschieden (43.). Als sich aber der bisher für so viel Ruhe in der Abwehr sorgende Libero Hanisch schwer an der Achillessehne verletzte und ausscheiden musste, wurde es noch einmal spannend. Trainer Gutendorf bezeichnete den Verlust Hanischs bereits unmittelbar nach Spielschluss als „einen furchtbaren Schlag für uns“, und auch TeBe-Präsident Heinz Pietzsch rechnete erst im folgenden Frühjahr mit einer Rückkehr. Doch sein Ausscheiden sollte mehr bedeuten. Zum einen erholte sich Hanisch nie vollständig von dieser Verletzung und reichte zwei Jahre später einen Antrag auf Sportinvalidität ein. Zum anderen vermochten die Berlinern nicht, den Verlust ihres Liberos bei der knappen Spielerdecke auszugleichen. Hanisch war zwar nur „von schmächtiger Figur, aber laufstark mit einem herausragenden rechten Fuß. Den konnte niemand von uns ersetzen", sah Zimmer eine deutliche Schwächung seines Teams. „Peter war ein echter Organisator, ein richtiger 10er, ein Spielmacher." Der Verlust Hanischs bedeutete eine Zäsur in der Saison der Veilchen.

Der KSC nutzte die augenblickliche Unordnung und kam auf 3:2 heran. In dieser Zitterphase entdeckte Gutendorf die großen Fähigkeiten des 20-jährigen Zimmer, der Ball und Gegner geschickt unter Kontrolle hielt und somit für die bitter notwendig gewordene Ruhe im TeBe-Spiel sorgte. Hanne Uhlich lobte „das Talent, das nunmehr zur vollen Blüte zu reifen scheint." Die Entscheidung fiel in der 90. Minute, als Lothar Schneider das Leder zum 4:2 über die Torlinie drückte. „Falsch ist die landläufige Meinung, Tennis Borussia sei Absteiger Nummer Eins", hieß es abschließend im *Aktuellen Sportstudio*. Die Borussen blieben auch im fünften Heimspiel ungeschlagen, „eine Mannschaft, die sich einfach nicht besiegen lässt", wie es Harry Valérien zu fortgeschrittener Stunde ausdrückte.

Beim ungeschlagenen Tabellenführer und Deutschen Meister Borussia Mönchengladbach rechneten sich die Berliner Borussen keine großen Chancen aus. Gutendorfs Konzept der bedingungslosen Defensive ging lange auf, bis Sekunden vor dem Pausenpfiff Heynckes einen Flankenball mit dem Kopf unhaltbar in den Dreiangel stieß. Nur drei Minuten nach der Pause war es wieder Heynckes, der die 2:0-Führung erzielte. Die zweite Hälfte glich einer einzigen Belagerung des von Birkenmeier gut gehüteten Tores, doch es fiel durch Stielike nur ein weiterer Treffer (72.). Dass Gutendorf sich auf der Pressekonferenz nicht etwa über die klare 0:3-Niederlage ärgerte, sondern seine schlechte Laune einen anderen Grund hatte, lag an Gladbachs Vorstopper Frank Schäffer. Der hatte Wendt so „schrottreif" zusammengetreten, dass der in der 52. Minute humpelnd ausscheiden musste. Zur Hälfte im Gips steckte bereits Hanischs Bein nach seiner Operation an der Achillessehne, sodass er zwar Zeit für sein Sportstudium gewann, bei TeBe aber eine große Lücke hinterließ.

Eine Woche vor dem mit Spannung erwarteten Lokalderby gegen Hertha BSC kreuzte mit dem MSV Duisburg der Tabellensiebte im Olympiastadion auf. Weil die Borussen bereits gegen sämtliche Spitzenmannschaften gespielt und sich überwiegend gut aus der Affäre gezogen hatten, musste man schon etwas auf die Euphorie-Bremse treten. Die *Fußball-Woche* warnte sogar, „den nächsten Gegner nicht auf die leichte Schulter zu nehmen." Es war ein trüber Nachmittag im kalten Olympiastadion. Nach 30 Minuten hätten die 14.322 Zuschauern getrost die Stätte des Grauens verlassen können: 0:4 lagen die bis dahin in Berlin noch ungeschlagenen Borussen bereits zurück. Das spätere 1:5 war sowohl von der Höhe des Resultats als auch der Art des Zustandekommens deprimierend. Auch wenn Tennis Borussia in der zweiten Hälfte recht

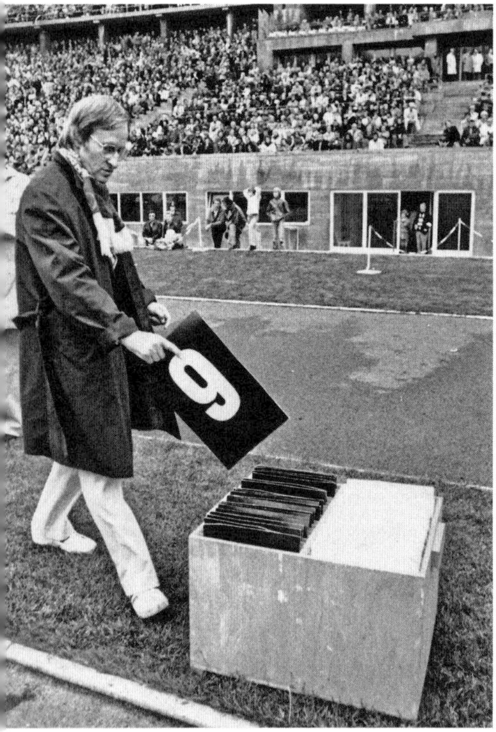

Rudi Gutendorf zieht die Nr. 9. Die verletzungsbedingten Auswechslungen Benny Wendts waren jeweils eine deutliche Schwächung der Borussen-Elf. (Foto: unbekannt)

ansprechenden Fußball bot und durch Zimmer noch einen Treffer zum 1:4 erzielt hatte, war es für die Besucher eine Riesenenttäuschung gewesen. Die *Fußball-Woche* fürchtete, „dass eine so herbe erste Heimniederlage frisch eroberte Sympathien kosten könnte.“ Doch Tennis Borussia hatte ganz andere Sorgen als den Verlust zweier Punkte vor dem Derby, schließlich hatte Wendt erneut zur Pause verletzungsbedingt ausgewechselt werden müssen.

Ein Lokalderby an einem 13. Spieltag, dazu am 13. November, beste Voraussetzungen für ein denkwürdiges Spiel und einen denkwürdigen Rahmen. „Tagelang hatte sich die Presse mit dem Berliner Derby beschäftigt. Täglich gab es neue Meldungen, Fußballfans und Journalisten hatten ihr Thema“, hieß es in der *Sportreportage* am Sonntag. TeBe nächtigte im Hotel. Moralische Aufrichtung tat gut: „Auch ein Unentschieden wäre für uns ein großer Erfolg. Ich bin sicher, dass wir den 70.000 Zuschauern alles bieten werden und nicht wie Duckmäuser verlieren“, diktierte Rudi Gutendorf den Berliner Journalisten in ihre Notizblöcke. Die Ausgangssituation war schlecht, waren doch zahlreiche Spieler verletzt, die nicht gleichwertig zu ersetzen waren. Auf einem Nebenplatz des Mommsenstadions wurde er deutlich: „Wir haben bewiesen, dass wir mit kompletter Mannschaft alle schlagen können. Aber wenn ich keine Ersatzspieler habe, kann es zur Hinrichtung kommen.“

Bereits zwei Stunden vor Spielbeginn waren die Massen im Anmarsch. In Vereinsfarben gekleidete Fans mit Fahnen, Blasinstrumenten und Schals sorgten für eine gigantische Kulisse von 74.762 Zuschauern, die trotz des Nieselregens gekommen waren. Es herrschte eine Atmosphäre, wie man sie nur von Länderspielen her kannte. Die Flutlichtanlage drang durch Nebelschwaden, tauchte die vollbesetzte Arena in unwirkliches Licht. „Benny“ prangte auf einem Transparent am Oberring, wo die TeBe-Fans saßen, „Jörgen“ hieß es drüben bei den Fröschen im Unterring. Während es aus dem einen Block „Tennis, Tennis – ha, ha, ha!“ schallte, wurde auf der anderen Seite „Tennis Borussia!“ intoniert. Unter besonderer Beobachtung standen an diesem Nachmittag Herthas Frösche, die eine Woche zuvor in Braunschweig wieder einmal aus der Rolle gefallen waren. Das *Berliner Fußball-Programm* ging auf diese Thematik in seinem Vorwort ein: „Wir lassen uns unseren Fußballsport nicht zerstören. Helft alle mit!", hieß es da. „In erschreckend zunehmendem Maße brechen sportfremde Rowdies in diese unsere herrlichste Nebensache der Welt mit brutaler Gewalt ein. Die peinlichen Vorfälle nach dem Hertha-Spiel in Braunschweig dürfen sich nicht wiederholen. Sie fallen auf uns alle zurück: auf die Vereine, auf die Bundesliga und auf unsere schöne Stadt Berlin." Die Folge waren verstärkte Einlasskontrollen. Herthas Fan-Klub-Vorsitzender „Pepe" Mager äußerte sich gegenüber ZDF-Journalisten auf die Frage, ob er sich von diesen Ausschreitungen distanziere: „Absolut! Diese sogenannten Hertha-Anhänger haben uns für die Zukunft alles versaut. Wir können nun nicht mehr mit dem Zug nach Westdeutschland zu Hertha fahren." „Die DDR hatte beim Berliner Senat wegen der Randalierer protestiert – Berliner Fußball 1976", hieß es in der *ZDF-Sport-Reportage*.

Obwohl Hertha BSC durch die letzten Resultate und Platz 3 eindeutig die Favoritenrolle innehatte, wussten die Trainer beider Mannschaften, dass ein Derby seinen ganz eigenen Charakter besitzt. Beinahe trotzig versicherte Gutendorf, dass „wir nicht ins Spiel gehen, um zu verlieren." Herthas Trainer Keßler warnte auf der Gegenseite eindringlich davor, „dieses Lokalderby nur von der Tabellenposition aus zu sehen. Sonst würde diese Begegnung auch kaum so viele Menschen mobilisieren." Hertha-Präsident Ottomar Domrich zeigte sich im *Berliner Fußball-Programm* sportlich fair: „Wir wünschen Tennis Borussia, dass sie den Klassenerhalt schafft. Wir wünschen aber genauso, dass heute um 17:10 Uhr zwei Pluspunkte mehr unseren Tabellenplatz zieren. Vor allem aber wünschen wir den vielen Tausend im Olympiastadion, dass sie ein erstklassiges Spiel sehen." Lutz Rosenzweig offenbarte sich als Nostalgiker, als er schon vor dem Anpfiff die Trikots der beiden Mannschaften beklagte: „Tristes, unpersönliches Weiß (TeBe) und Blau (Hertha) der Kleidung wurden durch wenig geschmackvolle, dem Trend der Zeit entsprechende Firmenreklame auf breiten Spielerbrüsten verunziert. Wie schmuck sahen sie doch früher aus: Herthaner etwa in weißen Hemden und blauen Hosen, farblich gut abgestimmt, Borussen in vornehmen Lila-Trikot und weißer Hose. Doch wer schaut heute noch auf so was?" Die Brust der Borussen zierte das Logo der Firma „Epon-Pelze", Hertha lief Werbung für „Auto-Meister".

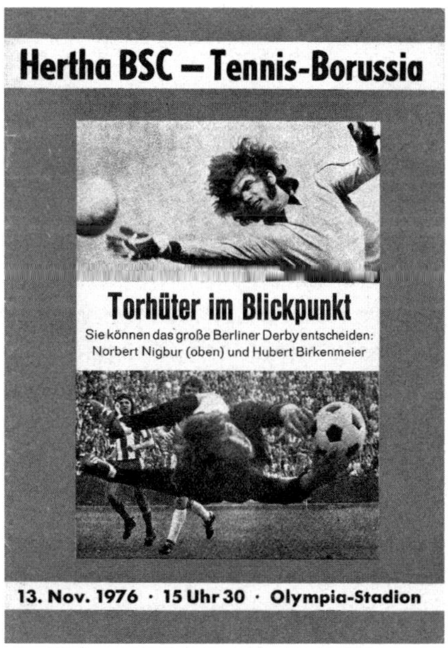

Programmheft Hertha BSC – Tennis-Borussia (2:0) vom November 1976 (Foto: privat)

„Es schien, als stünde Tennis Borussia zu Beginn höher in der Gunst als Hertha. Vielleicht war es aber auch nur die Sympathie, die man einem vermeintlich Schwächeren entgegenbringt“, hielt die *ZDF-Sport-Reportage* die Verteilung der Zuneigung beim Anpfiff fest. Die ersten 45 Minuten entsprachen genau dem Geschmack des Publikums, denn der Außenseiter Tennis Borussia war dem großen Favoriten Hertha BSC spielerisch und kämpferisch ein gleichwertiger Gegner. Es war ein schnelles Spiel, und es mangelte keineswegs an Torchancen hüben wie drüben. „Es war das Beste, was ich von meinen Jungs gesehen habe“, versicherte Gutendorf beim Gang in die Kabine dem ZDF-Reporter. Das 1:0 für den Tabellendritten fiel schon kurz nach der Pause. Hermandung war um Sekundenbruchteile eher am Ball als Borussen-Torwart Birkenmeier. Für die endgültige Entscheidung sorgte dann Beer in der 72. Minute. „Selten sah man den Erich so freudig bewegt seinem Trainer entgegeneilen wie nach dem Torschuss zum 2:0“, erkannte Weise darin den Moment, in dem den Herthanern die ganze Last des Favoriten von den Schultern fiel. Lutz Rosenzweig bemerkte über den Jubelsturm: „Der indianische Freudentanz, den der weiß-haarige Hertha-Trainer am Rasenrand nach Beers entscheidendem Tor aufführte, sagte mehr als alle Worte über die Schwere des Kampfes.“ Er konnte auch als indirektes Lob für die ausgezeichnete Leistung des Aufsteigers interpretiert werden. Beyer schrieb, „dass Herthas Sieg zwar den Erwartungen der meisten Besucher entsprach, aber dass sie ein derart großartiges Spiel zu sehen bekamen, hatten wohl nicht alle erwartet.“ Die Borussen verdienten sich seiner Meinung nach allen Respekt. „Sie haben sich glänzend geschlagen und dem Favoriten ein herzhaftes Gefecht geboten. Doch der Unterschied an Klasse trat mit fortschreitender Spielzeit immer deutlicher zu Tage.“

Das entscheidende Duell des Nachmittags gewann Herthas Kliemann gegen Wendt, dem jedoch mildernde Umstände attestiert wurden, weil er nach den Verletzungen nicht in bester Verfassung sein konnte. Beyer zog aus Borussen-Sicht folgendes Fazit: „TeBe setzte dem Favoriten schwer zu. Viele der 75.000, die Tennis Borussias Mannschaft erstmals spielen sahen, werden wiederkommen. So gesehen, gehörten auch die Borussen zu den Siegern des gestrigen Tages. Erfreulich für die Berliner Fußballgemeinde aber: Sie hat jetzt zwei Mannschaften, denen zuzuschauen sich lohnt.“ Alle Berliner Journalisten pflichteten dem manchmal für seine kecken Sprüche bekannten Gutendorf einhellig bei, als er sagte: „Es wäre schade, wenn dieses Volksfest den Berlinern verloren ginge.“ Rosenzweigs Schlusswort spiegelte die Stimmung aller fußballinteressierten Berliner an diesem 13. November 1976 wider: „Hertha hat ihre Vorrangstellung bestätigt, aber besser als die 2:0 geschlagenen Borussen kann kaum ein Verlierer aussehen. Hertha – Tennis, ein ewig junger, populärer Klasse-Schlager.“

Das „Borussen-Echo“ thematisierte am folgenden Wochenende in seinen „Gedanken zum Spiel“ gegen den VfL Bochum noch einmal die unglaubliche Verletzungsmisere, die die „Veilchen“ seit Wochen begleitete: „Wenn wichtige Spieler ausfallen wie im Lokalderby, als drei Stammspieler schon vorher ausfielen, vier weitere mit noch nicht ausgeheilten Verletzungen antraten, wird es schon kritisch. TeBe ist nicht in der Lage, groß zu improvisieren, wie es andere Bundesligavereine spielend können." „Aus der Herrlichkeit des großen Berliner Duells vor acht Tagen ist Tennis Borussia auf den Boden der Tatsachen zurückgekehrt", trauerte Weise dem Derby hinterher. Gegen die Bochumer sahen die Berliner bis weit in die zweite Halbzeit wie der Verlierer aus, denn vor 9.418 Zuschauern war der VfL durch Jupp Kaczors Kopfball in Führung gegangen. Später kam es wie so häufig: Wendt sorgte mit einem spektakulären Treffer für das 1:1! „Wir können dem Herrgott immer wieder nur danken, dass wir einen Wendt haben", richtete Gutendorf einen Stoßseufzer in Richtung der lauschenden Journalisten.

„Werder ist für uns der Wahrsager", sagte Heinz Opitz nach der Partie bei Borussia Dortmund ganz offen und meinte damit das kommende Heimspiel gegen Werder Bremen. „Mehr war kaum drin", analysierte dann auch Joachim Witte in der *Fußball-Woche*, denn die 0:4-Niederlage im Westfalen-Stadion vor 38.000 Zuschauern war ein Ergebnis, dass hundertprozentig stimmte. Hoffnungen setzten die Berliner auf den Göttinger Dieter Hochheimer, der am nächsten Tag in Tegel erwartet wurde und bereits fest verpflichtet worden war. Er gehörte zu den erfolgreichsten Abwehrspielern der 2. Liga und sollte der Hintermannschaft der Borussen mehr Halt geben.

„Das achte Heimspiel der Saison ist für TeBe gleichzeitig das letzte in der Hinrunde der Bundesliga. Aber diese Heimspiele hatten es in sich. Wohl kaum jemand hatte dem Aufsteiger zugetraut, im heimischen Olympiastadion in dieser Art aufzuspielen, ja für Furore zu sorgen. Achtes Heimspiel – das heißt auch gleichzeitig achter Neuzugang. TeBe präsentiert heute mit Dieter Hochheimer den achten neuen Spieler, der seit Saisonbeginn verpflichtet wurde." An dieser Stelle irrte das „Borussen-Echo", denn der DFB verweigerte den Berlinern die Spielgenehmigung für Hochheimer, obwohl Tennis Borussia mit dem Spieler und Göttingen 05 längst einig geworden war. Die Negativ-Serie von 1-9 Punkten und unwirtliches Dezember-Wetter in Berlin hatten zur Folge, dass nur noch 7.120 zahlende Zuschauer die Borussen im Abstiegskampf unterstützen wollten. Dazu wurde es ein „Schwarzer Tag für Berlin", wie die *Fußball-Woche* feststellte. Tennis Borussia verlor nach einer 2:1-Führung das wichtige Abstiegsduell gegen Werder Bremen noch mit 2:4. „Der Schmelz der ersten Jugend ist dahin", erkannte Beyer, nichts erinnerte mehr an die so mutigen Auftritte in Heimspielen zu Saisonbeginn. Bedenklich stimmte, dass der Negativlauf drei Heimspiele gegen Gegner einschloss, die nun wirklich nicht zur Bundesliga-Creme zu zählen waren: Duisburg (1:5), Bochum (1:1) und nun Bremen (2:4). Dabei konnten die Borussen gegen die Bremer einen frühen Rückstand durch einen Doppelschlag kurz vor der Pause noch drehen. Subklewes Treffer zum 1:1 und die 2:1-Führung durch Schulz nährten die Hoffnung, die Partie am Ende doch noch erfolgreich zu gestalten. Doch „wie ein vernichtender Blitz", so Neuendorf, traf der Ausgleich die Berliner. Die entscheidenden Tore zum 2:4 waren dann nur eine Frage der Zeit.

Am berüchtigten Betzenberg verteidigten die Borussen bis acht Minuten vor Schluss ein 1:1 mit allen Kräften, bis die wenigen Schlachtenbummler doch noch aus allen Träumen gerissen wurden. Josef „Seppl“ Pirrung war nur einige Hundertstelsekunden vor TeBes Birkenmeier am Ball und schob zum 2:1 für den 1. FC Kaiserslautern ein. Das 3:1 durch Klaus Toppmöller wenige Sekunden vor dem Schlusspfiff fiel nicht mehr ins Gewicht. Nach nur 40 Sekunden hatte der Ball bereits zum ersten Mal im Netz von Birkenmeier gelegen, der am Sonnabend zu den besten Berlinern gehörte. Vielleicht war er durch angebliche Pläne des Vorstandes zusätzlich motiviert worden, denn das Gerücht machte die Runde, der ehemalige Hertha-Torwart Groß würde aus Holland zu TeBe wechseln. Eine Extra-Portion Motivation benötigte Wendt nicht. Seine Freistoß-Granate zischte nach einer knappen halben Stunde halbhoch an seinem schwedischen Landsmann Ronnie Hellström vorbei ins Netz zum 1:1.

Obwohl die Borussen inzwischen auf den 16. Tabellenplatz abgerutscht waren, hatte Gutendorf längst noch nicht aufgegeben. Er war sich sicher, „dass seine jüngeren Akteure von Spiel zu Spiel routinierter werden. Das muss sich irgendwann mal positiv auswirken.“ „Hoffentlich dauert es nicht zu lange“, meinte dazu Joachim Witte in der *Fußball-Woche*. Einige Tage später präsentierte Tennis Borussia im letzten Pflichtspiel vor Weihnachten einen weiteren, ebenso spektakulären wie kuriosen Neuzugang. Im 1:5 verlorenen DFB-Pokal-Spiel beim 1. FC Köln sollte Schlagerstar und Produzent Jack White sein Debüt geben. Es blieb ein einmaliger Auftritt.

Die Winterpause hatten die „Veilchen“ genutzt, um sich auf der Torhüter-Position zu verstärken. Ex-Hertha-Tormann Groß kehrte tatsächlich nach Berlin zurück und feierte zum Auftakt der Rückrunde bei Rot-Weiss Essen einen großartigen Einstand, dem nur die Krönung eines Punktgewinns fehlte. Es war schon imponierend, wie Groß seinen Kasten sauber hielt und seinen Vorderleuten Sicherheit gab. Und doch konnte er nicht verhindern, dass seine Mannschaft das Unentschieden nicht über die letzten Minuten retten konnte. 89 Minuten stand die Abwehr der Borussen sicher wie ein Fels in der Brandung, ehe 20 Sekunden vor Ende der Spiels Groß doch noch bezwungen wurde. „Es war eine der bittersten Minuten in meiner Laufbahn“, beteuerte Trainer Gutendorf. Die mitgereisten Berliner Journalisten aber sahen trotz des Absturzes auf den letzten Tabellenplatz längst noch nicht alle Felle davonschwimmen. Zum einen stimmte positiv, „dass TeBe mit Groß nun einen Torwart von Bundesliga-Spitzenformat hat“, wie es im *Abend* hieß, zum anderen wäre es viel zu früh, die Hoffnung auf den Klassenerhalt aufzugeben.

Die Negativserie der Tennis-Borussen war auf 1-15 Punkte angewachsen. 90 Minuten nach dem Anpfiff im Düsseldorfer Rheinstadion war die Zuversicht der Borussen zurückgekehrt, hatten die Berliner doch ihre Pechsträhne beendet und mit einem beachtlichen 0:0 einen Punkt entführt. Gutendorf sah deutlich, wem er diesen Zähler auf der Habenseite zu verdanken hatte: in erster Linie seinem herausragenden Torwart Groß. „Ich habe selten so eine imponierende Torwartleistung gesehen.“

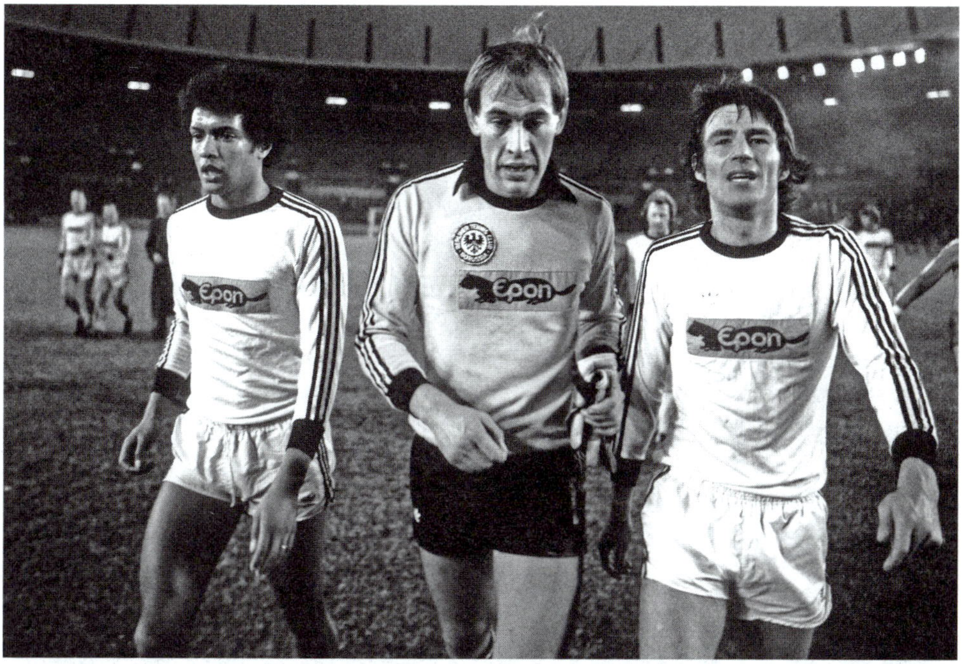

Nach einem 0:0 im Düsseldorfer Rheinstadion verlassen Michael Zimmer, Volkmar Groß und Dieter Hochheimer den Platz. (Foto: imago/Kicker/Eissner, Liedel)

Der Rasen im Olympiastadion glich bei Nieselregen einem Eisparkett. 11.133 zahlende Zuschauer waren zum Spiel gegen Eintracht Braunschweig gekommen, und ihr Besuch war nicht vergebens, nahm doch die glänzend eingestellte Berliner Mannschaft dem Favoriten beim torlosen Unentschieden verdient einen Punkt ab. Seit der Rückkehr von Groß entwickelte sich die Borussen-Abwehr um Libero Hochheimer, Vorstopper Jakobs und die Außenverteidiger Savkovic und Schneider zum prachtvollsten Stück dieses Teams. Groß' Berliner Einstand hatte nach Meinung von Lion „schon etwas Sensationelles an sich." Lion erklärte auch, warum: „Wenn einer restlos alles richtig macht, wenn einer jeden Ball, der zu fangen ist, auch fängt, und immer dann faustet, wenn nur fausten angebracht ist, dann ist das einfach phänomenal." Der Bericht im *Aktuellen Sportstudio* begann mit den Worten: „Für den Willkommensgruß des Stadionsprechers bedankte sich Volkmar Groß mit einer grandiosen Leistung." Nur im Sturm entwickelte sich Wendt inzwischen zum Sorgenkind. Aber Gutendorf fehlte die Alternative. Außerdem war er sich sicher: „Der Benny kann ja nicht ewig torlos bleiben." So bestand durchaus Hoffnung, mit einer couragierten Leistung gegen die Bayern nicht chancenlos zu sein. Der verheerenden Niederlage aus dem Hinspiel etwas entgegenzusetzen, sollte doch Motivation genug sein!

Sonnabend, 17:48 Uhr – *Sportschau*-Zeit: Ernst Huberty moderierte und begann die Partie der Borussen gegen die Bayern aus München anzukündigen: „Tennis Borussia vor diesem Spieltag – Punkte: Zwölf. Das ist natürlich zu wenig, um sorglos sein zu können, aber auch zu viel, um gar keine Hoffnung mehr zu haben. Die Berliner Mannschaft, das muss man sagen, hat in den letzten Wochen viel stärker gespielt als zu Beginn, ist homogener geworden und für heute hätte man sie gar nicht zu motivieren brauchen, denn sie hatten ja viel gutzumachen: ein 0:9 in München. Das hat doch sehr gewurmt damals, man hat sie ausgelacht, als sie zurückkamen, und jetzt wollten sie zeigen, dass sie doch besser sind gegen Bayern München. Jochen Sprentzel hat sich das Spiel angesehen. Tennis Borussia gegen Bayern München, die letzte Chance für Tennis Borussia.“ „Zum ersten Mal in diesem Jahr war das Berliner Olympiastadion gut bespielbar. Fast 40.000 Zuschauer wollten das Gastspiel der Bayern – in dunklen Hosen – sehen“, meldete sich Sprentzel aus Berlin.

Zu sehen bekamen die Zuschauer einen hinreißenden Kampf einer Berliner Mannschaft, die den Favoriten „rastlos, ohne Verschnaufpause in die Ecke drängte“, wie Weise eine Parallele zum Box-Sport zog. „Die wilde, verwegene Jagd um einen Platz

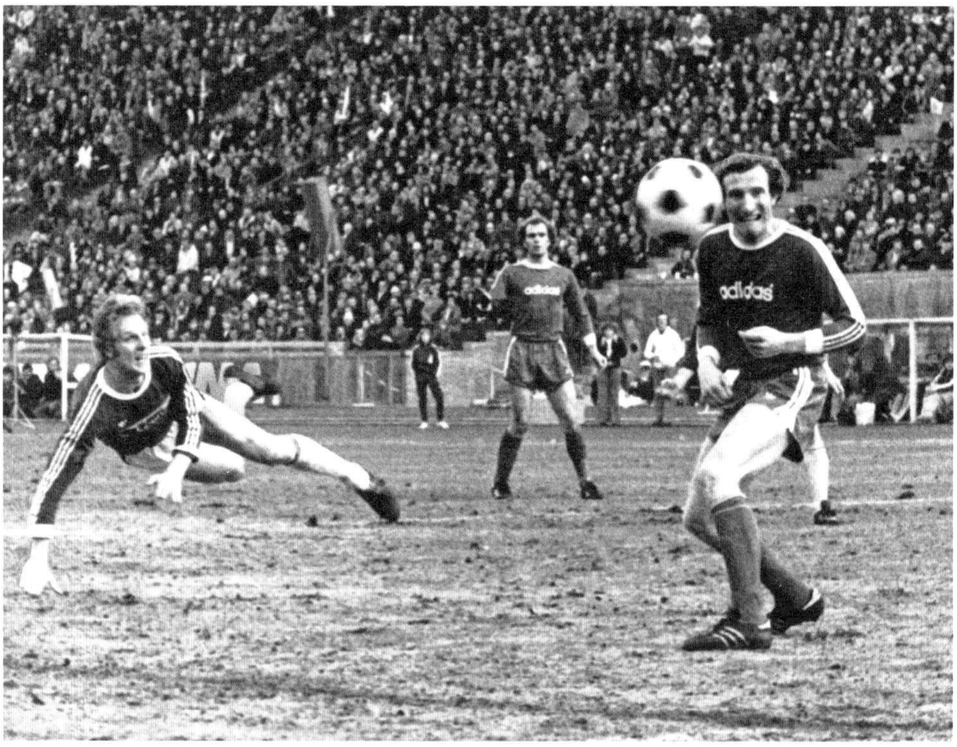

Benny Wendt trifft per Flugkopfball zum 1:0 gegen Bayern München. Georg „Katsche“ Schwarzenbeck kommt zu spät. (Foto: imago/Werek)

in der Bundesliga hat für Tennis Borussia gestern erst so richtig begonnen", beschrieb er die Aufbruchsstimmung, die plötzlich rund um den Aufsteiger herrschte. „Und zumindest die 40.000 Berliner Fußballfreunde, die mit dem 3:1 (1:0)-Triumph über den FC Bayern München das zweite Fußballwunder Marke ‚TeBe' miterlebt haben, werden die Hoffnung darauf, dass der Aufsteiger oben bleiben wird, nicht mehr so schnell aufgeben", schrieb Lion. Noch etwas erinnerte an das „Kölner Wunder", war doch der 1:0-Führungstreffer der Berliner kurz vor der Pause eine exakte Kopie des 1:0 gegen den 1. FC Köln vom September. Flanke und Wendt hechtete im Tiefflug den Ball per Kopf genau in die rechte Ecke. Ein Prachttor! Der blonde Schwede war wieder Antreiber und Vollstrecker in einem, voller Selbstbewusstsein. „Da war er wieder", schrieb Neuendorf in seiner Einzelkritik.

Was sich die Borussen vorgenommen hatten, wurde schon in der ersten Minute deutlich, als Sprenger den Ball gegen den etwas betulich agierenden Beckenbauer eroberte, dabei den linken Schuh verlor und auf einem Strumpf dem Bayern-Tor entgegenstrebte, in dem Maier Kopf und Kragen riskieren musste. Während das Publikum dadurch hellwach war, schienen die Bayern beeindruckt, dass ein fünf Monate zuvor noch 9:0 gedemütigter Gegner plötzlich solche Qualitäten entwickelte. Groß gab seiner Mannschaft wieder den nötigen Halt. Lion schrieb im *Abend* zur Leistung des Torhüters, dass „es fast schon selbstverständlich ist, wie er Sensationelles demonstriert." Für Gutendorf war er in diesen Wochen „der beste Torwart Deutschlands. Jakobs sagte mir: Trainer, wir müssen gar nicht mehr decken, Volkmar hält sowieso alles." Nach dem Wechsel schoss Berlins Jürgen Baake aus 18 Metern, leicht abgefälscht segelte der Ball in hohem Bogen über den verdutzten Maier zum 2:0 ins Toreck (52.). Als die Bayern sich ein letztes Mal aufbäumten, kam Wendt, schmetterte den Ball mit den linken Fuß mit einer solchen Selbstverständlichkeit zum 3:0 in die rechte Torecke, dass Beckenbauer nur noch eine Geste der Resignation blieb (75.). Die Zuschauer feierten endgültig die „Wiedergeburt" ihres Torjägers und nahmen das 3:1 als Ergebniskosmetik hin. Eine seiner größten Leistungen im Borussen-Dress lieferte der Rheinländer Berkemeier ab, der mit seinen Dribblings begeisterte und Beckenbauer die Schau stahl. „Berkemeier glückte fast alles", lautete folgerichtig die Überschrift in der *Fußball-Woche*. „Zwischen dem 0:9 aus dem Hinspiel von München und dem 3:1 von Berlin lagen Welten", schrieb Rudi Rosenzweig, der die Erklärung für die zwei so unterschiedlichen Resultate gleich mitlieferte: „In München ein nicht gefestigtes, durch Verletzungen stark ersatzgeschwächtes Team – fünf Monate später eine homogene Mannschaft." Gutendorf gastierte am Abend bei Hanns-Joachim Friedrichs im *Aktuellen Sportstudio*. „Aus einer Fallobst-Mannschaft" sei durch „grausam-harte Arbeit im Schlamm und auf Eis eine hervorragende Bundesligamannschaft geworden. In München haben sie uns noch wie einen Bären tanzen lassen", unterhielt er das Publikum auf seine spezielle Art.

Wie Huberty auf den Spielbericht von Sprentzel reagierte? Sichtlich angetan von den Borussen, bemühte er sich erst gar nicht, das zu verbergen: „Tja, meine Damen und Herren, was sagen sie zu dieser Berliner Mannschaft? Ich finde es ganz toll und ganz großartig, wie sie spielt und kämpft und wie sie noch weg will aus der Gefahrenzone. Und hier in Köln müssen wir immer ein bisschen lächeln, wenn wir hören: Wendt und Berkemeier waren die besten Leute. Sie stammen aus Köln und manche wären froh, wenn sie wieder hier wären oder nicht für ganz billiges Geld verkauft worden wären", beschloss Huberty die Zusammenfassung.

Tennis Borussia hatte seit dem Jahreswechsel eine erstaunliche Wandlung erlebt. Ausgelöst war sie im Wesentlichen durch die Winter-Verstärkungen Groß und Hochheimer, die der zuvor so löchrigen Abwehr die notwendige Stabilität gaben. Schlug es im ersten Saisonabschnitt noch 55-mal im Borussen-Kasten ein, so hatte Groß in den vier Begegnungen nach Weihnachten erst zwei Mal hinter sich greifen müssen. Das änderte sich sieben Tage später. „Das Köln-Müngersdorfer Schützenfest begann Punkt 15 Uhr 32, die Gäste eröffneten es durch Hochheimer. Aber Volkmar Groß auf der gegenüberliegenden Seite hatte in der Folge mehr zu tun – mehr, als er bewältigen konnte", begann der Spielbericht im *Aktuellen Sportstudio*, um dann fortzuführen: „Groß hatte in den vier Spielen im Dress der Lila-Weißen nur zwei Gegentore hinnehmen müssen, die Kölner schossen ihm die vierfache Menge ins Netz." Dabei hatten die tapferen Berliner selbst reichlich Zielwasser getrunken: Vier Tore in Köln – das war zuvor noch keiner Mannschaft in dieser Saison gelungen. Dass es nicht zum erhofften Punktgewinn reichte, lag daran, dass die Borussen am Rhein einen Rückfall in längst vergessene Kinderkrankheiten erlitten. Gegen eine Klasse-Elf, wie sie die Kölner besaßen, durfte man eben nicht frisch-fröhlichen Angriffsfußball bieten. Groß traf keine Schuld am Debakel, mit meisterhaften Paraden verhinderte er noch Schlimmeres. 8:4 hieß es am Ende – „ein verdienter Sieg der Kölner Mannschaft mit schwachen Abwehrleistungen auf beiden Seiten", wie Klaus Schwarze für den WDR treffend kommentierte.

„Die Niederlagenserie gegen Schalke 04 konnte auch heute Nachmittag von den Berlinern nicht beendet werden. Mit hängenden Köpfen verließen die Tennis-Borussen den Rasen des Olympiastadions. Zwei wichtige Punkte waren im Abstiegskampf verloren gegangen. Deprimiert saßen die Spieler in der Kabine – keine Vorwürfe, kein Streit." Kurz nach 22 Uhr flimmerte der Spielbericht aus dem *Aktuellen Sportstudio* in die abendlichen Stuben. 1:3 hatte Tennis Borussia gegen Schalke 04 seine Partie verloren, dabei hatte es wunschgemäß begonnen. Nach nur knapp drei Minuten führten die Berliner 1:0. Rolf Rüssmann war ein Selbsttor unterlaufen. Dieser Treffer hätte den Borussen eigentlich Auftrieb geben müssen, doch zehn Minuten später humpelte TeBes schwedischer Torjäger Wendt vom Platz. Die alte Knöchelverletzung war wieder aufgebrochen. „Einen Mann wie Benny Wendt kann Tennis Borussia nicht ersetzen", analysierte Rudi Rosenzweig richtig. Die ganze Angelegenheit wäre jedoch noch glimpflich unentschieden ausgegangen, wenn Groß nicht einen schlechten Tag erwischt hätte. Er unterlief jeweils eine Ecke, und Rüssmann (28.) und Abramczik (30.) wendeten die Begegnung innerhalb von zwei Minuten. „Der lange Torwart, zu früh als Wundermann gefeiert, trug leider ein gehöriges Maß an Schuld an beiden Toren", hieß es in der *Fußball-Woche*. Nach dem 1:3 durch Helmut Kremers waren Tennis Borussias Bundesliga-Aktien vor 12.600 Zuschauern weiter gefallen.

In Köln und gegen Schalke geführt und doch verloren. Die Serie fand in Hamburg ihre Fortsetzung. Obwohl TeBe beim Hamburger SV im Volksparkstadion stark auftrumpfte, verlor der Aufsteiger schließlich nach offenem Schlagabtausch mit 1:2. Joachim Witte sah, dass „TeBe das beste Auswärtsspiel lieferte." Eine Stunde lang machte Tennis Borussia das Spiel und forderte das Publikum zu Beifall auf offener Szene heraus. Als die Berliner durch Schulz kurz nach der Pause in Führung gingen, schienen sie die Partie im Griff zu haben. Ausgerechnet in der Phase, in der „wir am Drücker waren", so TeBe-Regisseur Berkemeier, fiel der Ausgleich durch Georg Volkert (68.). Als alle schon an ein Unentschieden glaubten, erwischte es die Berliner doch noch: Keller köpfte die Kugel zum 2:1 ins Netz (86.). „Es hatte sich alles gegen die Borussen verschworen", trauerte Witte dem möglichen Punktgewinn nach. Vor den beiden anstehenden Heimspielen gegen Frankfurt und Saarbrücken fragte er abschließend: „Wenn diese Mannschaft keine Sympathien und endlich ein wenig mehr Glück verdient hat, wer dann?"

Dass sich Trainer am Ende der 90 Minuten in derartiger Einigkeit präsentieren, obwohl der eine von ihnen zuvor extrem benachteiligt wurde, der andere dagegen von der Fehlentscheidung profitiert hatte, das ist etwas Besonderes. Als „Anfänger" bezeichneten sowohl TeBe-Trainer Gutendorf als auch Frankfurts Gyula Lorant Schiedsrichter Meuser aus Ingelheim. Auslöser war eine Szene aus der 63. Minute. Nach einem verwandelten Foulelfmeter von Wendt (60.) und dem prompt folgenden Ausgleich durch Wenzel (62.) stand es 1:1, als TeBe-Libero Hochheimer im fairen Luftkampf mit Körbel bildschön zum 2:1 einköpfte. 7.554 Zuschauer feierten schon die Führung, als Meuser den vermeintlichen Treffer aberkannte. Selbst Frankfurts Spielmacher Grabowski staunte hinterher: „Für mich war das ein regulärer Treffer." Der von nun an vollends die Linie verlierende Meuser benachteiligte ab diesem Zeitpunkt die Frankfurter, wo er nur konnte. Doch seine „Entschuldigungspfiffe" halfen den Berlinern nicht mehr. Mönch stellte sich nicht zu Unrecht die Frage, „ob Schiedsrichter Meuser Hochheimers angebliches Foul beim Kopfball auch vor einer Kulisse von 20.000 Zuschauern gesehen hätte ..."

„Sie ruderten in den letzten Wochen wie die Berserker, die Borussen, doch das rettende Ufer kam nicht in Sicht", schilderte Neuendorf in seiner Analyse für die *Fußball-Woche* das Dilemma der Berliner. Späte Gegentore, aberkannte Treffer und Verletzungspech verhinderten den verdienten Lohn für so manch starken Auftritt.

11.142 Zuschauer wurden in der Partie gegen den 1. FC Saarbrücken Augenzeugen einer Fortsetzung der „Benny-Wendt-Verletzungsserie". Schon in der 31. Minute musste der TeBe-Torgarant nach einem Foul seines Bewachers Zech das Feld verlassen. Zum wiederholten Male hatte es der Gegner nur darauf abgesehen, Wendt mit unsauberen Mitteln zu stoppen. „Das ist das übliche Mittel, Tennis Borussia 50 Prozent von dem zu nehmen, was der Verein hat", beklagte sich Trainer Gutendorf später. Ohne Wendt gerieten die Borussen wie aus dem Nichts in Rückstand. Trotz verstärkter Bemühungen gelang ihnen nicht mehr als der Ausgleichstreffer durch Schneider. „Noch ist der Bundesliga-Zug für uns nicht endgültig abgefahren", erklärte Gutendorf. Dazu bemerkte Mönch allerdings, dass „der Zug aber zumindest schon abfahrbereit im Bahnhof steht." Wenn nicht alles täuschte, würden „die wackeren Borussen wohl an der Bahnsteigkante zurückbleiben müssen", wie er noch hinzufügte.

Laut der *BZ* hatte die Zukunft Tennis Borussias schon vor dem Spiel in Karlsruhe begonnen. Für Redakteur Heinz Hilb ging es nur noch darum, wie die Borussen eine schlagkräftige Mannschaft würden zusammenhalten können, um in der nächsten Saison die Rückkehr in die Erste Bundesliga anzupeilen. Laut seinen Informationen sollte Vorstopper Jakobs bereits mit Borussia Dortmund einig sein, Groß und Wendt wurden mit Hertha BSC in Verbindung gebracht. Über das Spiel der Berliner in Karlsruhe gab es wenig Spannendes zu berichten. Jakobs' Ehrentreffer kam für den Stadionsprecher so überraschend, dass er kurzzeitig die Orientierung verlor und prompt verkündete: „Hertha verkürzte auf 1:4". TeBe-Manager Heinz Opitz beschäftigte sich bereits mit den Planungen zur 2. Liga Nord und träumte von einem Gespann „Wendt – Stolzenburg."

Einen Tag vor Tennis Borussias nächstem Heimspiel erregte ein Fernseh-Bericht über einen spektakulären Trainertausch die Gemüter. Aus dem hessischen Raum hieß es, Gutendorf würde den Posten von Frankfurts Gyula Lorant bei der Eintracht übernehmen, der gebürtige Ungar sollte dafür im Wechsel die Borussen doch noch vor dem Abstieg bewahren. Der Deal, vom ehemaligen Borussen und 54er Weltmeister-Trainer Sepp Herberger anlässlich seines 80. Geburtstages initiiert, war offensichtlich in einer Nacht-und-Nebel-Aktion vonstattengegangen. Wolfhard Kuhlins vom Hessischen Rundfunk berichtete: „Tennis Borussia sorgt weiter für Schlagzeilen." Gutendorf nahm vor laufender Kamera dazu Stellung: „Heute ist hier mein letztes Training. Ich gehe nicht gern von TeBe weg, aber das ist für mich als Trainer natürlich eine einmalige Chance, wenn man ein solches Angebot gemacht bekommt. Viereinhalb Millionen für einen 10-Jahresvertrag. Und zudem ist die Eintracht ja eine gute Mannschaft, die seit 14 Spieltagen ungeschlagen ist. Es ist natürlich eine Klausel in meinem Vertrag: Ich muss 100 Spiele ungeschlagen bleiben. Aber das kann man mit so einer guten Mannschaft natürlich machen." Auch Lorant freute sich auf seine neue Aufgabe bei den Berlinern: „Ich glaube, ich kann noch retten. Eine Großbrauerei von Berlin hat diese Aktion gespendet. Ich bin sehr zufrieden mit diese viel Geld. Zwei Nationalspieler kommen auch mit. Sie sind froh, mit mir bei ‚Tennis' zu arbeiten." „Die beiden Nationalspieler, die der Ungar mit an die Spree nehmen will, dürften Karl-Heinz Körbel und Weltmeister Bernd Hölzenbein sein", hatte Kuhlins noch „recherchiert". „In Anbetracht dieses Spontan-Transfers scheint für Tennis Borussia im Abstiegskampf noch nicht alles verloren zu sein, zumal Lorant bereits morgen die Berliner im Bundesligaspiel gegen den Deutschen Fußball-Meister Borussia Mönchengladbach betreut", schloss er seinen Bericht vom 1. April (!) 1977.

Sieben Spieltage vor Saisonabschluss lieferten sich Borussia Mönchengladbach und Eintracht Braunschweig an der Tabellenspitze ein Kopf-an-Kopf-Rennen. Da gebot es die sportliche Fairness, dass sich die Berliner Borussen, natürlich mit Gutendorf auf der Bank, vorgenommen hatten, keine Wettbewerbsverzerrung zu betreiben. Immerhin 14.330 Zuschauer waren ins Olympiastadion gekommen, doch deren im Stillen gehegter großer Wunsch, Zeuge einer Überraschung zu werden, wurde nicht erfüllt. „Gegen Borussia Mönchengladbach mit 0:1 zu verlieren, ist keine Schande", urteilte Neuendorf hinterher milde.

Duisburg blieb ein gutes Pflaster für die Tennis-Borussen, die dort ein 1:1-Unentschieden erzwangen. Zwar verwandelte Rudi Seliger einen umstrittenen Strafstoß zur 1:0-Führung des MSV, doch nur sechs Minuten später führte ein Freistoß zum mehr als verdienten Ausgleich. Torschütze, wer sonst hätte es sein sollen, war Wendt, der sein Konto auf 18 Treffer erhöhte. Der Punktgewinn an der Wedau gab den „Veilchen" gewaltigen Auftrieb vor dem großen Berliner Lokalderby im Olympiastadion. „Wenn nicht alle Anzeichen täuschen, dann lässt die Rivalität der beiden Berliner Bundesliga-Mannschaften ein knochenhartes Duell erwarten", vermutete Rudi Rosenzweig und lag mit seiner Prognose (leider) richtig.

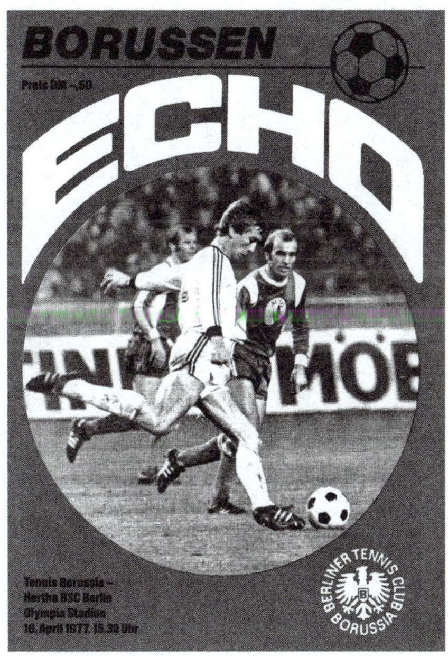

Tennis-Borussia – Hertha BSC (2:0): Titelbild: Ditmar Jakobs (in weiß) beim Torschuss im ersten Derby (dahinter Herthas Erich Beer) (Foto: privat)

Es wurde ein denkwürdiges Lokalderby. „Zum ersten Mal seit neuneinhalb Jahren – seit dem 2:1 am 14. Oktober 1967 – gewann Tennis Borussia wieder ein Fußballspiel gegen Hertha BSC", hatte Beyer für die *Berliner Morgenpost* im Archiv recherchiert. Der 2:0-Erfolg der Borussen war ein Kampf mit Haken und Ösen. Neben zahlreichen Verwarnungen zückte Schiedsrichter Burgers aus Essen auch zweimal die rote Karte. Kliemann und Baake mussten vorzeitig gehen. Der überwiegende Teil der Sportjournalisten war sich einig, dass Kliemanns „unverzeihlicher Kurzschluss“ unmittelbar vor dem Pausenpfiff beim Stand von 0:0 die Partie entschieden hatte. Einzig Lutz Rosenzweig war sich dessen nicht so sicher: „Natürlich kann man es so sagen: Kliemanns Hinausstellung hat das ganze Spiel kaputt gemacht! Ob aber TeBe nicht ohnehin gewonnen hätte, ist nicht schlüssig zu widerlegen. Weil die Partie bis dahin völlig offen war.“

Es ging in diesem interessanten Lokalderby vor 41.650 zahlenden Zuschauern wenig zimperlich zu, wobei beim Favoriten Hertha BSC deutlich eine unverkennbare Favoriten-Nervosität zu bemerken war. Kliemanns verhängnisvoller Fauxpas fiel aus zweierlei Sicht schwer ins Gewicht. Zum einen war er „eine Sünde, die Millionen kostet“, weil Herthas Träume von einer Teilnahme am lukrativen UEFA-Cup nun zu platzen drohten. Zum anderen minderte der Ausfall die Chancen auf einen Erfolg im DFB-Pokalendspiel gegen den 1. FC Köln, da der Wiederholungstäter mit einer längeren Sperre rechnen musste, die auch das Finale einbezog. Nur drei Monate zuvor war Kliemann im Punkt-

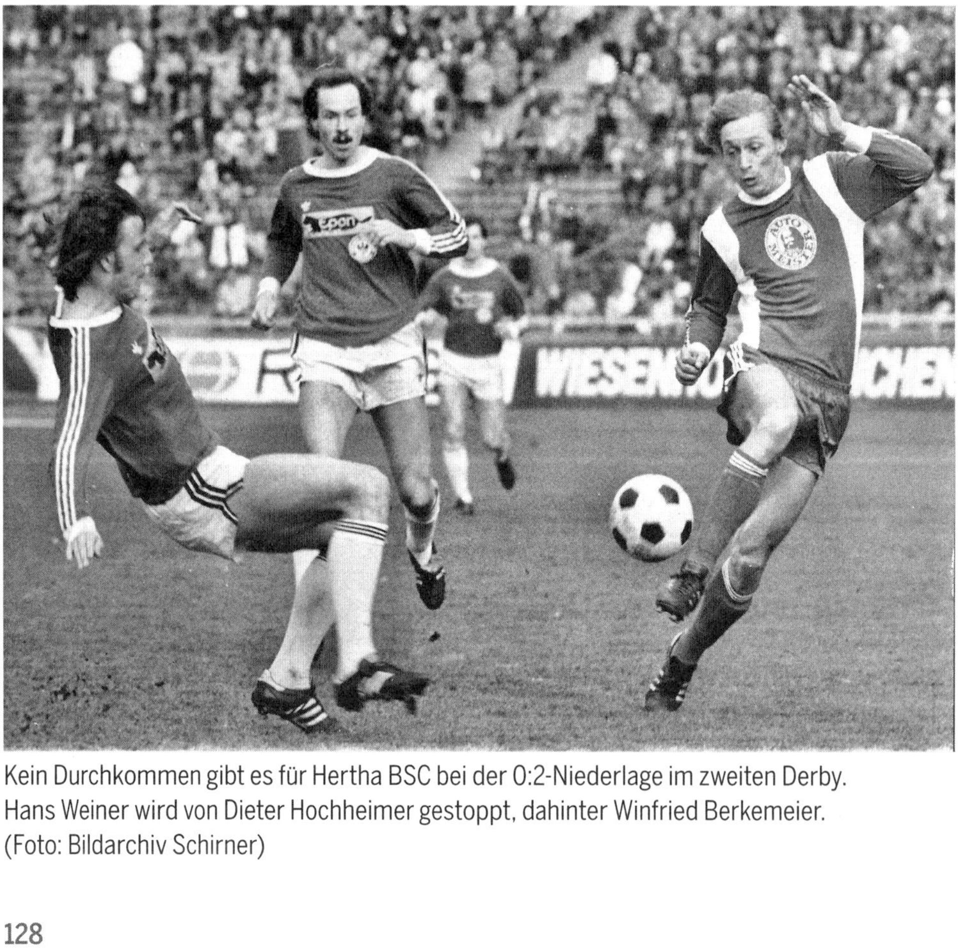

Kein Durchkommen gibt es für Hertha BSC bei der 0:2-Niederlage im zweiten Derby. Hans Weiner wird von Dieter Hochheimer gestoppt, dahinter Winfried Berkemeier. (Foto: Bildarchiv Schirner)

spiel bei Borussia Mönchengladbach des Feldes verwiesen worden. Häufig verhält es sich nach einem Platzverweis so, dass die zahlenmäßig geschwächte Elf zusätzliche Energie freisetzt. Dazu jedoch ließen es die „Veilchen" nicht kommen. „Das nach einer Stunde von Schulz erzielte Führungstor darf als ein Traumtor bezeichnet werden", schrieb Neuendorf zum Treffer, der die Überraschung einleitete. Jakobs spielte einen Ball präzise zu Schulz, der direkt Maß nahm und unhaltbar für Nigbur zum 1:0 einschoss (66.). Bald darauf standen zehn Herthaner zehn Borussen gegenüber, denn Baake war in der 78. Minute mit „rot" in die Kabine geschickt worden. Ehe aber die Blau-Weißen einen Nutzen daraus schlagen konnten, ließ sie ein weiterer Treffer der Borussen durch Stradt endgültig resignieren (83.).

„Viele unter den Zuschauern mag es gegeben haben, die bedauerten, dass diese TeBe-Mannschaft absteigen muss." Neuendorf hatte diese Grundstimmung im Olympiastadion ausgemacht. Zu ihnen gehörten ganz sicherlich nicht jene unbelehrbaren Hertha-Fans, die den Verlust zweier Pluspunkte schlechter verwanden als Spieler und Vorstand. Sie übergossen TeBe-Fahnen mit Spiritus und zündeten sie an. Beyer schrieb dazu: „Es scheint, als müsse so mancher Verein – in diesem Falle Hertha – mehr Angst vor den sogenannten Freunden als vor dem Gegner haben." TeBe aber freute sich an diesem April-Nachmittag über die gute Kulisse, eine Brutto-Einnahme von 350.000 DM und darüber, dass der endgültige Abstieg hinausgezögert werden konnte.

Am darauffolgenden Freitag war es doch soweit. Waren schon vor der Reise nach Bochum Tennis Borussias Chancen auf den Klassenerhalt rein theoretischer Natur, konnten nach der Partie auch die letzten Rechenschieber eingepackt werden. Die 1:2-Niederlage unter dem grauen Himmel des Ruhrstadions besiegelte die endgültige Rückkehr in die 2. Liga Nord.

Das Pech schien die Borussen bis zum Abschied aus dem Oberhaus zu begleiten. Gegen Borussia Dortmund kassierten sie eine unglückliche 2:3-Niederlage, wobei der entscheidende Treffer durch Verteidiger Huber erst in der vorletzten Minute fiel. Die großen Zahltage waren für TeBe vorbei. Nur noch 6.153 Zuschauer wollten das 16. Heimspiel der Berliner verfolgen. Gutendorf lag mit 39 Grad Fieber bei Brust- und Halsschmerzen zuhause im Bett und konnte die Partie nur am Radio verfolgen. Zur Pause hieß es nach je zwei Treffern von Stradt und Vöge 2:2. Das Dortmunder Siegtor 90 Sekunden vor Schluss bestätigte das für TeBe so typische Unglück der letzten Minuten.

„Hätten wir jene sechs Spieler, die heute das Leistungsniveau der Mannschaft bestimmen, eher gehabt, dann wäre uns der bittere Weg nach unten erspart geblieben", fand TeBe-Trainer Gutendorf die passende Erklärung für das 0:0 bei Werder Bremen. Die Berliner präsentierten sich nicht wie ein Absteiger, verdankten den Punktgewinn in erster Linie aber ihrem Torhüter Groß. „Groß, größer – Gross!“ hieß es nicht ganz korrekt in der *Fußball-Woche*, schrieb sich der Borussen-Torwart doch mit „ß“. Die Hängepartie um Wendt war weiter in vollem Gange. „Das Angebot von Bayern München war so gut, dass ich mit 27 Jahren nicht nein sagen konnte“, bestätigte der Schwede. Doch war zu diesem Zeitpunkt völlig unklar, wer überhaupt die Transferrechte an Wendt besaß: Tennis Borussia oder der 1. FC Köln.

Das „Borussen-Echo“ zog zum letzten Heimspiel gegen den 1. FC Kaiserslautern ein kleines Fazit der Saison: „Die Borussen sagen Tschüs. Zum letzten Mal stellt sich die Mannschaft dem Berliner Publikum in dieser Formation vor. Ditmar Jakobs wechselt zum MSV Duisburg, Benny Wendt zu Bayern München und Volkmar Groß zum FC Schalke 04.“ Doch Wendts Transfer zu Bayern München war noch nicht in trockenen Tüchern, obwohl er bereits in diesen Tagen als vollzogen gemeldet wurde. Schließlich scheiterte der Transfer noch daran, dass die Bayern mit Branko Oblak und Erhan Önal bereits zwei Nicht-EU-Ausländer in ihren Reihen hatten. Schließlich zog es Wendt im Sommer zum 1. FC Kaiserslautern, an dessen Aufschwung er in den folgenden Jahren maßgeblich beteiligt war. Die Lauterer zahlten eine Ablösesumme in Höhe von 600.000 DM – an den 1. FC Köln.

Die letzten Momente einer denkwürdigen Borussen-Spielzeit hielt Neuendorf fest: „Da stand sie, die TeBe-Mannschaft, mitten auf dem grünen Rasen des Olympiastadions, sie verabschiedete sich nach ihrem mit Energie und Können herausgespielten 4:2-Erfolg gegen den 1. FC Kaiserslautern von Berlins Fußballfreunden. Vorläufig zum letzten Mal galt der Beifall von den leider nur schwach besetzten Rängen einer Borussen-Elf, der das Glück in der nunmehr beendeten Saison nur selten oder gar nicht nachgelaufen war, oft von Verletzungen wichtiger Spieler beeinträchtigt.“ Das fasste das ganze Dilemma und die Tragik dieser Mannschaft zusammen. Woran die Borussen-Fans in der abgelaufenen Saison ihre Freude gehabt hatten – und bei weniger Verletzungspech noch mehr hätten haben können – verdeutlichte diese letzte Partie, wenn auch Hans Uhlich in der *Berliner Morgenpost* mahnte, dass „niemand dieses Spiel als Gradmesser der Leistungsfähigkeit beider Mannschaften betrachten sollte.“ Schade, dass sich nur 4.363 Zuschauer im weiten Rund verloren, denn sie bekamen von ihrer Mannschaft all das geboten, was sie an guten Tagen zu leisten imstande war. Das 1:0 durch einen fulminanten Freistoß von Wendt aus 20 Metern sowie ein weiterer Treffer des blonden Schweden lohnten allein schon das Eintrittsgeld. Als hätte sich ein Regisseur den Höhepunkt dieser so abwechslungsreichen, an Höhen und Tiefen nie mangelnden Saison aufgehoben, gab es in der 89. Minute beim Stand von 3:1 Elfmeter für die Berliner! Für dessen Vollstreckung riefen die Borussen ihren Torwart nach vorn. Der lange Groß jagte das Leder zur Freude seiner Mitspieler mit Urgewalt derart zum 4:1 unter den Balken, dass Lauterns Stabel im Kasten fast erschrak. Das 4:2 störte niemanden mehr.

„Es war am Sonnabend nicht nur der Abschied aus der höchsten deutschen Spielklasse, der den Borussen und ihrem treuen Anhang das Herz schwer machten, es war auch die bevorstehende Trennung von so erstklassigen Spielern wie Volkmar Groß, Ditmar Jakobs und Benny Wendt, die in der neuen Saison ihre Brötchen wieder bei einem Erstligisten backen wollen", klang aus Neuendorfs Worten deutlich eine gewisse Wehmut heraus. Diese hatte auch Gutendorf beim Abschied von Berlin gepackt: „Traurig war er, ergriffen und stolz", schrieb Lion dazu, bemerkte dabei aber noch einen zweiten Aspekt, der womöglich mehr über das interne Verhältnis zur Mannschaft aussagte, als des Trainers Beteuerungen. „Wehmut stand Gutendorf ins Gesicht geschrieben und drückte ihm schließlich noch eine verstohlene Träne heraus. Doch als der mimisch sicher begabteste Trainer in deutschen Landen in der Kabine zur Danksagung an Spieler und Vorstand ansetzte, war bei diesen auch nicht bei genauester Beobachtung Wasser in den Augen zu erkennen." Was darauf schließen ließ, dass den Spielern der Abschied von ihrem Trainer sehr viel leichter gefallen ist. In der Mannschaft hatte sich schon seit geraumer Zeit die Meinung verfestigt, dass Gutendorf es zwar glänzend verstanden hatte, TeBe – und selbstverständlich auch sich selbst – ins Gespräch gebracht zu haben, dass aber ohne ihn der Abstieg vermeidbar gewesen wäre. Die Profis hegten fast ausnahmslos Zweifel an den Trainer-Fähigkeiten. „Wir haben unter ihm kaum über Taktik gesprochen. Ich glaube, dass wir mit einem Trainer Johannsen vielleicht auch abgestiegen wären – aber nicht auf diese Weise" bemängelte Zimmer. „Auf jeden Fall wären wir körperlich in einem viel besseren Zustand gewesen. Die Mannschaft besaß doch beträchtliches Potenzial." Gutendorf selbst schien die Bedenken der Mannschaft nie zu registrieren. Lion war sich am Ende der Spielzeit nicht ganz sicher in der Beurteilung des Trainers: „Entweder war er ein Ausbund an Naivität oder aber ein Schlitzohr wie kein Zweiter."

Fahrstuhlmannschaft, diesen Eindruck konnte man von den Borussen nach den letzten Spielzeiten gewinnen. Aufstieg 1974, Abstieg 1975, wieder Aufstieg – wieder Abstieg. Freude herrschte bei TeBe über den Zuschauerschnitt, der bei den Heimspielen mit 17.246 zahlenden Zuschauern höher als erwartet ausgefallen war. Doch die zusätzlichen Investitionen in weitere Spieler im Laufe der Saison hatten den Schuldenberg auf 1,8 Millionen Mark anwachsen lassen. Die angestrebte Rückkehr ins Oberhaus wurde glatt verfehlt. Die als „echte Knüller" angekündigten Verstärkungen blieben aus, sodass die Saison 1977/78 für die Borussen einen enttäuschenden Verlauf nahm. Nie konnten sie ins Aufstiegsrennen eingreifen, am Ende landeten die Charlottenburger mit 36-40 Punkten auf Platz 10. Doch interessierten diese Zahlen in Berlin inzwischen kaum noch jemanden. Wo es vor Jahresfrist zwischenzeitlich so aus-

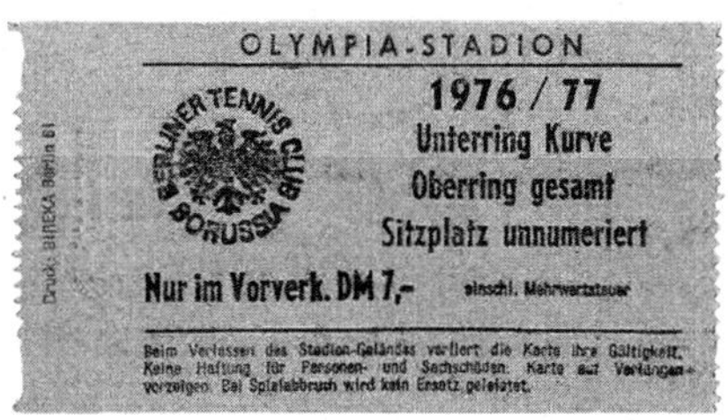

Eintrittskarte Tennis-Borussia aus der Saison 1976/77 (Foto: privat)

sah, als könnte man in der Zuschauergunst dem Lokalrivalen Hertha BSC ebenbürtig sein, verfolgten die 19 Heimspiele in der 2. Liga Nord durchschnittlich nur noch 1.088 im riesigen Olympiastadion.

Die Torschützen von Tennis Borussia:
Wendt 20, Stradt 5, Schneider 5, Schulz 4, Subklewe 4, Berkemeier 2, Hochheimer 1, Groß 1, Jakobs 1, Schmitz 1, Baake 1, Zimmer 1

Das Aufgebot (Anzahl der Einsätze):

Tor:
Hubert Birkenmeier (17), Volkmar Groß (17)
Abwehr:
Ditmar Jakobs (39), Ernst Savkovic (29), Reinhard Schmitz (26), Dieter Hochheimer (17)
Mittelfeld:
Winfried Berkemeier (33), Jürgen Schulz (34), Lothar Schneider (33)
Sturm:
Winfried Stradt (21), Benny Wendt (30), Karlheinz Subklewe (22)
Ersatz:
Hans Sprenger (20), Michael „Zippo“ Zimmer (21), Hans-Jürgen Baake (19), Hans-Georg „Johnny“ Kraus (11), Christian Sackewitz (10), Dirk Heun (10), Klaus-Peter Hanisch (9), Peter Eggert (9), Detlef Bruckhoff (5), Klaus-Günter Stade (3), Gerhard Schwidrowski (2)
Trainer:
Rudi Gutendorf

Abschlusstabelle 1976/77:

1.	Borussia Mönchengladbach	34	58:34	44-24
2.	FC Schalke 04	34	77:52	43-25
3.	Eintracht Braunschweig	34	56:38	43-25
4.	Eintracht Frankfurt	34	86:57	42-26
5.	1. FC Köln	34	83:61	40-28
6.	Hamburger SV	34	67:56	38-30
7.	FC Bayern München	34	74:65	37-31
8.	Borussia Dortmund	34	73:64	34-34
9.	MSV Duisburg	34	60:51	34-34
10.	Hertha BSC	34	55:54	34-34
11.	Werder Bremen	34	51:59	33-35
12.	Fortuna Düsseldorf	34	52:54	31-37
13.	1. FC Kaiserslautern	34	53:59	29-39

14.	1. FC Saarbrücken	34	43:55	29-39
15.	VfL Bochum	34	47:62	29-39
16.	Karlsruher SC	34	53:75	28-40
17.	Tennis Borussia	34	47:85	22-46
18.	Rot-Weiß Essen	34	49:103	22-46

Kapitel 7

„Alles gegen die Berliner – immer!" Hertha im doppelten DFB-Pokalfinale (1976/77)

Kein geringerer als DFB-Präsident Hermann Neuberger zog bei der Auslosung des DFB-Pokal-Viertelfinales im Wiesbadener ARD-Fernsehstudio als Spiel Nummer zwei die Begegnung Hertha BSC gegen Bayern München. „Das bringt uns ein volles Haus im Olympiastadion und vielleicht den Einzug ins Halbfinale", strahlte der Hertha-Vorsitzende Ottomar Domrich. Auf dem Rückflug von Düsseldorf nach Berlin hatte er hoch in der Luft noch „Sekt für alle" spendiert, sodass die *BILD*-Zeitung schon fürchtete: „Wenn die Herthaner weiter so erfolgreich bleiben, werden die Jungs noch der Trunksucht verfallen." Hertha-Schatzmeister Lück hoffte nach den Spielen gegen bisher wenig attraktive Gegner: „Wenn das Wetter mitspielt, erwarte ich 40.000 Zuschauer gegen Bayern." Journalist Beyer schilderte die Reaktionen auf die Auslosung in der *Berliner Morgenpost* einmal aus ganz persönlicher Sicht: „Das Spiel Hertha BSC gegen Bayern München ist zweifellos der ‚Knüller'. Das merkte man am Sonntag auch in den Berliner Wohnstuben. Hier nur ein Beispiel – bei mir zu Hause. 18 Uhr 51. Ein triumphierendes Geschrei, mündend in dem Ruf: ‚Hertha hat Heimrecht!' Sekunden später hallte es ebenso siegesgewiss wie markerschütternd aus dem Wohnzimmer, hörbar auch für die Nachbarn: ‚Bayern ist raus!' Für meinen Sohn, Hertha-Freund mit Schirm, Schal, Tute und Herz war es ein gelungener Sonntag. Nicht nur allein der für Hertha guten Auslosung wegen. Innerhalb von gut 24 Stunden hatte Vater zweimal gegen den Sohn verloren: Erst in Duisburg (Vater hatte ‚natürlich' eine Niederlage beim MSV erwartet) und nun bei der Auslosung (Vater hatte ketzerisch Bayer Uerdingen als Hertha-Gegner vorausgesagt). Dennoch war der von Berufs wegen kritische Vater nicht böse, hatte er doch zumindest für Tage einen freundlichen Sohn, der sicherlich ohne Murren den Mülleimer in den Keller geschafft hätte – wäre er darum gebeten worden. Ich kann daher Trainer Keßler und seine Hertha-Mannschaft nur bitten, viele solcher Tage möglich zu machen." Der „freundliche Sohn", Knut Beyer, ist übrigens „seiner" Hertha bis heute treu geblieben und veröffentlichte 2013 gemeinsam mit Thomas Matzat das Buch „111 Gründe, Hertha BSC zu lieben." Bevor es aber zum Viertelfinal-Duell mit dem bis dahin dreimaligen Europapokalsieger der Landesmeister kam, hatten die Berliner weniger attraktive Pokalrunden zu bestehen.

Ihre Bundesligaspielzeit 1976/77 ging als eine durchwachsene in die Statistik ein. 34:34 Punkte und 55:54 Tore bedeuteten absolutes Mittelmaß und am Ende Platz 10. Die Bilanz zeigte sehr deutlich, dass das Team nicht die Qualität und Kontinuität besaß, um die vorderen Plätze anpeilen zu können. Im Verlauf der Saison wurde immer offensichtlicher, dass sich die Berliner zu steigern vermochten, wenn es nur punktuell auf ihre Kampfkraft ankam. Ihre Konzentration richteten sie folgerichtig auf die Spiele um den DFB-Pokal. Große Pokalmeriten hatten sie bis zur Spielzeit 1976/77 wahrlich nicht vorzuweisen. Das Erreichen des Halbfinales im Frühjahr 1976, als die Berliner dem 1. FC Kaiserslautern auf dem Betzenberg deutlicher unterlegen waren, als es das 2:4 aus ihrer Sicht aussagte, war schon ihr größter Erfolg. Doch sollte sich das ändern. Ihre lange Reise durch den Pokalwettbewerb begann am 7. August 1976 im Olympiastadion vor dürftiger Kulisse und endete erst im Mai 1977 – mit zwei Partien vor vollen Rängen und fantastischer Atmosphäre.

Nur 4.311 Hertha-Fans hatten bei hochsommerlichen Temperaturen den Weg ins große Rund des Olympiastadions gefunden, um die Partie der 1. Runde gegen TuS Langerwehe zu verfolgen. „Nicht berauschend, was Hertha bot", war Beyer enttäuscht. Dennoch hatte Hertha gegen die mittelrheinische Amateurmannschaft nichts zu befürchten und siegte sicher mit 7:3 (2:0). Die Presse beschäftigte sich indes weniger mit dem lockeren Aufgalopp als vielmehr mit Herthas Kaderplanung. Für den abgewanderten Stammtorwart Zander suchte man noch einen Ersatz, und auch ein neuer Mittelstürmer war nach dem Weggang von Erwin Kostedde zu Borussia Dortmund noch nicht gefunden. Zunächst wollte Hertha auf teure Spielereinkäufe verzichten, wurde aber wenige Tage später doch auf dem Transfermarkt tätig: Vom FC Schalke 04 verpflichtete man Nationaltorwart Norbert Nigbur, der sich in Gelsenkirchen mit Trainer Max Merkel überworfen hatte. Der wuchtige Mittelstürmer Karl-Heinz Granitza aus Völklingen und der Däne Jörgen Kristensen von Feyenoord Rotterdam vervollständigten nach wenigen Spieltagen den Kader. Sie alle wurden in den folgenden Jahren zu tragenden Säulen der Hertha-Mannschaft und zu Lieblingen des Publikums. Gegen Zweitligist Bayern Hof wurde es in der 2. Hauptrunde nicht so spannend wie 1968, als Hertha in Hof nach einem 3:2-Sieg den Aufstieg feierte. Gerade einmal 5.496 Besucher verliefen sich im Olympiastadion und sahen Herthas 3:1-Erfolg. Der dänische Neuzugang Kristensen, ein technisch hoch begabter Linksfuß, sowie Einzelaktionen von Granitza und Beer führten zum lange auf des Messers Schneide stehenden Sieg.

Auch in den beiden folgenden Runden blieb Hertha trotz ungünstiger Auswärts-Lose in der Erfolgsspur. „Wir hatten in keiner Phase Sorge, das Spiel zu verlieren!", kommentierte Hertha-Trainer Keßler den 1:0-Verlängerungssieg seiner Mannschaft beim Tabellenneunten der 2. Liga Süd, Darmstadt 98. Auf knochenhartem Schneeboden verwandelte Gersdorff, frischer Neuzugang aus Braunschweig, vor 12.000 Zuschauern in der 8. Minute der Verlängerung einen Strafstoß. Auch beim MSV Duisburg hielt man sich im Achtelfinale schadlos. „Wie schon häufig in den letzten Jahren war Hertha BSC im Wedau-Stadion die bessere Mannschaft und sprang mit dem 2:1 recht elegant in die Runde der letzten Acht", schrieb Weise in der *Fußball-Woche* über den verblüffend guten Start der Berliner ins Kalenderjahr 1977. Kapitän Beer mit Weitschuss (24.) und Brück sorgten für den 2:1-Erfolg bei den Duisburgern, die zuvor seit

16 Monaten zuhause ungeschlagen geblieben waren. Im Viertelfinale kam es dann zur eingangs erwähnten Partie gegen den FC Bayern München.

Sonnabend, 19. Februar 1977
DFB-Pokal Viertelfinale, Hertha BSC – Bayern München

Nach einer Serie von sieben sieglosen Spielen in der Bundesliga standen die Vorzeichen für Hertha BSC vor dem Pokal-Viertelfinale gegen die Bayern allerdings alles andere als günstig. Doch die Münchener waren nicht mehr in der Form wie zu Beginn der 70er-Jahre. In der Vorwoche waren sie den wie entfesselt spielenden Tennis-Borussen mit 1:3 unterlegen, worauf Moderator Fritz Klein in der *Sportschau* vor dem Pokal-Spielbericht hinwies: „Nächster Schauplatz ist das Berliner Olympiastadion. Die Berliner mit einer gewissen psychologischen Belastung, denn vor einer Woche an gleicher Stelle hat der kleine Nachbarverein Tennis Borussia das Kunststück fertiggebracht, Bayern München zu schlagen. Und die Hertha-Fans forderten nun eine ähnlich gute Leistung.“ Die Bayern traten die Reise nach Berlin arg ersatzgeschwächt an: Mit Müller, Hoeneß, Dürnberger und auch Schwarzenbeck fehlten vier wichtige Akteure an Bord ihrer Maschine.

Die hochgespannten Erwartungen der 42.345 Zuschauer bei Dauerregen im Olympiastadion, geweckt durch mutige Versprechungen der Mannschaft und ihres Trainers im Vorfeld der Begegnung, erhielten früh einen Dämpfer. Torhüter Nigbur konnte das Leder nach einem Eckball nicht festhalten, Kapellmann konnte mühelos einschießen (6.). „Der Umschwung zugunsten Herthas bahnte sich an, als sich Keßler bereits in der 38. Minute entschloss, Horr für Kristensen einzusetzen. Mit Horr gewann das Sturmspiel der Berliner an Gefährlichkeit“, erkannte Beyer in dem Wechsel den entscheidenden Schachzug. Bis zur 50. Minute war Hertha dem Rückstand hinterher gelaufen, als Grau im Münchener Strafraum nur unsanft gebremst werden konnte und Granitza den Elfmeter zum 1:1 verwandelte. Obwohl das Spiel der Berliner nun besser lief, wollte ein weiterer Treffer in den 90 Minuten nicht mehr fallen.

Wie die reguläre Spielzeit begonnen hatte, so startete auch die Verlängerung: Mit einem Schock für die Berliner. Münchens Weiß traf aus etwa 20 Metern zum 1:2. Die fast aussichtslose Partie geriet auf den Siedepunkt, als Granitza eine gefühlvolle Flanke Horrs per Kopf an Maier vorbei ins Tor beförderte: 2:2 (100.). Einmütig wie lange nicht standen die Zuschauer hinter ihrer Mannschaft, was sich auf Herthas Spieler übertrug, die wie aufgedreht wirkten. Die Vorentscheidung fiel in der 108. Minute. Die Bayern-Abwehr verlor für einen Augenblick die Übersicht, ein Kopfball Granitzas sprang aus Nahdistanz glücklich von Horrs Knie über die Linie: 3:2! Erneut nach einem Eckstoß waren die Bayern endgültig geschlagen: Graus Eingabe verwandelte Gersdorff in die lange Ecke zum 4:2 (116.). Gelöst stand Hertha-Trainer Keßler während der letzten 40 Sekunden am Spielfeldrand. Er kostete den Sieg aus und sprach gut gelaunt in Richtung des ZDF-Reporters Rolf Töpperwien: „Da habt ihr heute eine große Hertha gesehen – wie versprochen! Aber wir hau'n jetzt nicht groß auf die Pauke." Als Schiedsrichter Kindervater den Pokalkampf abpfiff, wurde die Hertha-Mannschaft mit tosendem Beifall verabschiedet. „Oh, wie ist das schön", sangen die Fans als sie den Heimweg antraten. Rudi Rosenzweig sah eine „bewundernswerte moralische und kämpferische Einstellung der gesamten Hertha-Elf, wie wir sie lange nicht mehr gesehen haben. Es wurde Fußball geboten, wie ihn die Massen lieben: ‚Knisternd vor Spannung, torreich und tempogeladen. Herthas Wiederauferstehung!'„ „Hertha rückte mit diesem Erfolg wieder einiges gerade, was in letzter Zeit schiefgelaufen war und viele Fußballfreunde verärgert hatte", sah Beyer die Berliner mit ihrer Hertha, ihrem liebsten „Kind", wieder versöhnt.

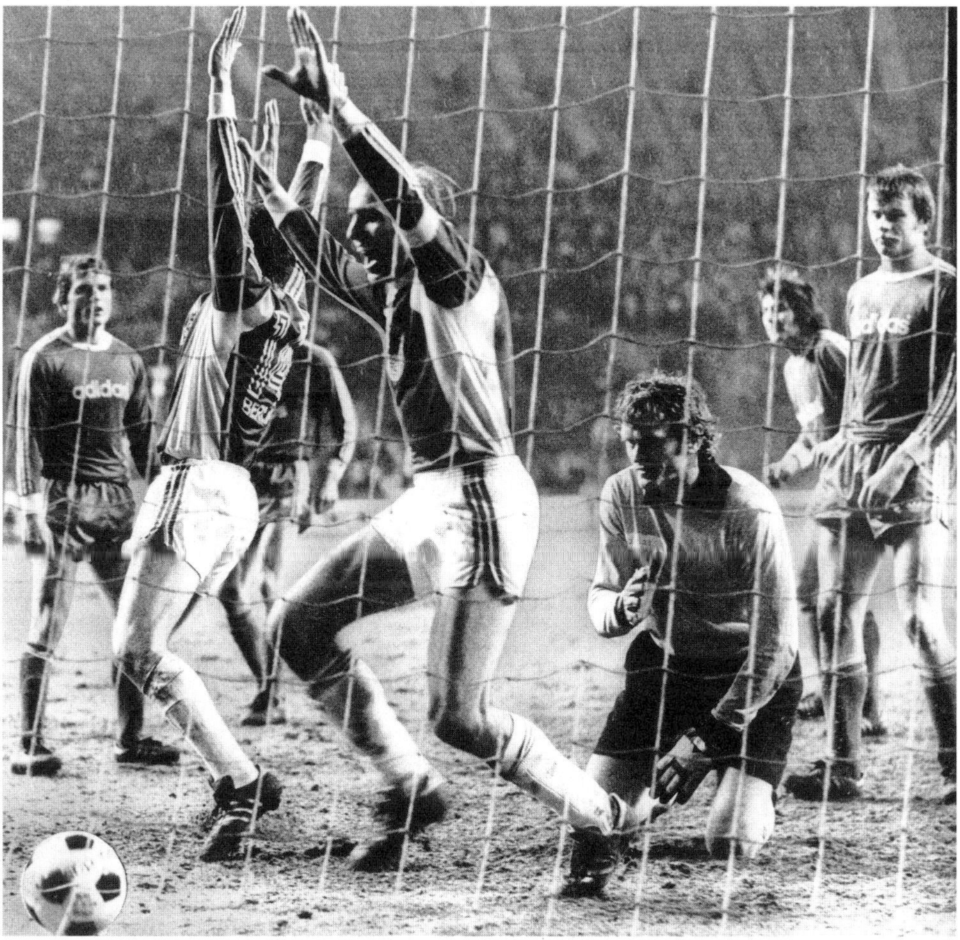

Von Lorenz Horrs Knie springt der Ball zum 3:2 gegen Bayern München über die Linie. Erich Beer schreit seine Freude heraus, Sepp Maier bleibt keine Chance. (Foto: imago/Sven Simon)

Bereits eine Stunde nach dem Abpfiff ergab die Auslosung durch einen kleinen Nachwuchsfußballer, dass Hertha in der Vorschlussrunde am Ostersonnabend beim Außenseiter Bayer Uerdingen antreten musste, einem Gegner, „der im hiesigen Olympiastadion wahrscheinlich keine größeren Probleme aufgeworfen hätte, auswärts aber äußerst ungelegen kommen kann“, wie Lutz Rosenzweig bemerkte. Rosenzweig hatte nicht unrecht, boten die Uerdinger in ihrem Viertelfinale daheim gegen Eintracht Frankfurt doch eine großartige kämpferische Leistung und verwandelten einen 1:3-Rückstand in ein 6:3 nach Verlängerung. Zum dritten Mal in der Vereinsgeschichte stand Hertha BSC damit im Halbfinale des DFB-Pokals, und nie war die Chance so groß, ein Endspiel um den deutschen Pokal zu erreichen. Vorsicht war allerdings geboten, denn die bisherige Bilanz war ernüchternd: 1964 1:3 gegen Eintracht Frankfurt, 1976 2:4 gegen den 1. FC Kaiserslautern.

Ostersonnabend, 9. April 1977
DFB-Pokal Halbfinale
Bayer Uerdingen – Hertha BSC

Mutig klang es vorher aus der „Festung Grotenburg“: „Der Nächste bitte!“ Nur wer die Heimstätte der Uerdinger zu stürmen vermochte, konnte ins Endspiel einziehen. Mit dem 1. FC Kaiserslautern (3:1), Werder Bremen (2:0) und Eintracht Frankfurt (6:3 nach Verlängerung) hatten der Zweitligist drei Erstligisten bereits ausgeschaltet, Hertha BSC sollte „Opfer“ Nummer vier auf dem Weg ins Finale werden.

In der Nachbetrachtung wurde Herthas wichtiges Tor beim 1:0-Pokalsieg in Uerdingen unterschiedlich beurteilt: „Ein Glückstor“ hieß es zum einen, „ein billiges Tor“ nannte es Bayer-Trainer Quinkert, und gar von einem „Kullerball“ war in einem anderen Bericht zu lesen. Dabei war Herthas Treffer geradezu klassisch erzielt: Nach Sidkas Steilpass spielte Weiner Doppelpass mit Horr. „Dass Weiner anschließend den Ball nicht voll traf, aber das Glück hatte, dass das Leder am rechten Pfosten ins Netz hoppelte, kann doch kaum als leistungsmindernd bezeichnet werden“, übte Lutz Rosenzweig Kritik an seinen Journalisten-Kollegen. Auf Hertha-Seite störte sich ohnehin niemand an dem Treffer, der dafür sorgte, dass man erstmals in der damals 85-jährigenVereinsgeschichte ins Endspiel des DFB-Pokals einzog. Dies geschah nach einem im zweiten Abschnitt erregenden Abwehrkampf gegen ehrgeizige Uerdinger. Doch wie ein Fels in der Brandung stand der 1,93 Meter große Kliemann, der seinem sicheren Schlussmann Nigbur nur wenig Arbeit übrig ließ. Die 32.000 Zuschauer in der ausverkauften Krefelder Grotenburg-Kampfbahn, dazu noch Hunderte in den umliegenden Bäumen, peitschten ihre Mannschaft nach der Pause unaufhörlich mit „Bayer, Bayer“-Rufen nach vorn und verwandelten das Stadion in ein Tollhaus. Aber Herthas Abwehr zeigte keine Nerven und erwies sich als gefestigter Block. In Anspielung auf die damals Berlin noch trennende Mauer meinte Uerdingens Trainer Quinkert: „Wir haben heute gegen eine erhöhte Mauer verloren. Verloren durch ein

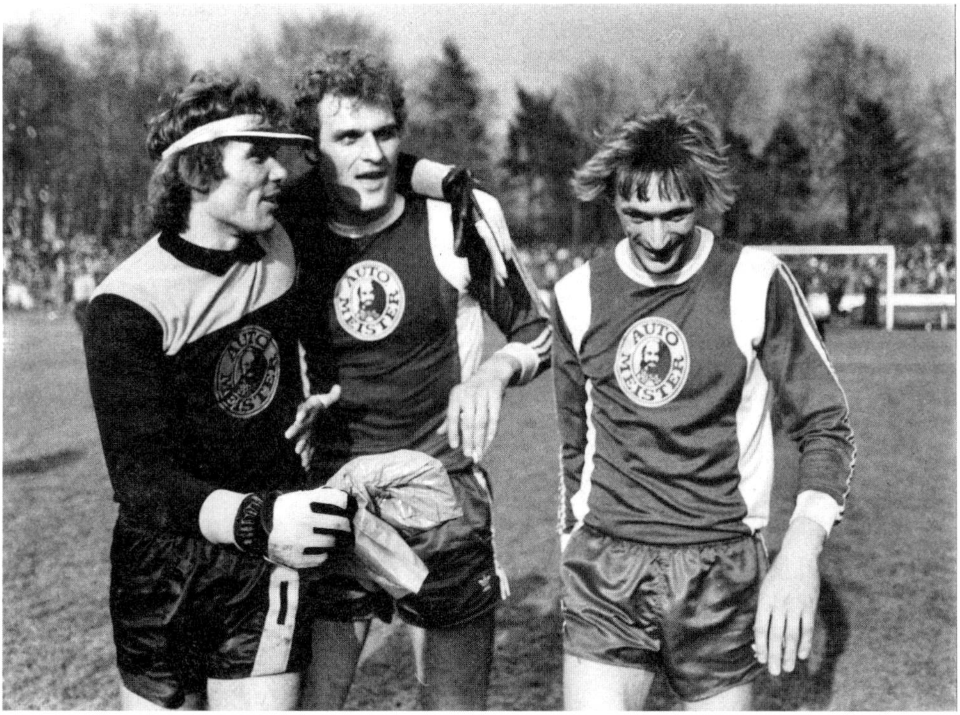

Geschafft und glücklich. Nach dem mühevollen 1:0-Auswärtssieg im DFB-Pokalhalbfinale bei Bayer Uerdingen freuen sich Norbert Nigbur, Uwe Kliemann und Hans Weiner (von links) (Foto: Wende)

Stolpertor." Herthas Trainer Keßler zu den 90 Minuten: „Wir haben deswegen verdient gewonnen, weil wir das 1:0 gehalten haben."

Weise kommentierte am Ostersonntag in der *Berliner Morgenpost*, dass Hertha mit dem Einzug ins DFB-Pokalfinale „die letzte Chance genutzt hat, eine Serie von Enttäuschungen zum guten Ende zu wenden." und er monierte die Radioübertragung des Westdeutschen Rundfunks vom Vortag: „Rundfunksprecher Jochen Hageleit ließ in seiner Reportage keinen Zweifel an seiner Sympathie für Uerdingen und versetzte Berliner Hörer mit seiner Schilderung vor allem in den letzten Minuten in Angst und Schrecken. Ganz so schlimm war es wohl doch nicht, auch wenn Hertha das Heil in der Defensive suchte." So sollte es gegen den 1. FC Köln zum DFB-Pokalfinale „der Enttäuschten" kommen, wie es in der *Fußball-Woche* hieß. Schließlich blieben beide Bundesligisten in der Liga weit hinter den Erwartungen zurück. Hertha landete auf Platz 10, Köln wurde immerhin noch Fünfter, halte aber als *der* Top-Favorit auf die Meisterschaft gegolten.

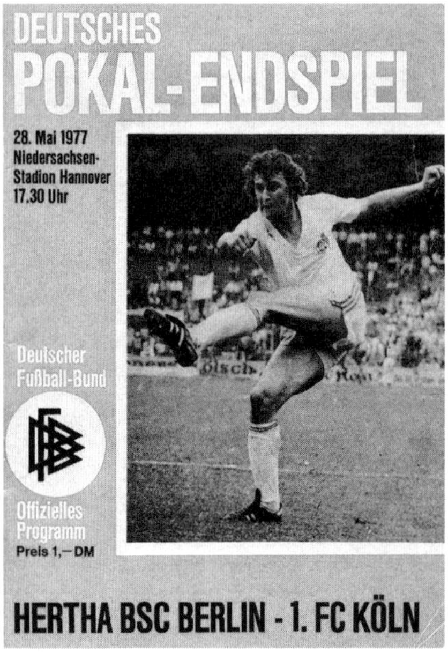

Programmheft vom 77er Pokalfinale Hertha BSC – 1. FC Köln (1:1, 0:1) (Foto: privat)

Zur Verblüffung vieler bat Keßler Herthas Präsidium in diesem Moment um vorzeitige Auflösung seines Vertrages zum 1. Juli 1977. Er verwies in seinem Brief, der in den Berliner Tageszeitungen in voller Länge abgedruckt wurde, auf die „schwierige Aufgabe eines Neuaufbaus einer Mannschaft.“ Seiner Einschätzung nach wäre dies ein Prozess, der mehrere Jahre andauern würde, und so erschien es ihm sinnvoller, dass dieser Aufbau sofort von einem Mann begonnen werden sollte, der ihn ohnehin zum regulären Ablauf seines Vertrages zum 1.7.1978 würde ersetzen müssen. Zwischen den Zeilen war jedoch klar herauszulesen, dass „die Ungeduld vieler Berliner Fußballfreunde über die Entwicklung bei Hertha BSC“ ein entscheidender Grund für seine Resignation war. Weise vermutete in der *Berliner Morgenpost* auch, „dass Keßler in den letzten Wochen gespürt haben muss, dass die Kritik ihm immer stärker ins Gesicht blies und sich die Mannschaft nicht mehr begeistern ließ.“ Für das Finale, bei dem Keßler noch auf der Trainer-Bank sitzen würde, musste dies kein Nachteil sein. „Der Entschluss des Trainers könnte innerhalb der Mannschaft ungeahnte Energien wecken. Im Grunde freuen sich die meisten Spieler auf einen neuen Trainer, aber den alten möchten sie nicht enttäuschen“, ahnte Weise schon, dass die Hertha am Wochenende des Pokalfinales ihr positives Gesicht zeigen würde.

Pfingstsonnabend, 28. Mai 1977
DFB-Pokal-Finale in Hannover
1. FC Köln – Hertha BSC

Das Finale vom Pfingstsonnabend warf seine Schatten voraus. Bereits seit Dienstag weilte Hertha im Trainingslager in der idyllischen Sportschule Barsinghausen, und schon am Mittwoch machten sich Herthas Spieler mit dem Rasen des Niedersachsen-Stadions vertraut, der keinen guten Eindruck hinterließ. Es stellte sich heraus, dass die „fraglichen Starter“ Beer und Hermandung würden mitwirken können. Beers Leistenverletzung war so gut wie abgeklungen, Hermandungs Versuche, den Ball zu köpfen, verliefen positiv. Er hatte im letzten Bundesligaspiel in Saarbrücken noch einen Nasenbeinbruch erlitten. Um Nigbur rankte sich eine andere Problematik: Es war bekannt geworden, dass er mit Herthas Endspielgegner aus Köln in Vertragsverhandlungen stand. Schlug ein rot-weißes Herz im blau-weißen Trikot? Der Gewissenskonflikt schien unüberbrückbar. Am Abend verfolgten die Spieler die Fernsehübertragung aus Rom vom Europapokalfinale der Landesmeister Borussia Mönchengladbach gegen den FC Liverpool (1:3). Keßlers Meinung zum „römischen" Endspiel: „Wer nicht kämpft, kann auch nicht gewinnen. Meine Herthaner werden mit vollem Einsatz kämpfen. Das kann ich allen Berliner Schlachtenbummlern versprechen." Abschiedsstimmung herrschte in diesen Tagen bei den Akteuren, die die Hertha nach dem Finale verlassen sollten: Hermandung wäre gern in Berlin geblieben, wurde sich aber mit den Verantwortlichen über eine Vertragsverlängerung nicht handelseinig und wechselte zu Eintracht Trier. Für Horr neigte sich die Profikarriere aus Altersgründen dem Ende entgegen: „Es waren schöne Jahre in Berlin, aber einmal muss eben Schluss sein, ich bin immerhin 35 Jahre alt." Der Nachfolger Keßlers stand bereits fest: Kuno Klötzer würde von der Trainerbank des Hamburger SV zur Hertha wechseln und ließ es sich nicht nehmen, zum Finale anzureisen. Nach letzten Meldungen waren 51.000 der amtlich verfügbaren 60.200 Eintrittskarten im Vorverkauf abgesetzt worden, davon 8.000 in Berlin, 12.000 in Köln, 31.000 in Hannover und Umgebung.

Seit Tagen schon hatte der Frühsommer Einzug gehalten. Lutz Rosenzweig ging in seinem Artikel am Spieltag darauf ein: „Solche Spiele können durch Zufälle entschieden werden. In diesem Zusammenhang sei nicht vergessen, entsprechende hohe

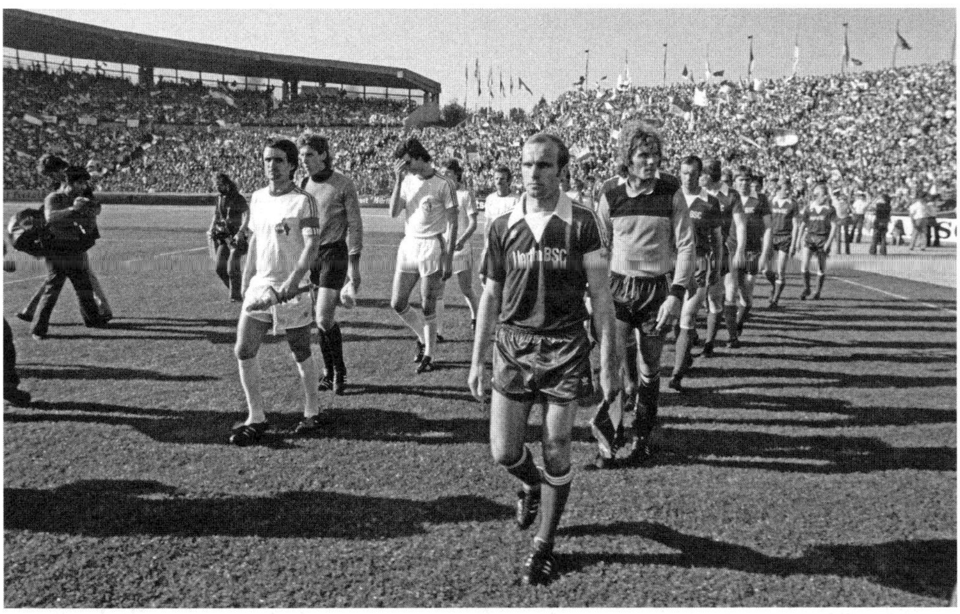

Hertha-Kapitän Erich Beer und Kölns Mannschaftsführer Wolfgang Overath führen ihre Teams aufs Spielfeld. Hinter Beer sind Torhüter Norbert Nigbur, Erwin Hermandung, Karl-Heinz Granitza und (ganz hinten) Michael Sziedat und Holger Brück zu erkennen. (Foto: imago/Werek)

Wärmegrade in der Gegend von Hannover einzukalkulieren. Herthas Lorenz Horr beispielsweise liegt die Hitze gar nicht. Keßler sagte kurz vor Kaffee und Kuchen: ‚Es mag so heiß sein, wie es will, wir haben hier seit Dienstag morgens und nachmittags bei hohen Temperaturen trainiert und sind deshalb bestens vorbereitet. Sonnabend um 17:20 Uhr kann es unmöglich noch wärmer sein ...‘ Auch zum Sportlichen äußerte er sich zuversichtlich: ‚Ich bin überzeugt, dass meine Mannschaft die zuletzt gezeigte Form noch steigern wird. Als ich sie vor drei Jahren übernahm, hatte sie fast genau dieselbe Besetzung wie heute. Eigentlich sind nur Tormann Nigbur und Mittelstürmer Granitza hinzugekommen.‘„

Natürlich war der 1. FC Köln der hohe Favorit. Schon die Namen der Kölner Mittelfeldreihe ließen die Fußballkenner mit der Zunge schnalzen: Simmet, Flohe und Overath. Doch die Außenseiterrolle hat noch keinem geschadet. Dass man mit den Kölnern immer viel Mühe gehabt hatte, schob man beiseite. Köln war zehnmal erfolgreich gewesen, sechsmal hatte Hertha gesiegt, vier Partien waren Unentschieden ausgegangen, aber der Pokal hatte bekanntermaßen seine eigenen Gesetze. Am Freitagnachmittag ersetzte ein längerer Spaziergang in der waldreichen Umgebung der Sportschule das Training. Am Sonnabendvormittag wurden zunächst Einzelgespräche geführt, nach einem leichten Mittagessen folgte ausgedehnte Ruhe auf den Zimmern. Gegen 15:30 Uhr bestiegen die Spieler mit dem Trainer den Bus, um ins Niedersachsenstadion zu fahren. Beim Einstieg ermunterte Keßler seine Spieler: „Wohlan, Männer, das Spiel kann beginnen.“

Das 34. DFB-Pokal-Finale begann in sengender Hitze, und beide Mannschaften lieferten von der ersten Minute an ein schnelles und dramatisches Spiel. Im ersten Abschnitt besaßen die Berliner zwar die besseren Tormöglichkeiten, unter anderem traf Granitza in der 40. Minute nur die Unterkante der Latte, die Kölner hatten jedoch mehr Spielanteile. Als sich alle schon auf ein 0:0 zur Pause eingerichtet hatten, geschah doch noch das Unheil aus Hertha-Sicht: Unhaltbar köpfte Kölns Mittelstürmer Dieter Müller eine Flanke ein (45.).
Nach dem Wechsel schienen die Westdeutschen alles unter Kontrolle zu haben, und für die Berliner wurde es immer brenzliger. Innerhalb von drei Minuten gab es vier Eckbälle für den FC, aber Hertha überstand die Angstminuten – und wurde fortan die dominierende Mannschaft. In der 68. Minute hob Beer einen Freistoß präzise zur Mitte, wo sich Horr listig seinem Bewacher entzog und – völlig frei – gefühlvoll zum 1:1 ins Kölner Netz einköpfte. „Zugabe, Zugabe“-Rufe hallten nun aus der Berliner Kurve „und jetzt sieht man, dass nicht nur rot-weiß Trumpf ist im Niedersachsenstadion zu Hannover. Jetzt sieht man ein blau-weißes Fahnenmeer“, kommentierte Jochen Hageleit fürs Radio. „Was der 34-jährige Horr mit dem Ball und seinem Gegner Konopka machte, das ließ ihn die Herzen der Zuschauer im Sturm erobern. Er glänzte im Sonnenlicht am Abend seiner Laufbahn“, lobte Rudi Rosenzweig poetisch den einst vom SV Alsenborn nach Berlin gewechselten Schützen des Ausgleichs. Die

Begegnung wurde zunehmend hektischer, neue Kräfte wurden bei Hertha geweckt. Die Kölner Schlachtenbummler waren längst verstummt, sie sahen, dass die Berliner konditionsstärker waren und einen mächtigen Sturmwirbel entfachten. Weisweiler hatte mit Beginn der Zusatzschicht Herbert Neumann für Wolfgang Overath gebracht. Niemand ahnte zu diesem Zeitpunkt, dass soeben die glanzvolle Karriere des Nationalspielers und Kölner Urgesteins Overath ein Ende gefunden hatte. Immer stärker wurde auf Berliner Seite Beer, „der wohl der beste Spieler auf dem Feld war“, wie es im *Kicker* hieß. In der 116. Minute haderte Hertha mit Schiedsrichter Frickel aus München. Neumann hatte Granitza zu Boden gerissen, und jeder im Stadion erwartete den Elfmeterpfiff. Doch Frickels Pfeife blieb stumm. „Nach dem Foul bin ich als Kapitän zum Schiedsrichter gegangen, um ihn dazu zu befragen, da sagte der, dass er so spät in einer Verlängerung unmöglich Elfmeter geben könne“, erinnert sich Beer noch an die kuriose Begründung Frickels. Es war in diesem Spiel nicht das erste Mal, dass sich die Berliner benachteiligt fühlten: Als Kapitän Beer in der 69. Minute allein auf Torwart Schumacher zugestrebt war, missachtete Frickel die Vorteilsregel, pfiff Beer zurück und gab Freistoß für Hertha. So blieb es an diesem heißen Pfingstsonnabend nach 120 Minuten beim 1:1, zum ersten und letzten Mal in der Geschichte des Wettbewerbs gab es in einem Endspiel keinen Sieger. Der Pokal wurde wieder eingepackt, und die zahlreichen Fans beider Mannschaften fuhren etwas ratlos nach Hause oder in die Pfingstferien. Die Berliner unter ihnen „freuten sich auch so über eine unvergessliche Galavorstellung einer Hertha-Elf, die im richtigen Moment topfit war und ein großes Spiel lieferte“, wie in Rudi Rosenzweigs Bericht zu lesen war. Für den *Kicker* war es „ein perlendes, temperamentvolles Spiel, dem nur das Siegestor fehlte.“ Walter Johannsen kommentierte nach dem Schlusspfiff für die ARD: „120 Minuten sind vorbei. Wir haben ein gutes, ein spannendes Pokalfinale gesehen und wir werden auch eine hoffentlich ebenso gute Partie am Montag sehen.“

Unmittelbar nach Spielschluss wurden die Kassen des Niedersachsenstadions wieder geöffnet. Der Vorverkauf für das Wiederholungsspiel begann, und sofort bildeten sich lange Schlangen. Die ARD gab am selben Tag bekannt, dass auch das zweite Finale vom Deutschen Fernsehen original übertragen werden würde. Herthas Spieler fuhren zurück in ihr Trainingslager nach Barsinghausen.

Hertha BSC – 1. FC Köln 1:1 (1:1, 0:1) nach Verlängerung

Hertha BSC: Nigbur; Sziedat, Brück, Kliemann, Weiner, Hermandung (68. Gersdorff), Sidka, Beer, Grau (112. Förster), Granitza, Horr
1. FC Köln: Schumacher; Konopka, Gerber, Strack, Zimmermann, Simmet, Overath (91. Neumann), Flohe, van Gool, Müller, Löhr (81. Larsen)
Schiedsrichter: Frickel (München)
Zuschauer: 60.000
Torfolge: 0:1 Müller (45.), 1:1 Horr (68.)

Pfingstmontag, 30. Mai 1977
DFB-Pokal-Finale in Hannover
1. FC Köln – Hertha BSC (Wiederholungsspiel)

Am Pfingstmontag wurde lange geschlafen, bis es nach einem Mittagsmahl und ausgedehnter Ruhe gegen 13:45 Uhr mit dem Bus Richtung Stadion ging. Während die Herthaner erfuhren, dass der Hamburger Ohmsen das zweite Finale leiten würde, erhielten die daheimgebliebenen Berliner Fans im Laufe des Vormittags eine schlechte Nachricht. Statt der noch am Sonnabend angekündigten Live-Übertragung wurde tatsächlich nur eine zeitversetzte Zusammenfassung von einer Stunde gesendet. Die Begründung lieferte Studio-Moderator Adolf Furler kurz vor der Ausstrahlung: „Die ARD bedauert aufrichtig, dass es heute Nachmittag nicht zu der vorgesehenen Original-Übertragung der Wiederholung des Endspiels im DFB-Vereinspokal im Niedersachsenstadion zu Hannover kam. Der Deutsche Fußball-Bund hatte sein bereits gegebenes Einverständnis dazu kurzfristig wieder zurückgezogen, weil zur gleichen Zeit einige Amateurmannschaften ihre Spiele austrugen.“ Wer als Berliner also live dabei sein wollte, musste auf die Radio-Originalübertragung von RIAS 1 zurückgreifen.

45.000 Zuschauer waren Zeugen des Wiederholungsspiels. Was die Fachleute geahnt und die Kölner Anhänger befürchtet hatten, wurde zur Gewissheit: Herbert Neumann ersetzte Wolfgang Overath, der nicht einmal auf der Reservebank saß. Weisweiler hatte Overath einen Platz auf der Bank angeboten, doch der Spielmacher lehnte den Vorschlag seines Trainers ab. Schon die gesamte Saison über hatte es Differenzen zwischen dem erfolgreichen Trainer und seinem Star gegeben.

Die erste Hälfte ähnelte der vom vergangenen Sonnabend, jedoch mit dem entscheidenden Unterschied, dass Hertha BSC dieses Mal nicht 0:1 zurücklag. Dass es mit einem 0:0 in die Kabine ging, hatten die Berliner ihrem eine nationalmannschaftsreife Leistung bietenden Torwart Nigbur zu verdanken. Nach dem Wechsel aber gingen sie mit mehr Übersicht und konstruktiver vor. Zunächst schmetterte Grau das Leder ans Kölner Lattenkreuz (46.). Dann folgte 29 Minuten vor Schluss der verdiente Lohn. Beer hatte sich um seinen Gegenspieler Simmet gewunden und aus zwölf Metern einen Prachttreffer erzielt. Groß war der Jubel in der Hertha-Kurve. Doch zum Entsetzen aller, die zu den Berlinern hielten, wurde das Tor von Schiedsrichter Klaus Ohmsen nicht anerkannt. Die Geschichte der mehr als zweifelhaften Entscheidungen gegen Hertha vom Sonnabend fand seine Fortsetzung. Nicht nur für Rudi Rosenzweig gab es keinen Zweifel: „Wir sahen kein Foul!“ Auch für den Linienrichter war der Fall sonnenklar – er schritt bereits zur Mitte. Der Vorsitzende des DFB-Spielausschusses, der Hamburger Walter Baresel, sagte dazu: „Ohmsens Entscheidung wird Tausenden ein Rätsel bleiben!“ „Selbst die Kölner Spieler gaben zu, dass es ein einwandfreies Tor war“, tobte Herthas Kapitän Beer noch weit nach Spielende und fügte gegenüber

Sportschau-Moderator Bernd Träger hinzu „Wir können noch hundert Tore schießen, kein einziges gilt. Alles wird abgepfiffen, Elfmeter wird nicht gepfiffen. Alles gegen die Berliner – immer!" Jahre später schilderte Beer die Szene noch einmal gegenüber *Tagesspiegel*-Journalist Stefan Hermanns und ergänzte sie um eine interessante These, weshalb dem Treffer die Anerkennung verweigert wurde: „Ich schnibbel den Ball an Heinz Simmet vorbei, er grätscht rein und will mich praktisch foulen. Aber ich springe über ihn, laufe allein aufs Tor zu und schieße. Erst in dem Moment, wo der Ball im Tor liegt, pfeift der Schiedsrichter ab und gibt Freistoß für Köln, weil ich Simmet angeblich gefoult haben soll. Vielleicht hing das aber auch damit zusammen, dass wir noch hinter der Mauer waren." So blieb Ohmsen der Einzige, der ein Foul von Beer gesehen haben wollte.

Eine Minute später strebte Granitza frei dem Kölner Tor zu. Der Kölner Strack konnte den Herthaner nur noch mit beiden Händen im Hechtsprung am Trikot festhalten, um so ein sicheres Tor zu verhindern. Zur Verblüffung aller im Stadion zückte Ohmsen nur die gelbe Karte, statt den fälligen Platzverweis auszusprechen. Herthas Schlachtenbummler gerieten in Harnisch, und nicht nur Horr wunderte sich zurecht: „Wir erleben bei unseren Spielen immer wieder neue Regeln, und alle sind gegen Hertha BSC gerichtet." Die neutralen Zuschauer müssen ähnlich empfunden haben. Sie schenkten fortan ihre Sympathien den Berlinern, die den Rückenwind des Publikums spür-

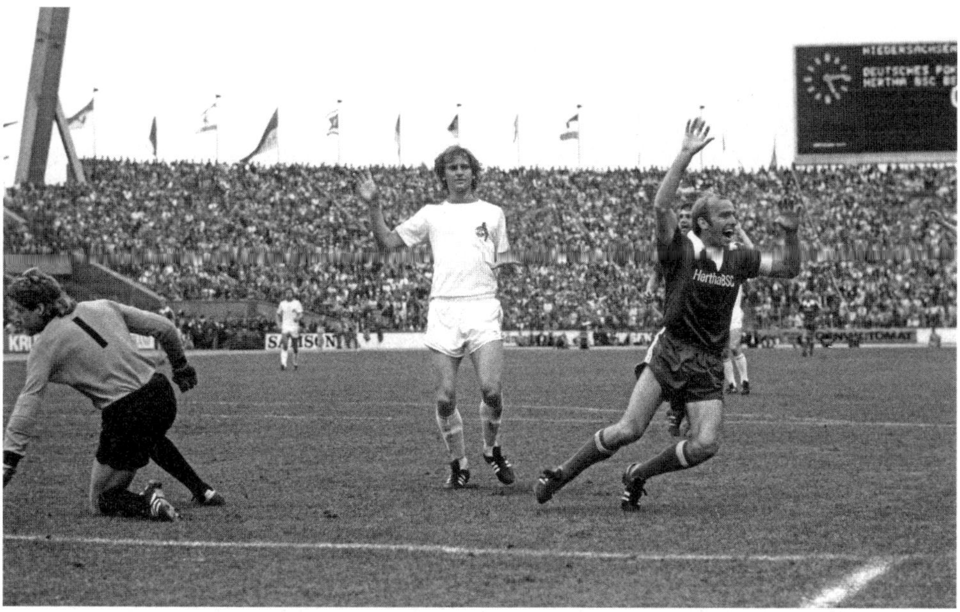

Erich Beer wähnt sich nach seinem vermeintlichen 1:0-Führungstreffer im 2. Finale mit seinem Team auf der Siegerstraße. Schiedsrichter Klaus Ohmsen erkennt das Tor nicht an und bleibt mit seiner Meinung an diesem Nachmittag allein. (Foto: imago/Werek)

ten. Ohmsens Entscheidungen sorgten für diesen Wandel. Es war Pech, dass gerade, als Hertha dem Sieg näher schien, völlig überraschend die Entscheidung zugunsten der Kölner fiel: Müller köpfte an der vorderen Ecke im Luftduell mit Kliemann den Ball genau unter die Latte (70.). Keine Abwehrmöglichkeit für Nigbur, der nichtsdestotrotz an beiden Tagen wahre Weltklasse demonstrierte. Es war eine getreue Kopie des Kölner Treffers vom Sonnabend. Kliemann, den schon zwei Tage zuvor eine Oberschenkelverletzung arg behindert hatte und der mit einem Klebeverband spielte, beklagte hinterher, „dass wir klar betrogen worden sind.“ Mit Mühe und Not erreichten die turmhoch favorisierten Kölner schließlich das Ziel, ihr Erfolg war mehr als glücklich und besaß einen faden Beigeschmack. Den 41-jährigen Schiedsrichter Klaus Ohmsen mussten schließlich acht Polizisten auf dem Weg in die Kabine abschirmen. Die größte „Gefahr“ drohte ihm vom Besten der 25 Akteure auf dem Platz: Herthas überragender Torwart Nigbur sauste wie ein Rasender quer übers Feld und konnte nur vom beherzten Hertha-Co-Trainer Hans „Gustav“ Eder daran gehindert werden, dem hochroten Kopfes fliehenden Schiedsrichter an den Kragen zu gehen. Dass Herthas Torsteher trotz des „so gut wie“ feststehenden Wechsels zum Gegner überhaupt spielte, hatte er seinen Mannschaftskameraden zu verdanken. „Wir haben in der Mannschaftssitzung beraten, ob wir Norbert spielen lassen, und wir haben uns dafür entschieden. Er hat uns versprochen, dass er sich wie ein Profi verhält und hat in beiden Spielen super gespielt“, erzählte Beer.

Lutz Rosenzweig zog dennoch ein positives Fazit der beiden Finalspiele: „Die Hertha-Elf hat in Hannover einen glänzenden Saison-Schlusspunkt gesetzt, egal, ob nun gewonnen oder verloren wurde. Insofern könnte der neue Trainer Kuno Klötzer mehr aus der Mannschaft herausholen. Wenn sie so gut wie bisher besetzt bleibt ...“ Der mögliche Transfer von Nigbur zum 1. FC Köln war seit Wochen im Gespräch. Für Hans-Dieter Barthel vom *Kicker* war er sogar schon ausgemachte Sache. Überhaupt hatte Barthel so seine eigene Sichtweise auf den Verlauf des Finales: „Insgesamt gab es zu viele Kölner Glanzlichter, aus deren Schatten Hertha nicht heraustreten konnte. Bis auf den Supermann Nigbur natürlich – aber der spielt ja in der nächsten Saison auch für den 1. FC Köln.“

Trotz der Niederlage veranstalteten die Herthaner einen Autokorso. Eine Welle der Sympathie schlug ihnen entgegen, als es vom Parkplatz der Philharmonie ab 10:30 Uhr in offenen Wagen über den Lützowplatz, den Wittenbergplatz, die Tauentzienstraße, den Kurfürstendamm zur Deutschlandhalle ging, wo Freibier und Musik für gute Laune sorgten. Am Rande dieser Feier erfuhren Fußballfreunde und Journalisten, dass sich in den nächsten Tagen entscheiden würde, ob Herthas großartiger Torwart seinen noch bis 1978 laufenden Vertrag erfüllen oder zum Pokalsieger nach Köln wechseln würde. „Nigbur – Nigbur“-Rufe machten deutlich, was sich die Hertha-Fans wünschten. Verabschiedet wurden Trainer Keßler, Wolter, Frank Hanisch und die langjährigen Stützen Hermandung und Horr.

Der Deutsche-Fußball-Bund (DFB) zog nach dem Wiederholungsspiel seine Konsequenzen und entschied, bei zukünftigen Pokalendspielen nach der Verlängerung ein Elfmeterschießen zuzulassen. Somit war Herthas Finale von Hannover das erste und zugleich auch das letzte Wiederholungsspiel bei einem DFB-Pokalfinale.

Hertha BSC – 1. FC Köln 0:1 (0:0)
Hertha spielte mit: Nigbur; Sziedat, Brück, Kliemann, Weiner, Hermandung (80. Kristensen), Sidka (71. Gersdorff), Beer, Grau, Granitza, Horr.
Köln spielte mit: Schumacher; Konopka, Gerber, Strack, Zimmermann, Simmet, Flohe, Neumann (76. Cullmann), van Gool, Müller, Löhr
Schiedsrichter: Ohmsen (Hamburg)
Zuschauer: 45.000
Tor: 0:1 Müller (70.)

Kapitel 8

„Wer nicht dabei war, konnte es kaum glauben“ Mit Kuno Klötzer zurück in die Erfolgsspur (1977/78)

„Nun wird's kritisch für Hertha BSC“, machte man sich nach dem 11. Spieltag in der Redaktion der *Fußball-Woche* ernsthafte Sorgen um Berlins Aushängeschild. Nach einer 1:3-Niederlage der Klötzer-Schützlinge an einem Mittwochabend in Köln-Müngersdorf und dem schnellen Abrutschen in die Abstiegszone, schien es für Hertha plötzlich nur noch ums nackte Überleben zu gehen. Herthas Treffer durch Beer fiel erst beim Stande von 0:3, als bereits alles entschieden war. „Es ist fünf Minuten vor Zwölf“, lautete die Überschrift der *Fußball-Woche*. Rudis Bruder Lutz drückte es noch drastischer aus: „Hertha sah wie ein Absteiger aus.“

Dabei sollte es nach zwei sportlich bescheidenen Bundesliga-Spielzeiten mit Platz 11 (1975/76) und Rang 10 (1976/77) und der Trennung von Trainer Georg Keßler nach drei Jahren Tätigkeit in Berlin wieder aufwärts gehen. Als Nachfolger Keßlers präsentierten die Berliner den 55-jährigen Kuno Klötzer, der seit 1973 Jahre den Hamburger SV trainiert und soeben mit den Hanseaten nach einem 2:0 im Finale gegen den RSC Anderlecht im Olympiastadion von Amsterdam den Europapokal der Pokalsieger gewonnen hatte. Klötzer, liebevoll mit dem Spitznamen „Ritter Kuno“ versehen, galt noch als „Trainer alter Schule“. Einzig nennenswerter Neuzugang bei den Blau-Weißen war Dieter Nüssing, den es vom 1. FC Nürnberg nach Berlin zog. Der von *Kicker*-Journalist Barthel schon voreilig zum 1. FC Köln transferierte Nigbur hingegen entschloss sich, seinen Vertrag doch zu erfüllen und blieb in Berlin. Die Herthaner waren skeptisch, was die eigenen Möglichkeiten in der kommenden Saison anging, und tippten Platzierungen zwischen Rang 7 und 12. Der Verein kalkulierte vor der Saison mit einem Zuschauerschnitt von 27.000. Dabei war allen Beteiligten klar, dass diese Marke nur zu erreichen war, wenn Klötzer die Mannschaft wieder in die oberen Tabellenregionen führen würde – zurück in die Erfolgsspur.

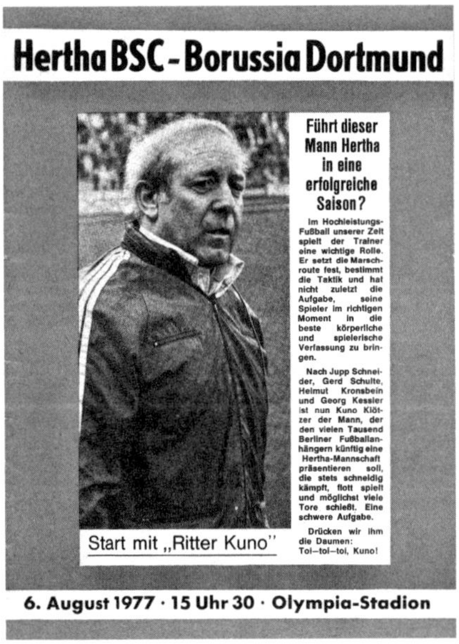
Hertha BSC - Borussia Dortmund

Führt dieser Mann Hertha in eine erfolgreiche Saison?

Im Hochleistungs-Fußball unserer Zeit spielt der Trainer eine wichtige Rolle. Er setzt die Marschroute fest, bestimmt die Taktik und hat nicht zuletzt die Aufgabe, seine Spieler im richtigen Moment in die beste körperliche und spielerische Verfassung zu bringen.

Nach Jupp Schneider, Gerd Schulte, Helmut Kronsbein und Georg Kessler ist nun Kuno Klötzer der Mann, der den vielen Tausend Berliner Fußballanhängern künftig eine Hertha-Mannschaft präsentieren soll, die stets schneidig kämpft, flott spielt und möglichst viele Tore schießt. Eine schwere Aufgabe.

Drücken wir ihm die Daumen: Toi–toi–toi, Kuno!

Start mit „Ritter Kuno“

6. August 1977 · 15 Uhr 30 · Olympia-Stadion

Programmheft Hertha BSC – Borussia Dortmund (3:1). Titelbild: „Ritter“ Kuno Klötzer wird als neuer Hertha-Coach vorgestellt. Sein Einstand gelingt. (Foto: privat)

„Kenner der Szene behaupten, dass diese Saison die interessanteste, aber auch härteste werden wird", schrieb Hertha-Präsident Ottomar Domrich anlässlich des Saisonauftakts gegen Borussia Dortmund im *Berliner Fußball-Programm*. „Unser Club – Hertha BSC – wird bemüht sein, sich in der kommenden Saison in der Tabelle dicht hinter den heißen Meisterschaftsfavoriten festzusetzen", hoffte Domrich auf eine erfolgreiche erste Spielzeit unter dem neuen Trainer.

35.931 glückliche Zuschauer verließen nach dem Saison-Auftakt gegen Borussia Dortmund das Olympiastadion mit dem Gefühl, dass womöglich wieder eine erfolgreichere Spielzeit als zuletzt vor ihnen liegen würde. Am meisten aber strahlte Herthas neuer Trainer Klötzer nach dem 3:1-Erfolg über die gefürchteten Schwarz-Gelben. Dabei vollzog sich der Wandel erst mit der Hereinnahme des Supertechnikers Kristensen. Ohne Trikotsponsor und nicht im klassischen blau-weiß gestreiften Jersey liefen die Berliner auf. Erst Ende Oktober, zum Spiel bei Bayern München, sollte der Namenszug des Spirituosenherstellers „Mampe" die Brust der Spieler zieren. Lutz Rosenzweig stellte fest, dass Herthas Auftakt „nur einen Schönheitsfleck hatte – dass es nicht ein 5:0 oder 6:1 geworden ist ..." Für ihn blieb dennoch das Erfreuliche haften: „Granitzas feine Vorarbeiten zu den Treffern Nummer Eins und Drei durch Sidka, Weiners 14-Meter-Hochschuss zum 2:0 und – ja, Kristensens Wirken." Über den Dänen Kristensen schieden sich seit seinem Wechsel zu Hertha BSC im September 1976 die Geister. Zum einen war für jedermann sichtbar, dass er in der Hertha-Elf der spielerische Fix-Punkt war, derjenige, der Ruhe und Übersicht behielt, über eine Perfektion am Ball verfügte wie kein anderer im Hertha-Team, oder wie Rosenzweig es trefflich ausdrückte, „der Spieler, der Fußball erst schön macht." Doch schon Klötzers Vorgänger Keßler hatte auch die andere Seite des Supertechnikers gesehen: Er hatte die fatale Schwäche, seinen Gegenspieler nicht markieren zu können. „Er kann für uns ein richtiger Joker werden", sagte Klötzer, traute ihm aber nicht zu, „90 Minuten durchzuhalten." Er sollte vom Dänen eines Besseren belehrt werden, denn es sollte nicht allein beim „Premierenglanz durch Kristensen" bleiben, wie die *Fußball-Woche* es formulierte. „Nach diesem Sieg darf die Hertha getrost zum Kreis der Favoriten gezählt werden", hieß es zu später Stunde im *Aktuellen Sportstudio*, und niemand ahnte, wie sich die Lage im Spätherbst zuspitzen würde.

Herthas erster Auswärtsauftritt der Saison hatte durchaus tragische Züge. „Nur drei Minuten fehlten der Mannschaft von Hertha BSC, um auf dem Mönchengladbacher Bökelberg einen Punkt gegen den Deutschen Meister Borussia Mönchengladbach zu holen", schrieb Beyer in der *Berliner Morgenpost*. Lutz Rosenzweig begab sich ins Reich der Tiere: „Die Tapser der kleinen, japsenden Maus (Hertha) wurden immer kürzer, aber so dicht vor dem Loch schien doch Rettung zu sein. Da traf mit ihrem letzten Hieb doch noch im allerletzten Moment die mächtige Katze (Borussia). Knappe 150 Sekunden trennten die Herthaner vom überraschenden Punktgewinn." Der Rasen war vom ständigen Regen so sumpfig geworden, dass dem Zufall Tür und

Tor geöffnet wurde. Für die im Regen ausharrenden Zuschauer dagegen war es ein Riesenspaß, wenn rechts von der Tribüne der Ball in Pfützen regelrecht unterging. Die Gladbacher gingen zwar durch Wimmer 1:0 in Führung, doch beinahe im Gegenzug profitierte Hertha von den fast irregulären Platzverhältnissen. Dem langen Torwart Kneib rutschte eine Flanke unter dem Körper durch, sodass er maßgerecht dem heran geeilten Granitza vor die Füße fiel: 1:1. Als der kleine Hertha-Anhang schon mit einem Unentschieden rechnete, sauste Rainer Bonhofs Kopfball-"Torpedo" über Nigburs Kopf unter die Latte. Für Lutz Rosenzweig aber waren die Mängel unübersehbar. „Bewegung kommt erst ins Hertha-Spiel, wenn irgendwer den Ball geschlagen hat.“

Fahrten nach Bochum waren in den 70er-Jahren für die Herthaner vergleichbar mit den Auftritten der Münchner Bayern am gefürchteten Lauterer Betzenberg, von denen Breitner einst sagte, dass man sich die Reisestrapazen eigentlich sparen könnte. „Besser wäre es, die Punkte gleich dorthin zu schicken.“ Aber einen solchen Auftritt einer Berliner Mannschaft im Ruhrstadion wie an diesem warmen Mittwochabend hatten selbst Journalisten und Anhänger, die „ihre“ Hertha seit vielen Jahren auswärts begleiteten, noch nie geboten bekommen. Das hielt auch Lutz Rosenzweig fest: „0:5 – au Backe! Es war zwar ‚nur‘ die siebte Niederlage im siebten Auswärtsspiel gegen Bochum, aber es war die schlimmste aller Abfuhren. Eine glatte Blamage.“

Das Debakel in Bochum hatte Spuren hinterlassen. Im *Berliner Fußball-Programm* zum Spiel gegen den MSV Duisburg wollte Horst Lück im Namen des Vorstandes nicht näher auf die Leistung in Bochum eingehen, so ließ er nur wissen: „Es war hoffentlich die Ausnahme von der Regel.“ „Oh, wie ist das schön…“, begannen Hertha-Frösche und Fans auf den Rängen zu singen, nachdem Gersdorff eine Viertelstunde vor dem Ende einen Foul-Elfmeter zum 2:1 für die Berliner verwandelt hatte. „Zum Schluss des Spiels stand es 2:2, und aus den Sängern waren Pfeifer geworden, die sich gemeinsam mit den anderen der 21.495 Zuschauern den Unmut über Herthas schwache Leistung von der Seele pfiffen“, hielt Beyer die Reaktionen des Publikums am späten Nachmittag fest. Lutz Rosenzweig fällte ein vernichtendes Urteil: „Die Herthaner spielten wie elf Mann, die sich gerade fünf Minuten vor dem Anpfiff in der Kabine kennengelernt haben.“ So schloss Rosenzweig seinen Bericht mit folgendem Fazit: „Es ist eben das alte Lied: Wer Hertha angreift, hat schon gewonnen! Gut, dass das nicht alle Gegner wissen!“

Den Start in die „Englische Woche“ hatten die Berliner mit dem 2:2 verpatzt, doch Herthas nächster Gegner, Aufsteiger 1860 München, mit 1-7 Punkten in den Startlöchern hängengeblieben, stand vor dem Heimspiel gegen Hertha BSC gehörig unter Zugzwang. Die Berliner boten im abendlichen Münchener Olympiastadion eine passable Mannschaftsleistung. Ein abgefälschter 25-Meter-Schrägschuss Sidkas in vorletzter Minute sorgte für einen verdienten 3:2-Sieg. Hertha war besser, was auch daran lag, dass der Aufsteiger wie ein Absteiger spielte. Lutz Rosenzweig drückte es drastisch aus: „Diese Münchener Löwen-Elf, so tapfer sie auch ist, wird mit höchster Wahrscheinlichkeit unter den drei Absteigern sein." Hertha hatte nach einem 0:1-Rückstand mit einem Doppelschlag durch Nüssing und Granitza unmittelbar vor der Pause zurückgeschlagen und später das 2:2 kassiert. Für Reporter Eberhard Stanjek war es „ein Spiel, in dem die Tore mehr oder weniger Zufallsprodukte waren", wie er am Abend in der Sendung *Sportschau extra* kommentierte. Klötzer bot gegen seine Gepflogenheit Kristensen von Beginn an auf. „Für Herthas Kultur im Angriff sorgte der endlich mal ein Spiel durchstehen dürfende Kristensen", lobte die *Fußball-Woche* den kleinen Dänen. Für Lutz Rosenzweig stand außer Frage, dass Herthas-Saison-Schicksal im Wesentlichen von Kristensens Form abhängen würde. Er schrieb dazu: „Den kleinen Trickser gestern Abend am Ball zu sehen, bedeutete stets: Jetzt passiert was Gescheites. Wer weiß, welche kombinatorische Armut in der Hertha-Elf steckt, wird erkennen, welchen Wert der 30-jährige Nationalspieler für Berlins Bundesliga-Elf hat."

Drei Tage später berichtete Sprentzel für die *Sportschau* von der Partie Hertha BSC gegen Eintracht Frankfurt aus einem schwülwarmen Olympiastadion. Die Zusammenfassung beendete er mit folgenden Worten: „Mit den Berlinern muss wieder gerechnet werden." Es muss wirklich eine beeindruckende Vorstellung der Hertha-Elf vorausgegangen sein, wenn auch der eher zur Vorsicht neigende Lutz Rosenzweig beinahe in Euphorie verfiel: „Wenn laut offizieller Version das Olympiastadion 75.356 Sitzplätze hat, dann hätte dieses Spiel 75.000 Zuschauer verdient. So packend, sportlich, kämpferisch und qualitativ gut war es." „Sprotte" Neuendorf, ein gewiss nicht zu Übertreibungen neigender Fußball-Fachmann, analysierte für die *Fußball-Woche*, dass „es eine so famose Hertha-Mannschaft seit Jahr und Tag nicht gab."

Zwischen der 35. und 45. Minute fiel das Thermometer im Wolkenbruch kurz nach 16:00 Uhr um fünf Grad Celsius – von 27 auf 22. Unter diesen extremen Einwirkungen fanden die Herthaner ihre beste Form. Hier gelang ihnen auch der Führungstreffer durch Granitzas 12-Meter-Hochschuss nach glänzendem Zuspiel von Kristensen. Kristensen wirkte spürbar angestachelt „durch Trainer Klötzers Zweifel an ihm", wie Beyer vermutete. In der Form von diesem Sonnabend-Nachmittag „wäre es frevelhaft, auf solchen Könner zu verzichten." In der durch den Wolkenbruch entstandenen Treibhaus-Atmosphäre erfreute eine Fülle dramatischer Torszenen die Zuschauer, mit Nüssings 2:0 war es entschieden. Lutz Rosenzweig blieb im *Abend* gewohnt sachlich: „Bleibt man auf dem Boden der Realität, dann gilt folgende Erkenntnis: Es war eine Sternstunde, die kräftemäßig, und was das Technische, Spielerische und Taktische angeht, so bald nicht zu wiederholen sein wird!"

Die Skeptiker sahen sich bestätigt. „Die Hochstimmung des Berliner Fußballfestes gegen Eintracht Frankfurt hielt nur eine Woche an." Am Kaiserslauterer Betzenberg verfiel Hertha wieder in den alten Trott. Lutz Rosenzweig sah „alte, schlimme Mängel in fehlender spielerischer Beweglichkeit.“ Toppmöllers 1:0 Sekunden vor der Pause traf Hertha im ungünstigen Moment, sein 2:0 (68.) nahm dem Spiel das letzte Spannungs-Moment. Lutz Rosenzweig schien es geeignet, einem mitgereisten Fan die Beurteilung über die aus Berliner Sicht so enttäuschend verlaufene Begegnung zu überlassen: „Die Meinung der wenigen Berliner Schlachtenbummler fasste der für solche Sprüche bekannte blau-weiße Oberfrosch ‚Pepe‘ Mager nach dem Schlusspfiff zusammen, den wir – in etwas abgewandelter, zivilisierter Form – wiedergeben: Für so'n Mist fährt man nu‘ quer durch Deutschland ...“

Hertha knüpfte beim 1:1 gegen den Aufsteiger VfB Stuttgart nahtlos an die schwache Vorstellung der Vorwoche an. Die *Fußball-Woche* sah „Hertha auf dem absoluten Tiefpunkt“, und die *BZ* prognostizierte eine düstere Zukunft: „So kommt Hertha in Abstiegsgefahr!“ Klötzer wirkte ratlos, und 18.691 Zuschauer fragten sich, ob das die gleiche Hertha-Elf war, die vor 14 Tagen der Frankfurter Eintracht so ein großes Spiel geliefert hatte. Ihrem Torsteher Nigbur und seinen Glanzparaden hatten es die Berliner zu verdanken, dass sie nach Treffern von Jochen Förster (1:0, 44.) und Dieter Hoeneß (1:1, 77.) wenigstens einen glücklichen Punkt behielten. Hertha standen schwere Zeiten bevor – auch, weil sich Granitza eine Meniskus-Verletzung zugezogen hatte. Dem Mittelstürmer drohte eine ebenso lange Pause wie Verteidiger Weiner, der nach einem Foulspiel des Feldes verwiesen worden war.

„Wer annahm, Hertha habe in Bochum (0:5) und gegen Stuttgart (1:1) die schwächsten Leistungen geboten, irrt. Auf St. Pauli war's noch schlimmer.“ Berliner Journalisten wie Lutz Rosenzweig *wirkten* nach der 0:3-Niederlage nicht nur ratlos – sie *waren* es. Weise staunte über die „blutleere Vorstellung“, die ihn an „finstere Bundesligazeiten“ erinnerte, „in denen Hertha bei Auswärtsspielen nach Strich und Faden vermöbelt worden war.“ „Eine Beerdigung erster Klasse“, sah Rudi Rosenzweig. „Bei Franz Gerbers tödlichen Tritten zu den Toren eins (57.), zwei (67.) und drei (73.) wähnte man sich in der peinigenden Situation des Angstträumers, der die riesige Gefahr zwar deutlich sieht, ihr aber nicht entrinnen kann“ schrieb Lutz Rosenzweig. Die Krise schien ihren Höhepunkt erreicht zu haben. War Klötzer noch der richtige Trainer? Der Vorstand sah sich angesichts dieser Fragen und des gleichzeitigen Absturzes auf Tabellenplatz 14 genötigt einzugreifen, bevor es zu spät war. Ottomar Domrich kündigte noch auf dem Hamburger Flughafen an: „Montag ist Lagebesprechung! Die Spieler müssen sich äußern ...“

Diese standen mehrheitlich hinter ihrem Trainer. Kliemann bezeichnete Klötzer „als einen wirklich tollen Menschen.“ Doch gleich, was man sich auch vorgenommen oder geschworen hatte, an der Umsetzung haperte es beim heimischen 0:0 gegen Fortuna Düsseldorf. Lutz Rosenzweig ordnete das 0:0 realistisch ein: „Wer mehr gegen Fortuna Düsseldorf fordert, überschätzt die Hertha 77, wer weniger erwartet, unterschätzt Hertha. Das 2:0 gegen Eintracht Frankfurt war eine Sternstunde Herthas.

Das 1:1 gegen Stuttgart entsprang schwacher Tagesform, das 0:0 gegen Düsseldorf war normale Hertha-Kost unserer Tage.“ Hertha hatte im fünften Heimspiel das dritte Mal remis gespielt, dazu gelang in den letzten vier Spielen nur ein Treffer. Das war natürlich zu wenig, um mehr als die 9.817 Berliner Fußballfreunde anzulocken. „Einige Herthaner denken immer noch, wenn sie den Ball weitergespielt haben, ist für sie der Film zu Ende“, bemerkte Neuendorf süffisant. Bei Wechsel von Sonnenschein und Gewitterguss zeigte sich wieder einmal, dass die mit gewaltigen Kosten erstellten Dächer praktisch nichts wert waren, wenn der Wind den Regen peitscht. Völlig durchnässt flüchteten sogar die Balljungen von der Tartanbahn. „Verliert Hertha am 12. Oktober in Köln – was ja keine Sensation wäre – könnte sie unter Umständen schon Drittletzter sein. Wäre das Trost oder Stimulanz für Sensationshungrige: Hertha in akuter Abstiegsnot?“, fragte Lutz Rosenzweig im *Abend* angesichts sinkender Zuschauerzahlen.

Doch wie eingangs des Kapitels geschildert, unterlagen die Berliner in Köln mit 1:3 und standen am Scheidepunkt der Saison. Horst Lück vermutete vor der Partie gegen Werder Bremen, dass der Weg aus der Misere im psychologischen Bereich zu suchen sei. „Am fehlenden Können kann es ja kaum liegen. In den Reihen der Mannschaft gibt es so viele ‚alte Hasen‘ und sehr viel echtes Leistungsvermögen.“ Hans-Heinz Hoffmann wies in der Einleitung seines Stadionheftes darauf hin, worauf es jetzt ankam: „Schneidig die Kurve kriegen! Es wird allerhöchste Zeit.“

Lutz Rosenzweig sah beim 2:0-Erfolg Herthas ein Spiel zweier in dieser Form zu den Abstiegskandidaten zählenden Mannschaften. Trotz der Senkung der Eintrittspreise für den Oberring von zehn auf sieben Mark kamen nur 14.677 Zuschauer in die riesige Arena. Herthas Spieler trugen Trauerflor. „Zum Gedenken an unser Wirtschaftsrat-Mitglied Hanns Martin Schleyer“, wie der Stadionsprecher verkündete. Schleyer war am 18. Oktober während des „Deutschen Herbstes“ Opfer des RAF-Terrorismus geworden. „Eine Minute herrschte Schweigen. Nicht ganz freilich im Bereich des Blocks der Hertha-Frösche, wo man zwar auch Fahnen mit Trauerflor sah, aber auch junge Menschen, die mit erhobener Rechten oder Linken, so grüßten einst die Nazis, des Augenblicks gedachten“, wie Jakob Laux in der *Fußball-Woche* die inakzeptable Haltung der Fans beschrieb.

„Beide Tore waren sehenswert“, schrieb Lutz Rosenzweig, „Granitzas 23-Meter ‚Pfund‘ Millimeter unter die Latte (38.) und das typische ‚Granini‘-Tor zum 2:0 (48.) waren schon ihr Geld wert. Aber anderes war das (selbst in der Höhe herabgesetzte) Eintrittsgeld nicht wert.“ Klötzer erklärte die spielerische Armut mit der nervlichen Belastung, die auf dieser Partie lag. Lutz Rosenzweig wollte das nicht gelten lassen: „Nein, nein. Die Hertha vom 22. Oktober war die Hertha unserer Tage. Sie kann's normal nicht besser.“ Sziedat, der gegen Bremen sein 200. Bundesligaspiel bestritt, wollte keine Kritik an Trainer Klötzer aufkommen lassen. „An ihm liegt es auf gar keinen Fall. Sie werden es nicht für möglich halten, ich glaube sogar, dass wir bei Bayern München *einen* Punkt holen.“ Hier aber irrte Herthas Außenverteidiger.

Als Tabellenvierzehnter flogen die Berliner nach München, wo sie seit acht Jahren keinen Punkt hatten gewinnen können. Erstmals trugen die Berliner auf ihren Trikots den berühmten Mampe-Elefanten, Wahrzeichen einer alten Spirituosen-Firma. Der Vertrag besaß eine Laufzeit bis zum Ende der Spielzeit 1978/79 und spülte laut Hertha-Vorsitzendem Ottomar Domrich 250.000 DM in die Kassen. Vor allem aber freute sich Domrich darüber, dass sich die Firmenleitung von „Mampe“ gerade im Moment eines Tiefs des Vereins zur Kooperation bereitgefunden hatte. „Die Pechzahl 13 brachte Hertha BSC Glück: Der 13. Spieltag dieser Saison kann ein Wendepunkt für die Herthaner gewesen sein“, schrieb Rudi Rosenzweig zum 2:0-Sieg der Berliner und ahnte nicht, dass er damit prophetische Fähigkeiten bewies. Natürlich waren die Bayern feldüberlegen, aber ihre Stürmer Rummenigge, Hoeneß und Müller wurden durch Herthas Abwehrspieler Sziedat, Weiner und Kliemann abgemeldet. Neuendorf benotete Kliemann in der *Fußball-Woche* mit „Sehr gut“, denn er sah einen Kliemann, „wie man ihn sich besser nicht wünschen kann.“ Sein wohl bis dahin bestes Spiel im Hertha-Trikot zeigte an diesem Nachmittag der überragende Kristensen, dessen Dribblings eine helle Freude waren. In der 29. Minute zog Weiner den Ball vors Bayern-Tor und Grau drückte das Leder aus kurzer Distanz über die Linie.

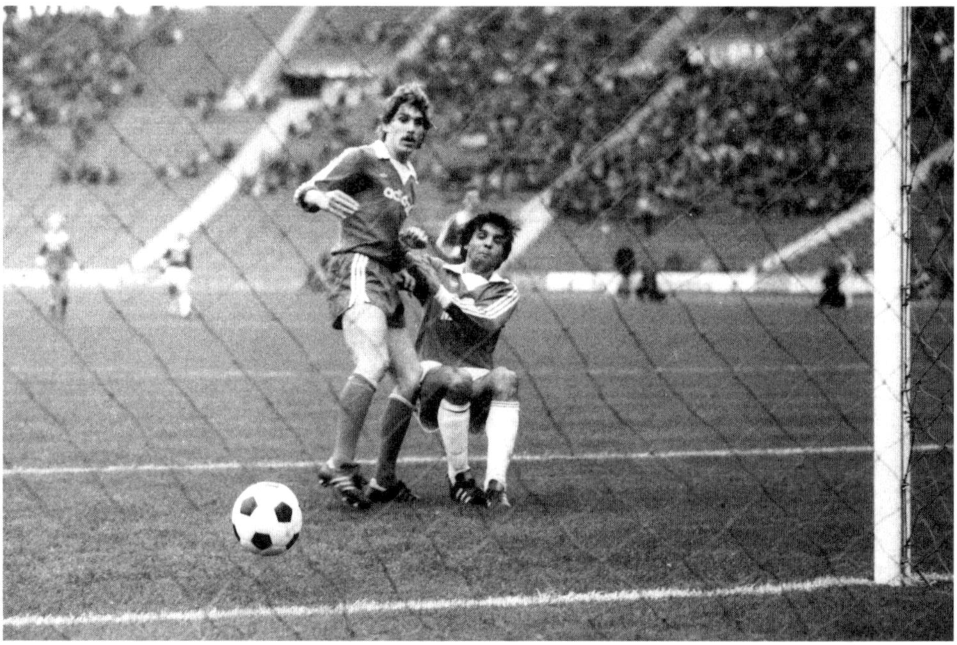

Gerd Grau bringt die Berliner beim 2:0-Sieg in München in Führung. Es bleibt bis heute Herthas letzter Erfolg bei den Bayern. (Foto: imago/Fred Joch)

In der 69. Minute nahm Trainer Klötzer Grau aus dem Spiel und brachte stattdessen Gersdorff. Damit bewies er ein glückliches Händchen, denn dem Ex-Braunschweiger gelang in der 89. Minute aus spitzem Winkel das 2:0 für Hertha. Bis zum heutigen Tag blieb es der letzte Erfolg der Berliner beim FC Bayern – über 47 Jahre liegen bereits dazwischen. Für die Redaktion der *Fußball-Woche* kam diesem Auswärtserfolg eine besondere Bedeutung zu: „So kann sich ein einziges Spiel auf die Gesamtsituation des Vereins auswirken."

Der Vertrag mit „Mampe" regelte zugleich, dass sich die vereinbarte Summe erhöhen würde, sollten die Herthaner DFB-Pokalsieger oder Deutscher Meister werden, aber auch das Erreichen eines Startplatzes für die Teilnahme am lukrativen UEFA-Cup würde honoriert werden. Dieses Ziel erschien nicht mehr ganz so abwegig wie die beiden erstgenannten, aber der 12. Tabellenplatz mit ausgeglichenem Punktekonto von 13-13 Zählern sprach auch nicht unbedingt dafür, dass man am Saisonende mit einem Zuschlag würde rechnen können. Erst einmal hatte man sich Luft nach unten verschafft.

Der vor Wochenfrist abgeschlossene Vertrag mit der Firma „Mampe" inspirierte die Hertha-Verantwortlichen, auf ihren Plakaten das Treffen zwischen Hertha BSC und Eintracht Braunschweig als Duell der Spirituosen-Hersteller anzupreisen: „Mampe gegen Jägermeister". „Von Schönheit kann man im Bundesligageschäft nicht leben", schrieb Neuendorfs nach Herthas knappen 1:0-Sieg vor 22.110 Zuschauern gegen die Braunschweiger Eintracht. Es musste auch nicht immer alles Gold sein, was glänzte, aber immerhin gelang den Blau-Weißen der dritte Zu-Null-Sieg in Folge durch Graus Treffer, den Bernd Träger in der der *Tagesschau* als „sehenswerten Knallbonbon" bezeichnete

Herthas Hoffnung auf eine große Einnahme in 14 Tagen gegen den FC Schalke 04 wurde weiter genährt, befanden sich die Berliner doch nach dem 2:2 beim heimstarken 1. FC Saarbrücken im Aufwind. Nach 15 Minuten führten die Gastgeber im Ludwigspark-Stadion 1:0, doch die Berliner schlugen postwendend zurück: Gersdorff (21.) und Nüssing (26.) trafen zum 2:1. Fünf Minuten nach der Pause gelang den Gastgebern auf tiefem, matschigem Boden und bei Sturmböen aber noch der Ausgleich.

„Vor dem letzten Heimspiel im ersten Durchgang unbesiegt: Das kann nur unsere Hertha!", schrieb Hans-Heinz Hoffmann im Stadionheft. Zwar lag Hertha trotz der jüngsten Erfolgsserie mit 16-14 Punkten nur auf Platz 10 der Tabelle, konnte für sich aber in Anspruch nehmen, als einziger Erstligist noch kein Heimspiel verloren zu haben. Sieben Heimspiele, vier Siege, drei Unentschieden, lautete die starke Bilanz. Umso rätselhafter, dass zum Spiel gegen Schalke 04 am Vorabend des ersten Advents nur 20.931 zahlende Zuschauer kamen. Diese Kulisse „blieb weit hinter den Erwartungen zurück, was man bei einem Klasse-Spiel erwarten durfte", wunderte sich auch Rudi

Rosenzweig trotz des unwirtlichen Wetters. „Der Kleinste war der Größte“ (*BZ*) oder „Herzbube Jörgen Kristensen“ (*Der Abend*) hieß es in großen Lettern nach Herthas 2:1-Erfolg gegen den FC Schalke 04. Seiner Initiative war das 1:1 zu verdanken. Nach 0:1 durch Schippers 30-Meter-Geschoss (21.), ließ Groß einen Schuss Kristensens nach vorn abprallen, Granitzas Nachsetzen wehrte Ritschel mit den Händen ab. Brück verwandelte den fälligen Elfmeter sicher (29.). Auch am 2:1-Siegtreffer war der Däne beteiligt. Seinem gefühlvollen Flanken-Heber entsprang Granitzas Zeitlupenkopfball, der sich im Bogen ins Schalker Tor senkte (63.). So warteten die Schalker auch nach ihrem 12. Bundesligaspiel in Berlin weiter auf den ersten Punktgewinn. Über die Qualität dieses Spiels urteilte Lutz Rosenzweig, indem er ein Gütesiegel vergab: „Vom Sport auf das Geschäftsleben übertragen, würde etwa die ‚Stiftung Warentest‘ Herthas Leistung gegen den Titel-Aspiranten Schalke mit dem Prädikat „Empfehlenswert“ versehen.“

Wenn die Herthaner noch einer besonderen Motivation bedurft hätten, ein Blick ins Hamburger Stadionprogramm *HSV aktuell* hätte helfen können, wurden die Berliner dort tatsächlich noch als potenzieller Absteiger bezeichnet, trotz ihrer jüngsten Erfolgsserie. In den 90 Minuten von Hamburg bestätigten sie anschließend ihr gesteigertes Selbstvertrauen, indem sie mit guter Moral einen 0:2-Rückstand in ein 2:2 verwandelten und den HSV zum Ende noch an den Rand einer Niederlage brachten. „Auf der rasenden Busfahrt der Herthaner zum Hamburger Flugplatz mit Blaulicht-Polizei voraus, klang aus dem Bord-Radio getragene Orgel-Musik. Ein Triumph-Marsch wäre richtiger gewesen. Auch wenn's nur ein 2:2 gewesen ist“, traf Lutz Rosenzweig die Stimmungslage der Berliner bei der Rückreise auf den Punkt. Das HSV-Publikum aber schlich bei sieben Grad über Null restlos enttäuscht von dannen, denn nach der vergebenen 2:0-Führung fühlte sich das Remis wie eine Niederlage an.

Die offen mitspielenden Berliner waren vor dem Wechsel 0:2 in Rückstand geraten, die Vorentscheidung, wie viele meinten. „Aber darin lag ja der Keim des (späteren) Hertha-Erfolges: Die HSVer glaubten, den Sieg in der Tasche zu haben!“ beschrieb Lutz Rosenzweig den Wendepunkt. „Granitzas Kopfball zum 2:1 hätte den HSV zu höchster Wachsamkeit animieren müssen, aber eine mutig wie lange nicht angreifende Hertha hatte nach Halbzeit vier Torchancen. Der HSV keine einzige!“ Sicher war es etwas glücklich, dass gerade noch 150 Sekunden vor Schluss Sidka Keegan kurz vor der Torlinie so anschoss, dass der Engländer mit dem Ball ins Netz fallen musste. Vollauf verdient war das Unentschieden allemal. Für die *Fußball-Woche* war es sogar die „wahrscheinlich beste Partie Herthas in dieser Saison.“ „Nun noch ein Pünktchen aus Dortmund“, hoffte Rudi Rosenzweig, „dann steht dem Verein im Heimspiel gegen den Deutschen Meister ein goldener Sonnabend bevor ...“

Langsam wurde die Serie unheimlich. Tatsächlich entführten die Herthaner nach dem Remis in Hamburg auch aus dem Dortmunder Westfalen-Stadion einen Punkt.

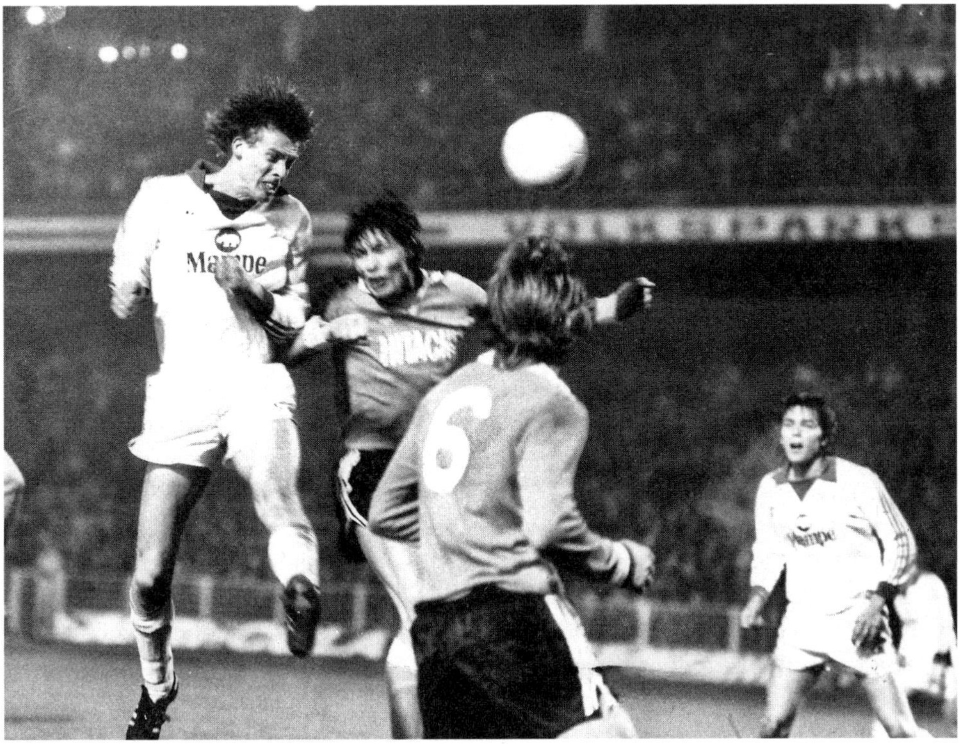

Wolfgang Sidka im Kopfball-Duell mit Peter Nogly. Später markiert Sidka den verdienten 2:2-Ausgleich. (Foto: Wende)

Die Berliner behielten beim 1:1 in der heißen Atmosphäre vor über 30.000 Zuschauern die Nerven. „Mit kaltem Blut, granitener Abwehrstärke und guter spielerischer Potenz", wie Rudi Rosenzweig die entscheidenden Faktoren aufzählte. Auch Dieter Adler sprach am frühen Abend in der *Sportschau* von „einem leistungsgerechten Unentschieden." Die 1:0-Führung Herthas durch Nüssing (26.). glich gut zehn Minuten später der ehemalige Tennis-Borusse Geyer nach Flanke von Huber aus (37.). Huber war nicht nur bester Mann auf dem Platz, sondern auch Klötzers Thema während der anschließenden Pressekonferenz, in der Herthas Trainer mit der Aussage verblüffte: „Gegen Huber muss man einen Mann stellen, der nicht nur echt decken kann, sondern auch noch ein bewährter Zerstörer ist!" „Das war dann der größte Witz", schrieb Lutz Rosenzweig, weil Hubers Gegenspieler an diesem Nachmittag Kristensen war. „Unter Herthas 18 bezahlten Kickern gibt es keinen, der die Gabe des Deckens weniger intus hat als – eben Kristensen. Und ausgerechnet dieser sollte Huber decken! Also, nee", verstanden weder Rosenzweig noch seine Kollegen die taktische Fehlplanung des Trainers.

„Hertha steht heute vor dem schwersten Heimspiel der laufenden Saison", war man sich im *Berliner Fußball-Programm* vor der Begegnung mit dem Deutschen Meister Borussia Mönchengladbach sicher. „Was die Hertha-Mannschaft braucht, das ist Rückenstärkung von den vielen tausend Berlinern auf den Rängen." Man verwies zugleich drauf, dass „unsere Hertha" seit dem 1:3 am 12. Oktober in Köln nun bereits neun Wochen lang ungeschlagen geblieben war. Für Ottomar Domrich „Eine stolze Serie, die zeigt, dass die Spieler ihre Trikots nicht nur spazieren tragen."

„Die hochgespannten Erwartungen, die Berlins Fußballfreunde an die zehnte Bundesliga-Begegnung von Hertha BSC mit dem Deutschen Meister Borussia Mönchengladbach knüpften, wurden nicht enttäuscht", schrieb Beyer für die *Berliner Morgenpost*, „denn die bis in die Haarwurzeln konzentrierte Berliner Mannschaft erkämpfte einen 2:1-Sieg." Acht Tage vor dem schönsten aller Feste machten sich die Herthaner vor leider nur 40.062 Zuschauern ein besonderes Weihnachtsgeschenk und brachten sich gleichzeitig in beste Stimmung für den Abend, an dem sie im Palais am Funkturm unbeschwert feiern sollten. Es war echtes Teamwork, mit dem der technisch überlegene Meister in die Knie gezwungen wurde. Herthas Führungstreffer, zugleich der 600. Bundesligatreffer der Berliner, war ein kurioses Tor oder, wie man es in der *Fußball-Woche* bezeichnete, ein „Krabbeltor." Granitza hatte aus etwa zwölf Metern abgezogen, Kleff bekam das Leder nicht richtig zu fassen und erwischte nachspringend den Ball erst hinter der Linie. In der 65. Minute nutzte zuerst Heynckes den einzigen Fangfehler Nigburs zum 1:1, doch unmittelbar nach Wiederanstoß ließ Nüssing die Kugel einmal tippen, um dann das Leder über Kleff hinweg unter die Latte zu dreschen (66.). „Der heimliche Aufstieg der Elf um Trainer Klötzer in die Spitzengruppe wird manchen sicherlich inzwischen unheimlich vorkommen", hieß es abschließend im *Aktuellen Sportstudio*.

Enttäuschend aus Berliner Sicht an diesem Nachmittag war einzig die offizielle Zuschauerzahl. Gewiss, es war verkaufsoffener Sonnabend. Aber: Hier kam der Deutsche Meister! Dazu die zivilen Temperaturen von vier Grad Celsius, also bestes Fußballwetter, außerdem musste das Spiel doch von der Tabelle her „ziehen". Rosenzweig machte folgende Faktoren für das Dilemma aus: „Zu hohe Preise, Wegbleiben derer, die durch Rowdytum angewidert sind, Ablenkung durch andere Freizeit-Vergnügen und schlechten Kundendienst." Sportlich war dagegen alles im Lot. Entsprechend hatte Lutz Rosenzweig seine „pessimistische Linie" verlassen: „Es wäre (noch immer) vermessen, an einen weiteren Höhenflug der Berliner zu glauben, aber wenn die Elf ihre Form der letzten Wochen einigermaßen zu konservieren versteht, dann kann es klappen: Ein Platz im vierköpfigen DFB-Aufgebot für den UEFA-Cup. Mehr Erwartung käme utopischer Hoffnung gleich." Nichts erinnerte zum Jahreswechsel mehr an die kritische Situation vom Oktober.

Aufgrund der anstehenden Fußball-Weltmeisterschaft in Argentinien wurde die Winterpause auf wenige Tage verkürzt. Schon am ersten Januar-Wochenende ging es weiter mit „Kurs auf UEFA-Cup", wie es im *Berliner Fußball-Programm* zum Spiel gegen den VfL Bochum hieß. „Spannender und für das lokale Publikum zufrieden stellender hätte kein findiger Dramaturg die Szene gestalten können. Das ergibt sich schon aus der Torfolge 0:2 – 4:2 – 4:3", schrieb Lutz Rosenzweig in seiner Einleitung. Nach 36 Minuten bei 0:2 schienen den Berlinern alle Felle davon zu schwimmen. „Die Zuschauer konnten es kaum fassen", hieß es von Rolf Töpperwien im *Aktuellen Sportstudio*. Als sich auf den Rängen erster Missmut breit machte, verkürzte Kristensen auf 1:2 (38.). Nach dem Wechsel folgten jene denkwürdigen Hertha-Angriffe, die die Partie innerhalb weniger Minuten wendeten. In der 49. Minute wurde Kliemanns Freistoß unerreichbar für Bochums Reinhard Mager abgefälscht. Granitzas Treffer zum 3:2 und 4:2 innerhalb von 120 Sekunden waren durchaus sehenswert. „Da hätte beim Stand von 4:2 eigentlich alles klar sein müssen", glaubte nicht nur Lutz Rosenzweig. Auch Herthas Spieler und die 13.879 Zuschauer waren sicher, dass der Berliner Sieg nicht mehr in Gefahr geraten würde. Doch Abel hatte sein Pulver noch nicht verschossen, verkürzte mit seinem dritten Treffer auf 4:3 (76.) und sorgte dafür, dass es spannend bis zum Schluss blieb, aber es reichte, und Sprentzel konnte in der *Berliner Abendschau* stolz verkünden: „Hertha weiter im Aufwind!"

„Hauptgesprächsstoff der Herthaner auf dem Düsseldorfer Flughafen war das nicht anerkannte Tor Granitzas 16 Minuten vor Schluss. Klötzer staunte: ‚Unerklärlich, dass der Schiedsrichter ein Foul des köpfenden Kliemann gesehen haben will. Korrekter kann man doch nicht springen'„, hielt Lutz Rosenzweig seine Eindrücke auf der Heimreise fest. Weil aber der Treffer zum vermeintlichen 2:2 nicht gegeben wurde, unterlagen die Berliner in Duisburg 1:2. Granitzas 1:2-Anschlusstreffer in der 55. Minute war zwar das Startsignal für die Gäste und „von nun an gab es nur noch ein einziges Anrennen der Berliner", wie Klaus Schwarze in der *Sportschau* kommentierte, aber es reichte nicht. Lutz Rosenzweig verstieg sich zu der Behauptung: „Es war ein Klasse-Spiel. Wer nicht gerade fanatisch Hertha siegen sehen möchte, wird im Berliner Anhang anerkennen: Wenn so Fußball gezeigt wird, ist es egal, wer gewinnt."

„Eine stolze Serie ist am vergangenen Wochenende nach neun Spielen zu Ende gegangen", schrieb Heinz Striek im *Berliner Fußball-Programm* und versicherte den 17.717 Zuschauern gegen den Tabellenletzten 1860 München, dass sich die Hertha-Spieler „schon wenige Minuten nach dem Abpfiff im Wedau-Stadion schworen, im heutigen Spiel alles vergessen zu machen, und vor allem etwas für das Torverhältnis zu tun." Vollmundige Worte, datierte doch der höchste Sieg vom ersten Spieltag: 3:1 gegen Borussia Dortmund. Zudem wies Hertha bei 24-18 Punkten immer noch ein negatives Torverhältnis von 32:33 auf! Das 4:1 aber bescherte Hertha tatsächlich ein positives Torverhältnis. Die Vorentscheidung fiel noch vor der Pause, als zuerst Brück einen Foulelfmeter verwandelte und dann Beers Zehn-Meter-Schuss zum 2:0

einschlug. Dem Treffer war ein gefühlvolles Zuspiel Kristensens vorausgegangen. Das 3:0 erzielte der kleine Däne dann selbst (64.), während er zum 4:0 von Granitza wieder durch eine gefühlvolle Flanke (70.) die Vorlage gab. „Erfolgreicher kann ein Flügelstürmer kaum sein“, schrieb Lutz Rosenzweig im *Abend* und benotete ihn mit „Hervorragend“. Nun ging es zur Frankfurter Eintracht, wo die Berliner in den vergangenen Jahren immer gut ausgesehen hatten.

16:05 Uhr – *RIAS Aktuell „Sport und Musik“*. Die Berliner Fans an den Radiogeräten hofften inständig auf gute Nachrichten aus dem Frankfurter Waldstadion. Ein 0:0 wurde von Jürgen-Dieter Rehahn nach einer halben Stunde vermeldet, und nichts deutete darauf hin, was sich in den verbleibenden 60 Minuten noch ereignen sollte. Niemand der Zuhörer ahnte im Entferntesten, dass er Zeuge einer historischen Partie werden würde. Als Rehahn nach gut einer halben Stunde Weiners 1:0 vermeldete, schien es zumindest möglich, dass Frankfurt auch weiterhin ein gutes Pflaster für die Berliner bleiben könnte. Mit einem fantastischen Sololauf im strömenden Regen

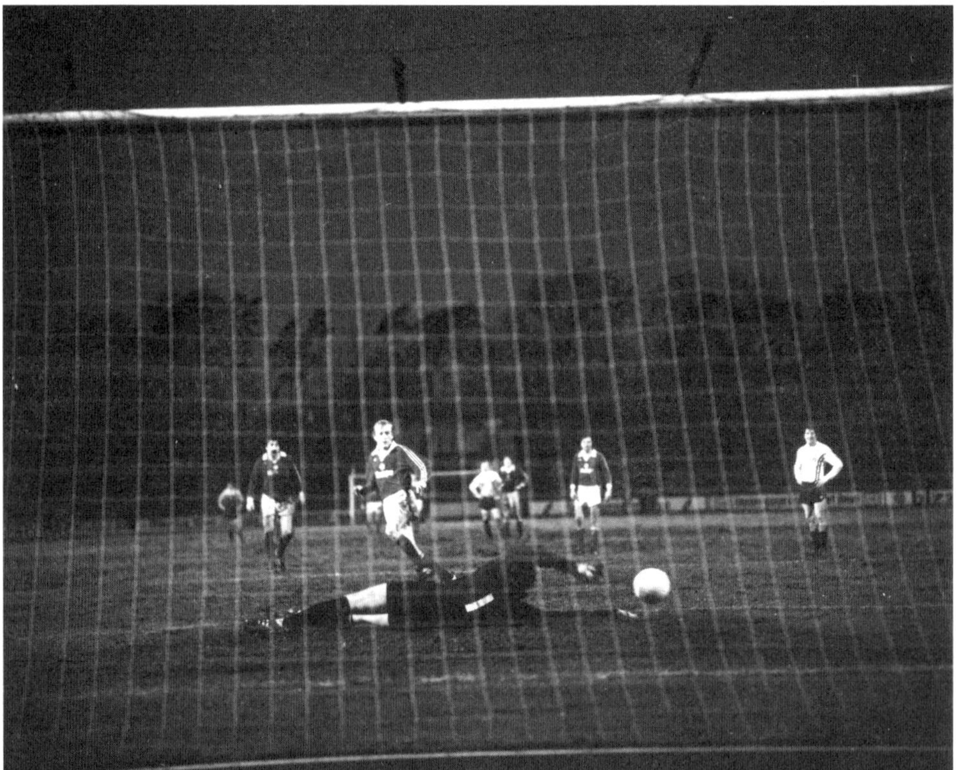

Unfassbar! Hertha BSC gewinnt 5:0 bei Eintracht Frankfurt. Beim bis heute höchsten Bundesliga-Auswärtssieg trifft Holger Brück zum Endstand. (Foto: imago/Kicker/Eissner)

schuf Weiner die Grundlage für den späteren Erfolg. Auf Höhe der Mittellinie gestartet, ließ er die Frankfurter wie Slalomstangen stehen und überwand Koitka zum 1:0 (36.).

Was sich im zweiten Abschnitt abspielte, ging in die Vereinsgeschichte der Gesundbrunner ein. Joachim Witte kommentierte für die *Fußball-Woche* das Aufeinanderprallen zweier Fußball-Welten mit folgenden Worten: „Auf der einen Seite eine gern optisch brillierende und gemeinhin den Ball am liebsten ins Tor tragen wollende Frankfurter Elf, auf der anderen Seite eine Mannschaft mit fast keiner schillernden Spielerpersönlichkeit, homogener Ausgeglichenheit und ungemeiner Kampfkraft." Im abendlichen *Sportstudio* urteilte Klaus Töpperwien ähnlich: „Eine Mannschaft ohne Stars, von ihrem Trainer Klötzer auf modernen Fußball eingestellt." Damit waren die Berliner gemeint, die auf ähnliche Weise wie das 1:0 auch den zweiten Treffer erzielt hatten. Wobei Tor Nummer Zwei noch spektakulärer anmutete und im ZDF so kommentiert wurde: „Kristensen geht von der Mittellinie ab, windet sich an sämtlichen Eintracht Abwehrspielern vorbei, umdribbelt dabei Körbel sogar zweimal und täuscht auch noch Torwart Koitka (53.)." Als nur vier Minuten später Gersdorff zum 3:0 vollendete, resignierten die Frankfurter völlig entnervt. Bereits vor dem 4:0 durch Gersdorff (70.) und Brücks Foulelfmeter zum 5:0 (78.) hatte das enttäuschte Publikum damit begonnen, das Stadion fluchtartig zu verlassen.

„Wer nicht dabei war, konnte es kaum glauben", hieß es in der *Fußball-Woche*. Weise urteilte: „Herthas Leistung war meisterhaft. Wir müssen uns allen Ernstes mit höher fliegenden Gedanken vertraut machen: So wie Hertha gestern spielte, ist sie zu allem fähig." Lutz Rosenzweig sah auf morastigem Boden eine Hertha, die „in ihrer besten aller bisherigen 195 Auswärts-Partien seit Bundesliga-Bestehen selbst in der Höhe verdient gewonnen hat." Für ihn war Herthas Wendung seit dem 12. Oktober (1:3 in Köln) sensationell. Sie war umso schwerer zu erklären, weil im Vergleich zur letzten, enttäuschenden Saison (34:34 Punkte, 10. Platz) mit Nüssing nur ein einziger neuer Mann hinzugekommen war. Die Erfolgsserie gab gleichzeitig auch Wasser auf die Mühlen derjenigen, die immer vor dem Einkauf teurer Stars warnten, und das wesentliche Merkmal einer starken Mannschaft darin sahen, dass eine Elf erst zusammenwachsen muss. Und doch stach einer an diesem Nachmittag heraus: „Jörgen Kristensen, der beste Fußballer, mit dem ich je zusammengespielt habe. Seinen rechten Fuß hatte er nur, damit er nicht umfällt, aber der linke Fuß war Weltklasse", sah Kliemann im Dänen den Unterschiedsspieler.

„Junge, Junge, das hat hingehauen! Im Norden und Westen, im Süden und Südwesten, in allen Stadien und in allen Fußballkneipen von Flensburg bis zum Bodensee staunte man über das Sensationsresultat, das heute vor einer Woche aus Frankfurt kam, 5:0 für Hertha BSC! Das konnte doch nicht wahr sein", konnte Hans-Heinz Hoffmann im *Berliner Fußball-Programm* zur Begegnung gegen den 1. FC Kaiserslautern immer noch nicht fassen, was sich vor Wochenfrist in Frankfurt ereignet hatte. Im gleichen Atemzug wies er auf Herthas hervorragende Heimbilanz hin: 19-3 Punkte. Ungeschlagen!

Dennoch waren nach dem grandiosen Auswärtserfolg nur 22.340 „Zahlende“ gekommen, doch gab es zahlreiche Gründe für den schwachen Besuch: Verkaufsoffener Sonnabend, „Grüne Woche“, Winterschlussverkauf und ein nicht gerade einladendes Wetter bei ein Grad Celsius. Die überraschende Führung für die Gäste erzielte Klaus Toppmöller (15.). Die dünne Schneedecke, die Berlin und den Rasen überzogen hatte, war glatt und behagte den Berlinern gar nicht. Vieles baute auf Zufälligkeiten auf, bis es in der 45. Minute einen Freistoß für Hertha gab und Gersdorff Kristensens gezirkelte Eingabe per Kopf zum Ausgleich ins Tor beförderte. „Es ist schon technisch besseren Mannschaften nicht gelungen, solch ein vertracktes Spiel noch aus dem Feuer zu reißen“, zeigte Lutz Rosenzweig Verständnis und setzte hinzu, dass „man sich nicht hätte wundern dürfen, wäre am Ende nur ein 1:1 übriggeblieben.“ Dass es nicht so kam, war Gersdorffs „Spürnase“ zu verdanken, der genau im richtigen Moment zur Stelle war, als Beers Schuss von der Latte zurückgesprungen war: 2:1 (80.). Rosenzweig sah Herthas Meisterchance so: „Vielleicht liegt darin auch die Gefährlichkeit der Herthaner. Man traut ihnen in der Meisterschaft immer noch nicht über den Weg.“

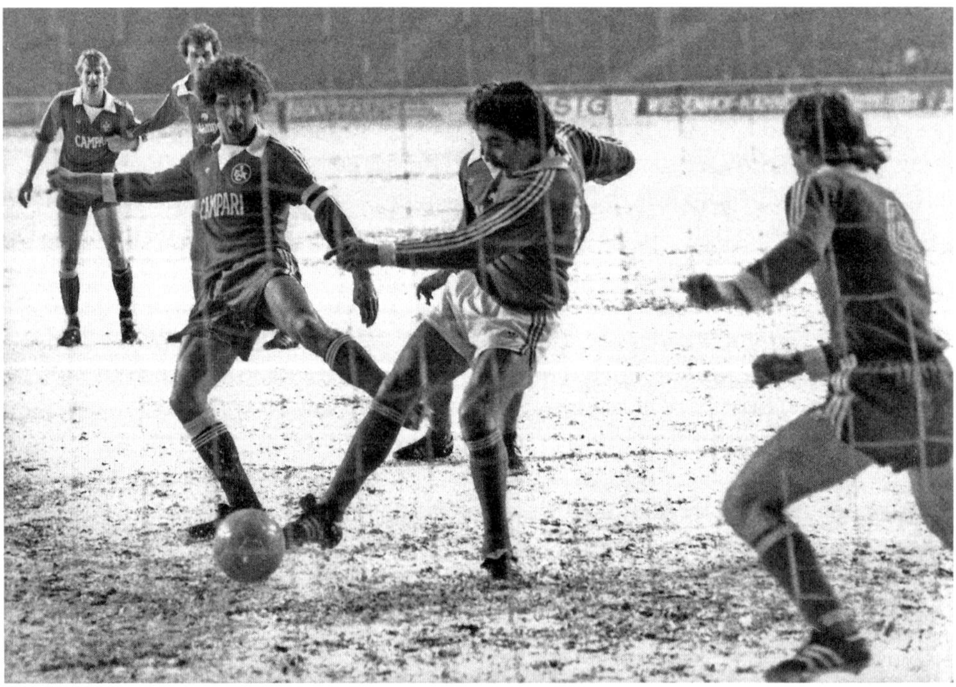

Bernd Gersdorff ist vor Klaus Toppmöller am Ball und erzielt Herthas 2:1-Siegtreffer gegen den 1. FC Kaiserslautern. Damals kamen die Spieler mit Schnee noch zurecht. (Foto: Wende)

Auch wenn der VfB zum neunten Mal hintereinander das Neckar-Stadion als Sieger verließ, hatte Hertha die Gastgeber das Fürchten gelehrt. Das einzige Tor fiel in der 33. Minute durch Verteidiger Elmer. Für Lutz Rosenzweig war „das 0:1 auch von der Tabelle her kein schlimmer Einbruch." Er war der Meinung, dass es „für Hertha darauf ankommt, mit steten Heimerfolgen und ab und zu einem Pünktchen auswärts die Position unmittelbar hinter der Spitze zu verteidigen sein müsste."

Der Winter war nach Deutschland zurückgekehrt, die Partie gegen St. Pauli im Olympiastadion aber konnte auf einer fünf Zentimeter dicken Schneedecke über gefrorenem Boden und zwei Grad Minus stattfinden. Sie traf genau den Geschmack der nur 10.777 zahlenden Zuschauer, die sich an den ständigen Rutschpartien erfreuten. Bereits in der fünften Minute erzielte Granitza das 1:0. 60 Sekunden später hieß es 2:0 durch Gersdorff, kurz darauf erhöhte wiederum Granitza auf 3:0. „Ein Snob hätte das Stadion spätestens 15 Uhr 51 verlassen können", schrieb Lutz Rosenzweig zu Herthas frühem 3:0 (20.). Danach kam es nur noch auf die Höhe an. Im *Abend* verglich Rosenzweig St. Paulis Spieler mit „untrainierten Rentnern, die ohne Schlittschuhe auf der Eisbahn Kunststückchen vollbringen wollten." Die weiteren Treffer von Brück und Granitza verbesserten die bislang mäßige Tor-Differenz.

In Düsseldorf setzten die äußeren Bedingungen den Herthanern gewaltig zu. Sie waren aus dem halbwinterlichen Berlin, nach Training auf schneeweißem Maifeld, auf den grünen, gut bespielbaren Rasen des Rheinstadions gekommen, wo 14 Grad Celsius gemessen wurden, und lieferten eine schwache Gesamtleistung, doch zu ihrem Glück zeigte die heimische Fortuna gewaltigen Respekt. Was auf den Berliner Kasten kam, wurde eine sichere Beute Nigburs. „Seine Prachtparaden sicherten den wichtigen Punkt", wie es in der *Fußball-Woche* nach dem 0:0 hieß. Ein Erfolg über die einst so launischen Kölner im nächsten Spiel würde Hertha bis auf zwei Punkte an die Spitze heranbringen.

„Die Stunde der Wahrheit für Mannschaft und Zuschauer!" Die Herausgeber des *Berliner Fußball-Programms* waren sicher, „dass die Herthaner nun Farbe bekennen mussten." Das „Spiel der Spiele" stand im Berliner Olympiastadion bevor, und ganz Fußball-Deutschland blickte nach Berlin. Es trafen die erfolgreichsten Mannschaften der Rückrunde aufeinander. Präsident Ottomar Domrich zeigte sich im Vorwort selbstbewusst, blieb zugleich aber auch vorsichtig: „Wir sind in dieser Saison in allen Heimspielen ungeschlagen und werden sicherlich heute eine stattliche Kulisse haben. In Anbetracht der Stärke der Kölner Mannschaft seien jedoch allzu Optimistische gewarnt. Auch nach einem schönen Spiel kann es ein unentschiedenes oder negatives Erlebnis für uns geben." Die Berliner Fußballfreunde ließen Hertha nicht im Stich und strömten in Scharen. „Saison-Zuschauerrekord mit knapp 80.000 Zuschauern und rund 700.000 Mark Einnahme", vermeldeten die Berliner Journalisten. Rolf Töpperwien sprach im ZDF sogar von 85.000, die das Stadion füllten. Herthas Schatzmeister Olimpio Bernabei verkündete am späten Abend im *Aktuellen Sportstudio* gegenüber seinem Gastgeber Hanns-Joachim Friedrichs, dass 78.000 Zuschauer im Stadion gewesen wären und bestätigte die Summe der Einnahme. Im Laufe der Woche wurde die Zahl schließlich auf 86.883 korrigiert. „Schon der Anmarsch zum Olympiastadion weckte Erinnerungen an frühere große Tage des Berliner Fußballs“, schrieb Beyer auf der Titelseite der *Berliner Morgenpost* und setzte fort: „Wann schon in letzter Zeit waren die Straßen verstopft, und wann schon gab es Besucherschlangen vor den Kassen des Stadions, dessen Ränge dann auch bis auf den letzten Platz besetzt waren.“ Auch der Wettergott spielte an diesem ersten März-Wochenende mit und präsentierte frühlingshafte Temperaturen, die viel zur Hochstimmung beitrugen.

Nach acht Heimsiegen in Folge gab Hertha mit dem 1:1 gegen Köln erstmals wieder einen Heimpunkt ab, doch schmerzte dieser Punktverlust nicht, „denn Hertha bot keine Enttäuschung gegen einen meisterhaft aufspielenden Tabellenführer aus Köln, wie es leider früher oft passierte, wenn die Elf vor brechend vollen Rängen spielen durfte“, wie Rudi Rosenzweig in seiner Analyse ein altes Hertha-Phänomen beschrieb. Köln ging durch Cullmann in Führung (31.). Zum Glück für die Herthaner fiel noch vor der Pause der Ausgleich. Zwar „nur“ durch einen Elfmeter, „doch der war immer-

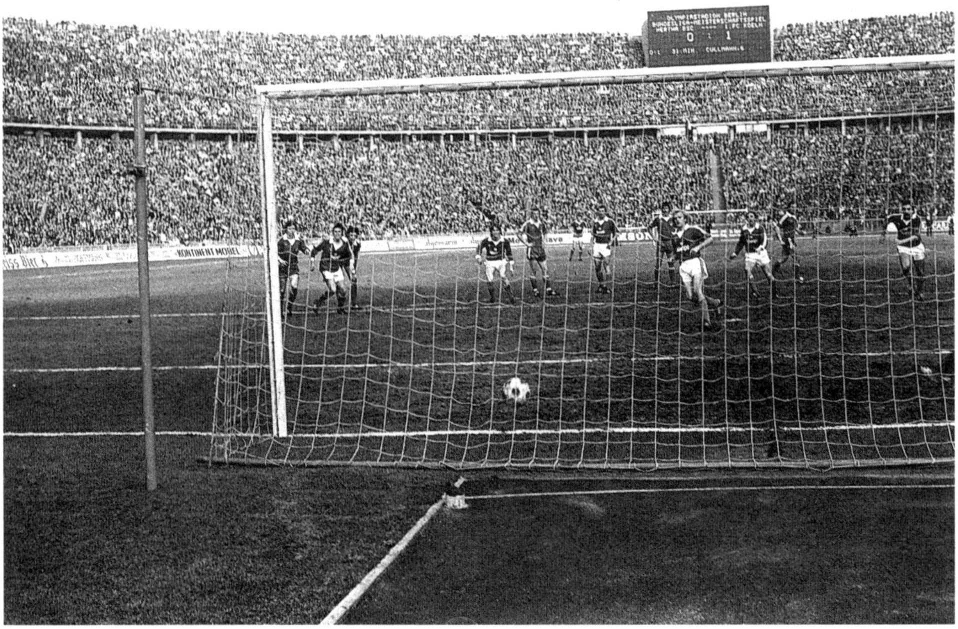

Holger Brück trifft gegen den späteren Meister 1. FC Köln per Foulelfmeter zum 1:1-Endstand. Torhüter Harald „Toni“ Schumacher bleibt ohne Chance. (Foto: Bildarchiv Heinrich von der Becke)

hin berechtigt, denn der lange Strack packte völlig gegen die Regel Granitza mit der Linken am Trikot", wie Lutz Rosenzweig es sah. Brück, von dem die *Fußball-Woche* schrieb „Der Kleinste war der Größte", verwandelte eiskalt sicher ins rechte Eck (45.) zum 1:1, was letztlich ein gerechtes Ergebnis war.

„Hertha hat bei Werder in elf Jahren Bundesliga ganze drei Punkte geholt, aber sonst Senge bezogen, wie sonst nur in Bochum. Weiß der Himmel, woran es liegt, dass Hertha im Weserstadion immer so schlecht wegkommt", schrieb Lutz Rosenzweig in seiner Vorschau am Montag. Selbst bis zum neuen Trainer Klötzer war es vorgedrungen, als er auf den nächsten Gegner angesprochen wurde: „Ja, die Spieler sagten es mir auch schon." Vor dem Bremen-Spiel herrschte gedrückte Atmosphäre im Berliner Quartier. Granitza, der mit Sziedat auf einem Zimmer wohnte, sagte dazu, „dass der ‚Micha' immerzu davon redete, dass wir in Bremen sowieso keine Chance hätten. Ich hatte vollauf mit dem Versuch zu tun, ihm das auszureden." Auch Klötzer hatte offenbar kein Rezept gefunden. Es lief, wie es jeder Hertha-Kenner gewohnt war: Gestürmt wurde immer nur in eine Richtung – auf das Berliner Tor! Nach 38 Minuten hieß es 3:0 für Werder! Am Ende hieß es 4:2 gegen die Berliner, die für Rudi Rosenzweig schon „erwartungsgemäß unter die Räder kamen." Auch die Treffer von Kristensen zum 3:1 (73.) und Weiner zum 4:2 (75.) konnten daran nichts ändern.

Ein eigenes, oft kontrovers diskutiertes Kapitel stellte für Zuschauer und Spieler die Benotung der Akteure in der Presse dar. Herthas Kliemann erinnert sich noch heute mit Schmunzeln an Lutz Rosenzweigs Einstufung mit dem Titel „Kam nicht mit". Ganz anders stufte Rosenzweig Nigburs Leistung vom Freitagabend in Bremen ein: „Stark", hieß es da – trotz der vier Gegentreffer. Er erhielt darauf zahlreiche Anrufe hämischer, witziger, freundlicher, kritischer und skeptischer Art mit dem Tenor: „Da haben Sie den Nigbur aber zu hoch bewertet. Er hat doch in Bremen Fehler über Fehler begangen." Die Anrufer verwiesen jeweils auf die Fernseh-Aufnahmen in der Sendung *ARD Sport extra*. Rosenzweig erklärte seine Benotung drei Tage später in seinem „Bundesliga-Kommentar": „Wenn einer zweimal patzt, sonst aber alles richtig macht, und dann nur diese zwei Fehler in einer Kurz-Aufzeichnung gezeigt werden, kann sich grundsätzlich ein falsches Bild ergeben. Deshalb fliegen wir ja zu allen Hertha-Spielen, um ein Gesamturteil zu finden. Merke: Fernsehen ist schön, dabei sein besser."

Hanne Sobek, der als Kapitän und Spielmacher seine Hertha von 1926 bis 1931 sechsmal hintereinander ins Endspiel geführt hatte und zweimal Deutscher Meister geworden war, hatte an seinem 78. Geburtstag nur einen Wunsch: „Endlich mal wieder Deutscher Meister werden!" Zunächst aber galt es, gegen den FC Bayern München ein anderes Ziel anzusteuern: die UEFA-Cup-Teilnahme. Es wurde kein hochklassiges Spiel, aber ein gutes. Nachher herrschte sogar Zufriedenheit auf den Rängen, die freilich mit 29.383 „Zahlenden" fürs anstehende Ereignis viel zu dünn besetzt waren. „So schlecht war doch das Wetter nicht. Herthas Tabellenstand hätte sogar stimulieren müssen“, rätselte Lutz Rosenzweig über die mangelnde Resonanz der Berliner Fußballfreunde und kramte tief in seiner Statistik: Der schlechteste Besuch einer Partie gegen Bayern München datierte bis dahin vom Februar 1969 mit 36.236 Zuschauern. Kliemann fand in einem *Kicker*-Interview dazu klare Worte: „Die Berliner sind zu faul geworden. Manche haben vielleicht auch immer noch die Nase voll von den Skandalen, die bei Hertha passiert sind.“ Gleich die erste echte Chance führte in der elften Minute zum 1:0 durch Nüssing. Bis zur Pause geschah nicht mehr viel: „Man hätte nach dem 1:0 getrost ohne Torstangen und ohne Torhüter auskommen können“, hieß es bei Lutz Rosenzweig. Nachdem Sidka das Leder mit glänzendem Kopfball zum 2:0 unter die Latte bugsiert hatte (76.), schien die Entscheidung gefallen zu sein. Doch geriet Herthas Erfolg zwischen der 84. und 90. Minute noch einmal in Gefahr. Oblak hatte auf 2:1 verkürzt und so bangten die Berliner bis in die Schlusssekunden, bis Augenthaler Kristensens Solo unsanft stoppte und Brück, Herthas Bester, den Elfmeter mit gnadenloser Sicherheit zum 3:1 verwertete.

In der folgenden Woche gab „es wieder mal eines jener Spiele, bei denen man vorher mit einem Unentschieden zufrieden gewesen wäre. Nachher war's zu wenig“, schrieb Lutz Rosenzweig über Herthas 1:1 in Braunschweig. 3.000 Berliner unter den 20.000 Zuschauern sorgten für eine paritätische Atmosphäre, machten zuweilen sogar mehr Spektakel als die Einheimischen. Nach Granitzas 1:0 (32.) glaubten wohl alle Berliner, den allzu oft kopflos anrennenden Gegner auf Distanz halten zu können – bis Breitner freistehend ausgleichen konnte (70.).

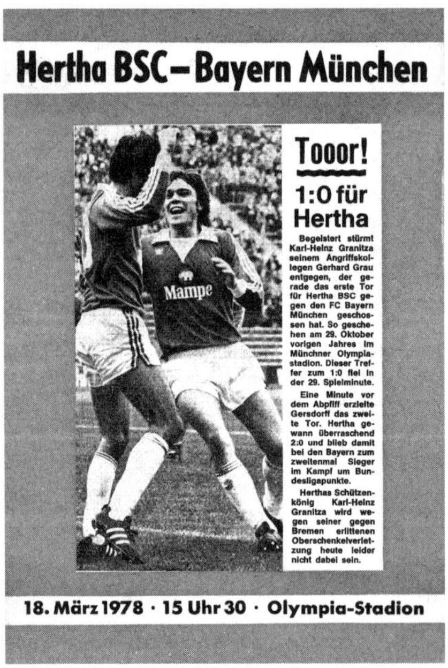

Programmheft Hertha BSC – Bayern München (3:1). Titelbild: Karl-Heinz Granitza gratuliert Torschütze Gerd Grau zu seinem 1:0-Treffer beim 2:0-Hinspielsieg in München. (Foto: privat)

Somit war „Hertha greifbar nahe an der UEFA-Cup-Teilnahme!“, wie es im *Berliner Fußball-Programm* hieß. Tatsächlich ergab die Ausgangslage drei Spieltage vor Saisonschluss, dass bei einem Sieg über den Absteiger aus Saarbrücken alle Zweifel behoben werden konnten – aber die endgültige Qualifikation musste vertagt werden, und auch aus Herthas 125. Heimsieg wurde nichts, weil die Berliner nur 1:1 spielten. Doch der eine Punkt müsste allem Ermessen nach ausreichen. Bender hatte fünf Minuten vor Schluss Beers Führungstor ausgeglichen. Für Lutz Rosenzweig war das Remis auch die Erklärung dafür, warum es für Hertha nicht für ganz oben gereicht hatte: „Klasse-Mannschaften holen gegen die Schwachen entscheidende Punkte, Hertha kann das nicht. Aber deshalb kein böses Wort! Hertha ist so oder so im UEFA-Cup! Hoffentlich gibt es dann im Olympiastadion attraktive Gegner." Endgültig die Fahrkarte nach Europa sicherten sich die Berliner eine Woche später trotz eines 0:2 bei Schalke 04.

„Berlins Fußballfreunde können mit ihrer Hertha zufrieden sein, die Teilnahme am UEFA-Cup ist sichergestellt. Damit hat sie mehr erreicht, als anfangs zu erwarten war." Herthas Zuschauerschnitt, der vor der Partie bei 25.937 lag, blieb nahezu unverändert. 25.702 Fußballfreunde kamen ins Olympiastadion und sahen einen guten Saisonabschluss ihrer Elf. Da verwunderte es nicht, dass Rudi Rosenzweig erfreut feststellte: „Nach dem Spiel waren die Fans vor Begeisterung nicht mehr zu halten und überschwemmten den Rasen. Klötzer brachte man Ovationen dar, nachdem seine Mannschaft in einer bedingungslos offensiv geführten Partie gegen den HSV den Heimnimbus gewahrt und eine ihrer besten Leistungen – vielleicht die beste der Saison überhaupt – geboten hatte." Die Berliner bezwangen die Hamburger mit 3:2 und rückten in der Schlusstabelle auf den 3. Platz vor. Beer zeigte sich in prächtiger Spiellaune und krönte seinen immensen Fleiß: Zum 1:0 schlug er den Flankenball, den Hamburgs National-Verteidiger Manfred Kaltz mit dem Kopf ins eigene Tor lenkte (16.), das 2:0 und 3:1 erzielte er jeweils selbst. Hertha blieb damit wie schon in der Vizemeister-Saison 1974/75 in allen Heimspielen ungeschlagen: Zwölf Siege und fünf Unentschieden lautete die imposante Bilanz bei einem Torverhältnis von 38:16. Lutz Rosenzweig blickte schon auf die nächste Spielzeit und „bastelte" an seiner persönlichen Hertha-Wunschformation, dabei fehlte in seinem Konzept nur noch ein Stürmer. Doch Hertha wurde schnell fündig. Der Zugang sollte für Hertha im Europapokal für Furore sorgen und in der Vereinsgeschichte als „Mr. Europacup" seinen Platz finden.

Die Torschützen von Hertha BSC:

Granitza (17), Gersdorff (8), Brück (6), Nüssing (6), Beer (5), Sidka (5), Kristensen (4), Weiner (3), Grau (2), Kliemann (1), Förster (1), dazu ein Selbsttor von Kaltz (HSV) im letzten Spiel

Das Aufgebot (Anzahl der Einsätze):

Tor:
Norbert Nigbur (34)
Abwehr:
Michael Sziedat (34), Holger Brück (34), Uwe Kliemann (33), Hans Weiner (31)
Mittelfeld:
Dieter Nüssing (34), Erich Beer (33), Wolfgang Sidka (33)
Angriff:
Bernd Gersdorff (31), Karl-Heinz Granitza (31), Jörgen Kristensen (30)

Ersatz:
Gerhard Grau (18), Jürgen Diefenbach (10), Ole Rasmussen (7), Hans-Joachim Förster (5), Heinz Gründel (4), Dietmar Krämer (3), Erwin Albert (2)
Trainer:
Kuno Klötzer

Abschlusstabelle 1977/78:

1.	1. FC Köln	34	86:41	48-20
2.	Borussia Mönchengladbach	34	86:44	48-20
3.	Hertha BSC	34	59:48	40-28
4.	VfB Stuttgart	34	58:40	39-29
5.	Fortuna Düsseldorf	34	49:36	39-29
6.	MSV Duisburg	34	62:59	37-31
7.	Eintracht Frankfurt	34	59:52	36-32
8.	1. FC Kaiserslautern	34	64:63	36-32
9.	FC Schalke 04	34	47:52	34-34
10.	Hamburger SV	34	61:67	34-34
11.	Borussia Dortmund	34	57:71	33-35
12.	FC Bayern München	34	62:64	32-36
13.	Eintracht Braunschweig	34	43:53	32-36
14.	VfL Bochum	34	49:51	31-37
15.	Werder Bremen	34	48:57	31-37
16.	TSV 1860 München	34	41:60	22-46
17.	1. FC Saarbrücken	34	39:70	22-46
18.	FC St. Pauli	34	44:86	18-50

Was sonst noch geschah
Am 17. Juni 1978 kehrte **Wacker 04** nach nur einem Jahr in der Amateur-Oberliga Berlin in die 2. Liga Nord zurück, stieg jedoch ein Jahr später als Tabellenletzter mit 21-55 Punkten umgehend wieder ab. In Erinnerung blieb nur der 2:1-“Auswärtserfolg“ im Berliner Derby gegen Tennis Borussia am 28. Oktober 1978 vor 50.000 Zuschauern, die dank einer Freikarten-Aktion der *Berliner Sparkasse* ins Berliner Olympiastadion gekommen waren.

Die Ergebnisse der Aufstiegsrunde:
Wacker 04 – Holstein Kiel 3:3
Olympia Bocholt – Wacker 04 2:2
Wacker 04 – OSV Hannover 1:1
OSV Hannover – Wacker 04 0:1
Wacker 04 – Olympia Bocholt 2:0
Holstein Kiel – Wacker 04 1:0

Die Abschlusstabelle:

1.	Wacker 04	6	9:7	7-5
2.	Holstein Kiel	6	11:10	7-5
3.	OSV Hannover	6	10:8	6-6
4.	Olympia Bocholt	6	7:12	4-8

Die **A-Jugend-Mannschaft von Hertha 03 Zehlendorf** wurde am 16. Juli 1978 Deutscher Vizemeister. Trotz des klaren 5:2-Erfolges des MSV Duisburg hatten die Berliner nicht enttäuscht. Sie gaben über weite Strecken den Ton an und hatten in Littbarski den besten Spieler in ihren Reihen. Erst Mitte der zweiten Halbzeit traten Konditionsschwächen zutage und setzte sich die bessere Physis der Westdeutschen durch. „Wäre den Duisburgern nicht kurz vor der Pause der Ausgleich geglückt, ich glaube, die Berliner hätten den Platz als Sieger verlassen", sagte DFB-Jugendobmann Finkbeiner. Hertha BSC übersah das überragende Talent Littbarski, der kurz drauf zum 1. FC Köln wechselte und 1990 den Höhepunkt seiner Karriere erlebte, als er in Rom nach einem 1:0-Finalsieg über Argentinien Fußball-Weltmeister wurde.

MSV Duisburg – FC Hertha 03 Zehlendorf 5:2 (2:2)

Hertha 03 trat in folgender Aufstellung an: Andre Wendt – Frank Loder – Wolfgang Stemme, Detlef Beese, Thomas Ortmanns (55. Robert Jaspert) – Karl-Heinz Peter, Lutz Rosenberg, Robert Jüttner, Peyami Yayla – Andreas John (63. Frank Hannemann), Pierre Littbarski
Cheftrainer: Werner Redlich, **Co-Trainer:** Michael Krampitz
Zuschauer: 11.000 am Essener Uhlenkrug
Die Tore: 1:0 Ulitzka (3.), 1:1 Littbarski (20.), 1:2 Littbarski (35.), 2:2 Kowalzik (39.), 3:2 Ulitzka (54.), 4:2 Weecks (63.), 5:2 Wuschka (70.)

1978

FC Schalke 04 – FC Hertha 03 Zehlendorf 6:0 (1:0)

Auch **die B-Jugend-Mannschaft von Hertha 03 Zehlendorf** wurde am 2. Juli 1978 Deutscher Vizemeister. Nach einem 3:2-Erfolg im Halbfinale gegen Concordia Hamburg mussten die Zehlendorfer die spielerische Überlegenheit der Königsblauen im Endspiel neidlos anerkennen.

Hertha 03 trat in folgender Aufstellung an: Jörg Chelmowski – Ch. Wasdaris – Michael Ax, Eberhard Dressler, D. Kraft – Uwe Wickinger, Schröder, Thiel – Dietmar Rybiczka, Harald Käpernick, Dieter Brefort **Eingewechselt wurden:** Lutz Käpernick, Frank Schendel, Robert Loock

Cheftrainer: Kurt Chelmowski
Zuschauer: 3.000 in Hamm (Ludwig-Jahn-Stadion)
Die Tore: 1:0 Walzer (24.), 2:0 Traxler (36.), 3:0 Kugler (42.), 4:0 Kugler (55.), 5:0 Walzer (66.), 6:0 Wuttke (69.)

Kapitel 9

„Was fehlte: Das 3:0!“ Eine „Pokalmannschaft“ tanzt auf zwei Hochzeiten (1978/79)

In der Sommerpause 1978 wechselte Angreifer Jürgen Milewski für 200.000 Mark von Hannover 96 an die Spree. Der 20-Jährige sollte den Verjüngungsprozess bei Hertha mitgestalten. Auch erhoffte „sich Klötzer von dem kleinen, quirligen Stürmer eine Belebung des Angriffsspiels“, wie SFB-Reporter Sprentzel für die *Berliner Abendschau* in der Saison-Vorschau berichtete. „Die ersten Eindrücke waren durchaus positiv“, fügte er noch hinzu. Dass die Berliner fortan verstärkt auf den Nachwuchs setzen wollten, zeigte sich auch bei zwei weiteren Neuzugängen: Henrik Agerbeck, 21 Jahre alt, kam von BK Kopenhagen, und der von Röchling Völklingen nach Berlin gewechselte Thomas Remark war mit seinen 18 Jahren der Jüngste im Kader. Doch der kurzfristige Abgang Kristensens schmerzte. Schon seit Jahresbeginn hatte Kristensen überlegt, seine Zelte in Berlin abzubrechen, um zu seiner Familie nach Dänemark und in seinen Beruf als Lehrer zurückzukehren. Als Kompromiss schwebte ihm vor, sich in seinen Vertrag eine Klausel festschreiben lassen, die es ihm gestattete, erst am Mittwoch zum Training zu erscheinen, doch Trainer Klötzer bestand auf Dienstag. Immer noch unsicher in seiner Entscheidung, gab Herthas Vorstand den „Schwarzen Peter“ einfach weiter und befragte die Mannschaft! Die aber hielt sich aus der Angelegenheit raus. Schlussendlich fand die Klausel keinen Einzug in den Vertrag, und Kristensen verließ Berlin Richtung Heimat.

Hertha spielte in der Bundesliga eine mäßige Saison, rutschte im Frühjahr 1979 sogar für einige Wochen in die Abstiegszone und fand nie zu konstanten Leistungen wie im Vorjahr. Auch die Heimstärke ging verloren. Gleich die erste Partie zuhause wurde gegen den 1. FC Kaiserslautern mit 0:3 verloren – wenn auch nicht im Olympia-, sondern im Poststadion. Eine wenig attraktive Spielweise und die für den Großteil des Publikums uninteressante Tabellenplatzierung führten dazu, dass die Zuschauer Hertha BSC den Rücken kehrten. Nicht einmal 17.000 Zuschauer im Durchschnitt besuchten die Partien im Olympiastadion, ein Verlust von fast 9.000 pro Spiel. Der Jahrhundertwinter 1978/79 tat sein Übriges, um die Berliner von einem Stadionbesuch abzuhalten. Doch im Pokal sorgte Hertha für mächtig Furore – national wie international!

1. Runde im UEFA-Cup – Mittwoch, 13. September 1978
Hertha BSC – Trakia Plovdiv 0:0

„Endlich betreten wir wieder das internationale Parkett der Cupspiele“, freute sich Hertha-Präsident Ottomar Domrich im Vorwort des *Berliner Fußball-Programms* auf den Auftakt im UEFA-Cup gegen den wenig attraktiven bulgarischen Vertreter von

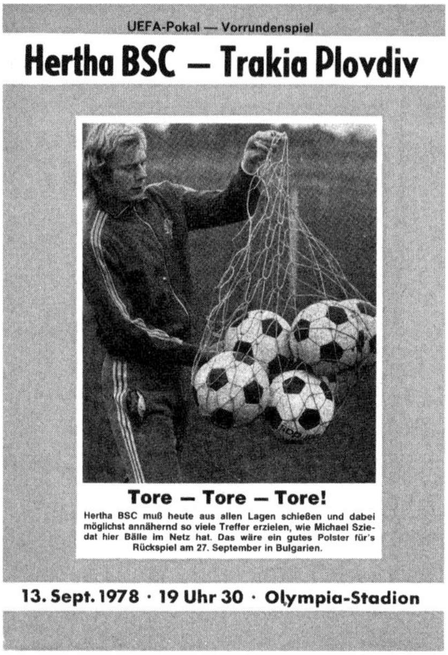

Programmheft Hertha BSC – Trakia Plovdiv (0:0). Titelbild: Tore, nichts als Tore wünschen sich die Berliner vor dem Auftakt im UEFA-Cup, doch es fällt kein einziges. (Foto: privat)

Trakia Plovdiv. Dass in Berlin der Grundstein zum Erreichen der nächsten Runde im Hinspiel gelegt werden musste, war allen klar. Wessen es dazu bedurfte, wurde auf der Titelseite des Stadionheftes deutlich gemacht: Tore – Tore – Tore! „Möglichst annähernd so viele Treffer, wie Michael Sziedat hier Bälle im Netz hat!“ Das Foto zeigte Herthas Außenverteidiger mit einem Ballnetz, in dem sich fünf (!) Lederbälle befanden.

Der Abend geriet zur bitteren Enttäuschung. Nur 6.410 Zuschauer verliefen sich bei ungemütlicher Witterung im weiten Rund des Olympiastadions. Was sie im Nieselregen zu sehen bekamen, beschrieb Lutz Rosenzweig mit drastischer Wortwahl: „Was Hertha zeigte, war das Letzte!“ Doch er schränkte ein, dass nur jene Zuschauer und Kritiker zu diesem krassen Urteil kommen mussten, „die Fußball immer nur nach erzielten Toren beurteilen.“ Dabei besaßen die Männer in hellblau-weiß Chancen zuhauf. So fanden Rosenzweig und Beyer durchaus Lobenswertes: „Ein Formanstieg in fast allen Teilen“ und „einen Kampfgeist, der nie erlahmte.“ Was die Chancen für die Begegnung in Bulgarien anging, waren sie freilich unterschiedlicher Auffassung. Während Beyer in der *Berliner Morgenpost* wenig hoffnungsfroh befürchtete, „dass die Reise nach Plovdiv am 27. September die letzte für die Berliner im diesjährigen Kampf um den UEFA-Pokal sein wird“, hatte Rosenzweig den Glauben an die Hertha-Mannschaft noch nicht verloren: „Festigt sich die körperliche Fitness der Spieler bis zum 27. September kontinuierlich, dann ist Hertha in Plovdiv noch lange nicht verloren.“

1. Runde im UEFA-Cup – Mittwoch, 27. September 1978
Trakia Plovdiv – Hertha BSC 1:2 (0:2)

Herthas Aufgabe im Hexenkessel von Plovdiv vor 35.000 Zuschauern würde ohnehin schon schwer genug werden, doch türmte sich die erste Hürde schon weit vor Spielbeginn vor den Berlinern auf, wie Lutz Rosenzweig schilderte: „Etwa vier Stunden dauerte die gestrige kombinierte Bus-Flug-Reise der Hertha BSC-Fußballer mit ihrem Anhang von der Deutschlandhalle bis in die bulgarische Stadt Plovdiv, etwa 100 km südöstlich von Sofia gelegen. Dass die Hälfte der Reisezeit drauf ging bei der

Bewältigung der paar Kilometer zwischen Eichkamp und dem Flugplatz Schönefeld, wirft nur ein bezeichnendes Licht auf die Misslichkeiten des deutsch-deutschen Alltags." Eine weitere unliebsame Überraschung erlebte Trainer Klötzer beim mittäglichen Abschlusstraining. Beer klagte plötzlich über Laufbeschwerden, dem Trainer fiel auf, dass sich sein Nationalspieler äußerst gehemmt bewegte. „Leichte Schmerzen hatte Beer schon seit Montag verspürt, verschwieg es jedoch dem Trainer, da er nicht an eine Verschlimmerung glaubte." Erst jetzt rückte Beer mit der Wahrheit heraus, was Klötzer verärgerte, der nun doch auf Granitza zugreifen musste. Es war nicht die schlechteste Entscheidung, wie sich später herausstellte.

„Endlich hat es bei mir gezündet", strahlte Granitza unmittelbar nach dem Schlusspfiff der 90 Minuten von Plovdiv. Für Beyer „war es ein kleines Wunder, für das die Hertha gesorgt hatte." Berlins Elf hatte nach einem 2:1-Erfolg doch noch die 2. Runde im UEFA-Cup erreicht, und Granitza hatte sich mit zwei Toren für das Vertrauen seines Trainers bedankt. „Beim ersten Tor nutzte er nach einer Eingabe Sidkas eine Verwirrung der gelb-schwarzen Abwehr, beim 2:0 hatte Gersdorff geflankt." Nun mussten die Bulgaren, die nach dem Rückstand nicht mehr von ihrem enttäuschten Publikum unterstützt wurden, schon drei Treffer erzielen. Spannend wurde es dennoch, als den Hausherren schon drei Minuten nach dem Wechsel der 1:2-Anschlusstreffer gelang. „Doch die Zuschauer merkten bald, dass sich die Berliner wieder fingen." Einziger Wermutstropfen aus Berliner Sicht: Neben Beer verletzte sich im ersten Abschnitt auch noch Kliemann, der mit einer Oberschenkelverletzung zur Pause in der Kabine blieb und wochenlang auszufallen drohte.

Hertha-Vizepräsident Heinz Striek fiel ein Stein vom Herzen. Noch zwei Stunden vor dem Spiel hatte er gesagt: „Wenn wir die erste Runde nicht überstehen, müssen wir einige Spieler auf die Transfer-Liste setzen." Der DFB überprüfte Herthas Finanzen genau und saß den Berlinern seit geraumer Zeit im Nacken. Nun aber frohlockte Striek: „Uns wäre der attraktive FC Valencia mit Rainer Bonhof und Mario Kempes als Gegner lieb." Sein Wunsch blieb unerfüllt, stattdessen zog die Los-Fee den sowjetischen Vertreter Dynamo Tiflis als nächsten Kontrahenten aus dem Topf.

2. Runde im UEFA-Cup – Mittwoch, 18. Oktober 1978
Hertha BSC – Dynamo Tiflis 2:0 (1:0)

Vor ihrem 27. Europapokalspiel waren die Herthaner gewarnt: Die Mannschaft aus Tiflis reiste immerhin als sowjetischer Spitzenreiter an die Spree. Dies veranlasste Hertha-Trainer Klötzer vor dem Heimspiel zu der Feststellung: „Diesmal würden wir wohl mit einem 0:0 zu Hause – so wie in der vorigen Runde gegen Plovdiv – nicht mehr heil aus der Angelegenheit herauskommen." Zur besseren Unterscheidung im Fernsehen traten die Herthaner in hellblauen Hemden und schwarzen Hosen an. Ein wenig Aberglaube steckte natürlich auch in dieser für die Berliner ungewohnten Trikotwahl: „Ein gutes Omen für mich. In dieser Tracht haben meine Spieler vom Hamburger SV vor zwei Jahren die Spiele um den Europapokal der Pokalsieger bestritten und schließlich den Pott gewonnen“, sagte Klötzer einen Abend vor der Begegnung.

„15.449 Zuschauer hatten ihre Freude an diesem schnellen und kampfbetonten Spiel“, schrieb Beyer. Lutz Rosenzweig zählte die Tor-Chancen mit 6:1 für Hertha, was allein schon den 2:0-Sieg rechtfertigt. Doch sah er Herthas Sieg vor allem deshalb als verdient an, „weil die gesamte Hertha-Schar kämpferisch wieder bis ans Äußerste ging.“. Zum 1:0 wuchtete Nüssing den Ball aus 16 Metern unter die Latte. Dem 2:0 (63.) ging ein schlimmer Abspielfehler eines Verteidigers voraus, der den Ball quer vor dem Strafraum spielte. Granitza hatte aufgepasst und schob die Kugel per Aufsetzer ins linke Eck. „Granitzas Treffer kann Gold wert sein“, lautete die Überschrift in der *Berliner Morgenpost* mit Blick auf das Rückspiel in 14 Tagen. Aber Rosenzweig mahnte: „Auch wenn Hertha 2:0 gewann – die K.o.-Spannung bleibt! Dynamo Tiflis bot so viel Klasse, dass man im Hertha-Lager fürs Rückspiel am 1. November bangen muss.“

2. Runde im UEFA-Cup – Mittwoch, 1. November 1978
Dynamo Tiflis – Hertha BSC 1:0 (0:0)

Während die Mannschaft nach zwölf Stunden Reisestrapazen und einem Abendessen im Hotel „Reif“ zur Bettruhe ging, hatten „Offizielle und Schlachtenbummler ausgiebig Zeit, sich in der georgischen Metropole umzusehen. Großzügig angelegte Straßen, teilweise ostberlinerisch anmutende Gebäude und schließlich ein schon von außen imponierendes 90.000-Mann-Stadion wurden besichtigt“, gab Lutz Rosenzweig seine Eindrücke wieder.

„Beim Schlusspfiff lagen sich die Herthaner jubelnd in den Armen. Das kleine Häuflein der 38 mitgeflogenen Hertha-Schlachtenbummler, vorher im Meer des 80.000 Mann starken Dynamo-Anhangs kaum zu hören, feierte das Ereignis auf seine Art – in gegenseitigen Umarmungen und Beglückwünschungen“, schilderte Rosenzweig im *Abend* die Szenen, die sich nach der 0:1-Niederlage Herthas abgespielt hatten. Das Kunststück war vollbracht, Hertha hatte den ersehnten Platz im Achtelfinale des UEFA-Pokals erreicht, weil sie nur einen Gegentreffer, elf Minuten nach der Pause durch Schengelija erzielt, zuließen. Die Überlegenheit der Dynamos drückte sich zwar in einem Eckball-Verhältnis von 27:3 aus, doch die Ausbeute an Torchancen war deutlich geringer. Großen Anteil daran hatte die Abwehrreihe mit Brück, Sziedat, Förster und Diefenbach. „Dass dennoch genug Gelegenheit für Nigbur war, sich auszuzeichnen, sagt genug“, lobte Rosenzweig Herthas Torsteher, der eine glänzende Leistung geboten hatte. „Hertha hatte gewiss keinen Schönheitspreis verdient – zeitweise wurde der Ball ziemlich plump weggedroschen –, doch an prachtvollem Kampfgeist ließ sich niemand der in blauen Hemden und schwarzen Hosen steckenden Berlinern von seinem Nebenmann übertreffen,“, urteilte Beyer über Herthas Einzug in die nächste Runde. Während die Mannschaft am Abend auf Granitzas 27. Geburtstag anstieß, äußerte Trainer Klötzer schon vorsichtig einen Wunsch: „Es muss nicht einer der drei DFB-Vereine sein, aber wenn es der FC Valencia, der AC Mailand oder Arsenal London wären – das wäre schon was.“ Einen Tag später wurden in Zürich die Lose gezogen. Ein Kassenmagnet wurde es nicht, eher ein europäisch unbeschriebenes Blatt, was unter den Spielern mit gemischten Gefühlen aufgenommen wurde: der dänische Vize-Meister Esbjerg BK.

Achtelfinale im UEFA-Cup – Mittwoch, 22. November 1978
Esbjerg BK – Hertha BSC 2:1 (1:1)

„Kommen, spielen, nicht verlieren!“ Mit dieser Devise waren die Herthaner einen Tag vor dem Anpfiff des Achtelfinal-Hinspiels kurz vor 15 Uhr von Tegel mit einer PAN AM abgeflogen, in Hamburg in eine dänische Maschine vom Typ „Fokker“ umgestiegen und nach einstündigem Flug in Esbjerg gelandet.

Die Berliner konnten ihr Vorhaben nicht in die Tat umsetzen, was angesichts von einem Chancenverhältnis von 7:4 für Hertha zwar einerseits verwunderte, andererseits aber war der 2:1-Sieg der Dänen verdient, weil sie die aktivere Mannschaft stellten. Dabei hatte es nach Maß begonnen. Milewski hatte nach sechs Minuten mit einem ebenso schönen wie glücklichen 16m-Hochschuss die Berliner in Führung gebracht. Als sich anschließend eine gewisse Leichtsinnigkeit breit machte, konnte man das Malheur schon ahnen. Sieben Minuten später schubste Sziedat seinen Gegenspieler, was mit Strafstoß geahndet wurde: 1:1 durch Leif Hansen (13.). Nach dem Wechsel ging es dann schnell. In der 49. nutzte der völlig frei vor Nigbur auftauchende Jespersen die Chance zum 2:1. Lutz Rosenzweig sah eine „unverdiente“ Niederlage Herthas, was ihn zu folgender Prognose veranlasste: „Was gut ist vorweg: Nach menschlichem Ermessen verheißt die 1:2-Schlappe in Esbjerg Hertha hochprozentig den Einzug unter die „letzten Acht“ des UEFA-Pokals.“ Ob Trainer Klötzer beim Umstieg in Hamburg „zwischen Tatar und einer Flasche kühlen Bieres“ flachste oder eher enttäuscht war, möge jeder selbst entscheiden: „Was unsere Stürmer anbelangt, so bin ich sicher, dass Esbjergs Tormann sein Trikot mangels Beschäftigung gar nicht erst in die Wäsche zu geben braucht. Das Waschpulver wäre glatt verschenkt ...“

3. Runde im UEFA-Cup – Mittwoch, 6. Dezember 1978
Hertha BSC – Esbjerg BK 4:0 (3:0)

„Herthas Situation vor dem UEFA-Cup-Rückspiel gegen die Halbprofis von Esbjerg BK ist eigentlich traumhaft. Im Grunde kann den Berlinern trotz der 1:2 Niederlage vor 14 Tagen nichts passieren. Dies basiert auf einer nüchternen Gegenüberstellung folgender Faktoren: Können, Wollen, Heimvorteil“, war Lutz Rosenzweig ungewohnt sicher in seinem Urteil und überaus optimistisch. Doch einige Zeilen tiefer mahnte er auch schon wieder: „Es gibt freilich einen bedenkenswerten Punkt: Das ist die Überheblichkeit des Favoriten. Mag Trainer Klötzer seinen Mannen doch so ins Gewissen geredet haben – irgendwo da drinnen werden die Herthaner ihren Gegner möglicherweise unterschätzen."

Das Achtelfinale vom Nikolaustag 1978 blieb aus vielerlei Gründen im Gedächtnis. Zum einen waren die äußeren Rahmenbedingungen ungewöhnlich: Nur 3.295 Zahlende boten ein für ein Europapokalspiel äußerst tristes Bild. Schuld daran waren die eisigen Temperaturen in Berlin: Unangenehme fünf bis sechs Grad minus zeigte das Thermometer an, der Jahrhundertwinter schickte seine ersten Vorboten. Dazu wurde das Spiel live im Dritten Programm ausgestrahlt. Dies veranlasste Rosenzweig, den Blick in eine düstere, Corona ähnliche Zukunft zu werfen: „So sehr man es gerade Herthas Freunden in der DDR gönnt, via Fernsehen ‚dabei zu sein', so sehr beschwören solche leeren Arenen wie gestern Abend im Olympiastadion makabre Zukunftsvi-

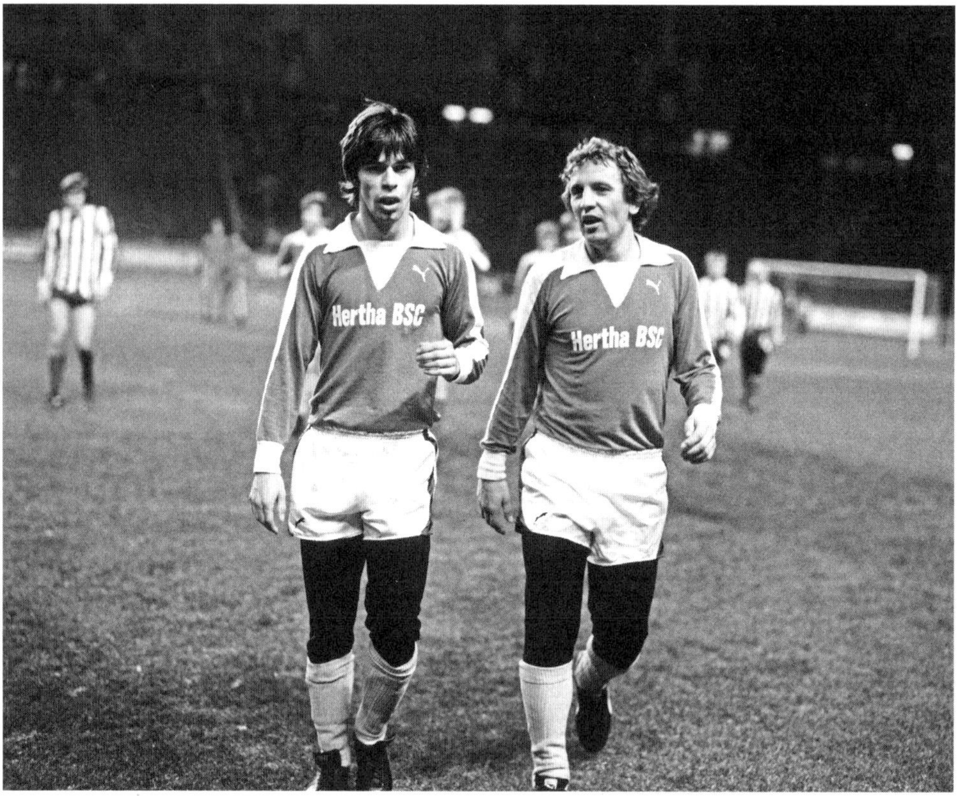

Jürgen Milewski und Dieter Nüssing. Milewski hat soeben EfB Esbjerg mit seinen vier Toren im Alleingang besiegt und sich den Spitznamen „Mr. Europacup" „eingehandelt". (Foto: imago/Kicker/Liedel)

sionen herauf: Dass es einmal so weit kommen könnte, dass nur noch die Spieler auf dem Rasen herumtanzen, die Betreuer irgendwo verloren am Feldrand hocken und das Publikum es sich zu Hause in der guten Stube am TV-Gerät gütlich tut. Das Jahr 2000 kündigt sich an …"

Besonders in Erinnerung blieb Milewski, Herthas 21-jähriger Stürmer, der schon in der ersten Begegnung für Herthas einzigen Treffer gesorgt hatte. „Wirbelwind Milewski wurde zum Alptraum für Esbjerg", titelte die *Berliner Morgenpost*. „Noch ehe sich die Dänen zum Abwehrkampf ‚einigeln' konnten, war das Rennen praktisch schon gelaufen", schrieb Weise. Gerade einmal drei Minuten waren gespielt, als der 1,71 m große Angreifer aus sieben Meter Entfernung direkt zum 1:0 ins Netz traf. „Als der Held des Abends in der 25. Minute mit seinem zweiten Treffer das 2:0 erzielt hatte, war die Überraschungschance der Dänen so gut wie ausgelöscht." Mit dem 3:0 nach 33 Minuten gelang ihm ein lupenreiner Hattrick. Als das 4:0, wieder durch Milewski, herausgeholt war, höhnten Herthas Frösche zuerst im Chor: „Esbjerg, Esbjerg – ha, ha, ha!" – dem anschließend ein „Milewski für Deutschland!" folgte. Milewski legte mit den beiden Spielen gegen den dänischen Vertreter den Grundstein für seinen späteren Spitznamen: „Mr. Europacup". „Ich habe halt sehr viele Tore im Europacup geschossen", antwortete er einmal bescheiden in einem Interview. Sein wichtigstes Tor aber sollte noch folgen.

Bewundernswert an diesem Abend war auch Herthas Nigbur, für den bei eisiger Kälte das größte Problem darin bestand, sich warm zu halten. Das Los-Glück war nicht mit den Herthanern und bescherte ihnen den aktuell vermeintlich schwersten Brocken: Dukla Prag. Die Tschechoslowaken hatten am selben Abend den VfB Stuttgart – die Schwaben waren immerhin Bundesliga-Dritter – nach einer 1:4-Hinspiel-Niederlage noch mit 4:0 aus dem Wettbewerb geschossen.

Viertelfinale im UEFA-Cup – Mittwoch, 7. März 1979
Hertha BSC – Dukla Prag 1:1 (0:1)

Die Bundesliga war in den Monaten Januar und Februar von „General Winter" erbarmungslos ins Abseits geschoben worden, das Hinspiel gegen Dukla Prag aber war nicht gefährdet. Herthas letztes Heimspiel vom 27. Januar lag schon einige Wochen zurück, daher hieß es im Vorbericht: „Endlich wieder Fußball in Berlin!" Lutz Rosenzweig war sich darüber im Klaren, was notwendig war, um in zwölf Tagen mit einem möglichst guten Ergebnis an die Moldau zu reisen: „Begeisternder (Kampf-) Leistungen der Hertha-Elf wird es heute Abend im Olympiastadion bedürfen, um die Mannschaft von Dukla Prag niederzuhalten." Hertha-Trainer Klötzer standen nach dem Abgang von Granitza, den die finanziell klammen Berliner in der Winterpause für 440.000 DM zu den Chicago Stings wechseln ließen, und einigen Verletzten nur noch 15 Profis zur Verfügung. Moderator Oskar Wark sprach am Abend in der ZDF-

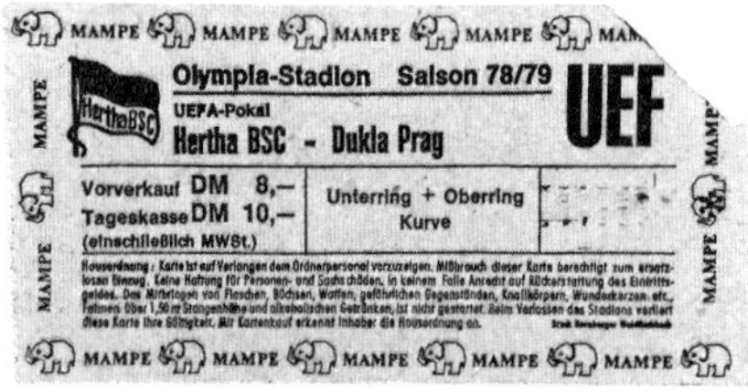

Eintrittskarte zum UEFA-Cup-Viertelfinale Hertha BSC – Dukla Prag (Foto: privat)

Sendung *Sport aktuell* davon, dass „Hertha ein möglichst klares Ergebnis herausspielen muss, um in 14 Tagen möglicherweise die nächste Runde zu erreichen.“

30.000 Zuschauer bildeten bei vier bis fünf Grad eine enttäuschende Kulisse für ein Viertelfinale im Europapokal. Dass sich darunter auch noch 6.000 Schüler mit Freikarten befanden und am Ende nur 23.229 Eintritt gezahlt hatten, machte es für Herthas Schatzmeister noch deprimierender. „Der Europapokal brachte nicht die ersehnte Resonanz“, wie Beyer enttäuscht feststellte. Die Mannschaft ließ sich davon nicht beeindrucken und bot laut Lutz Rosenzweig „auf dem erfreulich gut präparierten Rasen ein Kampfspiel bei spielerischen Vorteilen der vorzüglichen Prager.“ Herthas einzige Chance führte sechs Minuten nach der Halbzeit zum 1:1-Ausgleich.

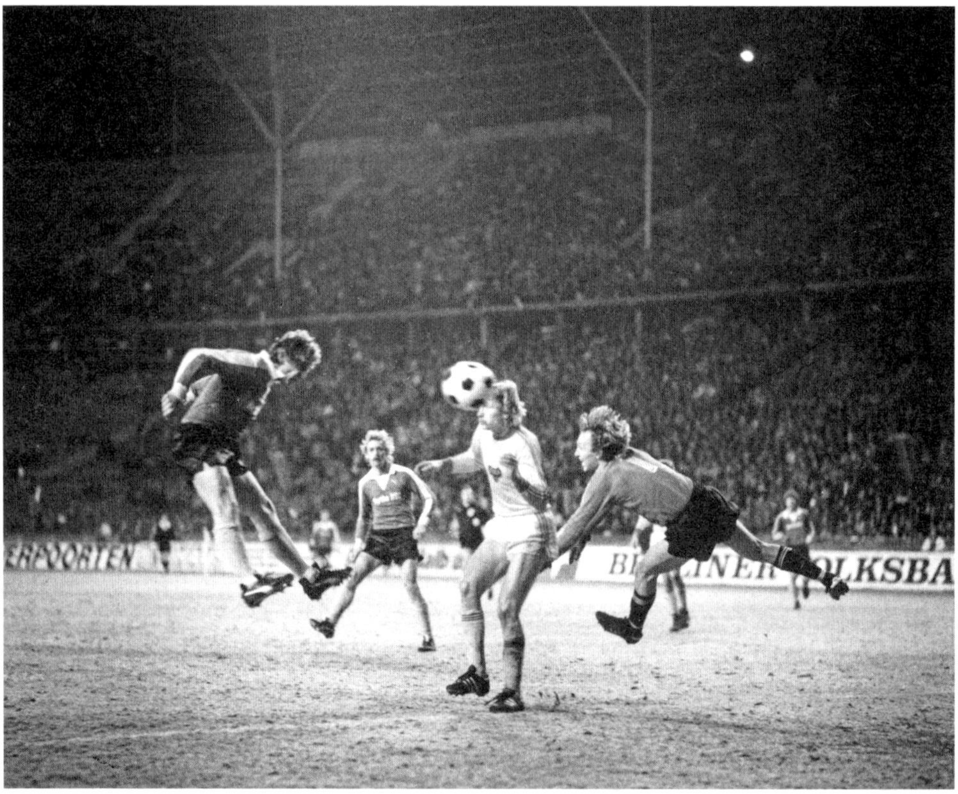

Dieter Nüssings Kopfball führt zum 1:1-Ausgleich und Endstand im Hinspiel gegen Dukla Prag. (Foto: imago/Kicker/Eissner)

Beer hatte von links geflankt und Duklas so hochgelobter Torhüter Netolicka griff anfängerhaft am Ball vorbei. Nüssing war da und stieß das Leder mit dem Kopf über die Torlinie. Kurz vor der Pause waren die Berliner in Rückstand geraten. Wie es um Herthas Chancen für das Rückspiel stand, darüber waren sich alle einig, auch wenn Nigbur Zweckoptimismus auszustrahlen versuchte: „Noch sind wir nicht ausgeschieden." Doch die Presse sah nach dem glücklichen Remis für Hertha, „dass die Hürde Prag doch wohl etwas zu hoch war. Gemessen an der Klasse der Prager dürfte das Rückspiel für die Berliner nur noch eine Pflichtreise werden, denn man muss davon ausgehen, dass Dukla zu Hause noch stärker ist", glaubte Beyer nur an eine geringe Chancen für ein Weiterkommen. Reporter Werner Schneider, nicht zu verwechseln mit dem österreichischen Kabarettisten Werner Schneyder, der auch das *„Das aktuelle Sportstudio* moderierte, zog am Abend in der Sendung *Sport aktuell* im ZDF folgendes Fazit: „Enttäuschung um die Hertha, die wohl im Rückspiel in Prag ohne große Chance sein dürfte." Sein Kollege Wark pflichtete ihm aus dem Studio bei: „Für mich ist ohnehin Dukla Prag einer der großen Favoriten auf den Titel." Ähnlich beurteilte Lutz Rosenzweig Herthas Aussichten: „Wüsste man nicht, was im Fußball alles möglich ist – man müsste den Herthanern zurufen: Erspart Euch die Reise nach Prag!" Doch in seiner Überschrift hieß es „Noch ist nicht alles verloren!"

Viertelfinale im UEFA-Cup – Mittwoch, 21. März 1979
Dukla Prag – Hertha BSC 1:2 (1:1)

Herthas Anreise gestaltete sich ebenso kompliziert wie die vor den Berlinern liegende sportliche Aufgabe. „Die Reise von der Deutschlandhalle in die nordwestliche Prager Vorstadt dauerte genau fünf Stunden und 52 Minuten, wobei die reine Flugzeit in einer tschechoslowakischen Vier-Propeller-Maschine bei einem völlig klaglosen Flug in 7.000 Meter Höhe genau 40 Minuten betrug. Da kann man sich gut vorstellen, wieviel Zeit die Erledigung diverser Visa- und Personenkontrollen beansprucht hat", schilderte Lutz Rosenzweig die Strapazen, die die Mannschaft, Offizielle und acht Pressevertreter auf sich nehmen mussten. Der Großteil von Herthas Anhängern reiste dagegen von West-Berlin über den damaligen Grenzübergang Bahnhof Friedrichstraße in Ost-Berlin ein und fuhr anschließend weiter nach Prag. Drei Finger hielten die Prager überall hoch, wo der Hertha-Bus vor dem Spiel auftauchte, was so viel heißen sollte, dass Dukla drei Tore schießt. Doch Beer blieb nüchtern: „In Tiflis hielten die Russen fünf Finger hoch." Natürlich sah auch Rosenzweig die Prager klar im Vorteil, zu sehr war ihm noch das 4:0 Duklas gegen den VfB Stuttgart im Gedächtnis geblieben. So fiel seine Voraussage über Herthas Aussichten auch eindeutig aus: „Nur eine über Nacht konditionell sensationell verbesserte, taktisch hundertprozentig bessere, kämpferisch umwerfende Hertha erreicht im Juliska-Stadion das Halbfinale des Europacups. Und auch dann nur, wenn zur Hochform Nigburs und seiner Vorderleute eine Überheblichkeit des Gegners hinzukommt. Also in Prozenten die Chancen ausgedrückt: 95:5 für Dukla." Etwa 500 bis 600 Berliner befanden sich schließlich im mit 28.000 Zuschauern seit Wochen ausverkauften Juliska-Stadion, malerisch in die Hügel über der Moldau eingebettet. SFB-Reporter Sprentzel kommentierte die Live-Übertragung im Dritten Programm auf einem Stuhl vom Spielfeldrand aus, nur mit einem kleinen Monitor ausgestattet. „Ich hatte überhaupt keinen Überblick. Zum einen waren das schwierige Bedingungen für mich, zum anderen wurde mir erst da wirklich bewusst, wie wenig Trainer und Spieler von der Ersatzbank aus vom Spiel mitbekommen.“ Er und die mitgereisten Berliner sollten schließlich Augenzeugen einer Fußball-Sensation werden.

Dabei begann alles genau so, wie man es aus Berliner Sicht hatte befürchten müssen. Nehoda hatte Dukla in der 21. Minute in Führung gebracht, alles schien auf einen klaren Sieg des Favoriten hinauszulaufen. Rosenzweig verglich die Phase nach dem 1:0 mit dem WM-Endspiel von 1954, als in Bern die Ungarn die Deutschen vermeintlich schon vorher „in der Tasche“ hatten. „Es kam damals nur noch auf das wie an“, schrieb er und setzte fort: „Gestern würzte der Treffer Duklas die Atmosphäre noch gefährlicher für die Gelben. Wie sollten diese Berliner noch zwei Tore schießen? Es war genau die Situation, in der Sensationen entstehen.“ Als Agerbeck in der 33. Minute das 1:1 erzielte, konnte man gewisse Dinge schon ahnen. Seine Eindrücke zur Atmosphäre im Stadion schilderte Rosenzweig so: „Herthas kleiner, jedoch in der Akustik mächtiger Anhang aus West-Berlin, dem Osten der Stadt und der DDR frohlockte schon im Chor: Oh, wie ist das schön!“ Doch das war noch zu früh.

Nach dem Wechsel wurden die Berliner in den eigenen Strafraum gedrückt, agierten aber nie so ängstlich, wie in ihren letzten Bundesliga-Auswärtsspielen. Dann kam es zur Sensation. Brück spielte zu Beer, der dem kleinen Milewski präzis den Ball nach rechts vorlegte. Gegen Milewskis herrlichen Schrägschuss war Prags Schlussmann zum zweiten Mal machtlos. Der Torschütze sagte hinterher über seinen Treffer: „Ich dachte, entweder du triffst die Eckfahne, oder der Ball ist drin.“ Was folgte war ein ungestümes, aber selten planvolles Anrennen der Gastgeber. Beschwörend klang es von den Tribünen: „Dukla! Dukla!“ Keck konterten die Berliner Fans mit „Hi – Ha – Ho, Dukla ist K.o.!“ Knapp sechs Minuten vor dem Ende blendete sich der RIAS in die laufende Radio-Reportage von Wolfgang Mönch ein. „Fünf Minuten fehlen den Herthanern noch zur Vollendung einer Sensation, die wohl niemand, der sich um die Europapokal-Wettbewerbe gekümmert hat, für möglich gehalten hat. Nach einer überlegenen Leistung der Dukla-Elf beim 1:1 im Berliner Olympiastadion hatte man die Hertha-Mannschaft schon total abgeschrieben. Aber sie hatte es sich vorgenommen, es all denen zu zeigen, die ihr kein Eindringen ins Halbfinale des Europacups zugetraut hatten.“ Einige dramatische und gefahrvolle Minuten später kommentierte er, untermalt von „Hoch sollen sie leben“-Gesängen der Berliner Fans, die Schlusssekunden: „Die Hertha hat hier eine vorzügliche Leistung geboten, hat sich nicht nur so teuer verkauft wie möglich, sondern hat gezeigt, dass sie auch aus einer aussichtslosen Situation heraus etwas auf die Beine stellen kann. (...) aber Visek kann schießen, schießt aber nur in einen Wall von Leibern der Herthaner hinein, und der Ball, der dann im Nachschuss auf das Hertha-Tor befördert wird, wird eine sichere Beute eines durch die Luft segelnden Norbert Nigbur, der hier ganz ausgezeichnet gehalten hat – und der jetzt im Verein mit seinen Mannschaftskameraden in die Luft springt. Das Unmögliche, das Fußball-Wunder ist wahr. So kann man es, glaube ich, sagen, denn die Hertha gewinnt hier vor 30.000 Zuschauern (...) mit 2:1 gegen Dukla Prag und ist damit zum ersten Mal in der Vereinsgeschichte in einem Halbfinale eines europäischen Fußball-Pokalwettbewerbs. (...) Die Berliner kassieren jetzt nicht nur den Beifall der fairen Zuschauer in Prag, sondern vor allen Dingen auch den Beifall der etwa 500 Ost-Berliner und DDR-Fußball-Fans, die hierher gekommen sind, um ihre Mannschaft siegen zu sehen. Es ist ihnen gelungen. Mit dieser für, glaube ich, ganz Fußball-Deutschland erfreulichen Kunde zurück in die angeschlossenen Funkhäuser.“

Für Rudi Rosenzweig waren drei Faktoren entscheidend: „Kliemann knüpfte als letzter Mann an seine besten Zeiten an, Rasmussen ging als Vorstopper dem listigen Nehoda nicht von der Fahne sowie Milewskis und Agerbecks Wirkung. Beide versuchten immer wieder mutig zu kontern.“ „Strahlend begann der Frühling für Hertha“, hieß es in der *Berliner Morgenpost*. Beyer sprach von einem „Wunder von Prag!“, weil „eine schon totgesagte Mannschaft von Hertha BSC fröhliche Auferstehung feierte.“

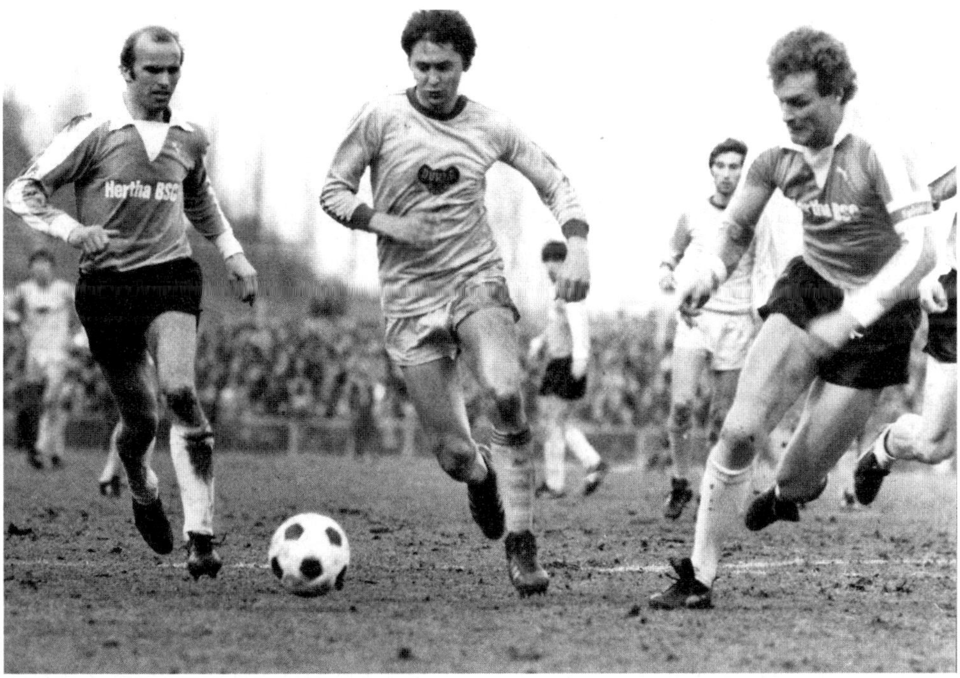

Erich Beer (links) und Uwe Kliemann (rechts) schaffen mit ihrem Team die Sensation. Nach dem 2:1-Sieg in Prag ist das Halbfinale im UEFA-Cup erreicht. (Foto: Wende)

Tiefere Ursachenforschung dieser Sensation betrieb Lutz Rosenzweig, er sah sie in der Psychologie des Sports begründet. „Eine Dukla-Elf, die 14 Tage davor im Berliner Olympiastadion die einem tapsigen Bär vergleichbare Hertha an der Nase herumgeführt hatte, war an ihrer eigenen, fast folgerichtigen Überheblichkeit gescheitert.“ Zwei Wermutstropfen trübten die frohe Stimmung. Einer war freilich nicht ganz ernst gemeint: „Wir hatten an alles gedacht – nur nicht an Sekt in der Kabine! Und die Hotel-Bar war bereits nachts um ein Uhr vollständig geleert.“ Doch die gelben Karten für Kliemann und Sziedat, die eine Sperre im Halbfinal-Hinspiel nach sich zogen, ließen ihn nachdenklich werden. Dennoch herrschte natürlich Freude, waren die Berliner bei ihrer Rückkehr zum Hotel begeistert empfangen worden. „Das Ost-Berliner Element und das ‚Sächsische‘ überwog im Hertha-Anhang. Zahlreiche auf ‚gut Glück‘ herangefahrene Hertha-Freunde aus dem Osten hatten keine Eintrittskarte bekommen. Umso größer war nachher die Begeisterung, auch wenn etliche nur draußen stehen durften, um akustisch die Sensation mitzuerleben“, gab Lutz Rosenzweig seine Eindrücke rund um Partie wieder. Als mögliche Gegner für das Halbfinale standen die Bundesligisten MSV Duisburg und Borussia Mönchengladbach zur Auswahl, als einzig verbliebener Kontrahent aus dem europäischen Ausland hatte sich Roter Stern Belgrad qualifiziert.

Halbfinale im UEFA-Cup – Mittwoch, 11. April 1979
Roter Stern Belgrad – Hertha BSC 1:0 (1:0)

Die Los-Kugeln wurden so gezogen, dass auf Hertha der vermeintlich schwerste der verbliebenen Gegner wartete: Roter Stern Belgrad. Dass Hertha im Hinspiel auf die gesperrten Defensivkräfte Kliemann und Sziedat verzichten musste, stand fest. Dass aber nun auch noch ihr „Mr. Europacup“, der Siegestorschütze vom 2:1-Erfolg bei Dukla Prag, nach einer Verletzung im Training zuschauen musste, traf sie schwer. Mit einem Gipsbein verfolgte Milewski beide Partien. „Das war natürlich hart für mich“, sagte er später in einem Interview.

Die Anreise glich den anderen Auswärtsfahrten in den sozialistischen Ostblock. „So schnell der Flug am Ende über das herrliche Alpenpanorama auch dahinging, so schleppend-ärgerlich ging es bei der Ankunft zu. Der diensthabende Abfertigungsbeamte behielt die Personalausweise fast aller mitgereisten Personen einschließlich der Spieler ein und erst nach mehr als einstündigem Warten konnte man die bereitstehenden Busse zu den Hotels besteigen“, gab Lutz Rosenzweig einen weiteren kleinen Einblick in den damaligen (West-Ost)-Reisealltag. Als um 16:30 Uhr die Berliner unter ohrenbetäubendem Lärm in das mit 100.000 Zuschauern besetzte Rund von Belgrad einliefen, saßen daheim in Berlin die gesperrten Kliemann und Sziedat sowie der verletzte Milewski vor den Bildschirmen und fieberten mit ihren Kameraden bei der Live-Übertragung des SFB.

Als die Gastgeber in der siebten Minute nach einer Ketten-Reaktion von Fehlern aufseiten der Berliner 1:0 in Führung gingen, musste man sich um die Herthaner ängstigen. Ein schwacher Abstoß Nigburs, ein unglücklicher Kopfball Beers, das Zaudern von Weiner, Förster und Rasmussen – schon waren die Berliner durch den wuchtigen Savic ins Hintertreffen geraten. Doch statt stürmisch nachzusetzen, spielte Roter-Stern in der Folge eher behutsam weiter. „Eine Haltung, die Hertha bei den Gegnern liebt“, wie Lutz Rosenzweig feststellte. Erstaunt äußerte er sich über die Reaktion der Zuschauer: „Merkwürdig, dass das Belgrader Publikum nicht unmutig wurde. Im hiesigen Olympiastadion wären bei umgekehrter Sachlage die Berliner Zuschauer aus Ärger über Hertha auf die Barrikaden gestiegen.“ Ähnliche Gedanken bewegten Weise: „So plätscherte das Spiel bis an den Schlusspfiff. Wenn man sich vorstellt, dass 100.000 Menschen im Berliner Olympiastadion gesessen hätten, wäre offenes Missfallen sicher gewesen.“ In der Bewertung der 0:1-Niederlage waren sich alle einig. *Der Abend* hielt stellvertretend fest, „dass sich Berlins Hertha in der jugoslawischen Hauptstadt mit der vorher fast als Traumergebnis zu bezeichnenden 0:1-Niederlage eine prächtige Basis im Kampf um den Eintritt ins UEFA-Cup-Endspiel schuf.“

Auch die Daheimgebliebenen waren nun frohen Mutes. „Vom Ergebnis bin ich vollauf zufrieden. Wir können es auf jeden Fall schaffen“, verriet Milewski den Journalisten im SFB-Studio. Sziedat wurde beinahe euphorisch: „Das ist doch ein Traumergebnis – maßgeschneidert, um auch bei uns die Zuschauer ins Stadion zu ziehen. Ach, würde das Spaß machen, von 80.000 Menschen angefeuert zu werden.“

Halbfinale im UEFA-Cup – Mittwoch, 25. April 1979
Hertha BSC – Roter Stern Belgrad 2:1 (2:0)

In Berlin rieb man sich verwundert die Augen: „Hertha vor dem Einzug in ein europäisches Endspiel?“ Beyer äußerte sich dazu in einem Kommentar: „Als Hertha BSC zum Kampf um den UEFA-Cup antrat und mit dem 0:0 gegen Trakia Plovdiv nicht gerade einen Bombenstart hatte, waren die Berliner aus dem Wettbewerb praktisch schon ausgeschieden. Meinte man. Nun, Hertha mauserte sich und spielt noch immer mit. Jetzt steht die Mannschaft mit dem großen Zeh sogar schon im Finale. Das kommt einem Wunder gleich, denn parallel zum UEFA-Cup kämpfen die Berliner um den Klassenerhalt in der Bundesliga. Unwillkürlich muss man sich fragen, was in die Hertha-Mannschaft gefahren ist und woher diese Fußballer die Kraft nehmen, sich an drei Fronten behaupten zu wollen (Bundesliga, DFB-Pokal, UEFA-Cup). Hertha ist zu einer Mannschaft zusammengewachsen, in der das spezifisch Berlinische die Gangart bestimmt – der Selbstbehauptungswille, der die Berliner in Notzeiten immer auszeichnete. Und deshalb sollte man dieser Hertha-Mannschaft auch in Berlin vertrauen und ihr noch mehr zutrauen.“

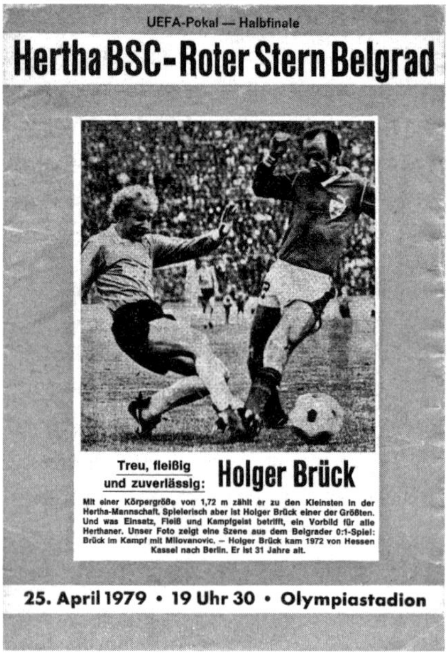

Programmheft Hertha BSC – Roter Stern Belgrad (2:1). Titelbild: Holger Brück im Zweikampf mit Milovanovic (Szene aus dem 0:1 verlorenen Hinspiel) (Foto: privat)

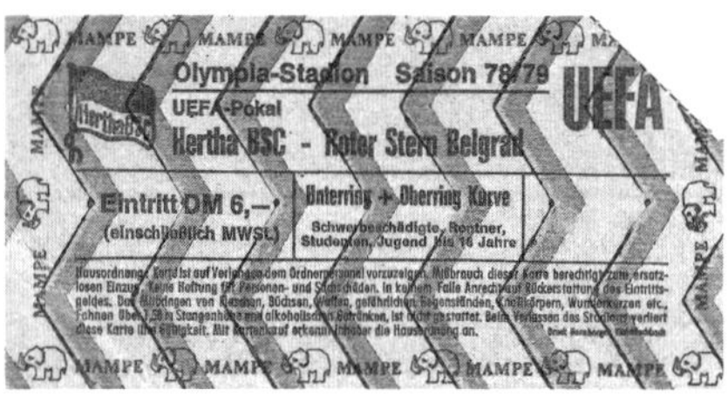

Eintrittskarte zum UEFA-Cup-Halbfinale Hertha BSC – Roter Stern Belgrad (Foto: privat)

„Einen Kampf um jeden Zentimeter Boden“, versprach Herthas Trainer den Berlinern, auf deren zahlreiche Unterstützung man hoffte. Folgte man den optimistischen Vorstellungen der Hertha-Geschäftsstelle würde das Stadion mit seinen 76.000 Plätzen ausverkauft sein. Der Run auf die Karten hatte rechtzeitig begonnen, auch weil Hertha bereits frühzeitig einer Live-Übertragung eine Absage erteilt hatte. Lediglich für eine längere Zusammenfassung ab 22:05 Uhr gab man das Okay. Schade ist, dass diese Aufzeichnung als „verschollen“ gilt.

Sintflutartiger Regen, der am Nachmittag eingesetzt hatte und bis zum Abpfiff nicht nachließ, sorgte nicht nur für einen tiefen, schwer bespielbaren Rasen, sondern war auch ursächlich dafür, dass viele Zuschauer erst eine knappe halbe Stunde vor dem Anpfiff am Stadion eintrafen. Rosenzweig und Beyer zeichneten ein identisches Bild über die Zustände an den Kassen: „Leider hat die Organisation nicht so recht geklappt“, begann Rosenzweig recht sanft. „Hunderte drängten mit durch, als die Ordner einer Kasse, die für Karteninhaber bestimmt war, überlaufen wurden. Hunderte von Menschen zogen enttäuscht vor verschlossenen Toren heimwärts. Sie hatten keine Karten mehr bekommen.“ Deutlicher wurde da schon Beyer: „Vielleicht gewöhnt man sich bei Hertha auch wieder einmal an viele Zuschauer. So ganz schien die Organisation nicht zu klappen, denn es gab zahlreiche Tumulte an den Stadionkassen.“ Die Zuschauerzahl wurde später offiziell mit 75.576 angegeben, doch jeder, der dabei gewesen war wusste, dass das nicht stimmen konnte. Verteidiger Sziedat sagte dem Hertha-Experten Michael Jahn einmal: „Es waren bestimmt an die 90.000 Leute in der Arena, es herrschte unglaubliches Gedränge.“ Diejenigen, die rechtzeitig den Weg zu ihren Plätzen gefunden hatten, bekamen einen Blitzstart Herthas zu sehen. Der Sekundenzeiger hatte seine zweite Umdrehung noch nicht vollendet, da „hatte der großartig gestartete Beer den Ball aus etwa 20 Metern Distanz mit links hoch oben zum 1:0 ins Netz gefunkt.“ Das Stadion tobte, das 0:1 aus dem Hinspiel war ausgeglichen, und Hertha setzte nach, angefeuert von euphorischen Fans. Als nur 16 Minuten später nach einem Eckball von Dietmar Krämer Sidka das Leder per Kopf Richtung Belgrader Gehäuses bugsierte und dem unsicher wirkenden Stojanovic die Kugel irgendwie zwischen den Händen zum 2:0 ins Netz rutschte, stieg von rechts drüben unter der Anzeigetafel eine Jubel-Rakete in den Regenhimmel. „Zu früh“, wie Lutz Rosenzweig unkte. Was den Berlinern in dieser Phase fehlte, war schlichtweg ein klein wenig Glück und ein Schiedsrichter, der im entscheidenden Augenblick (vielleicht) einen besseren Blickwinkel gehabt hätte. Als Beer in den Strafraum sauste und nur durch ein schweres Foul von Jurisic gestoppt werden konnte, waren sich alle einig: Elfmeter! Doch die Pfeife von Ricardo Lattanzi blieb stumm. „Das war ein glatter Strafstoß“, sagte Gladbachs Trainer Udo Lattek, der sich auf der Tribüne ein Bild von seinem zukünftigen Finalgegner machen wollte. Auch der gefoulte Beer, gewiss kein Mann, der im Verruf der Übertreibung steht, konnte es nicht fassen: „Ein klares Foul, denn ich hatte meinen Gegenspieler bereits passiert. Dieser Schiedsrichter war unmöglich.“ Klötzer sah neben dem verweigerten Straf-

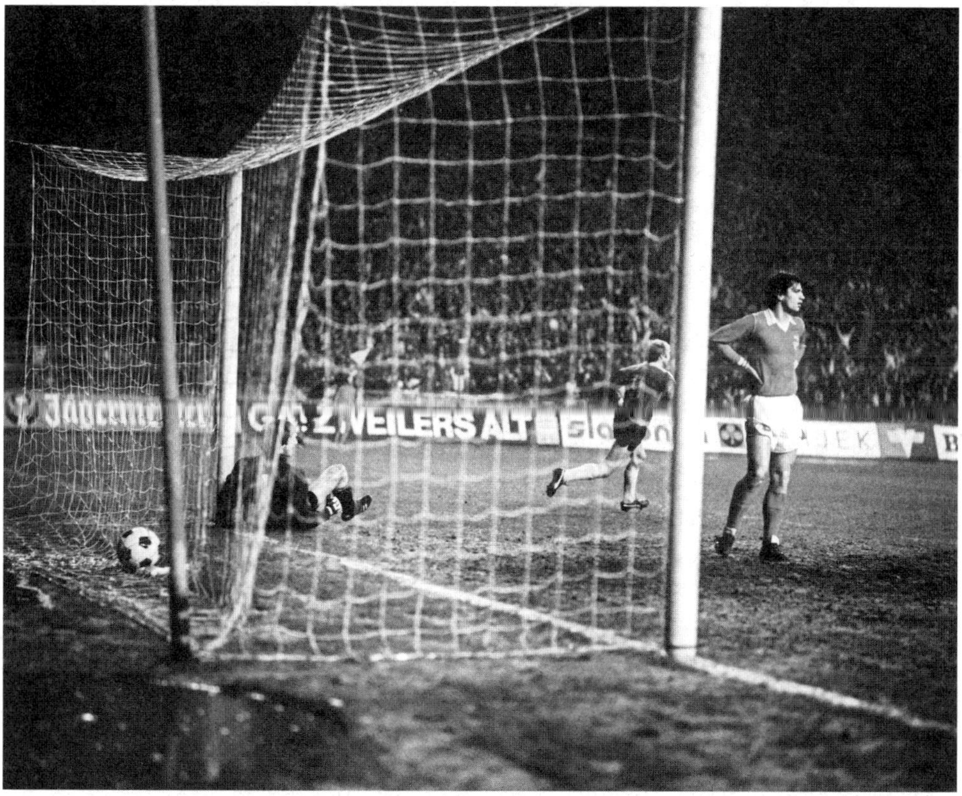

Soeben hat Wolfgang Sidka gegen „Roter Stern“ per Kopf das 2:0 erzielt. Im Hintergrund jubelt Erich Beer, das Tor zum UEFA-Cup-Finale steht weit offen. (Foto: imago/Kicker/Liedel)

stoß einen noch entscheidenderen Aspekt an der Szene: „Von dem Moment an war unser Erich Beer verletzt.“ „Am meisten verärgert waren die Berliner Zuschauer über die Fehlentscheidung des italienischen Schiedsrichters Lattanzi“, schrieb Beyer für die *Berliner Morgenpost* und Rosenzweig fand, „dass Lattanzi es wohl als sein Geheimnis mit ins Grab nehmen wird, warum er nicht Elfmeter gepfiffen hat.“ Selbst Belgrads Trainer Stankovic blies ins gleiche Horn: „Das war natürlich Glück für uns.“ Überdies war er froh, dass sein Team „nur“ mit 0:2 im Rückstand lag: „Hertha hätte gut 3:0 führen können.“

Das wäre auch nach Halbzeit noch möglich gewesen: Zuerst traf Agerbeck mit einer Bogenlampe das Lattenkreuz des Belgrader Tores, wenig später schien die 3:0-Entscheidung unausweichlich: „Die Riesengelegenheit hatte der glänzende Zuspieler Krämer. Anstatt – was er sehr gut kann – noch einen Haken um den herausstürzenden Torwart Stojanovic zu schlagen, schoss er – ihn an!“, schilderte Rosenzweig den Wendepunkt der Begegnung. Der untröstliche Krämer konnte es später immer noch nicht fassen: „Ich könnte im Boden versinken, möchte weinen und kann es nicht.“ 73 Minuten lang sahen die Berliner wie der Endspielgegner Mönchengladbachs aus. Dann folgte Herthas K.o. Eine weite Flanke von Jovanovic leitete Belgrads Mannschaftskapitän Petrovic per Kopf in die Mitte zu Sestic, der den Ball aus einem halben Meter Höhe ins nahe Netz stieß: 2:1 (73.). „Da wusste man: Nur noch mit List, Glück und Tücke kann Hertha die Wendung schaffen“, traf Rosenzweig die Gemütslage im Stadion. „Hertha hatte lange Zeit alles richtig gemacht. Was fehlte: Das 3:0“, sah er den einzigen Grund für einen „Sieg, der eine Niederlage ist“, wie die Überschrift der *Berliner Morgenpost* am nächsten Tag lautete. Hertha schlug in einem Spiel voller Klasse bei strömenden Regen die „Roten Sterne“ 2:1 und zum ersten Mal verspürten Hertha-Freunde tiefen Groll über das Wertungssystem bei Europacup-Spielen, das bewirkt, dass bei gleicher Tore- und Punktezahl die Mannschaft weiterkommt, die auswärts mehr Tore schießt.

Die Mannschaft hatte bei den Berlinern trotz des Ausscheidens wieder viel an Kredit gewonnen, denn sie kämpfte und spielte streckenweise großartig: „Schnell, einsatzfreudig und mit Witz und Ideen“, wie es Rudi Rosenzweig für die *Fußball-Woche* festhielt. „Wir haben trotzdem von Axel Springer eine kleine Prämie erhalten, dafür, dass wir Berlin international so gut vertreten haben“, erinnerte sich Herthas Vorstopper Kliemann. Doch so harmonisch wie es sich anhört, lief es nicht ab. Sidka äußerte sich im Mai 2004 im Interview gegenüber Autor Gilbert Blecken („Hertha 1970–1990“) derart, dass die Prämie „allerdings nur für die 13 Spieler gedacht war, die bei dem Spiel auch eingesetzt wurden. Als Mannschaft haben wir uns jedoch entschieden, diesen Betrag durch 20 zu teilen, weil die anderen ja auch ihren Beitrag geleistet hatten. Damit waren dann alle einverstanden außer Nigbur, der nur durch 13 teilen wollte.“ Dies bestätigte auch Beer, der sich an eine längere Unterredung mit dem Torsteher dazu erinnerte. „Dieses Gespräch war vollkommen zwecklos, Nigbur blieb absolut stur.“

Achtelfinale im DFB-Pokal – Sonnabend, 28. April 1979
Hertha BSC – 1. FC Köln 2:0 (0:0, 0:0) nach Verlängerung

Karikaturist Wolfgang Stroppe brachte es auf den Punkt. Nur drei Tage, nachdem sowohl die Kölner als auch die Berliner unglücklich aus ihren Europapokal-Wettbewerben ausgeschieden waren, trafen sie im Berliner Olympiastadion im DFB-Pokal-Viertelfinale aufeinander. Stroppe zeichnete je einen Herthaner und Kölner, die mit aus dem Hals hängender Zunge aufeinander zu krochen. „Hat Hertha noch genügend Dampf?“, fragte *Der Abend* in seiner Überschrift nicht unberechtigt. Schließlich standen die Berliner vor ihrem achten Spiel innerhalb von 25 Tagen – und trafen auf keinen Geringeren als den Cup-Triumphator der letzten beiden Jahre. Wer von beiden wohl das „Aus“ besser verkraftet hatte? Klötzer war zuversichtlich: „Ich habe den Eindruck, dass die Moral der Mannschaft trotz des bitteren Ausscheidens nicht gelitten hat.“ Rosenzweig prognostizierte in der Sonnabend-Ausgabe des *Abend*: „Nur dann, wenn Hertha die nötige Frische hat, kann mit Temposteigerung und hohem Einsatz der fußballerisch bessere Gegner vom Rhein ausgeschaltet werden.“ Ottomar Domrich versprach im *Berliner Fußball-Programm*, dass „unsere Mannschaft heute alles daransetzen wird, im DFB-Pokal weiterzukommen. Ich hoffe, dass uns heute mehr Glück beschert ist, das wir am Mittwoch vermisst haben.“

Kurz zum Herthaner Weg bis ins Viertelfinale: Zum Auftakt des DFB-Pokalwettbewerbs wurde nur wenig Spektakuläres geboten. Mühevoll setzten sich die Berliner beim in der 2. Liga Süd beheimateten FV Würzburg 04 erst in der Verlängerung durch Tore von Gersdorff und Beer mit 2:0 durch. Über die anschließende 2. Runde schrieb Beyer, dass „Hertha BSC bei Wormatia Worms am Rande des Pokal-K.o. entlang schlidderte, obwohl die Berliner durchaus die Chance hatten, als Sieger den Platz zu verlassen. Am Ende sprangen ein 1:1 sowie ein weiteres Pokalgeschäft heraus“, denn Elfmeterschießen waren 1978 in Vereinswettbewerben beim ersten Spiel noch nicht in der Spielordnung verankert, sodass ein Wiederholungsspiel angesetzt wurde, bei dem das Heimrecht zu den Berlinern wechselte. Zwar hatte Hertha fünf Minuten vor Ablauf der Verlängerung in Worms einen Elfmeter zugesprochen bekommen, doch Holger Brück, Herthas sonst so sicherer Elfmeterschütze, scheiterte. Zuvor hatte Gersdorff in der regulären Spielzeit den Führungstreffer von Seubert spektakulär ausgeglichen.
Das geplante Wiederholungsspiel gegen Wormatia Worms „entwickelt sich zur Posse“, die Sebastian Schlichting in einem Rückblick im Spätsommer 2023 für die Fußball-Woche schilderte: „Im Olympiastadion funktioniert die Notversorgungsanlage nicht, die unter anderem für die Beleuchtung von Notausgängen benötigt wird. Das Bauaufsichtsamt Charlottenburg sagt das Spiel am Nachmittag ab. Hertha befürchtet eine Niederlage am Grünen Tisch und bangt um die Einnahmen in der nächsten Runde, in der Borussia Mönchengladbach als Gegner feststeht. Hertha kontaktiert den DFB, der nur mitteilt, dass es einen solchen Fall noch nicht gab. Die Gastgeber

wollen unter Ausschluss der Öffentlichkeit spielen. Da macht Worms nicht mit, auch mit Blick auf die 150 Anhänger, die nach Berlin gereist sind. Die endgültige Absage erfolgt 20 Minuten vor Anpfiff. Das Nicht-Spiel beschäftigt im Nachgang das DFB-Sportgericht, Wormatia will eine Wertung oder mindestens eine Partie auf neutralem Platz erreichen. Klappt nicht. Am 7. November wird endlich gespielt.“ Das Spiel wurde eine zähe Angelegenheit, die Lutz Rosenzweig mit einem alten Spruch kommentierte: „Der Geist war willig, das Fleisch war schwach!“ „Man hatte nie das Gefühl, dass ein Sieg für die Berliner lebenswichtig ist, wie der Hertha-Präsident kürzlich sagte“, schilderte Beyer das Geschehen über 85 Minuten und „so manchem Hertha-Fan kroch in abendlicher Kühle bei plus fünf Grad die Angst am Hosenbein die Wade herauf.“ Erst spät trafen Beer (86.) und Remark (90.), doch das war den 8.496 „Zahlenden“ genauso egal wie Herthas Verantwortlichen, denn was zählte, war das Weiterkommen aus sportlicher wie finanzieller Sicht. In der Vorweihnachtszeit wurde mit Herthas 69. Pokalspiel die 3. Runde eingeläutet. Die Borussia aus Mönchengladbach verfügte zwar nicht mehr über die Stärke der Vorjahre, doch hatte sie immer noch einen Paradesturm vorzuweisen: Ewald Lienen – Simonsen – Heynckes. Nach dem Spiel schrieb Günter Weise: „Auch diesmal war an den elegant fließenden Kombinationen der Mönchengladbacher wenig auszusetzen, aber die energischeren Kämpfer hatte wiederum Hertha BSC“. Gersdorff per Strafstoß zum 1:0 (52.) und Beer drei Minuten vor Schluss hatten für das 2:0 gesorgt. „Herthas biedere Fußballer entwickeln sich folgerichtig. Ihren spielerischen Qualitäten entsprechend führen sie zwar im Punktekampf der Bundesliga ein äußerst bescheidenes Dasein, doch im K.o.-Pokalkampf des ‚Alles oder Nichts‘ werden Einsatz und kämpferischer Impuls gebührend belohnt“ schrieb Lutz Rosenzweig. Ihr Vordringen bis ins Halbfinale des UEFA-Cups hatte Rosenzweigs These bereits bestätigt. Nach dem Ausscheiden gegen Belgrad galt ihr Augenmerk fortan dem deutschen Pokal, dem Achtelfinale gegen den 1. FC Köln.

„Als Schiedsrichter Medardus Luca das Spiel gegen Köln nach 120 Minuten abpfiff, herrschte auf den Rängen rundherum laute Zufriedenheit, die Hertha-Kicker aber waren zu müde, um die Arme hochzureißen“, schilderte Beyer seine Eindrücke unmittelbar nach dem glücklichen Ende. Die Kölner waren nach einhelliger Meinung der Beobachter von Beginn an nur darauf aus, ein 0:0 über die Zeit und sich damit ins heimische Wiederholungsspiel zu retten. Doch ihre Rechnung ging insofern nicht auf, weil die Herthaner, wie Rosenzweig schrieb, „kämpften, bis das Blut kam.“ So sahen die 26.701 Zuschauer einen verdienten Sieger. Für das Publikum begann das Spiel eigentlich erst 20 Minuten vor dem regulären Ende, als sich Herthas positiver Umschwung andeutete. Weise schrieb in seinem Kommentar, dass „die erste Halbzeit kaum mit anzusehen war.“ In der 19. Minute der Verlängerung tauchte Reservist Stefan Engels plötzlich allein vor Nigbur auf, doch der reagierte blitzschnell und wehrte den Ball ab. Lutz Rosenzweig stand mit seiner Meinung nicht allein, als er bekannte: „Hier ein 0:1 – Hertha hätte nie und nimmer mehr gewonnen.“ So aber stahl sich Beer zwei Minuten später frei, schubste die Kugel nach innen zu Brück, der mit präzisem

Schuss links ins Eck traf. Schon drei Minuten später war Weiner auf unnachahmlich kraftvolle Art losgestürmt. Verfolger Engels stieß den Hertha-Vorstopper knapp innerhalb des Strafraums in den Rücken – Elfmeter! Eine klare Sache und kein zaudernder Schiedsrichter wie noch drei Tage zuvor. Spezialist Brück verwandelte zum 2:0. Klötzer war stolz auf sein Team: „Die Mannschaft hat nochmal Kräfte frei gemacht, an die eigentlich nicht zu denken war." Den Berlinern gelang somit eine späte Revanche für die Niederlage im Pokal-Finale 1977. Auch, weil sich „die Herthaner sozusagen am eigenen Schopfe aus dem Sumpf gezogen haben", wie Rosenzweig feststellte. Ex-Bundestrainer Helmut Schön brachte am Abend das Kunststück fertig, sämtlichen Klubs aus der Ersten Liga ein Heimrecht gegen die vier Zweitligisten zu bescheren. Hertha BSC wurde als Gastgeber für Bayer Uerdingen gelost, was den *Abend* zur Überschrift „Schon winkt der Einzug ins Halbfinale" verleitete.

Viertelfinale im DFB-Pokal – Sonnabend, 26. Mai 1979
Hertha BSC – Bayer Uerdingen 6:1 (3:1)

Im Vorfeld des Viertelfinales gab es nur eine einzige Sorge: „Bayer Uerdingen darf nicht leicht genommen werden!" Doch alle Befürchtungen waren unbegründet. Spätestens nach einer halben Stunde waren die Fronten geklärt, und man konnte sich

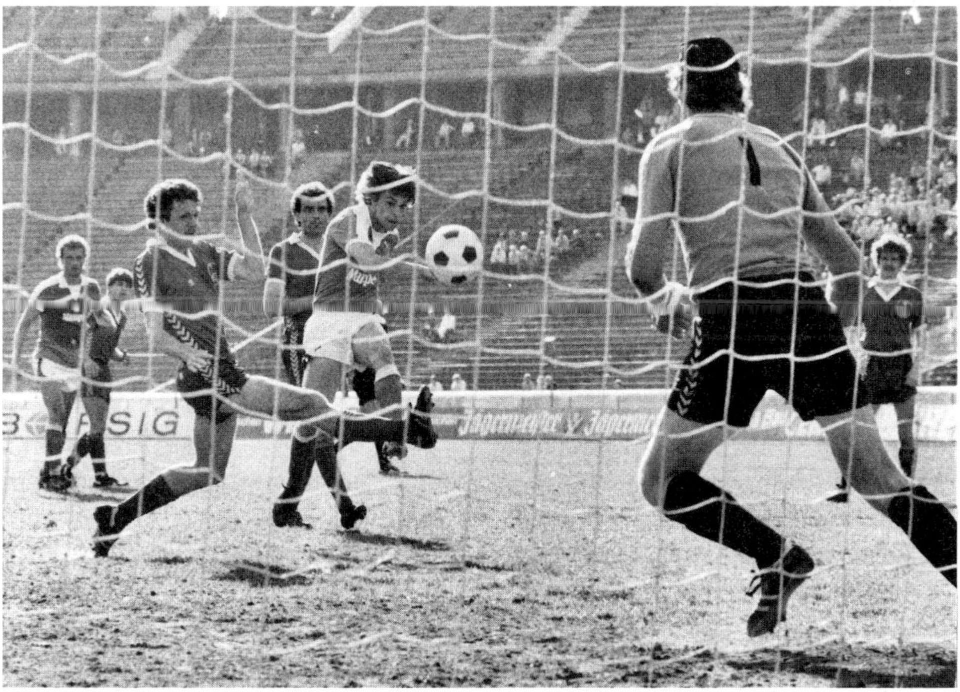

Jürgen Milewski trifft mit wuchtigem Hochschuss zum 5:1 gegen Bayer Uerdingen im DFB-Pokal-Viertelfinale. Wieder ein Tor von „Mile" im Pokal. (Foto: Wende)

des Eindrucks nicht erwehren, dass der Zweite der 2. Liga Nord nicht mit der rechten Motivation ins Olympiastadion gekommen war. „Sechs herrliche Treffer gegen Bayer", wie es in der Überschrift der *Berliner Morgenpost* hieß, sahen leider nur 14.952 Zuschauer, noch dazu bei herrlichstem (Fußball-)Wetter.

So leicht war es einer Hertha-Mannschaft noch nie gefallen, ins Halbfinale des DFB-Pokal einzuziehen. Schon nach fünf Minuten brachte Milewski die Gastgeber mit einem Kopfball 1:0 in Führung. „Als erst Agerbeck mit resolutem 15-m-Flachschuss ins Eck und Kliemann mit schönem Kopfball das 3:0 erzwungen hatten, war alles gelaufen", schrieb Lutz Rosenzweig. Hertha hatte den Gegner fest im Griff. Nach dem 3:1 stellten zweimal Milewski und Remark das Resultat auf 6:1. Der positive Nachmittag wurde rund anderthalb Stunden nach dem Abpfiff vollends vergoldet, als die Berliner am Bildschirm verfolgen konnten, wie eine wohlgesonnene „Los-Fee" in Gestalt des 54er-Weltmeister-Tormannes Toni Turek aus der Vase als erstes das Röhrchen mit dem Schildchen „Hertha BSC" zog. Als Gegner wurde Eintracht Frankfurt ermittelt, sodass der *Abend* schon fast von einem vorweggenommenen Finale schrieb. Hertha Trainer Klötzer war ob des erneuten Heimspiels in Hochstimmung. Rosenzweig bezifferte Herthas Titelchancen nach der Auslosung jedenfalls als „riesengroß".

Halbfinale im DFB-Pokal – Mittwoch, 6. Juni 1979
Hertha BSC – Eintracht Frankfurt 2:1 (0:0)

Längst war es bis in die entlegensten Ecken der Republik gedrungen, dass sich in Berlin im Laufe der Monate mit Hertha BSC eine echte „Pokalmannschaft" entwickelt hatte. Präsident Ottomar Domrich ging in seinem Vorwort im *Berliner Fußball-Programm* an diesem 6. Juni ausdrücklich darauf ein: „Auch in dieser Saison gab es einige Spiele, nach denen Kritik berechtigt laut wurde. Eines muss man unserer Mannschaft jedoch lassen: Sie hat im UEFA-Cup und im DFB-Pokal ganz gewiss nicht enttäuscht, sondern überragende Leistungen gezeigt. Nicht zuletzt deswegen gilt Hertha BSC zurzeit als der Pokalschreck bei allen übrigen Mannschaften." Im Heft ging man auch auf die finanziell angespannte Lage Herthas ein, die wie ein Damoklesschwert über der Mannschaft schwebte. „Nach den Lizenzauflagen des DFB wird es schwer sein, Norbert Nigbur, Erich Beer, Hans Weiner und Uwe Kliemann zu halten. Finanzstarke Vereine aus dem Süden und Westen wissen das." So bekam das Halbfinale neben dem rein sportlichen Aspekt noch eine zweite Dimension. Ein eventueller Cup-Gewinn mit der damit verbundenen Europapokal-Teilnahme würde Herthas monetäre Spielräume erweitern. Erfahrene Spieler würden gehalten werden können und Klötzers Aufgabe in der kommenden Saison, eine neue, verjüngte Mannschaft aufzubauen, erleichtern. Denn so hervorragend sich das Team auch in den Pokalwettbewerben präsentierte, in der Bundesliga sicherte es sich erst am vorletzten Spieltag, durch ein mühsames 2:2 im Olympiastadion gegen Eintracht Braunschweig den Klassenerhalt.

„Noch weit bis in die zweite Halbzeit hinein sahen die Frankfurter wie der Sieger aus", schrieb Weise am darauffolgenden Tag. Schon im ersten Abschnitt brillierten sie mit ihrem spielerisch starken Mittelfeld. Beinahe folgerichtig fiel nach spannender erster Hälfte drei Minuten nach der Pause durch Pezzey das 0:1. Was der Großteil der Zuschauer insgeheim spürte, brachte Rosenzweig auf den Punkt: „Angesichts der Sachlage, wonach die Eintracht bis dahin mit einem überzeugenden Fußball spielerisch dominiert hatte, schien der Fall gegen Hertha gelaufen." Aber er fügte hinzu: „Doch nun kam die kaum noch zu erwartende kämpferische Steigerung der Blauweißen." Auch für Weise war es ein Rätsel, wie es noch zur Wende kommen konnte: „Aufgrund des unheimlichen Tempos in der ersten Halbzeit, musste man sich fragen, woher die Spieler beider Mannschaften die Kraft hernehmen würden, um in der schwül-warmen Witterung die volle Strecke durchzugehen. Doch der unbändige Ehrgeiz trieb die Männer im blau-weißen Trikot immer wieder vorwärts." Bezeichnend für die herzhafte Kampfmoral der Berliner war das schnelle Aufbäumen nach dem Frankfurter Führungstreffer. „Schon in der 59. Minute nutzte Beer mit dem Kopf aus etwa zwölf Metern Entfernung die Gelegenheit zum 1:1-Gleichstand", schilderte Rosenzweig die Umkehr zugunsten Herthas. „War das Beers letztes Tor in Berlin

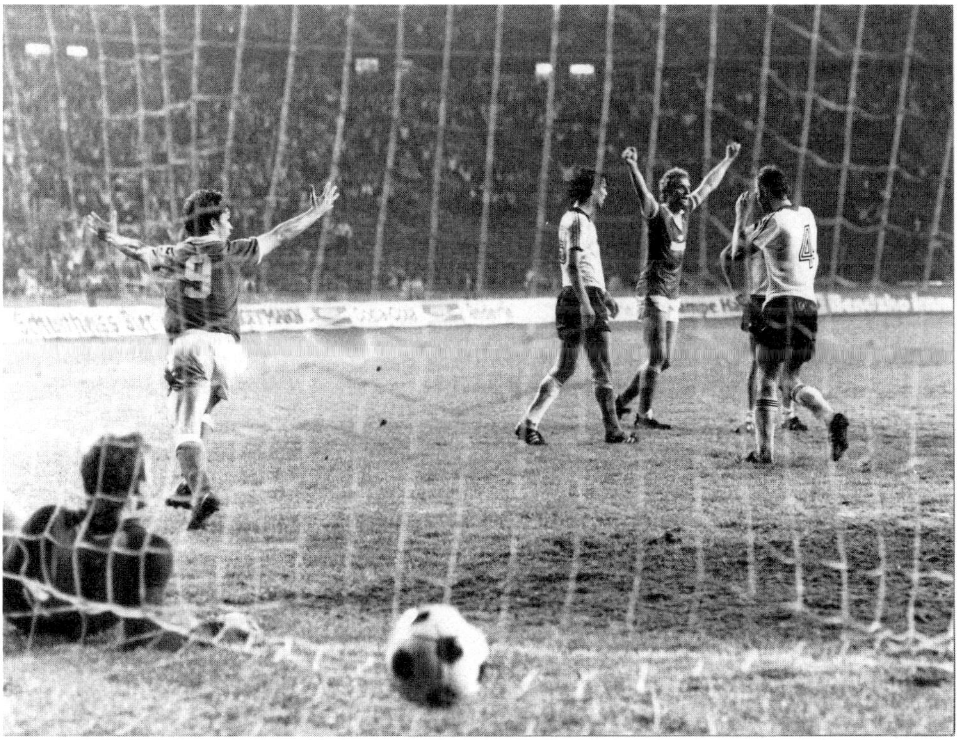

Jupp Koitka ist geschlagen. Jürgen Milewski hat Hertha BSC soeben mit seinem Treffer zum 2:1 gegen Eintracht Frankfurt ins Finale des DFB-Pokals geschossen. (Foto: Wende)

für Hertha BSC?“, fragte sich Beyer. Rückblickend kann seine Frage mit „Ja“ beantwortet werden. Als die Verlängerung unabwendbar schien, passierte es doch noch, und Rosenzweig skizzierte die entscheidende Szene detailliert: „Von Krämer kam Herthas sechster Eckball von links. Schon hörte man Seufzer der Enttäuschung, da hob Brück dicht hinter dem Strafraumstrich den Ball volley hoch aufs Tor. Das Leder prallte von der Latte nach unten, direkt vor die Füße des ‚Chancen-Riechers‘ Milewski, der die Kugel gedankenschnell ins Tor beförderte.“ Die Stimmung im Stadion überschlug sich und Milewski, schon dreifacher Torschütze im Viertelfinale, bewies wieder einmal, dass er in Pokalspielen einen besonderen Instinkt entwickelt hatte. Der glücklichste Mann auf dem Feld aber war Beer, der in seinem letzten Spiel auf Berliner Boden der Partie die Wende beschert hatte. Der 32-Jährige drehte gemeinsam mit seinen Mitspielern spontan eine Ehrenrunde, begleitet vom tosenden Beifall der 33.000 Zuschauer auf den Rängen.

Rosenzweig ging zum Ende seines Berichts auf die zwei unterschiedlichen Gesichter ein, die Hertha BSC in dieser Saison seinen Fans zeigte: „So oft die Berliner Mannschaft in dieser Saison auch in heimischen Bundesliga-Spielen schon enttäuscht hat – im Pokal, sei es UEFA-Cup oder DFB-Konkurrenz, ist Verlass auf die Mannschaft. Das ist kein Zufall. Herthas Kapital ist der umwerfende Kampfgeist. Wird er von den Spielern sozusagen verlangt, bringen sie ihn in einer Art und Weise, die schier Berge versetzend ist.“ Der Finalgegner stand erst eine halbe Stunde später fest: Die Fortuna aus Düsseldorf hatte sich mit 4:1 nach Verlängerung gegen den 1. FC Nürnberg durchgesetzt.

DFB-Pokal Finale – Sonnabend, 23. Juni 1979
Hertha BSC – Fortuna Düsseldorf 0:1 n.V. (0:0, 0:0)

Herthas Situation wirkte beinahe grotesk. Auf der einen Seite bestand die Möglichkeit, durch den Cup-Gewinn die deutschen Farben international zu vertreten und auch in der kommenden Saison wieder auf drei Hochzeiten zu tanzen. Auf der anderen Seite standen die Auflagen des DFB. Der um sein wirtschaftliches Überleben ringende Klub musste seine Besten verkaufen, um die Lizenz zu sichern. Nigbur, Weiner und Beer mussten von Bord, um den Sanierungsprozess einzuleiten. Fußball-Berlin hoffte, „dass ihnen durch den Coup von Hannover der Abschied nach Schalke, München und Saudi-Arabien erträglicher wird“, wie Lutz Rosenzweig berichtete. Der letzte Bundesliga-Spieltag lag inzwischen 14 Tage zurück, beiden Mannschaften fehlte die Spielpraxis und sowohl Herthaner als auch Düsseldorfer plagten Zweifel, wo man nach einer kraftraubenden schlauchenden Spielzeit wohl stehen würde. Beide Seiten wollten daher in jedem Fall ein Wiederholungsspiel vermeiden. „Nein, nur das nicht! Ein Pokal-Endspiel muss auf Anhieb entschieden werden“, äußerte sich Klötzer am Freitag vor dem Spiel fast flehend. Zur sportlichen Seite meinte der Berliner Trainer: „Ich hoffe, dass in einem offenen Schlagabtausch nach 90 Minuten alles bereinigt ist – zu unseren Gunsten natürlich." Auch Uwe Kliemann, von Abendschau-Journalist Bernd Träger vor der Abreise nach seiner Stimmungslage befragt, antwortete optimistisch: „Wir fahren sehr hoffnungsfroh nach Hannover und wollen nicht ohne den Topf nach Berlin zurückkommen." Als Träger Kliemann auf das verlorene Endspiel von vor zwei Jahren ansprach, gärte es in Herthas Abwehrhünen: „Die Umstände von damals sind ja bekannt. Wir waren auf der Siegerstraße und sind durch diesen berüchtigten Herrn Ohmsen um den Erfolg gebracht worden. Aber das ist vergessen, sollten wir morgen den Pokal holen." Erich Beer pflichtete ihm zum Thema Unparteiischen bei: „Ich hoffe, dass wir in so einem wichtigen Spiel mal einen Schiedsrichter haben, der korrekt ist, und ich glaube, dass wir morgen einfach mal dran sind." Träger schließlich beendete seinen Bericht mit den Worten: „Dieser Wunsch von Erich Beer stimmt mit den der etwa 20.000 Berliner Fans überein, die Hertha BSC morgen im Niedersachsen-Stadion in den Himmel heben wollen."

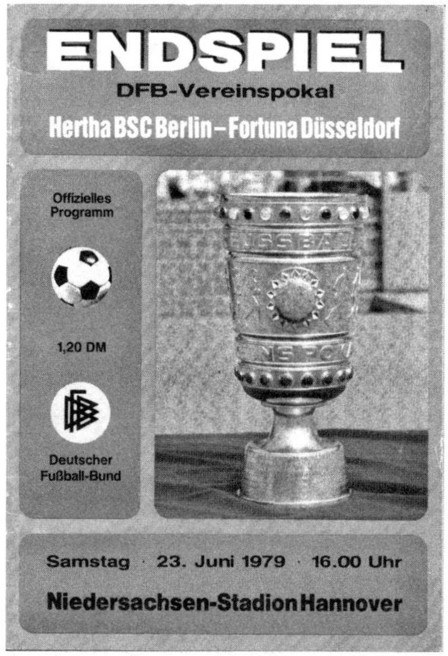

Programmheft Hertha BSC – Fortuna Düsseldorf (0:1 n.V.) (Foto: privat)

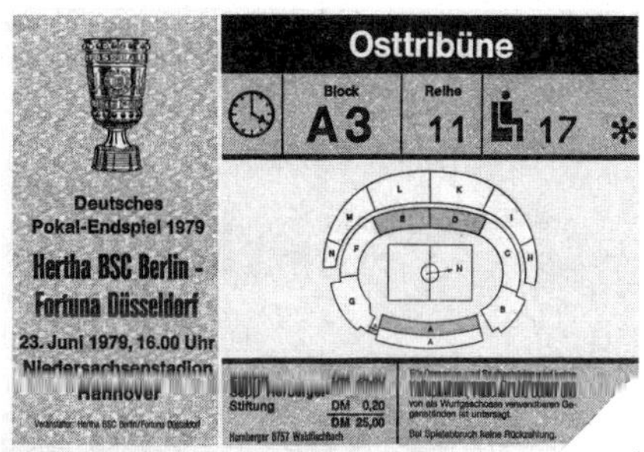

Eintrittskarte vom DFB-Pokalfinale 1979 Hertha BSC – Fortuna Düsseldorf (0:1 n.V.) (Foto: privat)

Für die in dieser Saison schon so oft „totgesagten" Herthaner stand das 52. Pflichtspiel auf dem Plan. Da Totgesagte bekanntlich länger leben, hofften alle auf Berliner Seite auf ein Happy End. „Einige Vorzeichen bestärkten die Berliner in ihrem Optimismus. Das begann schon bei der Landung in Hannover bei bedecktem Himmel. Die Temperatur war gegenüber dem Abflug in Berlin angenehm und später regnete es, was von den Spielern begrüßt wurde", schrieb Beyer am Sonnabend. Große Freude herrschte bei all denjenigen, die in Hannover nicht direkt dabei sein konnten: Das *Erste Deutsche Fernsehen* (ARD) bestätigte eine Originalübertragung aus dem Niedersachsenstadion. So viele Fragen auch vor dem Finale noch unbeantwortet blieben, eines war sicher: In den Pokal würde nach dem 36. DFB-Pokal-Endspiel ein völlig neuer Name eingraviert werden. Im Programmheft zum Endspiel bezifferte man die Chancen auf 50:50. Mehr als 20.000 Berliner waren per Bahn, Flugzeug, aber auch mit dem Auto nach Hannover gekommen. Eine „friedliche Invasion“, die für Heimspiel-Atmosphäre sorgte. Die Abfertigung an den Grenzübergängen ging so zügig wie selten vonstatten. Alle Schalter waren besetzt. Diesen Service ließen sich die DDR-Grenzer gewissermaßen indirekt bezahlen, indem sie auf der gesamten Transitstrecke ihre Radarfallen vervielfacht und die Schnellfahrer unnachgiebig zur Kasse gebeten hatten.

„Die wichtigsten 90 Minuten dieser Saison“, wie *Der Abend* titelte, standen bevor. „Die Hypothek, kein Endspiel gewinnen zu können, drückte wie eine Zentnerlast auf die Fortuna“, hieß es am Montag im *Kicker*, der damit treffend die Anfangsphase der Partie beschrieb. Fünf Anläufe hatte die Fortuna bereits im DFB-Pokal genommen, ebenso oft war sie in den Finalspielen gescheitert. So ergriff Hertha in der ersten halben Stunde auch die Initiative. Es lief die elfte Minute, als sich Herthas Anhang schon zum Jubeln bereit machte. Milewski hatte sich im Doppelpass mit Brück freigespielt, zog dann aber das Leder knapp am Düsseldorfer Gehäuse vorbei. Anschließend verflachte die Begegnung. „Rasse, Klasse, Dramatik blieben in Hannover Mangelware“,

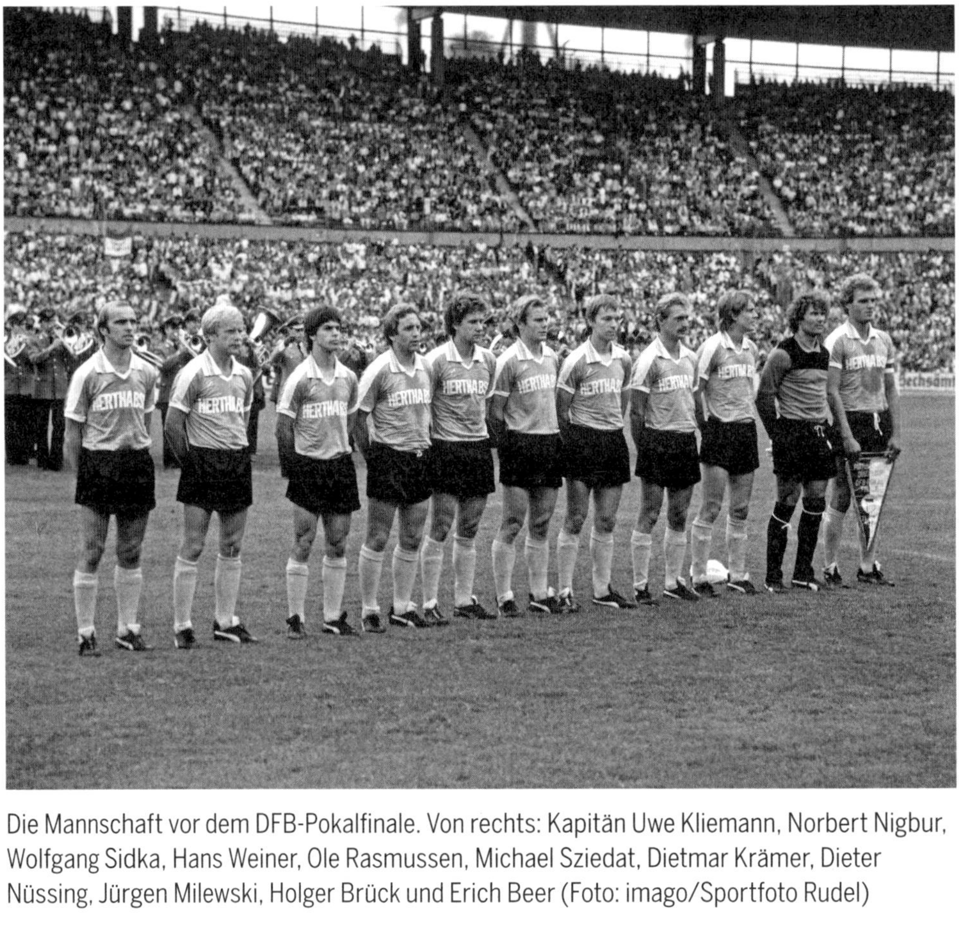

Die Mannschaft vor dem DFB-Pokalfinale. Von rechts: Kapitän Uwe Kliemann, Norbert Nigbur, Wolfgang Sidka, Hans Weiner, Ole Rasmussen, Michael Sziedat, Dietmar Krämer, Dieter Nüssing, Jürgen Milewski, Holger Brück und Erich Beer (Foto: imago/Sportfoto Rudel)

bemerkte man nicht nur in der Redaktion des *Kicker*. Die Rheinländer waren ohne jeden Zweifel die technisch reifere Mannschaft, doch Hertha hielt dagegen. Beer zerriss sich förmlich im letzten Spiel für seinen Klub und war neben Weiner der einzige Berliner mit Offensivdrang. Neben diesen beiden ragte Kliemann heraus, der sich als erfolgreicher Prellbock für die Düsseldorfer Angriffe erwies. Gut zehn Minuten nach dem Seitenwechsel wandelte sich Hektik in Kampf, Klasse und Rasse. Jetzt wurden die hohen Erwartungen der Zuschauer erfüllt. In der 56. Minute herrschte Totenstille bei den Düsseldorfer Fans: Weiner stürmte nach einem Pass von Milewski 40 Meter über den linken Flügel dem Düsseldorfer Tor zu, wollte den Ball über Düsseldorfs herauslaufenden Torhüter Daniels heben – und scheiterte. Als sich alle schon auf die Verlängerung eingestellt hatten, sollte doch noch die Entscheidung für die Berliner fallen. Dachte man. Erneut hatte Weiner freie Bahn und nur noch Düsseldorfs Torwart vor sich. Doch der zukünftige Bayern-Spieler zielte mit seinem „falschen“ linken Fuß zu akkurat – am rechten Pfosten strich das Leder vorbei. Die ohnehin schon strapaziöse Saison wurde um weitere 30 Minuten verlängert.

In der Zusatzschicht machten sich Spekulationen breit, ob sich beide Seiten schon auf ein Wiederholungsspiel einstellten – da geschah es doch noch. „Alle Welt hatte sich bereits auf mindestens 90 Minuten Nachsitzen am Montagabend eingerichtet, neue Reisepläne geschmiedet, um ein schlichtes Hotelbett in der bis unters Dach belegten Messestadt gebangt“, hieß es im *Abend*, als Kliemann, bis dahin ein Ausbund an Sachlichkeit und Konzentration, der Fortuna die Gasse zum ersten Pokalsieg bahnte. Nach einem Freistoß für die Düsseldorfer blieb der Ball in der Abwehr-Mauer der Berliner hängen, das Leder gelangte schließlich zu Kliemann, der sich dem eigenen Tor zuwandte und die Kugel zu seinem Torhüter zurückspielen wollte. Er spielte ihn weit neben den Torpfosten, um Nigbur nicht in Schwierigkeiten zu bringen. Doch Fortunen-Stürmer Seel musste es geahnt haben. Dabei profitierte er davon, dass der Ball unmittelbar vor Nigbur auf dem unebenen Rasen aufsetzte – in späteren Erzählungen war immer wieder von einer Grasnarbe die Rede. Seel jedenfalls setzte nach, kam vor dem Hertha-Schlussmann ans Leder, wurde dabei weit nach links abgedrängt und traf dennoch aus unmöglich spitzem Winkel fast von der Torlinie aus über Nigbur hinweg zur Entscheidung ins Netz (116.). Das 36. DFB-Pokalendspiel war entschieden. Wie es in diesem Augenblick im Inneren von Herthas Abwehrriesen ausgesehen haben muss? Lutz Rosenzweig schilderte den Moment präzise und einfühlsam: „Der Riese kauerte am Boden, trommelte verzweifelt mit den Fäusten auf den eines deutschen Pokal-Endspiels unwürdigen, holprigen Rasen des Niedersachsen-Stadions und schluchzte. Kliemann, das Mannsbild von 1,95 m und 94 Kilo weinte – hemmungslos, ein in sich zusammengesunkenes Häufchen Elend nach 116 Minuten und 55 Sekunden. Just in diesem Moment standen für Hertha BSC alle Räder still.“ Kliemann selbst beschrieb die Szene nach dem Abpfiff so: „Ich bekam den Ball in der Nähe unseres Strafraums und hätte ihn einfach weg kloppen sollen. Aber ich habe einen Rückpass auf unseren Torhüter Norbert Nigbur gespielt und den Düsseldorfer Wolfgang Seel nicht gesehen.“ Später bedruckten ihm Freunde sogar ein T-Shirt mit der Szene, über die er sich selbst heute noch Vorwürfe macht und die er sich, so versichert er, bis heute nie angeschaut hat: „Aber mal ehrlich, aus dem Winkel mit dem linken Fuß, da macht er von zehn Möglichkeiten nur eine rein.“ Ausgerechnet Kliemann, der an diesem Nachmittag zu den Besten auf dem Felde gehörte, der Lenker der Abwehrschlacht gewesen war. Diese Tragik erkannte auch der *Kicker*, der schrieb, „dass sein Patzer das Finale entschied, ist eine der immer wiederkehrenden Ungerechtigkeiten auf dem Fußballplatz.“ Nach dem Schlusspfiff „schlich er vom Platz, als hätte er zentnerschwere Bleiwesten auf den Schultern: vornübergebeugt, schleppend, unsagbar müde.“ Erst bei der internen Mannschaftsfeier kam der „Funkturm“ wieder ins seelische Gleichgewicht. „Es hat gut getan, dass mir keiner einen Vorwurf gemacht hat“, sagte er später und gab damit einen Einblick, wie es um die Atmosphäre innerhalb des Teams bestellt war. „Wir haben Uwe nie einen Vorwurf gemacht, er war ja der Fels in der Brandung bei uns“, bestätigte Beer. Die ganze Dramatik lag im Wesentlichen darin, dass dieses Missgeschick so kurz vor Toresschluss passieren musste und damit eine bis zur Selbstaufopferung kämpferische Bravourleistung der Berliner auf so bittere Weise entwertet wurde. „Hätte Kliemann den Ball doch nur weggeschlagen“, lautete daher nicht nur die Schlagzeile der *Berliner Morgenpost*.

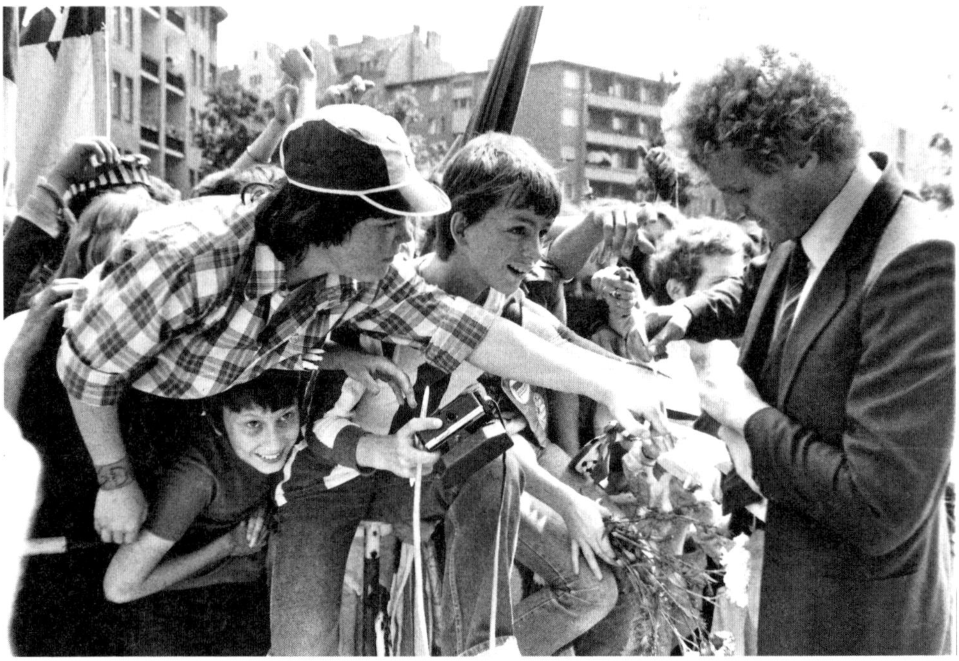

Herthas junge Fans beweisen ein feines Gespür. Dem tragischen Pokalhelden Uwe Kliemann haben sie den Fehler im Endspiel längst verziehen, zumal der Kapitän ansonsten eine ausgezeichnete Leistung bot. (Foto: Wende)

Warum es für die Berliner wieder nicht zu einem Titel gereicht hat? Beer fand folgende Erklärung: „Vielleicht hat uns für so ein Endspiel die letzte Erfahrung gefehlt. Wir besaßen eben eine Mannschaft, die in so einer Situation vorher noch nie war. Zwar haben wir in den Runden zuvor auch schon Bayern München 1977, Borussia Mönchengladbach oder den 1. FC Köln geschlagen, aber ein Endspiel ist schon etwas anderes. Wenn du die Nationalhymne hörst und den Trubel herum mitbekommst, mit einem normalen Bundesliga- oder Pokalspiel ist das nicht zu vergleichen.“ Lutz Rosenzweig fand zum Ende hin doch noch tröstende und versöhnliche Worte: „Hertha BSC hat auf eine unfassbar unglückliche Art und Weise zum zweiten Mal in drei Jahren das DFB-Pokalfinale verloren. Trotzdem: Diese jetzt zerfallende Mannschaft, durchaus nicht mit den höchsten fußballerischen Weihen versehen, hat sich zum größten Vereinserfolg in der Nachkriegsgeschichte (Vorstoß ins UEFA-Cup-Halbfinale und ins DFB-Pokalfinale) förmlich gequält. Das sollte man ihr zugutehalten.“ Für Hertha BSC ging im Niedersachsen-Stadion eine Ära zu Ende, manche sprachen von einer Zeitenwende. Mit Beer, Nigbur und Weiner verließen wertvolle, womöglich unersetzbare Stützen nach vielen schönen Jahren Berlin. „Vielleicht sollte man dankbar sein, dass der im nächsten Jahr auf Schonkost gesetzten Mannschaft der Europapokal erspart bleibt“, ahnte Rosenzweig im *Abend* schon, was auf alle Herthaner in der nächsten Spielzeit zukommen würde. Klötzer, der Realist, hieb in die gleiche Kerbe und warnte schon einmal vor: „Wir stehen in vier Wochen vor einer ungemeinen Wegstrecke, an deren Ende hoffentlich nicht die Abstiegsglocke läutet.“

Hertha BSC spielte mit: Nigbur; Sziedat, Kliemann, Rasmussen, Weiner, Brück, Sidka, Beer, Nüssing, Milewski (73. Agerbeck), Krämer (91. Remark)
Fortuna Düsseldorf spielte mit: Daniel; Zewe, Weikl, Franz, Baltes, Bommer, Schmitz, Köhnen, Thomas Allofs (73. Dusend), Seel, Klaus Allofs
Tor: 0:1 Seel (116.)
Zuschauer: 58.000
Schiedsrichter: Linn (Altendiez)

Kapitel 10

„Dramatischer hätte ein WM-Finale kaum sein können!" Die „Kleine" Hertha aus Zehlendorf scheitert zweimal nur knapp (1978/79)

„Wir steigen auf" – Dieses mutige Motto prangte während der Saison 1978/79 auf jedem Spielankündigungsplakat der „kleinen" Hertha aus Zehlendorf. Ihrem umtriebigen Präsidenten Otto Höhne war nicht ganz wohl in seiner Haut angesichts der forschen Töne aus den eigenen Reihen: „Ich bin ja nun wirklich schon immer ein sehr optimistischer Mensch gewesen, aber bei dieser Parole unseres neuen Trainers Wolfgang John habe ich dann doch erst einmal schlucken müssen." Obwohl die Zehlendorfer die Oberliga-Saison im Vorjahr nur auf Platz sieben beendet hatten, peilten sie den Titel an. In den Vorberichten zur Amateur-Oberliga allerdings wurden Union 06, der Spandauer SV und der BFC Preußen als Favoriten angesehen – von den Zehlendorfern war keine Rede. Torhüter Michael Steinert bestätigte rückblickend, dass die Mannschaft von diesem gewagten Slogan überrascht wurde. „Das war schon großspurig, aber wir fanden das spannend." John wollte, dass sich die Spieler mit seinen ehrgeizigen Zielen identifizieren, und versammelte seine Truppe täglich um sich, „um die großen Zehlendorfer Pläne" zu realisieren. Sogar ein zehntägiges Trainingslager auf Sylt wurde organisiert, und das Trainingsprogramm konnte sich für Amateure in der Tat sehen lassen: Montag: Sauna und Krafttraining, Dienstag und Mittwoch: Konditionstraining, Donnerstag: individuelle Schulung, Freitag: mannschaftsbezogenes Training und Taktik sowie am Sonnabend Auflockerungen. Für Mittelfeldspieler Immanuel „Immi" Bieder war die gesamte Trainingsvorbereitung ungewohnt. „So einen Aufwand gab es noch nie. Wir waren deswegen alle sehr euphorisch." In der Redaktion der *Fußball-Woche* war man allerdings skeptisch angesichts der Neuzugänge: Der 19-jährige Ralf Lehmann kam vom SC Staaken, Peter Harth von Blau-Weiß 90 und Andreas „Muschi" Vogt von den Amateuren von Hertha BSC. Sie alle galten zwar als talentiert, „aber nicht unbedingt als Spieler, die ein Mannschaftsgefüge entscheidend prägen können". Durch das Nachrücken fast der gesamten A-Jugend-Mannschaft, die zwei Monate zuvor das Finale um die Deutsche Meisterschaft erreicht hatte, glaubten die Verantwortlichen in Zehlendorf, ein gewichtiges Wort um den Titel mitreden zu können. Bis auf Frank Hannemann, der zum FC St. Pauli wechselte, und Pierre Littbarski, den es im letzten Augenblick zum 1. FC Köln zog, blieben dem Verein alle Leistungsträger erhalten. Doch der Verlust Littbarskis wog schwer. Das große Talent hatte gegen Ende der letzten Saison schon einige Spiele im Männerbereich absolviert und war für den „Aufstiegskader" fest eingeplant. „Ich hatte mich schon darauf eingerichtet, mit den Zehlendorfern die 2. Liga Nord anzupeilen. Da wuchs eine talentierte Mannschaft heran", erinnert sich Littbarski noch genau an die Zeit seines kurzfristigen Abgangs. „Ich bot bei der Deutschen Juniorenmeisterschaft ausgerechnet in den beiden Viertelfinalspielen gegen den 1. FC Köln überragende Leistungen. Dadurch wurden die Rheinländer auf mich aufmerksam. Eigentlich war der Kader der Kölner bereits komplett." Doch einen jungen Offensivspieler, den konnte Weisweiler wohl noch gebrauchen. „Ausgerechnet zu den Kölnern, die kurz zuvor knapp die Meisterschaft vor Borussia Mönchengladbach, meinem Lieblings-Verein, gewonnen hatten", schmunzelte Littbarski, der am 17.7.1978 gegenüber der *Berliner Abendschau* angab, „von Hertha BSC kein Angebot erhalten" zu haben. Den Etat für die 1. Männermannschaft gab Präsident Otto Höhne mit 100.000 Mark an, der „Jazzkeller" vom Breitenbachplatz löste „Joe's Bierhaus" als Sponsor ab. Auch *Der Abend* registrierte die großen Pläne in Zehlendorf: „Hertha 03 will aufsteigen". Mönch zitierte in seinem Artikel Trainer John: „Mit Angriffsfußball à la Weltmeister Argentinien!" „Dieser prächtig anzuschauende Angriffsfußball", wie ihn in der *Fußball-Woche* nannte, sollte künftig auch wieder mehr Zuschauer an den Siebenendenweg in Zehlendorf anlocken.

Den Zehlendorfern gelang es zunächst eindrucksvoll, ihre selbst gesteckten Ziele umzusetzen. Sie sammelten 21-1 Punkte aus den ersten elf Spielen, in denen sie ihre Gegner förmlich überrannten. Aber auch hart umkämpfte Spiele an der Neuendorfer Straße gegen den Spandauer SV (2:1) und am gefürchteten Ziegelhof gegen den Spandauer BC (2:1) entschieden sie für sich. „Wir waren körperlich der ganzen Oberliga zwei Schritte voraus, denn so eine Vorbereitung gab es bei keinem anderen Berliner Verein", erinnert sich Bieder. Die Spieler, die aus dem Vorjahr maximal 150 Zuschauer gewohnt waren, traten plötzlich vor 500 bis 1.000 Fußballfreunden an. „Wir waren schon stolz, dass auf einmal so viele Leute kamen. Es ist doch logisch, dass man da motivierter ist", denkt Stürmer Dieter Wimmer an die Wiedergeburt der Fußballbegeisterung in Zehlendorf zurück. Am 3. Dezember 1978 setzte es beim BFC Preußen den ersten Dämpfer: Beim Tabellenzweiten und letzten verbliebenen Konkurrenten unterlagen die Zehlendorfer vor 2.012 Zahlenden mit 1:2, doch die Herbstmeisterschaft konnte ihnen keiner nehmen.

„Was passiert", fragte die *Fußball-Woche* in den Tagen der Winterpause Zehlendorfs Präsident Otto Höhne, „wenn Hertha 03 nicht Meister wird?" „Dann fallen wir in die totale Mittelmäßigkeit zurück, weil wir die junge Mannschaft nicht mehr zusammenhalten können. Wenn wir aber aufsteigen, haben wir schon jetzt einen namhaften Sponsor sicher, der in Verbindung mit den Geldern, die vom Fernsehen, Toto und der Bandenwerbung kommen, eine finanzielle Basis für das erste Jahr als Lizenzverein sichert." Die wirtschaftlich angeschlagenen Zweitligisten Wacker 04 und Tennis Borussia galten als mahnende Beispiele. „Nur der Aufstieg zählt – Hertha 03 steht unter Erfolgszwang", lautete daher auch die Überschrift der *Fußball-Woche* kurz vor dem Start der Rückrunde. Sowohl beim BFC Preußen als auch bei den Zehlendorfern standen nach der Hinrunde vier Minuspunkte zu Buche. Dennoch favorisierte Berlins Fachblatt auf den ersten Blick die „kleine" Hertha, da der Angriff der Zehlendorfer durchschlagskräftiger erschien. Wie aber würde die Mannschaft die Weltreise, die sie über den Jahreswechsel nach Australien und Südamerika geführt hatte, verkraften? John glaubte, „dass uns die Reise zu noch besseren Leistungen in den Punktspielen verhelfen wird, weil die Elf noch weiter zusammenwächst."

Der strenge Winter hatte Berlin in den ersten Monaten des Jahres 1979 fest im Griff. Eingefrorene Heizungen verhinderten Schulunterricht, Busse blieben in Schneemengen stecken, und in der Oberliga fiel Spieltag um Spieltag einer Generalabsage zum Opfer, ehe die Zehlendorfer am 18. März 1979 in die Rückserie starten konnten. Es holperte mächtig bei ihnen. Mannschaft und Trainer machte zu schaffen, dass aufgrund vereister und unter dichtem Schnee liegenden Spielflächen wochenlang kein normales Training möglich war. Der technisch beschlagenen Mannschaft fiel es zunehmend schwer, ihre Gegner auf unzumutbaren Plätzen auszuspielen. Auch hatte sie ihre Leichtigkeit verloren, die erfolgreiche Vorrunde dazu geführt, dass sich ihre Kontrahenten auf sie eingestellt hatten, sich zusehends im eigenen Strafraum „verschanzten". Doch im Verein herrschte trotz mäßiger Leistungen Ruhe. Aufgrund der Unerfahrenheit vieler Akteure hatte man Schwächephasen und Tiefs einkalkuliert. Nach zahlreichen mühevollen Siegen in der Rückserie führten die Zehlendorfer zwei Spieltage vor Schluss punktgleich mit dem BFC Preußen die Tabelle an. Das weitaus bessere Torverhältnis der Herthaner sorgte für eine eindeutige Ausgangslage vor dem Spitzenspiel gegen den unmittelbaren Konkurrenten: Ein Sieg war gleichbedeutend mit der Meisterschaft und der Teilnahme an den Aufstiegsspielen zur 2. Liga Nord, ein Remis sicherte immerhin die Tabellenführung. Da am letzten Spieltag ein Sieg beim abgeschlagenen Schlusslicht Hellas Nordwest vorausgesetzt werden konnte, war selbst ein Unentschieden mit dem Titelgewinn gleichzusetzen. Somit stand ein echtes Endspiel um die Berliner Meisterschaft bevor. Die *Berliner Morgenpost* favorisierte in ihrer Sonntagsausgabe den BFC Preußen: „Die Preußen scheinen robuster als die jüngeren Zehlendorfer."

Der äußere Rahmen stimmte, als am 27. Mai 1979 das Spiel FC Hertha 03 gegen den BFC Preußen angepfiffen wurde: 2.351 Zuschauer, unter ihnen VBB-Präsident Eberhard Hartlep sowie die ehemaligen Zehlendorfer Spieler Helmut Faeder, Uwe Kliemann und Pierre Littbarski, sorgten für eine stimmungsvolle Kulisse. „Meistertitel für junge Himmelsstürmer! Jubel, Trubel, Heiterkeit in Zehlendorf, die kleine Hertha hatte nach einem rundum glanzvollen Sieg das große Ziel, den Berliner Meistertitel, erreicht. Zehlendorfs verdienstvollem Boss Otto Höhne standen zwar nicht die Tränen in den Augen, aber man merkte ihm doch an, wie sehr ihn die gute Leistung seiner Mannschaft bewegt hatte", schilderte Bernd Reichert die Szenerie für die *Fußball-Woche*. Genau zehn Jahre nach dem ersten Titelgewinn gelang es den jungen Burschen, die Berliner Meisterschaft zum dritten Mal nach Zehlendorf zu holen. Das Spiel hatte alles, was man von einer Spitzenpartie im Idealfall erwarten durfte: „Beherzte Attacken und Großchancen der Preußen zu Beginn, taktische Finessen, ruppige Einlagen und plötzliches Zehlendorfer Erwachen mit Modellpässen aus dem

Mittelfeld.“. Die frühe Führung durch Wimmer spielte den Zehlendorfern in die Karten. Die *Fußball-Woche* sah in Zehlendorfs Torsteher Michael Steinert den „Garant des Sieges“, der in der Anfangsphase einige Scharfschüsse aus kürzester Entfernung parierte. Erneut Wimmer war es drei Minuten nach der Pause vorbehalten, mit seinem zweiten Treffer für die Vorentscheidung zu sorgen: 2:0. Der Anschlusstreffer der Preußen machte die Partie zwar noch einmal spannend, änderte aber nichts mehr am verdienten Zehlendorfer Sieg. Die *Fußball-Woche* sprach beiden Trainern, dem Zehlendorfer John und Preußens Färber, ein Kompliment aus. „Beide Teams waren hoch gerüstet, man muss ihnen ein großes Lob zollen für ihr ausgezeichnetes Spiel, das würdig im Kampf um die Spitze in Berlin war.“ Für den Meistertitel erhielt jeder der Spieler eine einmalige Prämie in Höhe von 500,– DM. Mit einem Durchschnittsalter von gut 22 Jahren dürfte es die bis heute jüngste Mannschaft sein, die je in Berlin zu Meisterehren kam. Für Steinert war dies, neben den individuellen Fähigkeiten der Spieler, der entscheidende Grund für den Erfolg: „Der Vorteil dieser Mannschaft war, dass wir viele Studenten, viele junge Spieler, die noch bissig waren und noch nicht im Berufsleben standen oder eine Familie besaßen, in unseren Reihen hatten. Ich glaube, so ein umfangreiches Trainingsprogramm hätte man mit einer anderen Altersstruktur nicht umsetzen können.“ Der Meistertitel war erreicht. Die Aufstiegsspiele zur 2. Liga Nord gegen den OSC Bremerhaven konnten kommen.

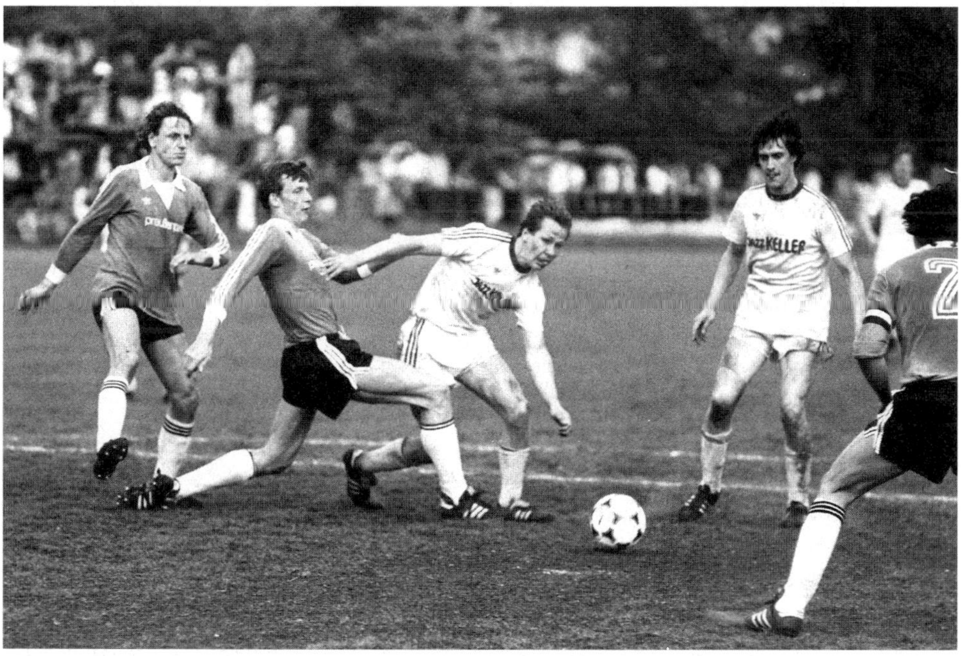

Dieter Wimmer setzt sich gegen Preußens Abwehrspezialisten Jörg Herrmann durch. Rechts im Bild Andy John (Hertha 03) und Preußen-Kapitän Andreas Stein. (Foto: Bildarchiv Heinrich von der Becke)

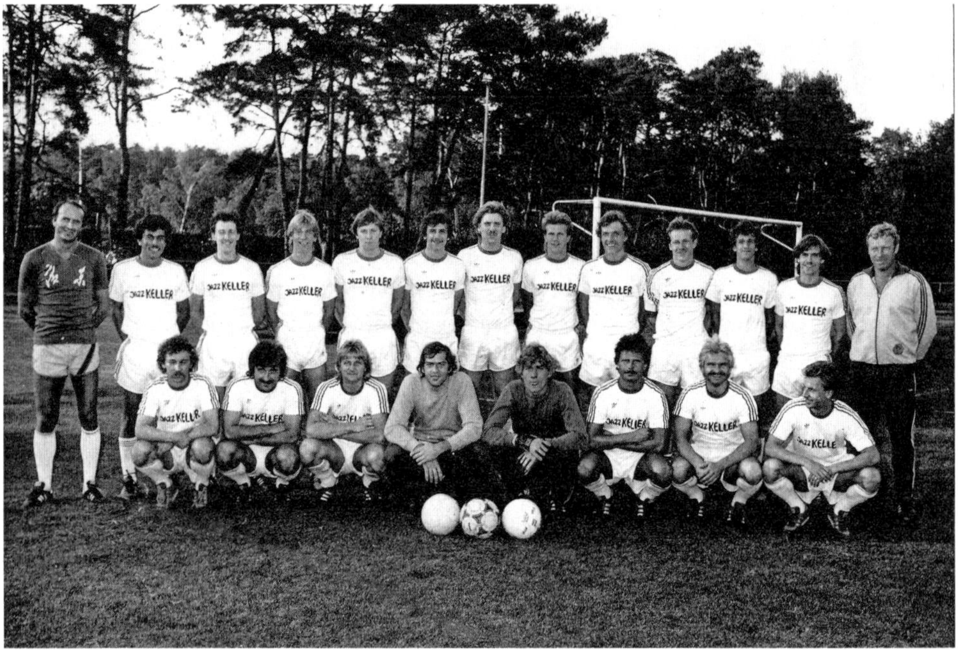

Berliner Meister 1978/79 Hertha 03 Zehlendorf. Hintere Reihe von links: Trainer Wolfgang John, Peyami „Pelle“ Yayla, Andreas John, Robert Jüttner, Günther Pohle, Frank Loder, Ralf Lehmann, Karl-Heinz Peter, Burt Brauer, Dieter Wimmer, Peter Harth, Immanuel „Immi“ Bieder, Co-Trainer Werner Redlich, Vordere Reihe von links: Lutz „Senne“ Sendrowski, Reinhard „Krücke“ Gröger, Detlef Beese, Michael Gantner, Michael Steinert, Lutz Steinke, Rolf Möller, Andreas Vogt (Foto: Simonowitsch)

Die Spitze der Abschlusstabelle 1978/79

	Sp.	S	U	N	Tore	Diff.	Pkt.
1. FC Hertha 03 Zehlendorf	30	23	4	3	101:35	+66	50:10
2. BFC Preußen	30	20	8	2	73:28	+45	48:12
3. Hertha BSC/Amateure	30	15	10	5	67:26	+41	40:20

Aufstiegsspiel zur 2. Liga Nord Hinspiel – Donnerstag – 7. Juni 1979 – 18:45 Uhr

FC Hertha 03 Zehlendorf – OSC Bremerhaven

Die Zehlendorfer standen im Hinspiel gegen den Nordzweiten OSC Bremerhaven im Ernst-Reuter-Stadion vor der großen Chance, das Tor zur 2. Liga Nord weit aufzustoßen. Der „Generalstabsplan“ von Betreuer Alfred Sznur sah vor, dass die Mannschaft die Nacht vor dem Spiel im VBB-Heim am Wannsee verbringen und unmittelbar nach dem Abpfiff ins Trainingsquartier nach Norddeutschland reisen sollte. John hatte den Kontrahenten in der Vorwoche beobachtet und kam zu folgendem Urteil: „Bremerhaven ist nicht schlecht, aber wenn wir in Berlin mit zwei Toren Unterschied gewinnen, wäre das eine gute Ausgangsbasis.“ Die Zehlendorfer hatten als einziges Team die 100-Tore-Marke in der Saison knacken können. In der Zweiten Liga würde der Verein mit 1.000 Zuschauern pro Spiel kalkulieren. „Das ist ehrlicher, als wenn wir uns etwas vorgaukeln“, so Otto Höhne über die Zukunftsplanung. In der Donnerstags-Ausgabe des *Kicker* hieß es: „Zehlendorf ist optimal vorbereitet“. Verzichten mussten die Spieler auf ihre gewohnten Trikots. Wie es inzwischen seit vielen Jahren üblich ist, hatte jeder der Spieler bereits damals seine feste Rückennummer – unabhängig davon, ob er zur ersten Elf gehörte und auch losgelöst von der jeweiligen Spielposition. So spielte Wimmer mit der Nummer 23 Rechtsaußen, Bieder (22) im Mittelfeld, Vogt (24) Linksaußen und Gröger (13) linker Verteidiger. Der DFB reagierte konservativ, untersagte diesen „Nummernsalat“ und ordnete eine Nummerierung von 1 bis 11 für die auflaufende Mannschaft an.

„Dramatischer hätte auch ein zukünftiges WM-Finale kaum sein können“, beschrieb Lutz Rosenzweig im *Abend* die Achterbahn der Gefühle, die die Spieler und Zuschauer an diesem frühen Abend in Zehlendorf erlebten. Für die *BILD*-Zeitung „spielte die kleine Hertha verrückt.“ Sechs Akteure der vorjährigen A-Junioren-Meisterelf stan-

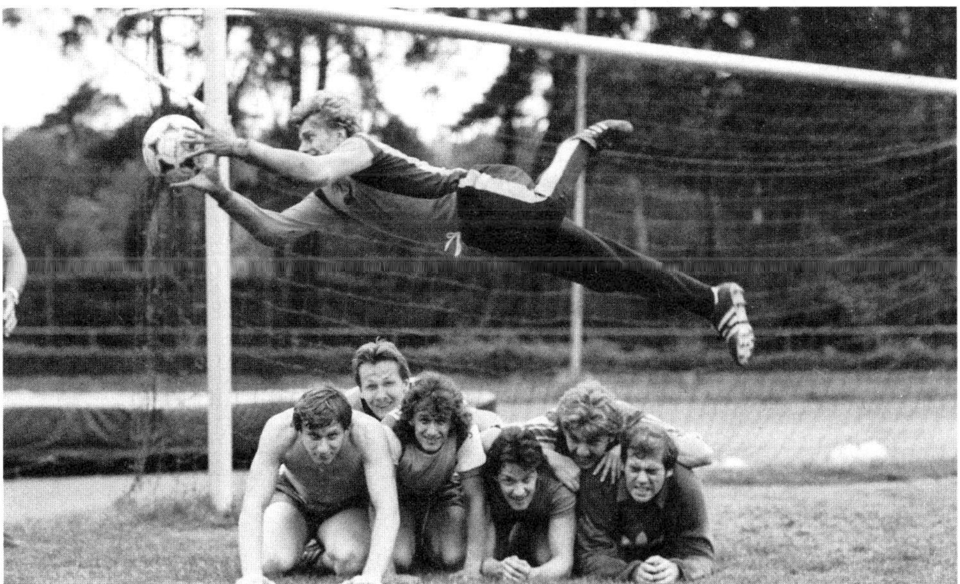

Vor dem Aufstiegsrundenspiel gegen den OSC Bremerhaven. Torhüter Michael Steinert springt über die mutigen Günther Pohle, Dieter Wimmer, Peter Harth, Andy John, Ralf Lehmann und Ersatztorhüter Michael Gantner. (Foto: Bildarchiv Heinrich von der Becke)

den im Verlauf der Partie auf dem Platz – und sie erlebten in den 90 Minuten alle Höhen und Tiefen, die der Fußball nur bieten kann. Die 3:0-Führung nach einer guten halben Stunde hätte einer erfahreneren Mannschaft vermutlich schon zum Aufstieg gereicht, am Ende mussten die Zehlendorfer froh sein, überhaupt einen Sieg ins Ziel gerettet zu haben. Nach nervösem Beginn auf beiden Seiten waren es die Berliner, die sich nach 20 Minuten zuerst „fingen“, geschickt kombinierten und beherzt stürmten. Bieders Direktabnahme zum 1:0 (25.) eröffnete den Torreigen. Als wenig später Ralf Lehmann einen Handelfmeter zum 2:0 (27.) sicher verwandelte und Andreas John gar per Abstauber auf 3:0 erhöhte, „hing der Himmel voller Geigen“ und die Tür zur 2. Liga „stand schon weit offen“, wie es in der *BZ* hieß. In diesen Minuten standen „die Zehlendorfer schon mit einem Bein in der zweiten Liga“, war sich auch Beyer in der *Berliner Morgenpost* sicher. Dann begannen jene unglücklichen Momente von Torhüter Steinert, der gegen den BFC Preußen noch so geglänzt hatte. Erst übertrat er nach Ansicht von Schiedsrichter Burgers aus Essen beim Abschlag die Strafraumgrenze, dann rührte er beim anschließenden Freistoß keine Hand, da er einen „Indirekten“ vermutete (3:1, 35.). Burgers selbst befand sich dabei aber 50 Meter weit vom „Tatort“ entfernt, während der wesentlich besser postierte Linienrichter keinen Regelverstoß erkennen konnte. „Burgers erweckte die fast schon dahingeschiedenen Bremerhavener wieder zum Leben“, beschrieb Beyer die entscheidende Szene. Die schon „tot geglaubten“ Norddeutschen kehrten dadurch wieder ins Spiel zurück und verkürzten drei Minuten später durch einen Foulelfmeter auf 3:2. Die Zehlendorfer steckten die Rückschläge weg und erzielten noch vor der Pause durch Ralf Lehmann das nicht unverdiente 4:2. Heftig einsetzender Regen am Nachmittag hatte eine größere Kulisse als die 2.083 Zuschauer verhindert. Nach dem Wechsel stürmte Zehlendorf unvermindert weiter, die Gäste konterten mustergültig. Steinert blieb der Pechvogel an diesem Tag: Zuerst ließ er einen scheinbar haltbaren 30-m-Schuss zum 4:3 passieren, anschließend unterlief er einen Eckball, den die Gäste mit dem 4:4-Ausgleich bestraften. Doch die Berliner steckten nicht auf und kamen noch zum 5:4-Siegtreffer. Libero Günter Pohle war mit einem abgefälschten 16-m-Freistoß erfolgreich. Rudi Rosenzweig war von dem Geschehen angetan: „Insgesamt überwogen die positiven Eindrücke. Wenn diese Mannschaft in einigen Punkten noch verstärkt wird, könnte Fußball-Berlin an den Zehlendorfern viel Freude haben.“ Auch John wirkte trotz des verspielten klaren Vorsprungs nicht niedergeschlagen: „Ich bin überzeugt, dass wir auch in Bremerhaven gewinnen. Man kann sie gut packen.“

Hertha 03 Zehlendorf – OSC Bremerhaven 5:4 (4:2)

Hertha 03: Steinert; Pohle, Jüttner, Loder (ab 85. Peter), Gröger; Brauer, Harth (ab 73. Yayla), Lehmann; Wimmer, John, Bieder.
Tore: 1:0 Bieder (25.), 2:0 Lehmann (27., Handelfmeter), 3:0 John (32.), 3:1 Kämmer (35.), 3:2 Amiq (38., Foulelfmeter), 4:2 Lehmann (45.), 4:3 Steinlein (59.), 4:4 Amiq (72.), 5:4 Pohle (85.)

Aufstiegsspiel zur 2. Liga Nord Rückspiel – Sonntag, 10. Juni 1979 – 15:00 Uhr

OSC Bremerhaven – FC Hertha 03 Zehlendorf

Drei Tage später ging es zum Rückspiel nach Bremerhaven. Neben der bangen Frage, ob der Vorsprung wohl reichen würde, beschäftigte die Zehlendorfer Verantwortlichen noch ein anderes Problem: Noch immer war nicht endgültig geklärt, nach welchem Modus der Aufstieg entschieden werden sollte – ein aus heutiger Sicht unglaublicher Zustand. Mehrere Varianten schienen möglich: Eine war, dass, sollte nach Hin- und Rückspiel Torgleichheit bestehen, unmittelbar nach dem Schlusspfiff eine Verlängerung, notfalls ein Elfmeterschießen folgen würde, bis der zukünftige Zweitligist feststand. Eine andere Möglichkeit bei Gleichstand war, den Europapokal-Modus anzuwenden. Das bedeutete, dass bei Torgleichheit die Mannschaft, aufsteigen sollte, die auswärts mehr Tore erzielt hatte – für die Zehlendorfer angesichts der vier in Berlin erzielten Treffer der Bremerhavener sicherlich die schlechtere Wahl. Noch am Morgen des Spieltages ging man von folgender Regel aus: Bei Torgleichheit sollte sich in jedem Fall eine Verlängerung anschließen. Auch Präsident Otto Höhne glaubte an diesen Modus. Lutz Rosenzweig beschrieb das Szenario vor der Partie wie folgt: „Das hat's auch noch nicht gegeben. Mitten im Wettbewerb wurden die Regeln geändert! Noch drei Tage vorher in Berlin sprach man davon, dass in dieser Auseinandersetzung der sogenannte Europacup-Modus außer Kraft gesetzt sei. So fuhren die Zehlendorfer mit der Gewissheit gen Norden, bei einer Niederlage mit einem Tor Rückstand die Chance zum Aufstieg in einem zusätzlichen Elfmeterschießen nutzen zu können. Doch unmittelbar vor dem Anstoß entschloss sich das Präsidium des Norddeutschen Fußball-Verbandes, bei gleicher Punkt- und Toranzahl nach beiden Spielen der Mannschaft das Aufstiegsrecht zuzuerkennen, die auswärts mehr Tore schoss. Unverständlich, dass die Zehlendorfer Vereinsleitung sich nach dem knappen 5:4 vom Donnerstag mit dieser Änderung einverstanden erklärte, stellte die neue Anordnung doch eine eklatante Benachteiligung der Berliner dar.“

Es war eine kampfbetonte Partie an diesem 10. Juni 1979, die in den letzten 20 Minuten dramatische Züge annahm. In der ersten Halbzeit verlief die Partie ausgeglichen, erst nach dem Wechsel nahm der Druck durch die Hausherren gewaltig zu, und es gab aufregende Szenen vor dem Zehlendorfer Tor. Erschwerend für die Gäste war sicherlich die Auswechslung des an diesem Tag ausgezeichneten Frank Loder nach 52 Minuten. Nach einem Zusammenprall mit einem Gegenspieler klagte er über Sehstörungen, die ein Weiterspielen unmöglich machten. In der Folgezeit bekamen die Berliner immer größere Schwierigkeiten. Das heimische Publikum spürte das, die 6.000 Zuschauer gingen leidenschaftlich mit, eine für die Zehlendorfer ungewohnte Atmosphäre. John erkannte, dass sich unter seinen Schützlingen Hektik ausbreitete und wechselte sich in der 75. Minute erstmals in dieser Saison selbst ein, um die nötige Ruhe zu geben. Doch nur drei Minuten später schwächte eine Kurzschlusshandlung die „kleine Hertha“. „Bremerhavens Marsollek riss den ausgezeichneten Berliner Torwart Steinert zu Boden und der ‚Rächer‘ Pohle warf ihm den Ball ins Gesicht. Nun mussten beide marschieren“, hieß es in der *Fußball-Woche* zu dem wichtigen Moment. Der Ausfall ihres Abwehrorganisators traf die Berliner Mannschaft sicherlich härter. In der 86. Minute segelte eine tückische Flanke von der rechten Seite in den Zehlendorfer Strafraum, Steinert, durch die Spielertraube vor ihm irritiert, sah den Ball zu spät kommen und hatte keine Chance mehr zu reagieren. Die Berliner konnten der Partie keine Wende mehr geben. Die Klubnachrichten hielten die Augenblicke nach dem Abpfiff fest: „Die Niedergeschlagenheit der Mannschaft war riesengroß, minutenlang saßen alle wortlos und deprimiert in der Kabine. Viele Mitreisende begannen sich bereits jetzt zu fragen, war dies das Ende dieser so jungen und hoffnungsvollen Zehlendorfer Mannschaft?“

Ein tief enttäuschter Präsident Otto Höhne schilderte nach dem Spiel seine Gefühle: „Für mich ist eine Fußballwelt zusammengebrochen. Den Aufstieg aber haben wir schon in Berlin verpasst, klarzumachen.“ Auch John stand noch unter dem Eindruck der letzten bewegenden Minuten: „Es ist schon etwas deprimierend, wenn man nach 5:5 Toren und 2-2 Punkten gescheitert ist. Aber wir dürfen den Kopf nicht hängen lassen. Wir müssen alles versuchen, die Mannschaft zusammenzuhalten.“ „Doch das dürfte vor allem eine finanzielle Frage sein, denn es wird nicht an Angeboten für die hoffnungsvollen Zehlendorfer fehlen. Schade, denn nach einem weiteren Jahr der Reife hätte man mit größerer Berechtigung noch den Aufstieg erreichen können“, zweifelte Rudi Rosenzweig am Gelingen dieses Vorhabens.

OSC Bremerhaven – Hertha 03 Zehlendorf 1:0 (0:0)

Hertha 03: Steinert; Pohle, Jüttner, Loder (ab 52. Yayla), Gröger; Brauer, Harth, Lehmann; Wimmer, A. John (ab 75. W. John), Bieder.
Tor: 1:0 Kämmer (84.)
Besondere Vorkommnisse: Rote Karte für Pohle (Hertha 03) und Masollek (OSC Bremerhaven) (78.)

Deutsche Amateurmeisterschaft Finale Hinspiel – Mittwoch, 27. Juni 1979 – 18:30 Uhr

ESV Ingolstadt – FC Hertha 03 Zehlendorf

Die Enttäuschung über den so knapp verpassten Aufstieg in die 2. Liga hatte die junge Mannschaft erstaunlich schnell verwunden. Unmittelbar nach den beiden Partien gegen den OSC Bremerhaven begannen im 3-Tages-Rhythmus die Spiele um die Deutsche Amateurmeisterschaft. Die Zehlendorfer hatten zu alter Leichtigkeit und zu unbekümmerter Spielfreude zurückgefunden. Nach Erfolgen über den SC Herford

(7:2, 1:0) und Rot-Weiß Oberhausen (2:1, 4:0) erreichten sie spielend das Finale um die Deutsche Amateurmeisterschaft. Inzwischen aber gab es Probleme mit Regisseur Ralf Lehmann, der einem Werben des VfL Osnabrück nachgegeben hatte. Im *Kicker* bedauerte man bereits nach dem Erfolg im Halbfinale: „Schade, dass diese Truppe wahrscheinlich auseinander fällt." Ulrich Fuhrmann schilderte nach der zweiten Partie gegen Oberhausen im *Abend* die Szenen des Nachmittags: „Die Aufkäufer fallen wie die Aasgeier über die jungen, noch nicht gefestigten Spieler her, die nach dem Abpfiff nicht einmal bis in die Kabinen kamen. Noch auf dem Weg dahin wedelten ihnen die Männer mit den schweren Aktenkoffern mit Bündeln von Geldscheinen." John nahm verärgert Stellung zu diesem Thema: „Ich kann diese Hyänen langsam nicht mehr sehen. Und unsere jungen Spieler können den Verlockungen nicht widerstehen. Für ihre Entwicklung wäre es besser, sie blieben noch ein Jahr zusammen. Ihre mannschaftliche Geschlossenheit ist ihre Stärke."

Erst als dritte Berliner Mannschaft nach Alemannia 90 (1957) und dem SC Tegel (1962) erreichte die „kleine Hertha" das Finale gegen den Bayernmeister ESV Ingolstadt. Doch im Hinspiel am Mittwochabend wurde sie kalt erwischt. Nach fünf Minuten führten die Gastgeber 2:0. Als nach 23 Minuten bereits das 3:0 fiel, schien sich

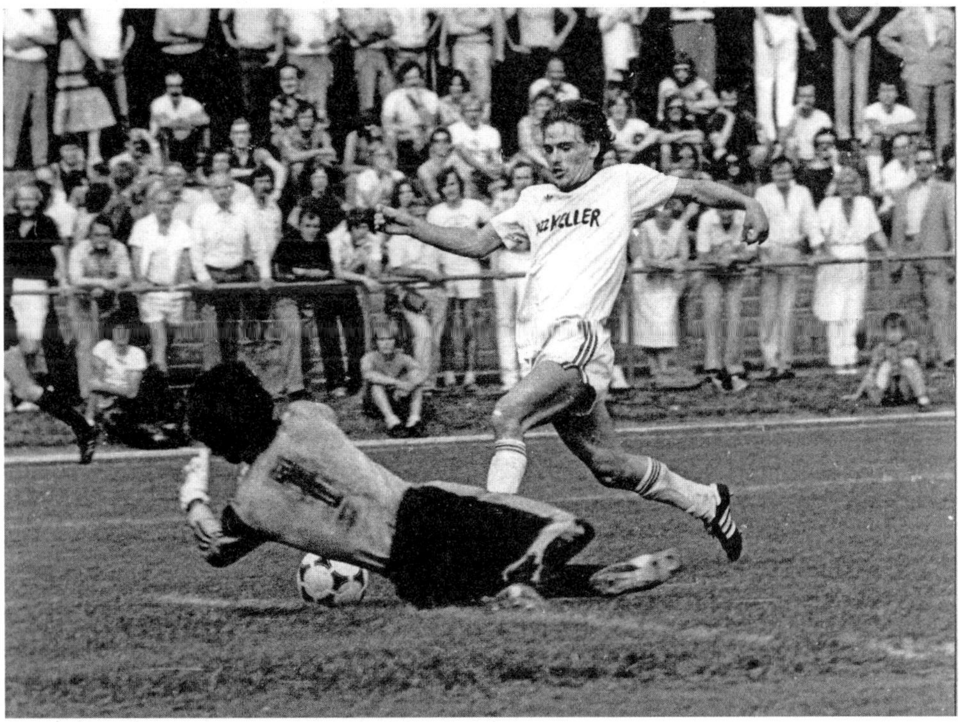

Immanuel „Immi" Bieder kommt im Halbfinale der Deutschen Amateurmeisterschaft gegen RW Oberhausen einen Schritt zu spät. (Foto: Simonowitsch)

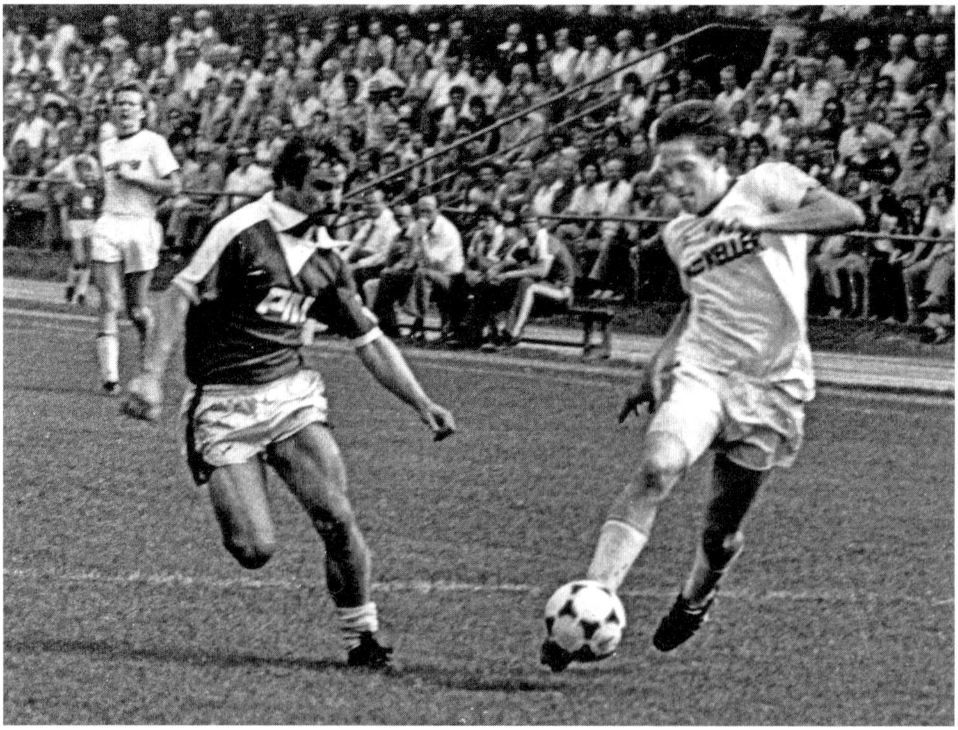

Zehlendorfs Andy John (rechts) im Halbfinale gegen RW Oberhausen. (Foto: Simonowitsch)

ein Debakel anzubahnen. Steinert war es zu verdanken, dass man nicht vollends unter die Räder geriet. Als wenige Minuten nach Wiederbeginn Regisseur Ralf Lehmann sofort der Anschlusstreffer zum 1:3 gelang, schien urplötzlich eine aussichtsreiche Ausgangsbasis für das Rückspiel möglich. Doch wenig später war der alte Drei-Tore-Abstand wieder hergestellt: 4:1. John gab schnell die Erklärung für den völlig misslungenen Start: „Zu nervös und abgelenkt durch die mitgereisten Spielervermittler gingen die Jungs ins Spiel.“

ESV Ingolstadt – Hertha 03 Zehlendorf 4:1 (3:0)

Hertha 03: Steinert; Loder, Jüttner, Beese, Gröger; Harth (ab 46. Sendrowski), Yayla, Lehmann; Wimmer, John, Bieder.
Tore: 1:0 Bittl (1.), 2:0 Bittl (5.), 3:0 Jung (23.), 3:1 Lehmann (49.), 4:1 Ruhs (55.)
Zuschauer: 3.000 Zahlende

Deutsche Amateurmeisterschaft Finale Rückspiel – Sonnabend, 30. Juni 1979 – 15:30 Uhr

FC Hertha 03 Zehlendorf – ESV Ingolstadt

So türmte sich vor den Zehlendorfern die „Herkules-Aufgabe“ auf, diesen klaren Rückstand vielleicht doch noch zu drehen. Ein unglaublicher Andrang herrschte bei sommerlichen Temperaturen an den Kassenhäuschen am Siebenendenweg. Die attraktive Spielweise der jungen Burschen hatte Berlins Fußballfreunde neugierig gemacht. Fast 4.000 (3.577 zahlende) Besucher sorgten für eine Einnahme von beinahe 25.000 Mark.

Nach Ende der Partie waren viele hin- und hergerissen. Die Berliner hatten zwar den Bayernmeister ESV Ingolstadt nach einem wahren Kraftakt mit 1:0 in die Knie gezwungen und von allen Seiten höchstes Lob erhalten. Der Titel aber blieb ihnen versagt, und somit verfehlten sie nach dem verpassten Aufstieg auch das zweite Ziel knapp. Im ersten Abschnitt sahen die Zuschauer wenige Höhepunkte, bis es wenige Sekunden vor dem Pausenpfiff einen Freistoß für die Zehlendorfer gab. Regisseur Lehmann zog aus 25 Metern ab, der Ball wurde von der Mauer der Ingolstädter unhaltbar abgefälscht: 1:0. Nach der Pause, spürte man, dass die Mannschaft zwar willig war, die letzten „englischen Wochen“ aber kräftemäßig ihren Tribut forderten.

Mächtig stolz auf seine Himmelsstürmer war Otto Höhne: „Die Mannschaft hat alles gegeben, aber es war in den letzten Wochen einfach zu viel. Seit Monaten nur englische Wochen: Punktspiele, Pokal, Aufstiegsspiele, Deutsche Amateurmeisterschaft. Mein Kompliment meiner Mannschaft.“ Rudi Rosenzweig zeigte sich schon seit gerau-

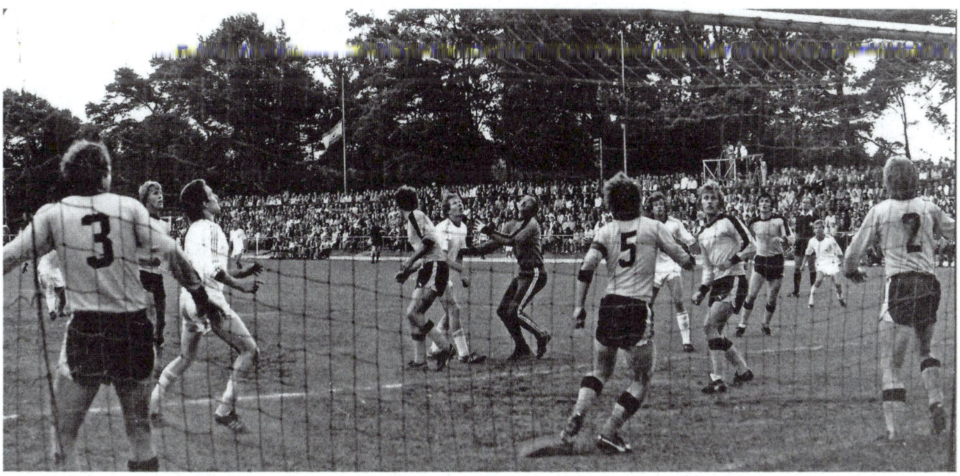

Dichtes Gedränge im Ingolstädter Strafraum. (Foto: Simonowitsch)

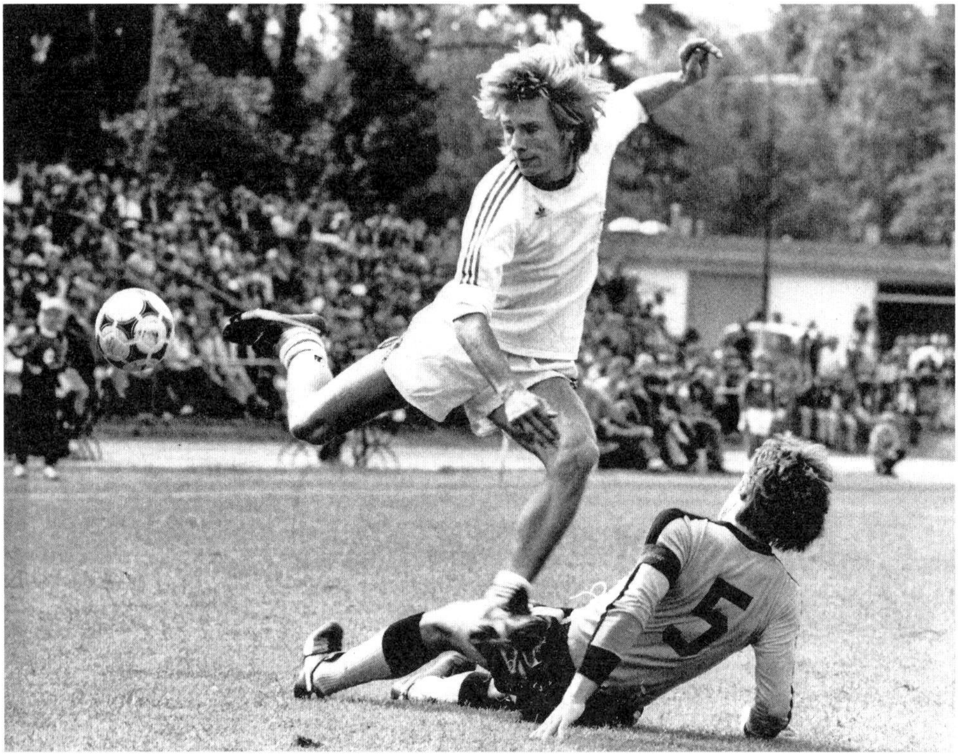

Robert Jüttner setzt sich gegen den Ingolstädter Zieglmeier durch. (Foto: Wende)

mer Zeit angetan und schloss seinen Bericht in der *Fußball-Woche* mit: „Auf ein Neues! Dieser Mannschaft gehört die Zukunft!“ Während dem ESV Ingolstadt als Deutschem Amateurmeister der Respekt gebührte, wurden die Lobeshymnen auf den Verlierer gesungen – und zwar von DFB-Schatzmeister Egidius Braun, dem späteren DFB-Präsidenten: „Selten habe ich ein Spiel erlebt, das mich so begeistert hat – durch den jugendlichen Schwung der Hertha. Mit großer Bewunderung habe ich gesehen, was in Zehlendorf geschieht. Ich war im letzten Jahr dabei, als der Vizemeistertitel bei der A-Jugend errungen wurde, und jetzt ist die wunderbare junge Mannschaft Vizemeister von über 17.000 Vereinen. Von Herzen würde ich mir wünschen, dass sie zusammenbleibt, weil ich davon überzeugt bin, dass ihr eine große Mannschaft werdet.“ Aber kaum hatte er seine Rede im Bankettsaal des Hotels Schweizerhof beendet, „da rückten die Stühle, klappte ein ums andere Mal die Tür. Allein, zu zweit oder zu dritt verschwanden die so groß Beschworenen und von Präsident Otto Höhne väterlich an die breite Brust gedrückten „Großen von morgen“ vor die Tür. Von dicken Angeboten und großen Scheinen war da die Rede“, wie Ulrich Fuhrmann im *Abend* die skurrile Szenerie festhielt. Bieder gab unumwunden zu: „‘Robbi‘ Jüttner und mir hat man ein so traumhaftes Angebot gemacht, da kann man kaum widerstehen. Wir würden ja gern in Zehlendorf bleiben, aber bei dieser finanziellen Verlockung.“ Die Aufkäufer-Meute jedenfalls lauerte rund ums Clubhaus an der Onkel-Tom-Straße, und nicht nur Fuhrmann fragte sich: „Zerfällt die kleine Hertha?“

Otto Höhne und seine Mitstreiter leisteten in den folgenden Tagen erfolgreiche Überzeugungsarbeit und hielten den Großteil der Mannschaft zusammen. Aber Peter Harth und Ralf Lehmann, dessen Vertrag nicht mehr gelöst werden konnte, verließen den Verein Richtung VfL Osnabrück. Ihre Abgänge waren schmerzliche Verluste, wie man in der folgenden Saison zu spüren bekam. Mit ihnen verloren die Zehlendorfer nicht nur den besten Torschützen und Regisseur (Lehmann), sondern auch ihren Antreiber (Harth). Im folgenden Jahr konnten sie nicht annähernd an ihre großartige Saison anknüpfen. Das im Meisterjahr so ausgezeichnete Verhältnis zwischen Mannschaft und Trainer kühlte sich im Laufe der Monate ab, schließlich erfolgte die Trennung von Wolfgang John. Die talentierten Jungspunde verließen die Zehlendorfer in den folgenden Jahren in alle Himmelsrichtungen. Obwohl der Verein auch später immer wieder ambitionierte Ziele ausgab, erlebten die Zehlendorfer Zuschauer nie wieder eine derartige Mannschaft – voller Esprit, begeisterndem Offensivfußball und jugendlichem Elan.

Hertha 03 Zehlendorf – ESV Ingolstadt 1:0 (1:0)

Hertha 03: Steinert; Loder, Jüttner, Beese, Gröger; Sendrowski (ab 62. Harth), Yayla (ab 55. Vogt), Lehmann; Wimmer, John, Bieder.
Tor: 1:0 Lehmann (45.)
Zuschauer: 3.577 Zahlende

Das Aufgebot (in diesem Fall das Alter zu Saisonbeginn, weil es verdeutlicht, wie jung das Team war):

Tor:
Michael Steinert (21), Michael Gantner (20)
Abwehr:
Günter Pohle (28), Frank Loder (18), Detlef Beese (18), Karl-Heinz Peter (18), Reinhard Gröger (29), Lutz Sendrowski (28), Burt Brauer (21), Robert Jüttner (18), Matthias Spiegel (19)
Mittelfeld:
Ralf Lehmann (18), Peter Harth (20), Peyami Yayla (18), Immanuel Bieder (21), Stephan Koziol (22), Lutz Steinke (24)
Sturm:
Dieter Wimmer (18), Andreas John (18), Andreas Vogt (20), Rolf Möller (28)
Trainer:
Wolfgang John (33)

Was sonst noch geschah
Die **B-Jugend-Mannschaft von Blau-Weiß 90** wurde am 29. Juli 1979 Deutscher Meister, dabei galten die Berliner vor dem Finale als krasser Außenseiter und konnten ihren Erfolg kaum fassen. Ihr Torhüter Vollborn wurde später U18-Europameister und U20-Weltmeister, bestritt 401 Bundesligaspiele für Bayer Leverkusen und gewann mit seinem Team 1988 den UEFA-Cup und 1993 den DFB-Pokal (1:0 im Finale gegen die Amateure von Hertha BSC).

Blau-Weiß 90 – FC Augsburg 1:1 (1:1, 0:0) 5:4 nach Elfmeterschießen

Blau-Weiß 90 trat in folgender Aufstellung an: Rüdiger Vollborn – Michael Baulich – Andre Rießler, Carsten Collatz, Frank Olschewski – Stefan Brandenburger, Andreas Schröder (90. Michael Schubert), Rainer Schulze – Gerald Schmidt, Fred Klatt (59. Frank Pagels) Bernd Geesdorf
Cheftrainer: Rainer Helfrich
Zuschauer: 3.800 im Preußen-Stadion an der Malteser Straße
Die Tore: 1:0 Schmidt (54.), 1:1 Goldstein (66.)
Im Elfmeterschießen: 0:1 Mayr, 1:1 Olschewski, 1:2 Grahammer, 2:2 Schubert, Reinthaler schießt an den Pfosten, 3:2 Pagels, 3:3 Goldstein, 4:3 Brandenburger, 4:4 Hochstätter, 5:4 Schulze

Kapitel 11

„Zwei lumpige Tore“ Herthas unglücklicher Abstieg (1979/80)

Noch heute behaupten Augenzeugen, der Altmeister der Filmkunst, Sir Alfred Hitchcock, könnte in der Spielzeit 1979/80 persönlich Regie geführt haben. Zumindest aus Sicht von Berlins Flaggschiff Hertha BSC. Die Partie gegen den 1. FC Kaiserslautern am 26. Spieltag sollte eine unvergleichliche Aufholjagd der Berliner im Abstiegskampf einläuten. Punktgewinne zuvor gegen Bayern München (1:1), den VfL Bochum (1:0) und beim MSV Duisburg (2:2) hatten die Hoffnung geschürt, dass doch noch nicht alles verloren sei.

Vor der Partie gegen die Lauterer im Olympiastadion ging Herthas Vorstand im *Berliner Fußball-Programm* noch einmal besonders auf den Abstiegskampf ein: „Wenn die Mannschaft die derzeitige Form konserviert, die Berliner Fußballfreunde wie in den vergangenen Heimspielen voll hinter der Mannschaft stehen, dann ist das gesteckte Ziel Klassenerhalt zu erreichen.“

90 Minuten später waren Herthas Träume wie eine Seifenblase zerplatzt. Wie sollte es auch anders sein, wenn schon Jubilar und Hertha-Idol Hanne Sobek, der vier Tage zuvor seinen 80. Geburtstag gefeiert hatte, im RIAS-Toto-Tipp auf einen Sieg der Pfälzer setzte. Herthas dritte Heimniederlage ließ nur noch Superoptimisten auf den Klassenerhalt hoffen. Tatsächlich warteten die 18.001 Zuschauer eigentlich die gesamten 90 Minuten darauf, dass ein kämpferischer Funke in der Hertha-Elf zünden würde. Dass es nach dem 0:1 durch Neues (43.) doch noch einmal so aussah, als könnte sich eine Umkehr entwickeln, lag am kleinen Ex-Herthaner Riedl, der bei der Verfolgung von Rasmussen den Dänen innerhalb des Strafraums mit den Händen festhielt. „Möglich, dass das Spiel bei Herthas Elfmeter noch gekippt wäre“, räumte Kaiserslauterns Trainer Karl-Heinz Feldkamp hinterher ein. Da war es besonders tragisch, dass ausgerechnet der an diesem Nachmittag fleißigste Herthaner, Brück, den Strafstoß links neben das Tor bugsierte. Das geschah in der 52. Minute. Als Geye dann in der 68. Minute auf 2:0 erhöhte, hätte man die Partie getrost abpfeifen können.

Lutz Rosenzweig warnte davor, sich im ersten Ärger über den Rückschlag dafür stark zu machen, sozusagen im Hinblick auf die nächste Spielzeit als Zweitligist, zukünftig nur noch die jungen Leute einzusetzen. „Die Kirche ist nicht aus vor dem Glockengeläut. Ein verlorenes Heimspiel bedeutet zehn Runden vor Schluss bei der Lage nach Punkten und Rängen noch lange nicht das Aus aller Hoffnungen.“ Präsident Holst pflichtete ihm bei: „Unsere Hoffnungen sind noch nicht auf den Nullpunkt gesunken.“

Doch außer diesen beiden Daueroptimisten hatten die meisten Berliner die Bundesliga-Akte „Hertha BSC" an diesem Wochenende geschlossen, der Blick auf die Tabelle verdeutlichte, warum. Bereits 4 Punkte trennten die Berliner vom rettenden Ufer, gerade einmal 17 Zähler hatten sie in 26 Spielen errungen. Vom 1. Spieltag an war es ein einziger Kampf ums Überleben gewesen. Seit Klötzer 1977 den Trainerposten bei den Blau-Weißen übernommen hatte, musste er immer wieder schweren personellen Aderlass verkraften. Vor seinem Antritt nahmen die Leistungsträger Horr und Hermandung Abschied von Berlin. Der dänische Dribbelkünstler Kristensen verließ Hertha nach Klötzers erstem Jahr im Sommer 1978 Richtung dänische Heimat, zeitgleich kehrte Flügelstürmer Grau nach Kassel zurück. Ihnen folgte im Dezember Torjäger Granitza, der in die USA zu den Chicago Stings wechselte und nur wenige Tage nach dem unglücklichen Aus im UEFA-Cup-Halbfinale gegen Roter Stern Belgrad verkündeten auch Beer, Weiner und Nigbur, den es zurück zum FC Schalke 04 zog, dass sie sich verändern wollten. Beer ging für zwei Jahre nach Saudi-Arabien. Auch letzte Bemühungen Axel Springers, Herthas Kopf im Mittelfeld vom Verbleib zu überzeugen und finanziell nachzuhelfen, kamen zu spät, Beer hatte Trainer Dettmar Cramer bereits sein Wort gegeben und in Genf einen Vertrag unterschrieben. Abwehrspieler Weiner schloss sich dem FC Bayern München an. Das waren, dazu in der Häufung, herbe Qualitätsverluste für die Blau-Weißen. Als Neuzugang präsentierten die Berliner den inzwischen 32-jährigen Wolfgang Kleff, der statt des Gladbacher Gehäuses nun das Hertha-Tor hüten sollte. Als Investitionen in die Zukunft galten die Verpflichtungen von Thorsten Schlumberger (18), Pierre Dickert (19) und Dieter Timme (22). Die Berliner wollten den Einbau der Jugend vorantreiben und verzichteten ganz bewusst auf spektakuläre Neuverpflichtungen. Natürlich aber war es auch der Schuldenberg, der inzwischen wieder beängstigende Ausmaße angenommen und den DFB auf den Plan gerufen hatte. Durch die Spielerverkäufe gelang es Herthas Vorstand, den vom Verband geforderten Betrag von einer Million Mark zu erwirtschaften und die für die Bundesliga erforderliche Lizenz zu erhalten. Man kalkulierte mit 15.000 Besuchern pro Spiel bewusst vorsichtig und hoffte, dass durch ein neues Vereinsemblem frischer Wind in die Hertha-Truppe kommen würde – als könnte ein Wappen die sportliche Situation beeinflussen.

Für Klötzer und seine Mannschaft konnte es aufgrund der Abgänge der vergangenen Jahre nur eine bescheidene und zugleich doch so immens wichtige Aufgabe geben: drinbleiben! Es stand zu befürchten, dass die Neuzugänge die prominenten Abgänge nicht annähernd würden kompensieren können. Im *Abend* nannte Lutz Rosenzweig die Eigenschaften, die in den kommenden Monaten gefragt sein würden: „Herthas Kapital ist nach Lage der Dinge: unbändiger Kampfgeist mit hohem Tempospiel. Bei vollem Einsatz dieser Mittel wird's möglich sein, am Ende nicht unter den ‚letzten drei' zu sein."

Das Emblem der „Sparkasse" der Stadt Berlin West zierte das Trikot der Blau-Weißen, als sie zum Saisonauftakt gegen Eintracht Braunschweig ins Olympiastadion einliefen. Es wurde ein durchwachsener Start und die Stimmung war einem 0:0 entsprechend.

Es gab Pfiffe Unzufriedener, weil sie keine Hertha-Tore gesehen hatten. „Der große Rest war zufrieden, weil Fußball-Berlin davon ausgeht, dass Herthas Verbleib im Oberhaus das anzustrebende Ziel ist", wies Lutz Rosenzweig auf die bescheidene, aber realistische Erwartungshaltung vieler Zuschauer hin.

Sieben Tage später meinte Hertha-Trainer Klötzer zu den 90 Minuten von Leverkusen lakonisch: „Was meine Mannschaft bot, hatte mit Bundesliga-Fußball nicht viel zu tun." Die Begegnung des 2. Spieltages war schon nach 28 Minuten entschieden, als die Leverkusener 2:0 vorn lagen. Agerbecks 1:2-Anschluss kam zu spät (86.). Lutz Rosenzweig ging hart mit den Berlinern, insbesondere aber mit Trainer Klötzer ins Gericht: „Die Hertha vom 18. August 1979 steigt unweigerlich ab. Spieler wie Timme, Christian Werner, Diefenbach, Brück, Milewski, Nüssing, Engin und Krämer dürfen in solcher zahlenmäßigen Zusammenballung nie und nimmer in einer Mannschaft erscheinen."

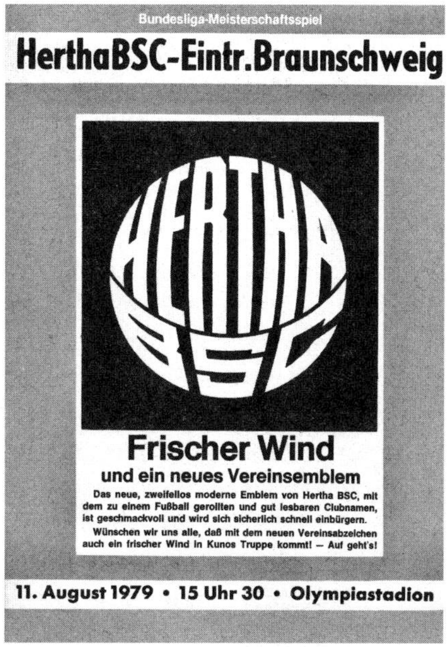

Programmheft Hertha BSC – Eintracht Braunschweig. Titelbild: Frischer Wind durch ein neues Vereinsemblem? (Foto: privat)

Niemand wollte den Teufel an die Wand malen, aber angesichts der kommenden Gegner Schalke 04 und HSV drohte ein Fehlstart mit 1-7 Punkten. „Nein, kann ich mir nicht ausmalen", wischte Hertha-Präsident Ottomar Domrich trübe Gedanken beiseite. Er sollte sich irren, doch trotz der 0:2-Niederlage gegen die „Knappen" sah Lutz Rosenzweig eine klare Aufwärtstendenz. „Das war schon eine andere Hertha, nicht die der letzten beiden Spiele. Eine Hertha, die durchaus Substanz aufzuweisen hatte, die eines indes versäumte: Tore zu schießen." Das Publikum begleitete die Mannschaft entsprechend mit Applaus in die Kabine. Sie hatten die Aufforderung im Programmheft richtig verstanden: „Berlin braucht Hertha – und Hertha braucht die Berliner! Deshalb, Fußballfreunde: Lasst sie nicht im Stich!" „Phantastisch", schwärmte später Trainer Klötzer, „diesmal hatten alle auf den Rängen das richtige Gespür."

„Gewiss, es gibt Anlass zur Sorge, aber überhaupt nicht zur Panik", hieß es im *Abend* nach der ernüchternden 1:5-Niederlage in Hamburg. Hertha war mit 1-7 Punkten tatsächlich ans Tabellenende gerutscht und Trainer Klötzers Fähigkeiten wurden von den Medien erstmals in Frage gestellt. Günter-Peter Ploog urteilte abends in der Spielzusammenfassung im *Aktuellen Sportstudio* deutlich strenger: „Hertha spielte nicht wie ein Abstiegskandidat, sondern wie ein Abstiegskandidat Nummer Eins." ZDF-Moderator Helmuth Bendt fragte in derselben Sendung bei Klötzer nach: „Ihr Trainer-Stuhl bei Hertha wackelt?" Ganz wohl war dem Gefragten nicht: „Hab' gerade auf dem Rückflug mit meinem Präsidenten zusammengesessen. Kein Wort kam darüber. Ich glaube es auch nicht."

Lutz Rosenzweig schilderte eine Woche darauf die Wendung, die die Begegnung gegen Mönchengladbach genommen hatte, in seiner Nachbetrachtung: „Bis Halbzeit war's ein biederes Wollen und Nichtkönnen der wohlwollend vom Publikum unterstützen Herthaner. Nach Gladbachs 1:0 durch Lienen nach 60 Minuten hätte man eigentlich die Hertha-Akten schließen müssen. Da kam die sensationelle Wende." Der Rückstand war das Signal für einen begeisternden Sturmlauf der Berliner, die alle Hemmungen über Bord warfen. Kliemann dirigierte das Leder per Kopf zum 1:1 ins Netz, Agerbeck ließ Kneib beim 2:1 keine Abwehrmöglichkeit und Milewski hob den Ball zum 3:1 ins Tor. Lutz Rosenzweig lag mit seiner Analyse sicher nicht daneben: „Die Gladbacher wähnten sich beim 1:0 schon am Ziel gegen einen harmlosen Gegner. Bei Hertha wiederum wurden Kräfte frei, die man mit ‚Jetzt-soll's-Blut-kommen'-Effekt bezeichnet."

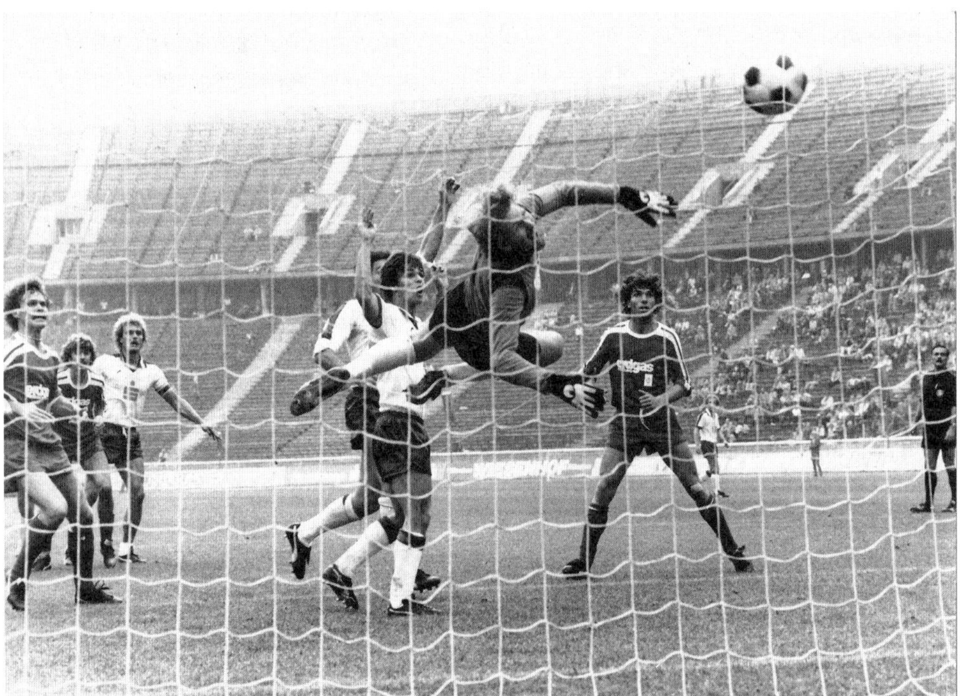

Uwe Kliemanns 1:1-Ausgleichstreffer leitet den 3:1-Sieg gegen Borussia Mönchengladbach ein. Torhüter Wolfgang Kneib streckt sich vergeblich. (Foto: Wende)

Der Bayern-Sieg war für Tausende ausgemachte Sache. Das galt vor der Partie wie auch wenige Minuten vor dem Ende. Für Münchens Spieler, die beim Stand von 1:0 (Hoeneß, 65.) gedacht hatten, ihr Tagesziel in der Tasche zu haben, wie auch für Bayerns Fans, die in Scharen dem Ausgang zustrebten. Ob es am Ende 1:0, 2:0 oder 3:0 stehen mochte, war nicht entscheidend. Dann widerfuhr Münchens Bayern gegen Hertha „das zweitschlimmste, was einem haushohen Favoriten passieren kann: mit der gezückten K.o.-Faust zum 2:0 dem wundgehetzten Gegner hinterher zu laufen, um sich dann kurz vor Schluss einen entscheidenden (1:1)-Konter zu fangen. Das Allerschlimmste wäre gewesen: Im Bemühen mit nun noch hastigeren Angriffen das 2:1 schaffen zu wollen, sich selbst einen 1:2-Niederschlag einzufangen. Das blieb den Männern um Breitner und Rummenigge erspart", schilderte Lutz Rosenzweig. Gersdorff hatte zwei Minuten vor dem Ende die Kugel über die Freistoß-Mauer der Bayern gelupft, die hoch oben im linken Eck einschlug. Ein paar wuchtige Befreiungsschläge später schaute man auf ein blau-weißes Freuden-Knäuel, in seiner Mitte der an diesem Nachmittag treffliche Hertha-Torwart Kleff.

Anschließend musste Hertha beim Angstgegner in Bochum antreten, wo schon stärkere Hertha-Mannschaften nichts hatten holen können. Und es wurde wieder nichts mit dem ersten Berliner Punktgewinn im prächtig neuen Ruhrstadion. Johannsens Bochumern gelang der erste Saisonerfolg – „natürlich gegen Hertha", wie Rudi Rosenzweig in der *Fußball-Woche* enttäuscht anmerkte. Agerbeck 2:1-Anschlusstor war zu wenig.

Herthas Lage wurde immer prekärer und spätestens nach dem Schlusspfiff an diesem kühlen Freitagabend war jedem Berliner deutlich geworden, was die Stunde geschlagen hatte. Hertha steckte mit 4-12 Punkten tief im Abstiegsstrudel. Eine völlig indisponierte Hertha-Elf unterlag dem MSV Duisburg mit 0:1 und hatte zum dritten Mal zuhause kein Tor erzielt. Schon hörte man die ersten „Ha-Ho-He – Domrich in die Spree" Rufe aus dem Block der Hertha Frösche. „Hertha wird sich nur retten können, wenn folgende drei Komponente im Einklang sind: Kämpferische Hochform, ein konfus angreifender Gegner und eigenes Schussglück!", zählte Lutz Rosenzweig die Punkte auf, auf die es nun ankommen würde. An diesem Freitag fehlten schon mal zwei Voraussetzungen: der konfuse Gegner und das Schussglück.

Die Journalisten begannen, in Trainer Klötzer mit seiner taktischen Ausrichtung den Hauptschuldigen zu sehen. „Die Hertha dieser Tage spielt so ehrlich und geradeaus, wie es ihr Trainer ist: hausbacken, bar jeder spielerischen Linie und jeden taktischen Effekts. Ändert sich daran nichts, wird es höllisch schwer, nur mit Kondition, Glück und Auswärtskontern die nötigen Punkte zu holen", zeichnete Lutz Rosenzweig eine düstere Hertha-Zukunft. Da, wo Berlins „alte Dame" jetzt stand, war sie nur von Pessimisten und notorischen Schwarzsehern vermutet worden. Noch nie seit dem Startjahr 1963 hatte sie nach acht Runden so wenige Pluspunkte gehabt – erst vier waren es! Herthas Mängel waren nach Rosenzweigs Ansicht an drei markanten Punkten auszumachen:

1. Die Elf beherrschte keine einzige Standard-Situation: Eckbälle, Freistöße, selbst Einwürfe gelangen nicht!
2. Das Spiel ohne Ball war ihr nach wie vor ein „Buch mit sieben Siegeln“.
3. Es fehlte die taktische Einstellung.

Das alles waren Dinge, die man durchaus dem Trainer anlasten konnte. Womöglich paukte er es sogar im täglichen Training mit den Spielern, denen aber einfach Talent und Einstellung fehlten. „Besteht das Manko jedoch beim Trainer, dann war höchste Eile hinsichtlich eines Wechsels geboten“, riet Rosenzweig Herthas Verantwortlichen.

Was man dann in Kaiserslautern erlebte, war absolut nicht dazu angetan, Hoffnungen auf eine Wende zu wecken. Die Pfälzer unterstrichen mit dem 4:0-Erfolg gegen Hertha ihre Heimstärke, während bei den Berlinern ein Austausch des Trainers ein immer dringenderes Thema wurde. „Passieren hier nicht grundlegende Dinge, wird geradewegs abgestiegen“, legte Lutz Rosenzweig dem Vorstand erneut einen Trainer-Wechsel nahe. „Man muss heraus aus dem Klötzer-Trott.“

Vier Tage nach dem erschreckend harmlosen Auftritt von Kaiserslautern wurde Klötzer schließlich vom Hertha-Präsidium von seinen Aufgaben als Trainer entbunden. Vizepräsident Striek führte als einen der Gründe an, dass Klötzer seinen Spielern nicht mehr die nötigen Impulse geben könne. Dennoch war die Vertrauensbasis noch nicht vollends gestört, denn zeitgleich zur Entlassung übertrug man ihm die Aufgabe, die Mannschaft noch für das kommende Heimspiel gegen Eintracht Frankfurt vorzubereiten und auch als Trainer auf der Bank zu sitzen. Eine eigentümliche Konstellation, doch es war unumstößlich: Gegen Frankfurt würde Klötzer letztmals für Hertha am Feldrand sitzen.

Ein kalter Wind pfiff durch das Stadion, doch das störte keinen mehr, als die 82. Minute lief. Als angesichts der Harmlosigkeit beider Teams kein Mensch mehr mit einem Tor gerechnet hatte, fiel es doch noch. „Herthas viel verkanntes Talent aus dem Saarland, Thomas Remark, erkannte die Gunst des Augenblicks. Forsch zog er fast von der Mittellinie aus los, schubste den Ball zu dem mitgelaufenen Sidka, der ihn sofort zurückschob. Nach etwa 15 weiteren Schritten wuchtete der 20-Jährige die Kugel mit links über den sich ‚flach machenden‘ Eintracht-Tormann hinweg zum 1:0 unter den Metallbalken“, schilderte Lutz Rosenzweig den entscheidenden Moment. Nach dem Abpfiff versuchten Nüssing und der an diesem Nachmittag überragende Kliemann vergeblich, ihren Trainer auf den Schultern aus dem Stadion zu tragen. Die Umarmungen zwischen dem scheidenden Trainer und den Spielern waren untrügliches Indiz dafür, dass die Worte Kliemanns kein hohles Geschwätz waren: „Natürlich haben wir für Kuno Klötzer gespielt, denn wir wollten ihm noch ein Abschiedsgeschenk bereiten.“

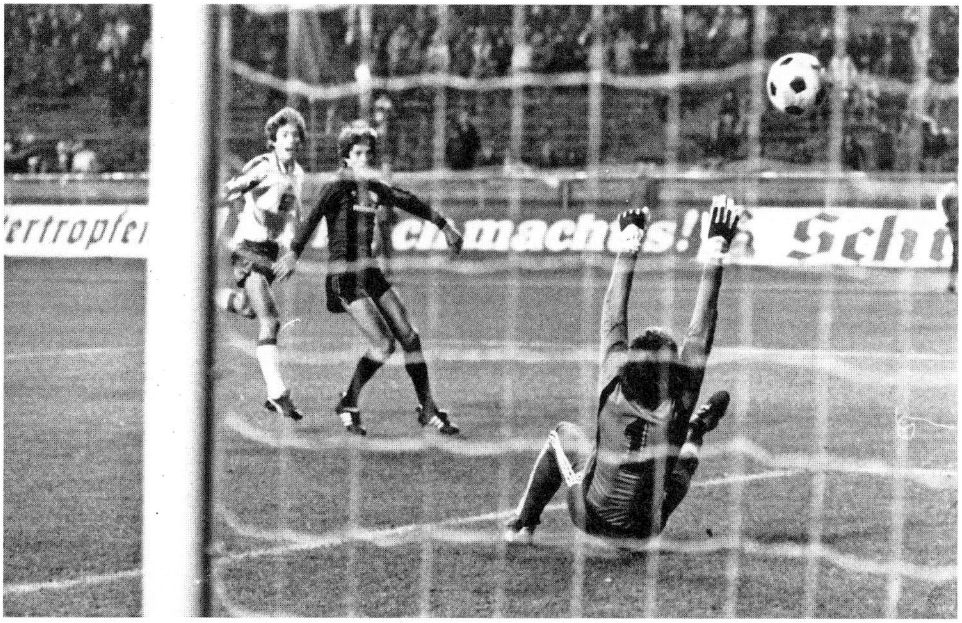

Gleich schlägt Thomas Remarks Schuss zum 1:0 im Frankfurter Gehäuse ein. Der Siegtreffer verhindert nicht die Entlassung von Trainer Kuno Klötzer, der nach diesem Tor von seinen Spielern demonstrativ umarmt wird. (Foto: Bildarchiv Heinrich von der Becke)

Die *ZDF-Sport-Reportage* widmete in ihrer Ausgabe vom 4. November den Querelen um Hertha BSC einen knapp 13-minütigen Bericht. Reporter Oskar Wark wies daraufhin, dass die Art und Weise, wie Klötzer behandelt wurde, nicht nur bei Berliner Fußballfreunden eine Sympathiewelle für den scheidenden Trainer ausgelöst, sondern insgesamt einen schlechten Eindruck hinterlassen hatte. Der für diese Schaukelei mitverantwortliche Hertha-Präsident Ottomar Domrich erkannte das und zog selbst die Konsequenzen: Er nahm seinen Hut. Gerüchte kamen auf, Wolfgang Holst, durch den Bestechungsskandal belastet, könnte am 29. November bei den Präsidiumswahlen als Präsident womöglich zurückkehren. Hierzu antwortete Schatzmeister Heinz Striek in der *Berliner Abendschau* vom 30. Oktober 1979: „Er (Holst) muss selbst entscheiden, ob er kandidiert. Die Mitgliederversammlung muss entscheiden, wen sie wählt. Ich würde Herrn Holst den Rat geben, in der Phase seiner Rehabilitierung nicht sofort an die Spitze des Vereins zu treten. Und ich glaube auch, dass der neue Präsident nicht Holst heißen wird. Aber ich bin kein Prophet." Während also von heute auf morgen die Frage nach einem neuen Präsidenten im Raum stand, wurde eine andere Baustelle geschlossen. Herthas neuer Trainer hieß Hans „Gustav" Eder. Der Vorstand des Berliner Bundesligisten traute dem Co-Trainer zu, die Geschicke zumindest bis zur Winterpause zu übernehmen. Dann wollte man in aller Ruhe überlegen, wie es weitergehen sollte.

Hanne Uhlich, Herthas bewährter Tormann der frühen 40er-Jahre, sagte: „Ist er drin, ist alles aus. Sonst verliert Hertha nicht!“ Was war in Köln passiert? 22 Minuten vor Schluss war Herthas-Anhängern der Schreck in die Glieder gefahren. Schiedsrichter Hontheim aus Trier hatte einen Elfmeter gegen Hertha gepfiffen, der alte Zehlendorfer Kliemann sollte den jungen Zehlendorfer Pierre Littbarski gefoult haben. Beim Stand von 2:1 für Köln war hier ein Schnittpunkt erreicht. „Säße“ der Strafstoß, wäre die Partie entschieden. Doch Kleff schlug den von Bernd Schuster aufs linke Toreck geknallten Ball zur Ecke. Uhlichs Vorsehung erfüllte sich vollends vier Minuten vor Schluss, als die blau-schwarzen Berliner ihre Leistung mit Brücks Schlenzer zum 2:2 krönten. Hertha hatte den frühen 0:1-Rückstand genauso unbeeindruckt weggesteckt wie nach Brücks 1:1 das 1:2 nach gerade einmal einer Viertelstunde.

Doch Herthas Stimmungs-Hoch hielt nach lange an. Zwar gab man Herthas Trainer die besten Wünsche mit auf den Weg für das Heimspiel gegen Werder Bremen: „Toitoi-toi für Trainer Eder. Ist ‚Justav‘ Herthas Glückskind?“ 90 Minuten später aber war nach dem 0:0 Ernüchterung eingekehrt, aus dem erhofften Absprung aus dem Abstiegssektor nichts geworden. Trainer Eder reagierte auf das triste Resultat auf seine berlinisch-urige Art: „Erschießen werden wir uns deshalb nicht.“

Nach der folgenden 1:3-Niederlage bei Aufsteiger Bayer Uerdingen wirkte Herthas Trainer Eder auf der Pressekonferenz deprimiert: „Damit sind wir zunächst mal Letzter.“ Sidka hatte Hertha früh in Führung gebracht, doch Funkel per Elfmeter und Mattssons drehten die Partie schon bis zur 24. Minute. Im zweiten Abschnitt glichen die Hausherren einem Boxer, der stehend k.o. war, aber wie es auch beim Boxen keine Seltenheit ist, setzte der „in den Seilen Hängende“ noch zum entscheidenden Konter an: 3:1 durch van de Loo (79.). Doch seit Eder die Regie übernommen hatte, lief Herthas Spiel lockerer und war nun eher vorwärts orientiert. Da „müssten sich in Kürze Fortschritte zeigen, auch nach Toren und Punkten“, sah Rosenzweig Herthas Zukunft gar nicht so negativ.

Im Programmheft hieß es noch vor dem folgenden Spiel gegen 1860 München: „Bange machen gilt nicht! Herthaner, keine Angst vor den Löwen!“ Das war vor 15:30 Uhr. Gegen 17:15 Uhr bot sich im mit 14.061 Besuchern nur mäßig besetzten Olympiastadion folgendes Bild: Die Zuschauer pfiffen gellend. Sie hatten eine Schlussphase erlebt, in der die kopflos stürmenden Herthaner keine einzige Torchance mehr gehabt hatten, sodass es bei dichtem Nebel nur ein 1:1 gab. Kliemanns 1:0 (28.) egalisierte Senzen (65.) Die Presse wähnte Eder inzwischen auf den Spuren des Defensiv-Verfechters Klötzer. Nachdem auch dieses „Schicksalsspiel“ nicht gewonnen worden war, schlossen viele der schreibenden Zunft die Hertha-Akte bereits nach 14 von 34 Runden. Tatsächlich aber ging es munter weiter.

Im Jahr 1979 wurde das Transferfenster bereits am 9. Dezember geschlossen. Wollte man seinen Kader verschlanken oder sich noch verstärken, musste die Frist unbedingt eingehalten werden. Daher verliefen die Tage bei Hertha vor und nach dem Gastspiel bei Borussia Dortmund turbulent. Am Donnerstag, keine 48 Stunden vor der Partie im Westfalen-Stadion, wählten Herthas Mitglieder die Herren Holst, Michael Kudritzki und Gerd Gründel zu ihrem Präsidium. Wie als Beweis dafür, dass sie Entschlossenheit demonstrieren wollten, um die sportlich festgefahrene Kiste wieder flott zu kriegen, wurden sie auf dem Transfermarkt rege aktiv. Österreichs Star Herbert Prohaska hatte schon seine Zusage gegeben und auch die Genehmigung von Austria Wien war schon erteilt, als der Österreicher in letzter Minute absprang. Der Verband drohte, diejenigen Spieler zu sperren, die ins Ausland abwandern wollten. Das erschien Prohaska zu riskant. Auch die Verpflichtung Benny Wendts, auf die Holst so gehofft hatte, zerschlug sich. Dafür kamen andere. Vom HSV wechselte auf Empfehlung Kronsbeins Hans-Günter Plücken im Tausch mit Herthas Milewski nach Berlin, Stürmer Paul Dörflinger, der beim MSV Duisburg nicht glücklich geworden war, sollte zukünftig für die nötigen Tore sorgen. Bevor die Neuverpflichtungen aber ins Geschehen eingreifen konnten, musste Eder noch mit dem auskommen, was ihm zur Verfügung stand. Doch das reichte nicht. „Wer in solcher Partie nach wenigen Minuten 1:0 (Sidka, 5.) führt, darf sich nicht so problemlos aus den Pantinen kippen lassen", bemängelte Lutz Rosenzweig den 1:4-Auftritt der Blau-Weißen. „Die Herthaner dürfen nun nicht nervös werden oder ihre Moral verlieren", riet er ihnen und führte fort, „sie müssen kämpfen und stürmen, dann wird es am Sonnabend im Olympiastadion gegen Fortuna Düsseldorf nach fünf sieglosen Spielen auch wieder einen Erfolg geben. Er wird angesichts der misslichen Tabellenlage (bei 9-21 Punkten) immer dringlicher."

Im *Berliner Fußball-Programm* sprach der neu gewählte Vorstand der Mannschaft samt seinem Trainer Eder das Vertrauen aus. Neue Männer an der Spitze des Vereins, neue Männer auf dem Rasen, das brauchte seine Zeit. Also bat man im Blatt: „Berliner, gebt dieser neuen Hertha eine Chance!" Nur 12.085 Zuschauer waren bei eisigen Temperaturen und strömendem Regen ins Olympiastadion gekommen, um Hertha in dieser wichtigen Partie zu unterstützen. Sie sahen eine Hertha-Elf, in der die Neuzugänge Plücken und Dörflinger einen starken Einstand feierten und maßgeblich am 3:0-Erfolg gegen die Düsseldorfer beteiligt waren. Für das 1:0 benötigten sie noch Schützenhilfe durch Fortuna-Vorstopper Zimmermann, der ins eigene Netz traf (41.). Der 2:0-Kopfball-Treffer des 24-jährigen Paul Dörflinger „ließ Hoffnung keimen, dass der Bärtige in Berlin bald seinem Ruf als Torjäger gerecht werden könnte", war am Montag im *Abend* zu lesen. Dörflinger war auch flugs zur Stelle, um per Kopf das 3:0 zu erzielen. Rosenzweig schrieb im Überschwang der Gefühle: „Mittelstürmer werden an ihren Torerfolgen gemessen. Dörflingers Einstand hierin war bei Hertha optimal. Bleibt das so, dann waren Holst, Kronsbein und Eder echte Goldgräber. Plücken scheint ohnehin ein Gewinn zu sein. Hertha 79/80 mag zwar fußball-kulturell eine der schwächsten in der 14 Jahre alten Bundesliga-Geschichte der Blau-Weißen sein, doch hinsichtlich der Tugend Vorwärtsspiel hat es noch keine bessere gegeben, als die vom 8. Dezember 1979.“

Interimstrainer Eder hatte sich seine letzte Bundesligareise nach Stuttgart sicherlich anders vorgestellt. Krasse Abwehrfehler und Auflösungserscheinungen in der Schlussphase ermöglichten dem VfB einen hohen 5:0-Sieg. Was Sorgen machte, war die Höhe des Resultats. „Im Abstiegskampf könnte das Torverhältnis von entscheidender Bedeutung sein“, bewies Rudi Rosenzweig in seinem Artikel für die *Fußball-Woche* beinahe schon hellseherische Fähigkeiten. Seinen Bruder Lutz bewegten ähnliche Gedanken: „Im harten Profi-Fußball muss auch an die Höhe des Resultats gedacht werden. Möglich, dass es am 31. Mai für Hertha darauf ankommt.“

Das Tabellenende wies zum Jahreswechsel 1979/80 folgendes Bild auf:

11. Bayer Uerdingen	17	21:29	15-19
12. Werder Bremen	17	23:35	15-19
13. VfL Bochum	17	17:21	14-20
14. Fortuna Düsseldorf	17	30:37	14-20
15. 1860 München	17	17:27	13-21
16. MSV Duisburg	17	19:31	13-21
17. Eintracht Braunschweig	17	17:29	11-23
18. Hertha BSC	17	16:33	11-23

In der Woche vor Weihnachten wollte Hertha den neuen Trainer benennen. Da Aushilfscoach Eder nicht über die in der Bundesliga erforderliche Trainer-Lizenz verfügte und bislang nur mit einer Ausnahmegenehmigung des DFB auf der Bank saß, schlug Holst eine Variante mit Eder als „Chef“ und Kronsbein als „Strohmann“ vor. Eder lehnte diese Konstellation ab. Anschließend machten sich hier wie dort Überlegungen breit, der Verein könne doch Kronsbein stattdessen gleich in der Funktion als Cheftrainer einstellen. Doch zunächst hießen Holsts Wunschtrainer-Kandidaten Jürgen Sundermann und Uwe Klimaschefski. Am 27. Dezember 1979 gab Holst schließlich die Verpflichtung Kronsbeins als zukünftigen Cheftrainer bekannt. Eder kehrte ins zweite Glied zurück und fungierte wie zu Saisonbeginn als Co-Trainer. Das gemeinsame Ziel wurde klar definiert: Hertha zum Klassenerhalt führen.

Der Start in die Rückrunde verlief für die Berliner unter dem neuen Trainer Kronsbein so, wie sie die erste Serie unter Eder beendet hatten. Bei Eintracht Braunschweig setzte es eine 1:3-Abfuhr, an der es nichts zu beschönigen gab. Wer Herthas dürftigen Auftritt in diesem „Schicksalsspiel“ miterlebte, dem fehlte der Glaube an den Klassenerhalt.

Es passte ins Bild dieses trüben Januar-Wochenendes, dass auch die Außendarstellung von Hertha BSC durch das Auftreten ihrer „Fans" heftig Schaden genommen hatte. Lutz Rosenzweig schrieb hierzu: „Man muss die in blauweißer Tracht steckenden und mit manchen erstaunlichen Utensilien behangenen, oft extrem alkoholisierten jungen Menschen beobachtet haben, um sich ein ungefähres Bild machen zu können. Beschämende ‚Aushängeschilder' unserer Stadt und des Vereins Hertha BSC in den Stadien der Bundesrepublik." Herthas „Frösche" hatten in der Braunschweiger Innenstadt zahlreiche Häuser mit blauer Farbe beschmiert. Präsident Holst entschuldigte sich noch vor dem Anpfiff über den Platzlautsprecher bei den Gastgebern. Sogar im *Aktuellen Sportstudio* lief es nicht rund. Dort wurde Hertha zwar ganz richtig als Tabellenletzter aufgeführt, jedoch mit nur zehn Pluspunkten anstatt der korrekten elf Zähler. „Wir brauchen jeden Punkt, und nun hat man uns abends im Fernsehen in der Tabelle sogar noch einen abgezogen", bemerkte nicht nur Brück.

Das Berliner Publikum hatte Hertha wohl schon vor der Partie gegen Bayer Leverkusen abgeschrieben. Nur 7.236 Zuschauer zahlten bei vier Grad minus Eintritt, was einen Tiefpunkt darstellte. Nur viermal hatte es in Herthas 453 Bundesligaspielen bis dahin noch weniger Zuschauer gegeben. Die dürftige Kulisse zeigte, dass die Berliner keinen Pfifferling mehr auf ihre Bundesliga-Mannschaft setzten. Die *Berliner Abendschau* ging vor der wegweisenden Partie auf Meinungsfang. „Glauben Sie, dass Hertha den Klassenerhalt noch schafft?" wurde gefragt. „Nein, auf keinen Fall!", lautete die erste, auch für den SFB-Fragesteller verblüffende Antwort. Auch Unzufriedene anderer Art kamen in der Befragung zu Wort. Diejenigen nämlich, für die der Fußball im Olympia-Stadion ein Wirtschaftsfaktor war: Programmheft-, Sitzkissen- und Zigarettenverkäufer, die einstimmig antworteten, dass ihr Umsatz um mindestens 50 Prozent zurückgegangen sein. „Es lohnt sich eigentlich nicht mehr", hieß es ernüchtert.

Wichtiger als Zuschauerkulisse und Umsätze aber war der 3:0-Erfolg gegen Leverkusen, der die Berliner wieder neue Hoffnung schöpfen ließ. Agerbeck und Paul Dörflinger mit seinen beiden Toren innerhalb von acht Minuten (72./80.) sicherten den klaren Erfolg. Lutz Rosenzweig forderte, Hertha möge endlich seine defensive Haltung aufgeben und sich zu einer betont offensiven Ausrichtung hinwenden. „Wie gesagt: Die Mittel sind vorhanden. Es gehören aber Mut und kreativer Sinn dazu, es anzupacken. Und natürlich: Glück."

Eine Woche später unterlag Hertha Schalke 04 mit 0:1. Sage und schreibe 5.000 Zuschauer im gähnend leeren Parkstadion sahen eine Partie, die nur in den seltensten Phasen das Prädikat „Bundesligaformat" verdiente. Die *Fußball-Woche* urteilte: „Beinahe schon eine Zumutung, wie einfallslos sich beide Mittelfeldreihen im ‚Geradeaus-Lauf' übten." In der 74. Minute gelang den Gastgebern der einzige Treffer.

Auch das insgeheim erhoffte Wunder am Mönchengladbacher Bökelberg blieb aus. Die Berliner kassierten die von allen Realisten einkalkulierte Niederlage. Ein Berliner Überraschungserfolg lag nach Plückens frühem Führungstor (2.) nur kurz in der Luft. Enttäuschend leicht ließ Hertha zwei schnelle Gegentore von Nickel (8./10.) zu, gegen Ende erhöhten Hannes und del'Haye auf 4:1. In der 56. Minute verletzte sich Torhüter Kleff und musste ausgetauscht werden. Verzweifelt wehrte sich der verletzte Tormann gegen die Auswechslung, doch Kronsbein sprach ein Machtwort: „Du kannst nicht länger im Tor stehen, geh‘, zieh‘ dich an!“ Weinend verließ Kleff seinen Kasten. Gladbachs Fans bewiesen Fairness und ein feines Gespür, indem sie ihn mit „Wolfgang, Wolfgang“-Sprechchören und viel Applaus in die Kabine verabschiedeten.

„Für Herthas Profis“, so war sich Lutz Rosenzweig Anfang März sicher, „beginnt mit dem Spiel gegen die stärkste Auswärts-Elf der Bundesliga, FC Bayern München, die entscheidende Phase des Kampfes gegen den Abstieg. Gelingt es Hertha, aus den nächsten sieben Partien mindestens 8:6 Punkte herauszuholen, dann können sie den Abstieg gut vermeiden.“ Auf dem Titelbild des *Berliner Fußball-Programms* jubelten die beiden Hauptdarsteller des sensationellen 1:1-Hinspiels nach dem Abpfiff. Gersdorff, Schütze des Ausgleichstreffers und Torhüter Kleff, der beste Spieler seiner Elf an jenem September-Nachmittag. Doch Gersdorff war just an diesem Tag zu den San Jose Earthquakes in die USA zurückgekehrt, und auch Kleff konnte nicht mithelfen, den Coup zu wiederholen. Die Mönchengladbacher Verletzung zwang ihn zum Zusehen und gab Ersatzmann Manfred Werner die Chance, sein Können unter Beweis zu stellen. Über dreieinhalb Jahre nahm er in schöner Regelmäßigkeit auf der Reservebank von Hertha BSC Platz, gegen Bayern München war er bis auf einen Schreck-Moment beim 0:1, den Janzon in der 7. Minute nutzte, ein zuverlässiger Vertreter Kleffs. Nach dem Wechsel riskierte Hertha endlich mehr. Die Berliner fanden die richtige kämpferische Einstellung und belohnten sich dafür spät: Remark erzielte den 1:1-Ausgleich (83.). 19.412 Zuschauer verabschiedeten die Berliner nach dem Schlusspfiff mit Applaus. Lutz Rosenzweig hielt im *Abend* fest: „Wichtig wird sein, dass die Berliner in den kommenden Wochen die Ruhe nicht verlieren. Dann wird es noch geschafft.“ Kaum jemand konnte ahnen, was die Spielzeit an Spannung und Dramatik für die Berliner bis Saisonende noch bereithalten sollte.

„Am besten traf ‚Fiffi‘ Kronsbein die Herzinfarkt-Atmosphäre der letzten Minuten des Spiels gegen den VfL Bochum. Er schaute klagend auf seinen Freund Holst und sagte in komischer Verzweiflung: ‚Du bist schuld, dass ich fünf Jahre früher sterbe!‘ Von wegen: Der hat mich zu diesem Job beschwatzt, und nun muss ich alles ausbaden“, hielt Lutz Rosenzweig die Aussage des Trainers fest. 150 Sekunden vor dem Abpfiff rammte der kleine, selbstbewusste Remark mit perfektem Kopfstoß den Ball zum erlösenden 1:0 unter die Latte. Kapitän Kliemann gab hinterher zu, dass es in der Kabine eine Standpauke gegeben hatte: „Der Trainer hat ganz schön dazwischengefunkt, denn mit dem Halbzeitergebnis waren wir doch schon abgestiegen.“

In Duisburg feierte Herthas blau-weißer Anhang überschäumend. Als die Spieler später dem Bus zustrebten, der sie zum Düsseldorfer Flughafen brachte, tönte es auf dem Stadionvorplatz trotzig: „Zweite Liga, Zweite Liga – nie – nie!" Es grenzte schon an ein kleines Wunder, was an diesem Nachmittag unweit der Wedau geschehen war. Nach Treffern von Seliger und Dubski (51.) zum 2:0 für den MSV, muss eine Geringschätzung des Gegners über die Duisburger Spieler gekommen sein. Wer wollte es ihnen verdenken, angesichts der Harmlosigkeit der Berliner bis dahin. Sie versuchten nun salopp, die Gäste auszuspielen. Bei Hertha aber spürte man im zugigen Wedau-Stadion, dass man allen mentalen Ballast über Bord geworfen hatte. Die Berliner agierten von nun an nach dem Motto: Nun liegen wir hoffnungslos hinten, uns kann eh nichts mehr passieren. Erst recht galt das für den Moment, als Agerbecks wuchtiger Fernschuss aus 25 Metern zum 1:2-Anschluss hinter Duisburgs Schlussmann Heinze einschlug (65.). Ehe die Duisburger die Gefährlichkeit der Situation erkannt hatten, hob Brück den Ball behutsam ins lange Eck zum 2:2. Den sarkastischen Spruch Kronsbeins „Der Weg zum Schafott ist lang", konterte Lutz Rosenzweig: „Nicht jeder Delinquent hat sterben müssen."

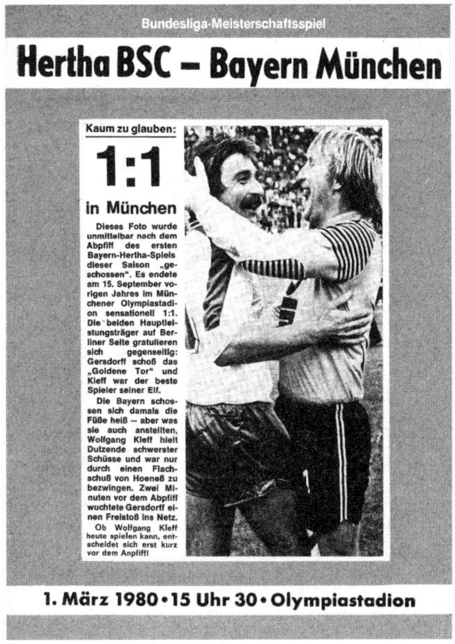

Programmheft Hertha BSC – Bayern München. Titelbild: Bernd Gersdorff und Wolfgang Kleff strahlen nach dem 1:1 im Hinspiel. (Foto: privat)

Die zuletzt geholten 4:2 Punkte gaben Hoffnung, doch nach der folgenden 0:2-Heimniederlage gegen die „roten Teufel" vom Betzenberg trug Hertha nach dem 26. Spieltag fast schon abgeschlagen die „rote Laterne".

13. Fortuna Düsseldorf	26	48:58	23-29
14. VfL Bochum	26	26:33	22-30
15. Werder Bremen	26	40:63	21-31
16. MSV Duisburg	26	30:44	20-32
17. Eintracht Braunschweig	26	26:46	19-33
18. Hertha BSC	26	25:48	17-35

Daueroptimist Wolfgang Holst aber war nicht kleinzukriegen. Er sagte trotzig: „Ein Sieg in Frankfurt kann alles ändern." Dort hatte Hertha von insgesamt 230 Auswärtsspielen zwei Jahre zuvor das begeisterndste abgeliefert: 5:0 hatten die Berliner gewonnen. Es gehörte trotzdem schon eine gehörige Portion Optimismus dazu, an diesem 29. März von der Hertha-Elf mehr als eine „ehrenvolle“ Niederlage zu erwarten. Kronsbein überraschte mit einer Aufstellungsvariante: Der 22-jährige Amateur Michael Toppel erhielt eine Chance und sollte Mittelstürmer spielen.

Mit „Absteiger, Absteiger“-Rufen wurden die Berliner verhöhnt, als sie mit dem Bus am Waldstadion eintrafen. Doch nach der Pause – 2:0 führend – glaubte man seinen Ohren nicht zu trauen. Es gab Beifall auf offener Szene durch das Frankfurter Publikum für die beherzt spielende und durchaus attraktiven Fußball bietende Berliner Mannschaft. Es geschah das, wovon nach der 0:2-Enttäuschung gegen Kaiserslautern selbst die größten Optimisten nicht mehr zu träumen wagten. Hertha blieb zum sechsten Mal im Frankfurter Waldstadion ungeschlagen und feierte im 14. Auswärtsspiel den ersten Sieg. Für die *Fußball-Woche* war es „die Sensation vom Waldstadion“, für Lutz Rosenzweig dagegen „im Grunde die einfachste (Fußball-)Sache der Welt“. Er lieferte die Begründung gleich mit: „Der nach dem 0:2 gegen Kaiserslautern auch von den allerletzten Hoffenden im Stich gelassene Außenseiter aus Berlin warf endlich einmal allen moralischen Ballast über Bord, spielte sozusagen wie ihm der Schnabel gewachsen ist und konterte einen überheblich-selbstsicheren, durchs 0:1 (26., Agerbeck) verunsicherten, durchs 0:2 (39., Toppel) schockierten, zur Pause von 12.000 Zuschauern ausgelachten und verhöhnten Favoriten aus.“ Durch die Treffer zum 0:3 (51., Elfmeter Diefenbach) und 0:4 (75., Agerbeck) geriet die Eintracht vollends in die Rolle eines verspotteten Lehrlings. Hertha konterte unter orkanartigen Frühlingsstürmen geschickt und setzte endlich einmal auf das Tempo des Dänen Agerbeck. „Man sieht, wie wertvoll er ist, wenn man seine Schnelligkeit ausnutzt“, so Herthas Trainer über seinen Rechtsaußen. Eine Aussage, die die Berliner Journalisten als seltsam empfanden, absolvierte Agerbeck in Frankfurt doch immerhin schon sein 47. Bundesligaspiel im Hertha-Dress. „Wer Augen zum Sehen und einen gewissen Fußballverstand zum Denken hat, merkte das schon vor Jahresfrist“, konnte sich Lutz Rosenzweig einen kleinen Seitenhieb nicht verkneifen. Rosenzweig zog folgendes Fazit: „Diese Hertha-Truppe ist nun mal kein spielerisches Glanzstück. Sie kann aber den Abstieg vermeiden, wenn sie ihre Tugenden konsequent nutzt. Als da wären: Kampfkraft, Tempo und Einsatz.“

Spannung lag in der frühlingshaften Luft im Berliner Olympiastadion, das mit 43.375 zahlenden Zuschauern zum Nachholspiel gegen den Hamburger SV prächtig gefüllt war. Dass Hertha dem Besucher-Ansturm nicht gewachsen war, passte ins Bild des Versagens an diesem Nachmittag. Hertha hatte zu wenige Kassen geöffnet, sodass Tausende erst nach dem Anpfiff ins Stadion gelangten. Da lag Hertha schon durch einen frühen Treffer von Holger Hieronymus mit 0:1 zurück (7.). Dies führte dazu, dass die Hertha-Mannschaft in der Folge nervlich völlig versagte. Die zweite Halbzeit geriet zu einer einzigen Demütigung, sodass viele Zuschauer lange vor dem Abpfiff, nach dem Treffer von Reimann zum 3:0 (58.) für den HSV, das Olympiastadion verließen. Sie bekamen nicht mehr mit, wie sich Resignation breit machte. Der Zusammenbruch erfolgte innerhalb von vier Minuten: 0:4 Jakobs (84.), 0:5 Keegan (86.) und 0:6 Milewski (88.). Hier tat sich in negativer Hinsicht Tormann Kleff hervor, der bei den letzten drei Toren kaum noch Reaktionen zeigte und „ein schlechtes Beispiel für jüngere Mannschaftskollegen abgab", wie Beyer für die *Berliner Morgenpost* schrieb. Was sich in den letzten 10 Minuten bei Hertha tat, war totale Auflösung, die auch das Berliner Fußballpublikum bis ins Mark traf. Wie Ironie wirkte im Nachhinein die Ankündigung im Programmheft: „Hertha gegen HSV! Das waren immer große Fußballtage, spannende Spiele! Warum nicht auch heute?" „Wenn es nicht gelingt, die Moral dieser deklassierten Elf wieder aufzurichten, dann muss man für das Heimspiel gegen das Star-Ensemble von Kölner Nationalspielern ebenfalls schwarz sehen", hieß es am Montag in der *Fußball-Woche*.

Wie es um die Einsatzbereitschaft der Berliner im Frühjahr 1980 bestellt war, verdeutlicht eine Szene, die Präsident Holst im Programmheft zum Spiel gegen den 1. FC Köln schilderte: „Abschlusstraining am Freitagmorgen vor dem Bundesligaspiel gegen den Hamburger SV auf dem Maifeld des Olympiastadions. Der Trainingsfleiß ist außergewöhnlich, die große Freude auf das Spiel sichtbar. Helmut Kronsbein ruft seinen Spielern zu: ‚Und zum Schluss noch ein Spiel über zehn Minuten!' Mit Begeisterung ist jeder bei der Sache. Mein Gefühl: Unsere Mannschaft ist ‚da'. Plötzlich ein Schmerzensschrei – Uwe Kliemann hat sich böse verletzt. Sein linkes Knie ist unterhalb der Kniescheibe schwer aufgerissen. Aus einer tiefen Wunde quillt Blut. Günter Plücken, Michael Sziedat und Masseur Peter Benthin kommen mit bestürzten, betretenen Gesichtern auf mich zu. Uwe wird gegen den HSV nicht spielen. Herr Kronsbein und ich stellen Uwe Fragen – wie es ihm geht – ob es weh tut. Wir wagen kaum zu erörtern, ob sein Einsatz gegen den HSV doch möglich wäre. Solche Gedanken werden verscheucht. Benthin, der Erste Hilfe geleistet hat, stellt Uwes Mitwirken gegen den HSV außer Frage. Die Freude auf das große Spiel wird abgelöst durch die Sorge um Uwe Kliemann. Vier Stunden später. Professor Weigert naht Uwe das ladierte Knie zusammen. Quält ihn – muss ihn quälen, um keimende Infektionen zu ersticken. Weitere vier Stunden später. Uwe am Telefon: „Herr Kronsbein, ich spiele." Ein zweiter Anruf von Professor Weigert: ‚Herr Kronsbein, wenn Uwe spielen will, dann gestatte ich es und übernehme dafür die Verantwortung.' Ich lernte zwei Männer kennen, die Hingabe, Kameradschaft und Verantwortungsbereitschaft in hohem Maße vorlebten. Dafür danke ich Uwe – dafür danke ich unserem Professor."

Gegen den 1. FC Köln mussten die Berliner dann aber doch auf ihren „Turm" Kliemann verzichten. Es ging beim besten Willen nicht. Aber auch ohne ihn blieb Herthas Moral ungebrochen. Mit beeindruckendem Engagement wurde eine Kölner Elf 1:0 bezwungen, der es nach Ansicht von Lutz Rosenzweig am letzten Einsatz mangelte. „Trainer Kronsbein hatte mit Thorsten Schlumberger ein Talent von der Reservebank geholt und damit einen Glücksgriff gelandet. Der 19-Jährige erfreute mit großem

Laufpensum und hatte nur Pech beim Abschluss.“ Auf der Gegenseite blieb ein anderer 19-Jähriger blass. Pierre Littbarski, 1978 von Hertha Zehlendorf in die Domstadt gewechselt, war unzufrieden mit seiner Leistung: „Da nimmt man sich viel vor, doch am Ende läuft alles ganz anders. Ich habe mir meine Bundesligapremiere in Berlin auch anders vorgestellt.“ „Herthas Treffer fiel zwar auf glückliche Weise, dennoch war der Sieg verdient. Krämers scharfe Eingabe wollte Schuster klären, doch bei seinem Abwehrversuch rutschte ihm der Ball über den linken Schuh. Das hoch springende Leder senkte sich hinter dem eigentlich richtig postierten Torhüter Schumacher unter die Latte ins Netz (73.). Kronsbeins Männer hatten noch einmal den Kopf aus der Schlinge gezogen, nachdem sie von vielen in der Vorwoche schon „beerdigt“ worden waren. Die Rechnerei ging weiter.

„Bewundernswert gekämpft, unverdient verloren – aus Herthas Sicht. So sagte deshalb ‚Fiffi‘ Kronsbein: ‚Ein Unentschieden wäre gerecht gewesen!‘ Auch wir müssen bestätigen: So voller Einsatz und (endlich) aggressiv im Verteidigen sahen wir Hertha wohl noch nie! So hätte sich ein 1:1 rechtfertigen lassen“, hieß es einen Tag nach der 0:1-Niederlage an einem Freitagabend im ständigen Nieselregen von Bremen im *Abend*.

„Der schwerste Gegner liegt hinter uns“, war sich Holst sicher, „wenn die Mannschaft diesen unerhörten Kampfgeist konservieren kann, dann wird sie von den letzten fünf Spielen keines mehr verlieren.“ Beyer schrieb für die *Berliner Morgenpost*: „Eines aber steht fest; wer diese Mannschaft gestern sah, der kann einfach noch nicht an den Abstieg glauben, auch wenn es auf dem Papier so aussehen mag.“ Am Mittwoch, zwei Tage vor dem Gastspiel an der Weser, hatte Hertha BSC die Weichen für die Zukunft gestellt. Uwe Klimaschefski, in 57 Bundesligaspielen für Hertha im Einsatz, unterschrieb einen Vertrag, der auch bei einem Abstieg in die 2. Liga Nord Gültigkeit besaß.

Nun ja, es war wieder einmal – zum wievielten Male eigentlich? – die letzte Chance für Hertha BSC. „Herthaner, haltet die Ohren steif“, hieß es da auf der Titelseite des Programmhefts gegen Bayer Uerdingen, und weiter: „Herthas Chancen auf den Klassenerhalt schwinden wie Butter in der Sonne. Dennoch, so lange das Feuer nicht erloschen ist, so lange gibt es kein Aufstecken.“ Auch der Vorstand meldete sich zu Wort: „Fünf Punktspiele stehen noch an, aus denen acht Punkte geholt werden müssen. Wenn die Mannschaft mit dem gleichen Wollen und Können wie in Bremen an die Aufgaben herangeht, ist es keine Utopie, die drei Heimspiele zu gewinnen und auswärts noch zwei Punkte zu holen. Dann können Hertha und Berlin am 31. Mai ein großes Fußball-Fest feiern.“

Die Berliner Fußballfreunde schienen an dieses, für viele nur noch theoretische Wunder nicht mehr zu glauben. Nur 11.084 Zuschauer wollten ihrer Mannschaft gegen den Aufsteiger aus Uerdingen die notwendige Rückendeckung geben. Hertha bestätigte die ansteigende Tendenz seit dem 0:6-Debakel gegen den HSV und siegte dank einer geschlossenen Mannschaftsleistung sowie zweier Prachttore ihres Mittelfeldspielers Krämer ungefährdet mit 3:0. Bis zur 85. Minute schwankten die Besucher trotz der frühen 2:0-Führung (9. und 31. Minute) zwischen „Glaube, Hoffnung und Angst", wie Lutz Rosenzweig die Stimmung im Stadion beschrieb. So enthob erst der kleine Schlumberger, die erfreuliche Entdeckung der letzten Wochen, den blauweißen Anhang aller Ängste. Viele der sogenannten Experten, die Hertha BSC schon vor Monaten als sicheren Absteiger vorausgesagt hatten, tanzten in diesen Wochen vor Verlegenheit von einem Fuß auf den anderen, ganz nach dem Motto: Verflixt, die „alte Dame" lebt ja immer noch. Lutz Rosenzweig sah es in seinem Bundesliga-Kommentar so: „Ein Sieg Herthas in München gegen 1860 und die ganze Sache bekommt einen neuen Anstrich."

10.	Fortuna Düsseldorf	30	55:62	28-32
11.	Bayer Leverkusen	30	37:52	28-32
12.	1860 München	30	38:48	27-33
13.	VfL Bochum	30	30:39	26-34
14.	MSV Duisburg	30	40:51	26-34
15.	Bayer Uerdingen	30	39:53	26-34
16.	Werder Bremen	30	46:76	25-35
17.	Hertha BSC	30	33:53	23-37
18.	Eintracht Braunschweig	30	30:56	19-41

„Der stille Däne Ole Rasmussen ist ein sparsamer Torschütze. In seinem 74. Bundesligaspiel köpfte er sein zweites Tor. Gleichwohl könnte dieser Treffer aus der 18. Minute im Münchener Olympiastadion gegen 1860 seinem Klub vielleicht den dringend benötigten Punkt eingebracht haben, der am 31. Mai die Zugehörigkeit zur Bundesliga sichert", schrieb Lutz Rosenzweig nach Herthas so wichtigem 1:0-Erfolg. Die Partie bestätigte eine Feststellung der letzten Wochen: Hertha hatte sich spielerisch gefestigt. „Gemixt mit unbändigem Kampfgeist hat es dazu geführt, dass die Blau-Weißen im Wettstreit mit der Konkurrenz wertvollen Boden gutmachen konnten", wie Rosenzweig feststellte. Dass allerdings längst keine Entwarnung gegeben werden konnte, dazu reichten ein Blick auf die Tabelle und Kronsbeins Stellungnahme nach dem Spiel: „Der Strohhalm, an den wir uns klammern, ist ein klein wenig fester geworden!" Angesichts der kritischen Tabellenlage war allen Berlinern vor der Partie klar, dass nur ein Sieg die Hoffnung auf den Klassenverbleib am Leben halten würde. Man konnte es hinterher auch ganz einfach so ausdrücken: Hertha gewann, weil ein Punkt nicht genügt hätte! Das war für Hertha-Freunde im Stadion und an den Radioapparaten in Berlin eine Herzanfall-Atmosphäre, denn ein 1:1 hätte bei Betrachtung der Gegebenheiten das Aus bedeutet. Nur die vierten gelben Karten für Kliemann und Krämer trübten die Stimmung auf dem Rückflug, beide mussten beim nächsten Heimspiel gegen Borussia Dortmund pausieren. Doch Bange machen galt nicht, und so schrieb Rosenzweig folgerichtig: „So oder so: Auch ohne die beiden ‚Gelbsünder‘ hat Hertha gegen Borussia Dortmund eine Chance. Weil hinter dem Wollen nun auch ein Muss im Abstiegskampf steht.“ Drei Spieltage vor Ende der Saison hatte sich die Situation am Tabellenende noch einmal zugespitzt.

10.	VfL Bochum	31	34:41	28-34
11.	Fortuna Düsseldorf	31	56:66	28-34
12.	Bayer Leverkusen	31	39:56	28-34
13.	MSV Duisburg	31	41:52	27-35
14.	1860 München	31	38:49	27-35
15.	Bayer Uerdingen	31	40:54	27-35
16.	Hertha BSC	31	34:53	25-37
17.	Werder Bremen	31	48:80	25-37
18.	Eintracht Braunschweig	31	31:57	20-42

Die Herausgeber des *Berliner Fußball-Programms* begannen vor der Partie gegen Borussia Dortmund zu träumen: „Ein gutes, ein erstklassiges Spiel heute hier im Olympiastadion. Hertha ist glänzend in Schwung, führt 2:1. Mit den Fingern signalisiert Dortmunds Trainer Udo Lattek: 6 Minuten noch. Aber die Hertha-Mannschaft kämpft großartig. Dann kommt der Schlusspfiff. Jubel im Olympiastadion. Schön wär's ja! Ein Traum nur. Aber einer, der Wirklichkeit werden kann. Geben wir unserer Elf Rückenstärkung mit dem uralten Schlachtruf, der sie schon so oft beflügelt hat: Ha-Ho-He – Hertha BSC!“

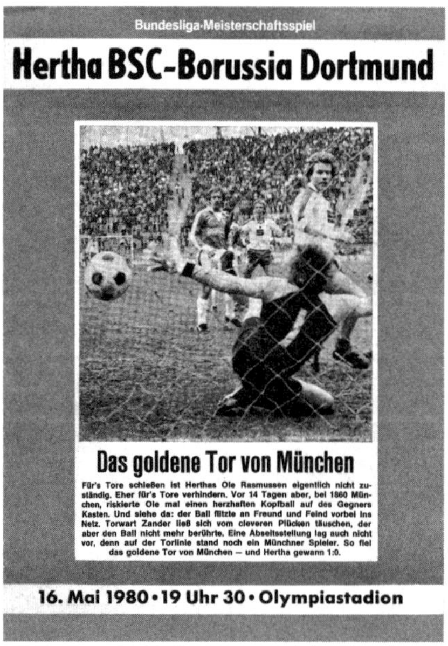

Programmheft Hertha BSC – Borussia Dortmund. Titelbild: Nach dem wichtigen 1:0-Sieg durch Ole Rasmussen Treffer bei 1860 München ist der Klassenerhalt wieder möglich. (Foto: privat)

Es entwickelte sich an diesem warmen Freitagabend in der Tat eine dramatische Partie. Insbesondere zwischen der 36. und 60. Minute lieferte Hertha sowohl kämpferisch als auch spielerisch ein Klassespiel. Da fielen durch Schlumberger (36.), Remark (40.) und Agerbeck (50.) drei Tore, von denen man das zweite in Anlage und Vollendung der Weltklasse zurechnen musste, was die 42.116 zahlenden Zuschauer entsprechend von den Sitzen riss. Aus dem eigenen Strafraum heraus spielte Plücken den langen Sidka an, der die Kugel weit rechts herausgab zum schnellen Dänen Agerbeck. Dessen präzise Eingabe aus vollem Lauf jagte

Remark im Hechtsprung köpfend ins Netz. Ein Tor, das allein schon das Eintrittsgeld wert war! Hertha führte nach 50 Minuten 3:0 und war um 20:35 Uhr dem großen Ziel, Erklettern des 15. Tabellenplatzes, am nächsten, denn in der ebenfalls vorgezogenen Begegnung zwischen dem 1. FC Kaiserslautern und Herthas Abstiegs-Konkurrenten aus Uerdingen stand es 4:0 für die Pfälzer. Hertha besaß zu diesem Zeitpunkt die um zwei Treffer bessere Tordifferenz. Während es am Betzenberg bei diesem Spielstand bis zum Schluss blieb, bahnte sich in Berlin urplötzlich eine Wende an. Gerade eben noch hatten Agerbeck (58.) und Sidka (60.) sonnenklare Chancen und eine endlich voller Elan, ohne Rücksicht auf Verluste stürmende Hertha hatte den Gegner beim Stand von 3:0 am Rand der Aufgabe, da musste nach den beiden Treffern durch den Dortmunder Frank plötzlich noch um den Sieg gezittert werden. Hertha musste dem hohen Tempo der ersten Stunde Tribut zollen und stand kurz vor dem Schlusspfiff nahe am Abgrund, hätte doch ein 3:3 den Abstieg wieder ein Stück näher gebracht. Doch es ging gut aus, und die Zuschauer hatten ihr Hitchcock-Erlebnis.

Die *Fußball-Woche* rätselte, wie „diese prächtige Mannschaft in der ersten Serie nur so viele Punkte verschenken konnte." „Dass möglicherweise jetzt sogar Pfingstsonnabend in Düsseldorf gegen Fortuna gewonnen werden muss, beweist, wie schwierig Herthas Situation war und wie dramatisch sie immer noch ist", wies Lutz Rosenzweig bei aller einsetzenden Euphorie darauf hin, dass die Gefahr noch längst nicht gebannt war. Vor Wochen schon hatte er auf eine mögliche Konstellation hingewiesen, die er nun noch einmal wiederholte: „Es deutet einiges darauf hin, dass am 31. Mai das Torverhältnis über die Vergabe des dritten Absteiger-Platzes entscheiden wird."

12.	MSV Duisburg	32	42:52	29-35
13.	Fortuna Düsseldorf	32	56:72	28-36
14.	1860 München	32	38:50	27-37
15.	Bayer Uerdingen	32	40:58	27-37
16.	Hertha BSC	32	37:55	27-37
17.	Werder Bremen	32	50:83	25-39
18.	Eintracht Braunschweig	32	31:59	20-44

Für die Berliner hatten an diesem Nachmittag die Spiele der gefährdeten Mannschaften zwischen Platz zwölf und 16 eine immense Bedeutung: Uerdingen – Frankfurt, 1860 München – Kaiserlautern, Dortmund – Duisburg und natürlich Fortuna gegen Hertha. Kronsbein wirkte in den Stunden vor der wichtigen Begegnung relativ gelöst. „Für uns geht es seit Monaten um alles. Das beruhigt mich hinsichtlich des Nervenkostüms meiner Mannschaft. Sie steckt seit langem in einem kräftezehrenden Stress. Ihre Moral ist so großartig, dass ich der Meinung bin, dass sie den Abstiegskampf erfolgreich bestehen wird", gab er sich optimistisch. Seit Mittwochabend aber war es für Hertha noch schwerer geworden. Eintracht Frankfurt hatte das UEFA-Cup-Endspiel gegen Borussia Mönchengladbach gewonnen, und jeder konnte sich ausrechnen, dass die Frankfurter nach zwei Tagen ausgelassener Jubel-Feiern mit den Stadt-Oberen in Uerdingen kaum ihre optimale Leistung auf den Rasen bringen würden. Uerdingen war bekanntlich Herthas Rivale im Kampf gegen den dritten Abstiegsplatz. Das galt ebenso für 1860 München, das zuhause gegen den Tabellenvierten 1. FC Kaiserslautern antreten musste, doch auch die Pfälzer hatten einen Sieg in München nicht mehr nötig. Sie waren seit dem letzten Wochenende bereits für den UEFA-Cup qualifiziert. Die Herthaner mussten sich also selbst helfen! „Eine Niederlage würde noch nicht das Aus der Blauweißen bedeuten, ein Unentschieden ließ gute Hoffnungen. Ein Sieg aber würde das Treffen Hertha gegen Stuttgart eine Woche später im Olympiastadion zu einer Art Ereignis des Jahres machen“, zeigte Lutz Rosenzweig im *Abend* die drei möglichen Varianten des Nachmittags und deren Folgen auf.

Nur 20.000 Zuschauer waren im auch für die Fortuna so wichtigen Abstiegsduell ins Düsseldorfer Rheinstadion gekommen, darunter gut 1.000 Berliner, die ihre Elf unterstützen wollten. Diejenigen unter ihnen, die ein Transistorradio dabei hatten, wurden zu begehrten Ansprechpartnern während der 90 Minuten. Hertha verteidigte offensiv, die Erfolge der letzten Wochen hatten das Selbstbewusstsein der Blauweißen mächtig gestärkt. Remarks Schuss an die Unterkante der Latte machte Eindruck auf Publikum und Gegner (29.). Wenig später nahm das Unheil seinen Lauf. Fortunas Libero Gerd Zewe fasste sich ein Herz und zog aus 28 Metern ab. Sein flacher Aufsetzer zischte ins Netz des Hertha-Tores: 1:0 (35.).

Mit Spannung wurden die Halbzeitresultate erwartet: Dortmund – Duisburg 2:1, Uerdingen – Frankfurt 2:0, 1860 – Kaiserslautern 1:2. So ergab sich zur Pause folgendes Zwischenbild:
12. Düsseldorf 30 Punkte, 13. Duisburg 29 Punkte, 14. Uerdingen 29 Punkte, 15. 1860 München 27 Punkte, 16. Hertha BSC 27 Punkte

Hertha war wieder unter den Strich gerutscht, aber noch blieben den Berlinern 45 Minuten. Als sie auf dem Weg zur zweiten Halbzeit durch die Katakomben des Rheinstadions liefen, fragte Kapitän Kliemann seinen Libero Brück noch, ob es nicht „besser wäre, hier lieber nur 0:1 zu verlieren, anstatt voll offensiv zu werden.“ Dass kurz nach dem Wechsel das Uerdinger 3:0 die Runde machte, wurde inzwischen weniger beachtet als vielmehr der 2:2-Ausgleich der Sechziger. Die Münchener lagen nun einen Zähler vor Hertha.

Kurz darauf fiel die Vorentscheidung zugunsten der Fortuna. Klaus Allofs traf rechts ins lange Eck zum 2:0 (61.) In der Schlussviertelstunde warf Hertha alles nach vorn, schaltete auf komplette Offensive. Aus ihrer Sicht sah es im Augenblick so aus: Die Uerdinger waren „gesichert“ – zwei Punkte Vorsprung sowie das um sechs Treffer bessere Torverhältnis sprachen klar für die Krefelder. Bei den Sechzigern hieß es dagegen noch 2:2 – nur einen Zähler voraus, sie waren also durchaus am letzten Spieltag noch zu packen. Egal, wie es in Düsseldorf am Ende ausging. Diese fatale Einschätzung der Situation führte dazu, dass Hertha nun die Abwehr völlig vernachlässigte, was Kliemann später als „Genickbruch" bezeichnete: 3:0 Seel (85.), 4:0 Wenzel (87.).

Die Herthaner hatten alles gegeben, aber unglücklich gekämpft und gespielt. Doch ob nun 2:0 oder 4:0 verloren wurde, schien nichts auszumachen. Als aber Minuten nach Spielschluss im Rheinstadion auf der Anzeigetafel die Resultate der anderen acht Spiele aufleuchteten, „legte sich das Münchener 3:2 wie ein Schock auf die Gemüter der Berliner", wie Rosenzweig die Stimmungslage beschrieb. Scheller hatte in der 90. Minute für die „Sechziger" noch den Siegtreffer erzielt und damit die Situation vor dem letzten Spieltag vollständig verändert. Statt einen Punkt auf die Sechziger aufzuholen, die noch in Frankfurt anzutreten hatten, waren nun wieder die Uerdinger das Team, das es einzuholen galt. Zu Herthas Glück hatten auch sie in den letzten Minuten noch zwei Gegentreffer hinnehmen müssen und gewannen nur 3:2 gegen den UEFA-Cup-Sieger aus Frankfurt. Lagen Hertha und Hauptkonkurrent Uerdingen vor dem Anpfiff um 15:30 Uhr nach Punkten und auch nach Toren noch gleich, schnellte der Vorsprung der Westdeutschen im Torverhältnis gegenüber Hertha auf fünf Treffer, aufgrund der mehr erzielten Tore sogar auf sechs. Die Münchner, die über ein um elf Treffer besseres Torverhältnis verfügten, waren aus dem Schneider. Kleff war stinksauer: „Wenn man 0:2 zurückliegt und die Tabellenkonstellation vor Augen hat, dann muss man das Ergebnis zu halten versuchen. Bei einem 0:2 hätten wir doch noch eine Chance gehabt." Rudi Rosenzweig schrieb zu den Ergebnissen des vorletzten Spieltages: „Der Groll an der Spree gegen die offenbar ihren Mittwoch-Sieg zu sehr feiernden Frankfurter ist verständlich, und die Skeptiker behielten Recht, die orakelten, dass man sich ‚drüben' kein Bein ausreißen würde, um Berlin in der Bundesliga zu halten."

Die beiden Düsseldorfer Gegentreffer in den Schlussminuten sorgten dafür, dass aus der „40:60-prozentigen Überlebenschance nun eine vage 5:95-Chance geworden ist", sah Lutz Rosenzweig für Hertha nur noch minimale Aussichten. Wollte Hertha Bayer Uerdingen buchstäblich auf der Ziellinie noch abfangen, musste Kronsbeins Truppe am letzten Spieltag noch ein Tore-Plus von sechs gegenüber dem Konkurrenten herausschinden. Dazu bedurfte es nicht nur eines Sieges der Herthaner gegen den VfB Stuttgart, sondern auch tätiger Mithilfe des 1. FC Köln. „Doch das ist leider graue Theorie", schrieb Rudi Rosenzweig für die *Fußball-Woche*. Hertha-Trainer Kronsbein schien ihm zuzustimmen: „Nun glaube ich, dass unser Schicksal besiegelt ist." Es gab nur einen, der den blauweißen Tross auf dem Weg zum Düsseldorfer Flughafen aus der Hoffnungslosigkeit wieder herausführte. Präsident Holst ergriff im Bus das Bordmikrophon und rief: „Männer – nur der, der sich selber aufgibt, ist verloren. Das sage ich nicht als eine Art Fata-Morgana, sondern weil ich glaube, dass nicht nur wir unsere Pflicht gegen den VfB Stuttgart tun werden, sondern auch der 1. FC Köln gegen Uerdingen." Lutz Rosenzweig fügte hinzu: „Es hat schon größere Überraschungen gegeben."

Vor dem letzten Spieltag:

13.	1860 München	33	41:52	-11	29-37
14.	MSV Duisburg	33	43:55	-12	29-37
15.	Bayer Uerdingen	33	43:60	-17	29-37
16.	Hertha BSC	33	37:59	-22	27-39

Alles kreiste in diesen Tagen in Berlin um den Sechs-Tore-Rückstand. Team-Kapitän Sziedat sagte am Freitag: „Vielleicht gelingt uns ein schnelles Führungstor. Wenn dann aus Köln ein positives Halbzeitergebnis gemeldet wird, könnte es uns den entscheidenden Auftrieb geben.“ Dass es nicht unmöglich war, hatte man vor 14 Tagen selbst erlebt: Uerdingen verlor in Kaiserslautern 0:4 und Hertha schlug Dortmund in Berlin mit 3:2. Fünf Tore aufgeholt innerhalb eines Spieltages. Wer daran zurückdachte, wie nahe Hertha einem höheren Sieg war, wusste, welche Möglichkeiten im Fußball schlummern. Kronsbein hatte die Hoffnung nicht aufgegeben: In der Donnerstag-Ausgabe des *Kicker* tippte er auf einen 2:0-Sieg seiner Elf gegen den VfB Stuttgart und einen klaren 5:0-Erfolg der Kölner gegen Uerdingen. Das würde reichen. Noch eine weitere Möglichkeit brachte Lutz Rosenzweig ins Spiel, an die bisher noch niemand ernsthaft gedacht hatte: „Falls Hertha die Stuttgarter 6:3 schlägt und Uerdingen in Köln 0:2 verliert, wären die Rivalen nicht nur nach Punkten gleich, sondern mit 43:62 auch nach Toren!“ Ein Entscheidungsspiel würde auf neutralem Platz in Hannover oder Nürnberg stattfinden.

„Hertha BSC im gähnend leeren Olympiastadion – kein Albtraum oder eine düstere Zukunftsvision, lediglich Trainingsrealität in diesen Tagen zwischen Hoffen und Bangen“, leitete SFB-Reporter Sprentzel seine Vorschau auf das Stuttgart-Spiel am Freitagabend in der *Berliner Abendschau* ein. „Es ist nur ein leichter Strohhalm, an dem wir uns festhalten, aber es ist schon vieles passiert“, gab Kronsbein auf dem Rasen des Stadions einen kleinen Einblick in seine Gefühlslage. „Der Optimismus überwiegt bei allen, jeder glaubt noch an das Fußball-Wunder von Berlin“, stellte Sprentzel nach dem Abschlusstraining fest. Auf seine Frage, wen die Kölner, auf deren Schrittmacherdienste Hertha angewiesen war, lieber in der Bundesliga hätten, antwortete Kleff ehrlich: „Aus westdeutscher Sicht natürlich lieber Uerdingen als Berlin. Für die Westdeutschen ist es einfach erstrebenswert, samstags nach dem Spiel schnell zuhause zu sein.“ Für Fußball-Berlin brach an diesem Sonnabendmorgen der seit vielen Jahren spannendste Tag an. Die *BZ* ahnte Schlimmes. Auf der Titelseite hieß es sogar dramatisch „Heute ist Herthas grausamster Tag: Leben oder Sterben!“ Am Nachmittag, kurz nach 17 Uhr, würde man wissen, ob Hertha BSC mit seinem seit Monaten andauernden Existenzkampf Erfolg gehabt hatte. Seit Donnerstag weilte die Hertha-Mannschaft im Heim des Berliner Fußballverbandes am Wannsee. Während die Spieler durch den Park schlenderten und frische Abendluft tankten, bereitete Kronsbein die Taktikbesprechung vor. „Anschließend durfte bei ‚Derrick‘ etwas gegruselt werden, ehe um 22:30 Uhr die Lichter erloschen“, wie Lutz Rosenzweig im *Abend* die letzten Stunden des Tages vor dem Spiel schilderte. Holst sah die Mannschaft optimal vorbereitet: „Das verlängerte Trainingslager in Wannsee hat die Spieler vom Trubel abgelenkt und vor allem die Verkrampfung nach dem Düsseldorf-Spiel wieder gelöst."

Um 9 Uhr früh war am 31. Mai 1980 die Nachtruhe für die Herthaner vorbei. Eine halbe Stunde später traf sich die Mannschaft an der Frühstückstafel. Suppe und Steak auf Toast sah der Küchenzettel für das Mittagessen um 11:30 Uhr vor und kurz vor der Abfahrt gab es noch Kaffee und Kekse, anschließend fuhr man gemeinsam ins Olympiastadion. Jedem war bewusst, dass Herthas Schicksal auch von den Nachrichten aus Köln abhängen würde, sodass an diesem Sonnabend in der Abstiegsentscheidung den Klein-Radios und Transistor-Geräten eine hohe Bedeutung zukam. Zeugwart Nello di Martino war Kronsbeins Verbindungsmann nach Köln. Er erhielt die Aufgabe, die Berliner Reservebank über das Geschehen im Müngersdorfer Stadion auf dem Laufenden zu halten. Das *Berliner Fußball-Programm* wusste nur zu genau um die geringe Chance der Berliner: „Dennoch: Noch ist Hertha nicht abgestiegen. Abgerechnet wird um 17:15 Uhr. Auf geht's Hertha BSC!" 51.193 Zuschauer bildeten eine Rekordkulisse für die laufende Saison, und Präsident Holst richtete vor der Partie per Mikrofon einen Appell an die Fans: „Wir auf den Rängen können auch heute wieder beweisen, dass der Berliner sich nie und zu keiner Zeit aufgibt." Sicherlich gab es verschiedene Faktoren dafür, dass die Berliner doch noch ihr Herz für Hertha BSC entdeckten: Zum einen, „das leise Ahnen um die Doch-noch-Chance", wie es Rosenzweig formulierte. Aber auch das gute Wetter mit Sonne bei 21 Grad im Schatten mag eine Rolle gespielt haben. Niemand konnte ahnen, welch dramatischen Verlauf die Partie nehmen würde.

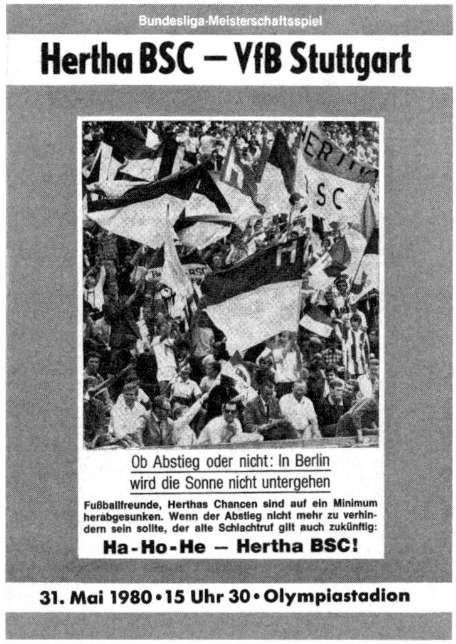

Programmheft Hertha BSC – VfB Stuttgart. Titelbild: Finale im Abstiegskrimi. Herthas Fans hoffen auf das Wunder. 6 Tore müssen aufgeholt werden. (Foto: privat)

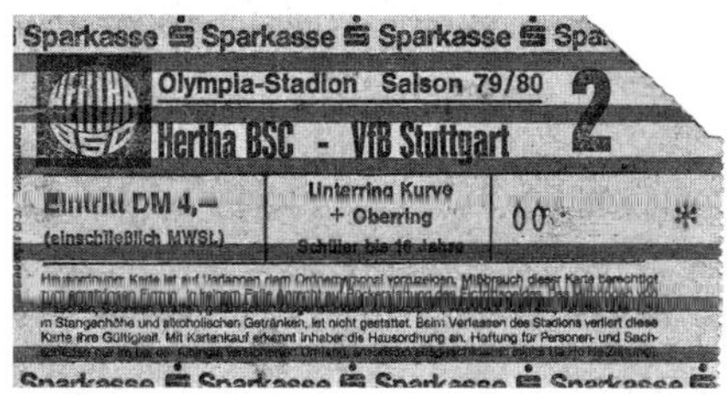

Eintrittskarte Hertha BSC – VfB Stuttgart (4:2). Saisonfinale. (Foto: privat)

Alles lief nach Plan, als Remark eine hohe Kliemann-Flanke zum freistehenden Rasmussen köpfte, der seinerseits per Kopf aus fünf Metern das 1:0 erzielte (11.). Das Stadion tobte, und die Zuschauer waren schier aus dem Häuschen, als sich beinahe gleichzeitig die 1:0-Führung der Kölner wie ein Lauffeuer herumsprach. „Zugabe, Zugabe“, schallte es von den Rängen und die Begeisterung überschlug sich, als es nur eine Minute später Elfmeter für Hertha gab. Auf Herthas Bank warf Nello di Martini das Stoffmaskottchen hoch in die Luft, denn Hertha schien fast schon wieder eine Bundesliga-Zukunft zu haben. Doch Stuttgarts Schlussmann Roleder hielt Diefenbachs nicht einmal schlecht geschossenen Elfmeter (13.) – ein Schock für alle Berliner. Als Kleff gegen einen 16-Meter-Schuss von Jank zum 1:1 keine Abwehrmöglichkeit hatte, schwammen Hertha vermeintlich endgültig alle Felle davon. Doch die Berliner kämpften weiter mit bewundernswerter Moral. Zuerst zog Sidka aus 25 Metern beherzt ab. Unhaltbar schlug der Ball im oberen linken Winkel ein: 2:1 (29.). Wenig später nahm sich Sziedat seinen Mannschaftskameraden zum Vorbild: Auch er wuchtete von der Strafraumgrenze volley aufs Stuttgarter Tor: 3:1. Die Zuschauer und Herthas Verantwortliche erlebten ein Wechselbad der Gefühle: Begeisterung, Niedergeschlagenheit, und nun waren sie alle wieder aufgesprungen. Die Rechnerei ging weiter. Drei Treffer waren bis zur Pause aufgeholt, denn in Köln stand es nach 45 Minuten weiterhin 1:0, drei weitere fehlten noch.

Hertha knüpfte nach der Pause nahtlos an die Leistungen des ersten Abschnitts an: Sidka, Rasmussen und Schlumberger besaßen gute Gelegenheiten zum 4:1. Aber

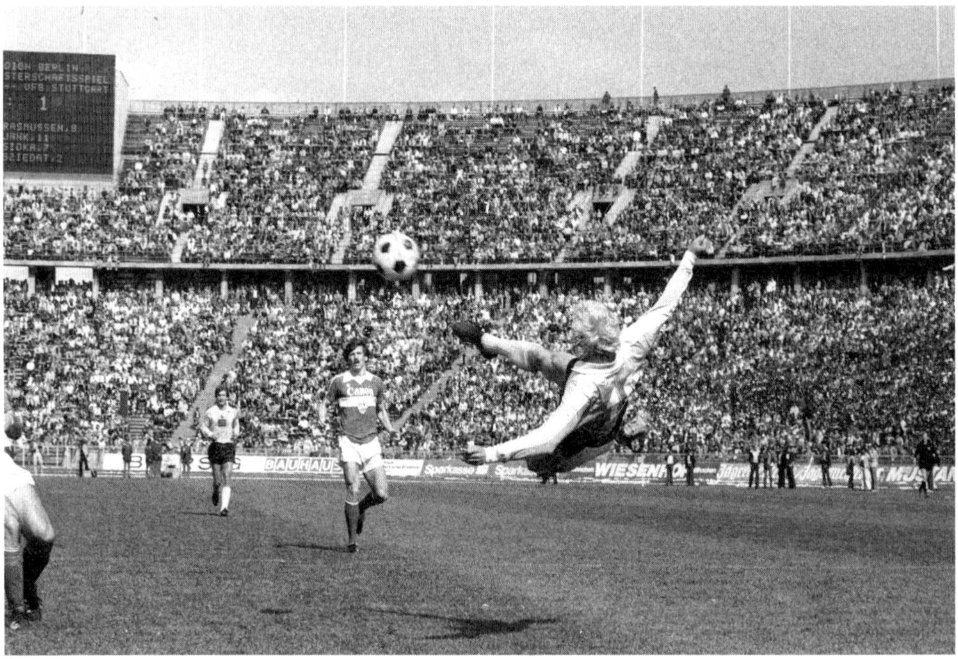

Dem spektakulären Seitfallzieher des Dänen Henrik Agerbeck bleibt der Erfolg versagt. Dennoch siegt Hertha 4:2 gegen Stuttgart. (Foto: imago/Baumann)

wie aus dem Nichts gelang dem VfB durch Hattenberger das 3:2! Ehe die Herthaner die Köpfe hängenlassen konnten, traf Sidka eine Viertelstunde vor Schluss unter die Latte: 4:2. Die Ereignisse überschlugen sich: Keine 60 Sekunden vergingen, bis es Elfmeter für Stuttgart gab. Doch Bernd Förster beförderte den fälligen Strafstoß in Richtung der Marathon-Treppe. Hertha fehlten weiterhin nur zwei Treffer, doch alles Anrennen brachte nichts Zählbares mehr ein. Die Zuschauer fühlten in den letzten Minuten bereits, dass es für Hertha nicht mehr reichen würde, schließlich kam auch aus Köln keine neue Kunde. Sie bewiesen ein großartiges Gespür und überschütteten die Aktiven für ihre eindrucksvolle Abschiedsleistung beim Schlusspfiff mit Beifall. „Wir kommen wieder!", schallte es trotzig aus dem Frösche-Block. Kronsbein standen die Tränen in den Augen, er hatte „bis zuletzt gehofft und gehofft und gehofft." Gegenüber ZDF-Reporter Günter-Peter Ploog versagte ihm fast die Stimme, als er tieftraurig sagte: „Ein Traum ging nicht in Erfüllung, das tut mir besonders weh." Nicht ganz Unrecht hatte er mit seiner Aussage, dass der Trainerwechsel wohl zu spät gekommen sei. Der gleichen Ansicht war auch Lutz Rosenzweig, der bereits im Herbst immer wieder auf Klötzers Schwächen hingewiesen hatte. Nun wiederholte er seine Meinung: „Zu lange hielt ein loyaler Vorstand zu einem Trainer (Klötzer), der nach dem Weggang vermeintlicher Korsettstangen wie Nigbur, Weiner und Beer in seinem Innern von der Hauptsünde eines Coaches befallen war: Nicht nur nicht an

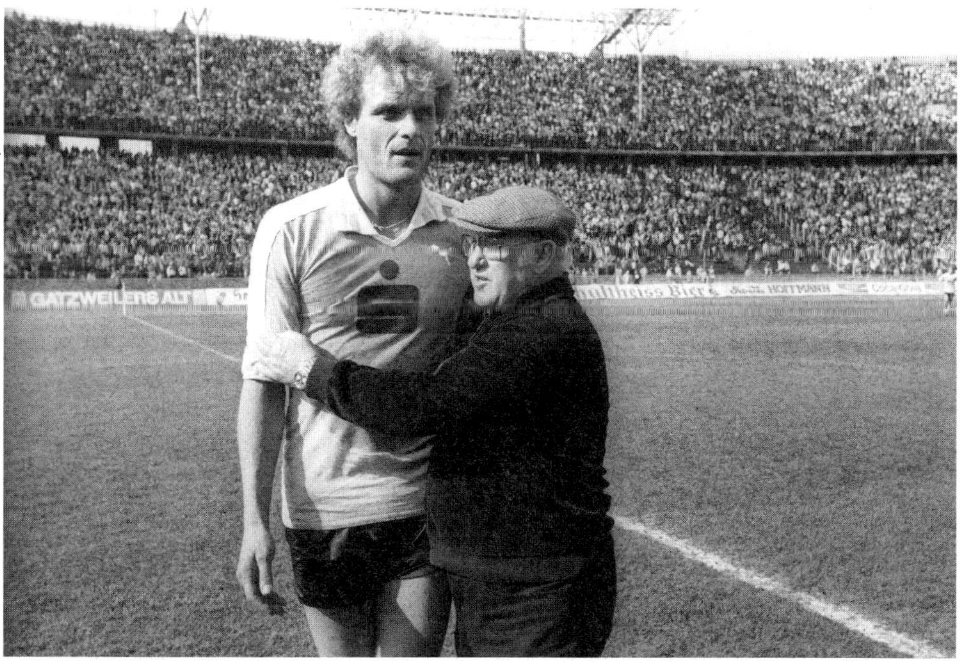

Wieder der tragische Held. Trotz unglaublicher Aufholjagd in der Rückrunde muss Hertha BSC den Gang in die Zweite Liga antreten. Kapitän Uwe Kliemann wird von Trainer Helmut „Fiffi" Kronsbein getröstet. (Foto: imago/Sportfoto Rudel)

seine Mannschaft zu glauben, sondern dieses auch transparent zu machen.“ Dies hatte zur katastrophalen Lage zur Halbzeit geführt. Zehn Spiele unter Klötzer mit 6-14 Punkten und sieben Partien mit Interims-Trainer Eder bei 5-9 Punkten ergaben zu Weihnachten 11-23 Zähler. Die von Kronsbein übernommene Mannschaft brachte es im zweiten Abschnitt auf 18-16 Punkte. Kapitän Kliemann sah jedoch den guten Charakter der Mannschaft als ausschlaggebend für den Aufschwung an: „Das Training hat ja sowieso meistens der Co-Trainer Gustav Eder geleitet, während Kronsbein mit Holst spazieren gegangen ist.“

Natürlich grollte so mancher den Kölnern ob unterlassener Hilfeleistung. Präsident Holst aber war sich sicher: „Es waren die beiden überflüssigen späten Gegentore beim Heimsieg über Dortmund.“ Andere wiederum beklagten die beiden verschossenen Elfmeter: Brück gegen Kaiserslautern beim Stand von 0:1 (Ende 0:2) und Diefenbach gegen Stuttgart. Mancher verteufelte die letzten Minuten von Düsseldorf, als Hertha zu riskant ins offene Messer gelaufen war und noch zwei späte Gegentore kassiert hatte. Oder war es die vermeintliche Gleichgültigkeit, mit der Kleff in den letzten sechs Minuten drei Gegentore im Heimspiel gegen den HSV hingenommen hatte? Kliemann glaubte, dass „wir mit Nigbur oder Zander vielleicht nicht abgestiegen wären. Wolfgang Kleff hatte keine gute Rückrunde.“ Für Lutz Rosenzweig war es müßig, darüber zu diskutieren, für ihn galt der eherne Satz: „Wer sich nicht rechtzeitig von dort unten aus eigener Kraft entfernen kann, trägt selbst die Schuld.“ Aus seiner Sicht war Herthas tragischer Abschied vom großen Fußball gerecht. Die *Fußball-Woche* sah die Ursache des Abstiegs ähnlich: „Darüber gibt es keinen Zweifel: Die entscheidenden Punkte wurden schon in der ersten Serie – noch unter der Regie des durch einige Spielerabgänge zu sehr verschreckten Kuno Klötzer – verschenkt.“ Es blieb unabänderlich. Nur zweier lumpiger Treffer hätte es noch bedurft, um mit Bayer Uerdingen ein Entscheidungsspiel zu erzwingen. In jeder der bis heute ausgespielten 60 Bundesligaspielzeiten hätten die von den Berliner erkämpften 29 Punkte (nach heutiger Rechnung 40 Zähler) aus dem Jahr 1979/80 zum Klassenerhalt gereicht. Das unterstreicht die Tragik des 31. Mai 1980 oder wie Lutz Rosenzweig es ausdrückte: „Übrig bleibt Trauer um vergebene Chancen.“

Der *Berliner Abendschau* war Herthas Abstieg am 2. Juni 1980 einen ausführlichen Kommentar wert. Die Worte Jochen Sprentzels klingen in weiten Teilen bemerkenswert zeitlos, daher lohnt es sich, sie ungekürzt wiederzugeben:

„Irgendwie erinnert die Geschichte von Hertha BSC an die klassische Tragödie. Man empfindet Sympathie für den Helden, der verzweifelt, aber vergebens gegen den Untergang ankämpft. Hertha BSC ist eigentlich nicht erst am vergangenen Sonnabend abgestiegen, sondern der Abstieg, in des Wortes wahrer Bedeutung, vollzog sich schon längst. Nur leben Totgesagte bekanntlich länger. Dem Verein fehlten weit mehr als die zwei Tore am Ende einer Saison. Die Fehler der Vergangenheit wirken nach. Die leidenschaftlichen Anstrengungen der letzten Wochen konnten nicht mehr das bewirken, was man zurecht ein Wunder hätte nennen können. Denn die Lebens- und Konkurrenzfähigkeit Herthas in der Bundesliga war doch schon seit geraumer Zeit angeschlagen. Ein Klub, der Leistungsträger verkaufen muss, weil ihn das Publikum nicht mehr als attraktiv empfindet, ist entscheidend geschwächt. Wenn dazu noch ein Trainer den gesamten Mut nimmt, gibt es keine Rettung. 11 Punkte mit Kuno Klötzer in der ersten Serie, 18 mit Helmut Kronsbein im zweiten Abschnitt sprechen eine deutliche Sprache. Verloren ist nur der, der sich selbst aufgibt. Ein gereifter und wohl auch geläuterter Wolfgang Holst hat den Spielern zusammen mit ‚Fiffi' Kronsbein zu spät den Glauben an ihr Können wiedergegeben. Der Hertha-Präsident hat ohnehin Sympathiepunkte gesammelt, indem er nach dem Abstieg weder in Zuschauer- noch in Senatsschelte verfiel, sondern vielmehr feststellte, dass sich Hertha vom Publikum entfernt habe und nicht umgekehrt. Dies ist ohne Zweifel richtig. Denn man würde es sich zu leicht machen, wenn man allein den zweifellos vorhandenen Standortnachteil Berlins anprangerte und nur nach ohnehin schon gewährten Subventionen schielte. Die letzten Spiele haben gezeigt, dass diese Stadt nach wie vor über ein ausreichendes Fußball-Fan-Potenzial verfügt. Nur will der Fan echte Leistung von hoch bezahlten Cracks für sein schwer verdientes Geld sehen. Sonst wendet er sich anderen, attraktiven, wetterunabhängigeren Freizeitkünsten zu. Darüber hinaus haben nirgendwo anders der Bundesliga-Skandal, fehlendes Management, Schulden en masse, überhöhte Gagen und anderes mehr so tiefe Spuren hinterlassen wie bei Hertha BSC. Herthas Image in weiten Teilen der Bevölkerung ist nach wie vor schlecht. Deshalb wagen es auch die verantwortlichen Berliner Politiker nicht, sich ernsthaft für Hertha zu engagieren. Das Vereinspräsidium möchte das Vertrauen zu Hertha wieder herstellen. Aber Stars kann man nicht mit der von Holst so viel beschworenen Treue zu den blau-weißen Fahnen in Berlin halten, sondern nur mit einer dicken Brieftasche. Da Herthas Kasse an chronischer Schwindsucht leidet, ist ein Exodus der Elite-Kicker zu befürchten. Die aber werden wegen des Erfolgszwanges in der 2. Liga dringend benötigt. Denn nur, wenn Hertha eine Zweitliga-Spitzenmannschaft ist, wird es möglich sein, alle 14 Tage fast 10.000 Zuschauer zu mobilisieren. Was bleibt, ist die Hoffnung, dass es Hertha BSC endlich gelingt, die Schatten der Vergangenheit abzuschütteln."

Holst hatte unmittelbar nach dem Abpfiff die Parole für die nächste Spielzeit ausgegeben: „Wir werden versuchen, gleich wieder aufzusteigen." Dazu wollte er den Kern der Mannschaft zusammenhalten, die sich in den letzten Wochen gefunden und dabei großartige Moral und Willen bewiesen hatte. Doch sein Vorhaben geriet zu ambitioniert, wie von Sprentzel schon vermutet. Kleff, Kliemann, Sziedat, Rasmussen, Sidka, Plücken und Agerbeck – allesamt in der Startaufstellung des Stuttgart-Spiels aufgeboten – verließen Berlin in alle Himmelsrichtungen. Von den Stammkräften blieben lediglich Diefenbach, Brück, Remark und mit Schlumberger die Entdeckung der letzten Begegnungen.

Hertha kehrte zwei Jahre später, im Sommer 1982, in die Bundesliga zurück. Ihre wichtigsten Protagonisten hießen nun Gregor Quasten, Jürgen Mohr, Werner Killmaier, Horst Ehrmanntraut, und Walter Gruler. Doch es sollte ein Gastspiel von kurzer Dauer sein. Nach nur einer Spielzeit musste man die höchste Spielklasse ebenso rasch wieder verlassen wie nach dem Aufstieg 1990, als auch vier Trainer Hertha BSC nicht zu retten vermochten. Erst ab 1997 sollte Hertha in der Beletage des deutschen Fußballs wieder länger Fuß fassen – 17 Jahre nach dem dramatischen Finish von 1980.

Die Abschlusstabelle 1979/80:

1.	FC Bayern München	34	84:33	50-18
2.	Hamburger SV	34	86:35	48-20
3.	VfB Stuttgart	34	75:53	41-27
4.	1. FC Kaiserslautern	34	75:53	41-27
5.	1. FC Köln	34	72:55	37-31
6.	Bor. Dortmund	34	64:56	36-32
7.	Bor. Mönchengladbach	34	61:60	36:32
8.	FC Schalke 04	34	40:51	33-35
9.	Eintracht Frankfurt	34	65:61	32-36
10.	VfL Bochum	34	41:44	32-36
11.	Fortuna Düsseldorf	34	62:72	32-36
12.	Bayer Leverkusen	34	45:61	32-36
13.	1860 München	34	42:53	30-38
14.	MSV Duisburg	34	43:57	29-39
15.	Bayer Uerdingen	34	43:61	29-39
16.	Hertha BSC	34	41:61	29-39
17.	Werder Bremen	34	52:93	25-43
18.	Eintracht Braunschweig	34	32:64	20-48

Die Torschützen von Hertha BSC

Agerbeck 9, Remark 4, Sidka 4, Dörflinger 4, Brück 3, Kliemann 2, Rasmussen 2, Krämer 2, Schlumberger 2, Milewski 2, Sziedat 1, Diefenbach 1, Gersdorff 1, Toppel 1, Plücken 1 sowie 2 Eigentore

Das Aufgebot (Anzahl der Einsätze):

Tor:

Wolfgang Kleff (33)

Abwehr:

Holger Brück (32)

Uwe Kliemann (30)

Ole Rasmussen (22)

Michael Sziedat (26)

Mittelfeld:
Jürgen Diefenbach (33)
Dietmar Krämer (24)
Hans-Günter Plücken (17)
Wolfgang Sidka (32)
Angriff:
Henrik Agerbeck (29)
Thomas Remark (26)
Ersatz:
Manfred Werner (2), Hans-Joachim Förster (18), Bernd Gersdorff (16), Jürgen Milewski (15), Dieter Nüssing (14), Paul Dörflinger (10), Dieter Timme (9), Thorsten Schlumberger (8), Hans-Jürgen Baake (7), Engin Verel (5), Pierre Dickert (3), Vithaya Laohakul (3), Christian Werner (3), Michael Toppel (2)
Trainer:
Kuno Klötzer (10) 6-14 Punkte, Hans „Gustav" Eder (7) 5-9 Punkte, Helmut „Fiffi" Kronsbein (17) 18-16 Punkte

Kapitel 12

Nachspielzeit

Während SFB und RIAS Berlin in ihren Radiostationen „Sweet Caroline" von Neal Diamond „rauf und runter" spielten, und noch niemand ahnte, dass der Song rund fünfzig Jahre später in den Stadien (zuerst in England) wieder zu einem Fußball-Ohrwurm mutieren sollte, wurde in den deutschen Kurven anderes angestimmt. „Oh, tun mir die Augen weh, wenn ich Bayern München seh'!", aber auch „Lustig, lustig – tra-la-la-la-la, heut' ist Hertha mit dem Hammer wieder da ..." gehörten in den 70er-Jahren zum festen Liedgut der Hertha-„Frösche". So ist es auch der beeindruckenden WDR-Dokumentation „Der Tag des Trainers – Ein Fußball-Protokoll" der Journalisten Frank Krink und Dieter Berger zu entnehmen, die Herthas Trainer „Fiffi" Kronsbein mitsamt seiner Mannschaft ab Sommer 1970 für einige Monate mit der Kamera begleiteten. Heute sind diese Lied-Texte fast in Vergessenheit geraten. Es wurde also viel gesungen, vor allem aber wurde viel gehüpft – weshalb die Fans der Hertha auch „Frösche" genannt wurden.

Den Namen erhielten sie bei einem Spiel gegen Rot-Weiss Essen, so viel steht fest. Nicht mehr eindeutig zu ermitteln ist aber, wer ihnen dazu verhalf. Die Meinungen reichen von Rudi Rosenzweig über Herthas ehemaligem Schlussmann Hanne Uhlich, der inzwischen für die *Fußball-Woche* tätig war, bis zum am häufigsten genannten Lutz Rosenzweig vom *Abend*. Ober-Fan „Pepe" Mager, mit vollständigem Vornamen Peter Klaus-Dieter, der damals mit den Fans in den Blöcken E und F stand, was dem heutigen Gästeblock entspricht, erinnerte sich an die Partie. „Es war kalt, und auf den Bänken lag Schnee. Wir hüpften, um uns einigermaßen warm zu halten." So schilderte er es einmal gegenüber dem Hertha-Experten und mehrfachen Buchautor Michael Jahn. Manchmal turnte Mager mit seinen Freunden aber auch im Innenraum herum, was in der eingangs erwähnten Dokumentation zwar in prächtigen Schwarz-Weiß-Aufnahmen ebenfalls filmisch festgehalten wurde und amüsant aussah, bei den Verantwortlichen und in der Presse aber nicht so gut ankam. Später hüpften sie auch in S- und U-Bahn-Wagen, sodass es keine Seltenheit war, dass der Zugverkehr unterbrochen werden musste. Den normalen Zuschauer schreckte das zusehends ab. Mitte der 70er-Jahre wechselten die „Frösche" für einige Zeit in den Oberring, gegenüber der Haupttribüne, was auf Seiten der Hertha-Verantwortlichen erneut zu Kopfzerbrechen führte, wurden nun doch immer häufiger Gegenstände von oben geworfen. Wenigstens sprangen sie nicht mehr über die Balustrade wie noch zu Beginn der 70er-Jahre, um im Mittelkreis den Fußballgott anzubeten. Doch es gab auch die andere Seite, wie zum Beispiel beim Heimspiel gegen Rot-Weiß Oberhausen 1970, als Fans, wenn auch nur aus Begeisterung, zu Hunderten das Spielfeld fluteten und Trainer Kronsbein in Rage versetzten, weil er einen Spielabbruch inklusive Punktabzug befürchten musste. Zur Spielzeit 1977/78 wurden die „Frösche“ in den Block A im Unterring „zwangsversetzt“, wo sie über viele Jahre sesshaft wurden und die Polizei sie besser im Auge behalten konnte. So ein Umzug innerhalb des Olympiastadions war übrigens damals innerhalb einer Saison und sogar während eines Spiels, meist zur Pause, problemlos möglich. Zum einen besaßen nur die wenigsten Zuschauer eine Dauerkarte, zum anderen galten die Eintrittskarten für den gesamten Stadionbereich – ausgenommen davon waren nur die Plätze auf und neben der Haupttribüne sowie die Blöcke „B,E,M,N,O“, was der heutigen Gegengeraden entspricht, die denjenigen vorbehalten waren, die bereit waren, etwas tiefer ins Portemonnaie zu greifen. Aber selbst im Bereich „B,E,M,N,O“ gab es eine freie Platzwahl. Schalensitze mit fester Nummerierung wurden erst nach dem Umbau zur Fußball-Weltmeisterschaft 2006 eingeführt. Bis dahin nahmen die Fans auf langgezogenen, von der Witterung mitunter stark gezeichneten Holzbänken Platz. Dadurch war es möglich, spontan in Gruppen zusammenzukommen, sich in bestimmten Blöcken zu verabreden und zu sitzen oder zu stehen. Das hatte natürlich zur Folge, dass unmittelbar nach Stadionöffnung alle Zuschauer in Richtung der Mittelblöcke strömten, um die besten Sitzplätze zu ergattern. Für viele Berliner war es in diesen Jahren ein festes Ritual, zu verfolgen, wie sich das Stadion aufgrund der freien Wahl des Sitzplatzes von „innen“ nach „außen“ füllte. So konnte man gut abschätzen, ob mit einer stattlichen Kulisse zu rechnen sein würde.

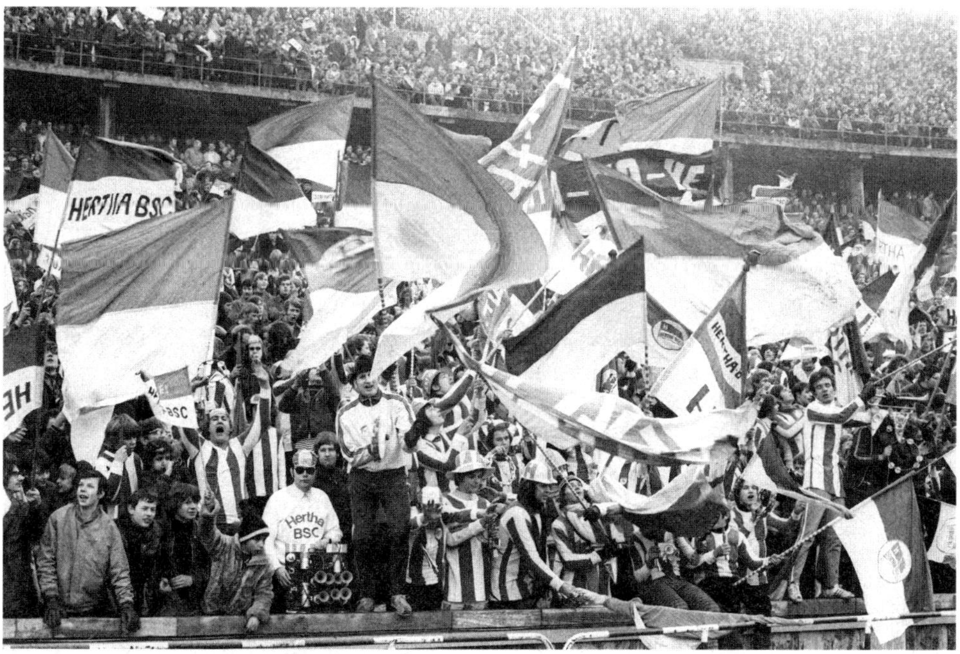

Als ausschließlich blau-weiße Fahnen im Fanblock „in“ waren, was heute eine Seltenheit ist. (Foto: imago/Ferdi Hartung)

Im Verlauf der 70er-Jahre mischten sich zunehmend Krawallmacher und „Rowdys" oder „Halbstarke", wie man sie damals nannte, unter die „Frösche". Zu den Heimspielen häufig mit einem Hausverbot belegt, fielen sie eher auswärts unangenehm auf und verhalfen Herthas Fans so zu einem äußerst zweifelhaften Ruhm. „Die Hertha-Frösche entwickelten sich von einer Gruppe begeisterter Hertha-Anhänger zu einem unsportlichen, allseits gefürchteten Haufen blindwütiger Rabauken", wie Eberhard Wittig sie in seinem Buch „Ha-Ho-He, Hertha BSC" beschreibt. Den absoluten Tiefpunkt bildeten im Januar 1980 Schmierereien in der Braunschweiger Innenstadt, sodass sich Hertha Präsident Holst vor dem Bundesligaspiel seiner Herthaner bei Eintracht Braunschweig verpflichtet fühlte, sich bei den Gastgebern für den Auftritt der Berliner Fans zu entschuldigen. Auch auf Fahrten mit den sogenannten „Interzonen-Zügen" fielen die meist jungen „Frösche" auf. Michael Jahn schreibt in seinem Buch „Blau-weiße Wunder": „Nach einem Spiel bei Eintracht Braunschweig 1976, das friedlich 2:2 endete, stoppten die Fans den Interzonenzug D 247 mehrfach auf offener Strecke. Dreimal wurde die Notbremse gezogen, und der Zugführer forderte in seiner Not Beamte an." Eine Woche später, Minuten vor dem Lokalderby gegen Tennis Borussia, distanzierte sich „Oberfrosch" „Pepe" Mager vor den ZDF-Mikrofonen eindeutig von den Krawallmachern. Es waren keine Einzelfälle. Natürlich gab es auch die friedlichen Fans, die jedes zweite Wochenende die Strapazen auf sich nahmen, um über schlecht asphaltierte Transit-Autobahnen durch das Territorium der DDR, die sogenannte „Zone", ins weit entfernte Bundesgebiet zu reisen. Dabei blieben neben glorreichen Siegen und tragischen Niederlagen vor allem die Minuten oder Stunden an den jeweiligen Grenzübergängen Dreilinden, Hirschberg und Helmstedt in Erinnerung. Die Fragen, die man sich stellte, waren immer dieselben: Würde man bei den Grenzkontrollen zügig abgefertigt oder erneut Willkür und Schikanen der Beamten ausgeliefert sein? Wie sollte man sich gegenüber dem „VoPo" (Volkspolizisten) am besten verhalten, um keine Unannehmlichkeiten auszulösen? Was rauschte einem da nicht alles durch den Kopf. Ein freundliches Gesicht zeigen, besser neutral schauen oder gar desinteressiert? Bloß nicht provozieren. Alles konnte richtig oder verkehrt sein. Manchmal hatte man aber auch einfach nur Glück, wenn nach einer Rückfahrt zu später Stunde in Dreilinden kurz vor der AVUS das Gespräch auf den Fußball kam: „Na, da wart ihr ja mal wieder erfolgreich. Vielleicht wird's ja noch was mit dem UEFA-Cup." In diesen Momenten herrschte „grenzenlose" Erleichterung, die innere Anspannung löste sich – „Was für ein Glück, ein Fußballfan", dachte man dann still bei sich. Woher er das Resultat wohl kannte!? Aus der *Sportschau* vielleicht – dem offiziell verpönten West-Fernsehen? Berliner Fans hatten in diesen Jahren neben den reinen Reisestrapazen noch diese Erlebnisse ganz besonderer Art, die die jüngere Generation der Hertha-Fans (zu ihrem Glück) heute nur schwer oder gar nicht nachvollziehen kann. Heute existieren weder Grenzübergänge noch Hertha-Frösche. Die letzten Aktivitäten der ersten Fan-Gruppierung von Hertha BSC liegen annähernd 20 Jahre zurück.

In den 70er-Jahren existierte längst keine Merchandising-Maschinerie, wie wir sie heute kennen, und Fan-Shops waren ein Fremdwort. Kaum dass sie den U-Bahnhof Olympiastadion verlassen hatten, wurden die Fans auf dem kleinen Vorplatz mit einem vertrauten Ruf begrüßt: „Das Fußballprogramm“ – Pause – „Mit den Mannschaftsaufstellungen!“ Die Artikel „das“ und „den“ wurden von den Verkäufern immer langgezogen ausgerufen, sodass es nach „daaaaas“ oder „deeeeen“ klang. Dagegen wurden die Begriffe „Fußballprogramm“ und „Mannschaftsaufstellungen“ schnell heruntergerasselt. Das *Berliner Fußball-Programm*, von Hans-Heinz Hoffmann und dem ehemaligen Hertha-Torwart Hans Uhlich seit 1946 herausgegeben, gehörte für Berliner Fußballfans zum festen Bestandteil ihres Stadionbesuchs, war ihnen stets ein treuer Begleiter und es ist heute ein begehrtes Sammlerobjekt. Im Sommer 1982 zwangen Hoffmann persönliche Gründe, seinen Lesern „Adieu“ zu sagen. Lief man anschließend unter der ersten Brücke hindurch, die aufgrund ihrer Akustik von den Jüngeren zu einem kräftigen „Ha-Ho-He – Hertha BSC!“ genutzt wurde, schnurstracks in Richtung Haupteingang vor dem Osttor, passierte man nach wenigen Metern ein gutes Dutzend Verkaufs-Anhänger. Es herrschte typische Berliner „Drei-Damen-vom-Grill“-Atmosphäre. Zwischen Bratwurstduft und Biergeruch wurden Wimpel, Schals und Fahnen in verschiedenen Größen angeboten. Später wurde das Sortiment um Aufnäher, die an jede gute Jeans-“Kutte“ gehörten, erweitert. Von den üblichen Vereinswappen bis zu speziellen Anfertigungen mit martialischen Sprüchen wie „Hier regiert der BSC“ oder „Die Macht von der Spree“ war alles zu erwerben. Einen der ersten dieser Verkaufsstände betrieb „Pepe“ Mager, der einst als „Ober-Frosch“ von Hertha BSC galt und am 13. Februar 1972 gemeinsam mit Wolfgang Holst in dessen Gaststätte „BSC 93“ (Billard-Sport-Club, Kottbusser Damm 93, Berlin-Kreuzberg) den ersten offiziellen Hertha-BSC-Fanklub „HFC“ gegründet hatte. Holst hatte sich nach dem Bundesliga-Skandal bemüßigt gesehen, für seinen Verein ein positives Zeichen zu setzen, und gehörte mit Mager, der in der Moabiter Kneipe „Zur Pause“ auch Auswärtsfahrten zu Bundesligaspielen organisierte, zu den sieben Gründungsmitgliedern. Es versteht sich von selbst, dass Magers Stand, meist dicht umlagert, zu den beliebtesten gehörte. Mager selbst, der

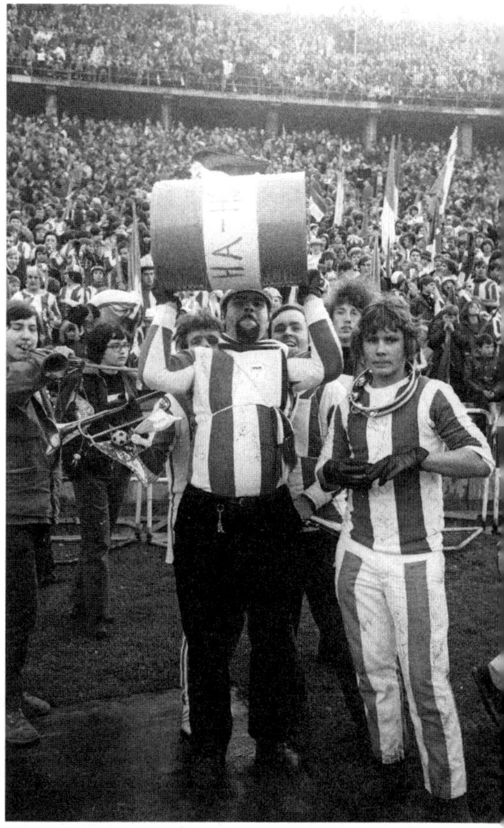

Pepe Mager, hier mit einem Ölfass, gründete gemeinsam mit Wolfgang Holst Herthas ersten offiziellen Fanklub (Foto: imago/Werek)

wegen nicht lizenzierter Fan-Artikel auch immer wieder im Clinch mit dem Verein lag, war indessen auch kein Kind von Traurigkeit. Nicht selten war er an „Auseinandersetzungen“ mit gegnerischen Fans in den westdeutschen Innenstädten beteiligt. „Es gab leider immer ein paar Idioten, die sich prügeln mussten, aber es war die absolut schönste Zeit“, erzählte er später einmal augenzwinkernd. Sein Bekanntheitsgrad reichte sogar so weit, „dass ihm seine Kumpels aus Jux mal von Westdeutschland aus einen mit einer Briefmarke versehenen Bierdeckel in die Heimat schickten – und als Adresse nichts weiter als „Pepe, Berlin“ angaben. Der Bierdeckel kam an“, gab Max Dinkelaker für *11 Freunde* eine der bekanntesten und kuriosesten Geschichten über Mager wieder. Anlässlich seines 80. Geburtstags widmete der „Förderkreis Ostkurve“ dem Herthaner eine Hommage, in deren Verlauf die in meinen Augen beste aller Geschichten über Mager wiedergegeben wird: „Als die Hertha 1979 vor dem Aus im UEFA-Pokal stand, versprach er, im Schlafanzug mit Bollerwagen (darin eine Kiste Bier) von zu Hause zur (Kaiser-Wilhelm-)Gedächtniskirche zu laufen, um eine Kerze anzuzünden, wenn Hertha die Runde überstehen sollte. Sein Wunsch traf bekanntlich ein. Die Berliner siegten 2:1 bei Dukla Prag, und ein paar Tage später, an einem Sonntag, marschierte Mager begleitet von ein paar Kumpels mit dem versprochenen Schlafanzug, Bollerwagen und Bierkiste los und entzündete vor entgeisterten Touristen in der Gedächtniskirche eine Kerze.“ In seinen letzten Jahren, Mager starb 2019 kurz nach seinem 80. Geburtstag, hatte er sich innerlich von Hertha BSC abgewandt. Millionenschwere Profis, Logen, VIPs, Sitzplätze und eine totale Vermarktung, das war nicht mehr seine Welt.

Moderat waren zu jener Zeit die Eintrittspreise im Olympiastadion. Musste man in den letzten Jahren für ein Freundschaftsspiel der deutschen Nationalmannschaft oft weit über 100 € ausgeben, kamen die Berliner Fußballfreunde 1979 schon für 10,– DM (Oberring gesamt/Unterring Kurve) in den Genuss des UEFA-Cup-Viertelfinales von Hertha BSC gegen Dukla Prag. Das Halbfinale gegen Roter Stern Belgrad konnte man als Schüler sogar für 6,– DM im Stadion sehen. Mit den Preisen in der Bundesliga verhielt es sich nur wenig anders. In der Spielzeit 1974/75 zahlten Schüler 3,– DM, Erwachsene hatten 7,– DM an der Kasse zu entrichten, und auch noch Jahre später musste man nicht zweimal überlegen, ob man sich einen Stadionbesuch leisten konnte. Nur unmerklich stiegen die Preise bis zur Saison 1979/80 auf 12,– DM für Erwachsene und 4,– DM für Schüler. Gesegnete Zeiten.

Beliebt waren früher die Werke des Karikaturisten und Sportzeichners Wolfgang Stroppe, der viele Jahre lang für den Axel-Springer-Verlag arbeitete. Seine Zeichnungen in der Berliner Morgenpost waren eine Bereicherung für die Berliner Fußballfreunde dieser Zeit, denn wer es nicht live im Stadion erleben konnte und was auch die Fernsehbilder nicht festhielten, das bot einem Stroppe. Seine detaillierten Darstellungen, wie die Treffer gefallen waren, häufig auf einer Blattgröße von 37 cm x 61 cm festgehalten, ließen einen die Tore vom Nachmittag noch einmal bildlich nachempfinden. Die Enttäuschung war immer groß, wenn die kleinen Kunstwerke fehlten. Gegen Ende der 60er und zu Beginn der 70er-Jahre half Stroppe sogar dem SFB aus, sollten die Kameramänner der Berliner Abendschau nicht rechtzeitig zur Stelle gewesen sein und ein Tor verpasst haben. Dabei wurden am Ende des Spielberichts seine Zeichnungen eingeblendet, ergänzt um eine Schilderung des Sprechers.

Vor jedem Saisonbeginn erschienen die beliebten Bergmann-Sammelalben mit den dazugehörigen Bildern von Spielern und Trainern. Das Tauschen von doppelten Bildern auf dem Schulhof oder nach dem Unterricht gehörte ebenso zum Alltag wie die Tatsache, dass der kleine Kader der Mannschaften am Ende der Saison bis auf ganz wenige Ausnahmen dieselbe Zusammensetzung besaß wie zum Start der Spielzeit. Sogar der Trainer war zum Schluss noch dabei. In den zehn Spielzeiten von 1970 bis 1980 gab es nur zwei vorzeitige Trennungen. Dabei verließ Kronsbein Hertha BSC im März 1974 auf eigenen Wunsch, um Hannover 96 noch vor dem Abstieg zu bewahren, was jedoch fehlschlug. Einzig Kuno Klötzer wurde im Herbst 1979 entlassen. Selbst Tennis Borussia kam in beiden Bundesligaspielzeiten trotz zweier Abstiege ohne eine Trainerentlassung aus. Später kam es häufiger vor, dass die Blau-Weißen Sammelalben ganz allein mit ihren zahlreichen Trainern hätten füllen können ...

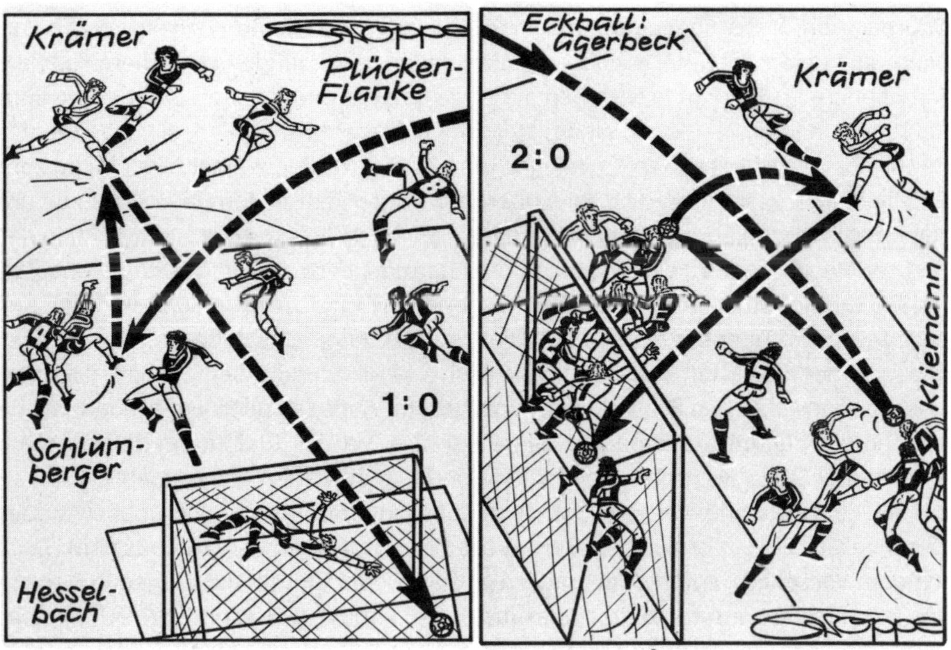

Wer im Stadion nicht dabei sein konnte, dem halfen Wolfgang Stroppes Zeichnungen.
Hier die Treffer zum 2:0 und 3:0 durch Dietmar Krämer gegen Bayer Uerdingen im April 1980.
(Foto: Archiv Frank Schurmann)

Im Anschluss an die erfolgreiche Weltmeisterschaft 1974 im eigenen Land, wurden vor dem Stadion vermehrt Klanginstrumente verkauft, unter den Fans schlicht „Blechtröten" genannt. Die in zwei- und Dreiklang-Versionen angebotenen „Stimmungsmacher" sind in älteren Fernsehaufzeichnungen besonders deutlich auszumachen, was dadurch begünstigt wird, weil auf den Bändern der damals live eingesprochene Kommentar fehlt, und nur die reine Stadionatmosphäre zu vernehmen ist. Spätestens, wenn die Herthaner die Mittellinie überschritten, setzte ein infernalischer Lärm ein, der die heutige Stadionatmosphäre an Lautstärke bei weitem übersteigt. Übertroffen wurden die Dreiklang-Fanfaren gegen Ende der 70er-Jahre von den immer beliebter werdenden „Gas-Hupen", die später auch in der „FCKW-freien" Variante angeboten wurden. Die Lärminstrumente erfreuten sich in Berlin rasch großer Beliebtheit. Wer allerdings je neben einem Hertha-Fan mit einer dieser Hupen gesessen hat, wird möglicherweise anders darüber denken. Doch wenn die Mannschaften einliefen, beispielsweise im verregneten UEFA-Cup-Halbfinale gegen Roter Stern Belgrad, erschien es einem, als würde das Stadiondach abheben. Man muss in diesem Zusammenhang beinahe von einem Segen sprechen, dass das Olympiastadion in diesen Jahren noch nicht vollständig überdacht war. Mancher mag sich auch daran erinnern, dass zu Beginn des Jahrzehnts auch zwei Melodie-Hupen mit den Themen „La Cucaracha" und „River Kwai" aus bestimmten Blöcken durch die Arena schallten.

Choreographien der sogenannten „Ultras" beeindrucken heute zweifellos durch Farbenpracht und manchmal auch Kreativität, dennoch empfinden viele ältere Fans die Atmosphäre im Stadion inzwischen als zu gekünstelt und geplant. „Stimmung vom Reißbrett", sagen sie. Ein mit einem Megaphon ausgestatteter Fan, ein sogenannter Capo, gibt vor, was der „Rest" zu singen oder zu rufen hat, er selbst blickt kaum zum Spielfeld. Interessiert ihn das Spiel überhaupt oder geht es ihm in erster Linie um seine Selbstinszenierung? Ähnliches schrieb Michael Färber im Oktober 2020 in der *Berliner Morgenpost*. Er empfand die Stadionatmosphäre zu Beginn der Corona-Zeiten mit weniger Zuschauern ehrlicher, weil sich die Emotionen wieder auf das Spiel bezogen. Nach Beendigung des kompletten Zuschauerausschlusses, also in jener Phase, in der die ersten Zuschauer sukzessive wieder zugelassen wurden, die organisierten Fans aber aus Protest wegen der Corona-Auflagen noch wegblieben, wurde man an die frühere Stadionatmosphäre erinnert. Patrick Kleinmann gab dazu am 11. Oktober 2021 im *Kicker* die Meinung derjenigen wieder, die vermehrt Kritik an der seit einigen Jahren vorherrschenden Fußballkultur übten: „Endlich gibt es wieder Gesänge aus allen Ecken und Enden des Stadions und nicht mehr nur aus dem Block mit dem Vorsänger hinterm Tor, endlich gibt es wieder situationsbezogenen Gesang und organische Lautstärke statt der unabhängig vom Spielstand über 90 Minuten durchgezogenen Liederbuch-Mentalität." Vor Corona (und leider auch wieder danach) drehte sich die Stimmung tatsächlich mehr um die Fans selbst als um das Spiel. Also ausgerechnet um diejenigen, die die zuletzt vermehrt überhand nehmende Vermarktung, Eventisierung und Inszenierung anprangerten. Sie waren inzwischen selbst zum

Bestandteil der Kommerzialisierung geworden. Ihre mitunter festgefahrenen Rituale verhinderten Spontanität und das direkte Reagieren auf den Spielstand. Früher wurde auf dauerndes Gesinge verzichtet, die Gesänge und Rufe dienten ausschließlich zur Anfeuerung der eigenen Mannschaft und setzten ausschließlich situationsbedingt ein. Stefan Hermanns schrieb dazu im *Tagesspiegel*: „Im normalen Ligaalltag machen die Ultras in der Kurve Rabatz. Sie spulen, angefeuert von ihrem Vorgänger, ihr Repertoire an Liedern und Parolen ab; das Gros des Publikums auf den etwas teureren Plätzen hingegen hat eher den Anspruch, unterhalten zu werden, als selbst zur Unterhaltung beizutragen." Arnd Zeigler liefert in seinem Buch „Traum Fußball" einen weiteren Nachweis dafür, dass Stimmung mittlerweile nur noch reproduziert wird. „Wenn beispielsweise ein großer Fernsehsender live zu einer ‚Public-Viewing-Party' hinüber schaltet, sehen wir auf dem Monitor im Hintergrund dumpf vor sich hin stierende Menschen, solange der Moderator im Studio noch redet. Gibt er aber rüber vor Ort, dann geht – SCHNIPP! – das Gegröle los und die Menschen (...) drehen völlig enthemmt durch." Ähnliches geschieht, wenn die Kamera durchs Berliner Olympiastadion schwenkt, die Zuschauer sich auf der Videoleinwand erkennen und dann wild zur Anzeigetafel winken. Auch von einem „Einsingen", wie es früher üblich war, kann heute keine Rede mehr sein. Den Fans allerdings wird das Leben durch ständige und lautstarke Dauer-Werbung auch äußerst schwer gemacht. Für *Kicker*-Chefreporter Karlheinz Wild grenzt „die Beschallung der Arena zur Steigerung der Stimmung" schon an „Körperverletzung".

Beklagt wird insbesondere von älteren Zuschauern auch immer häufiger, dass der traditionelle Schlachtruf „Ha-Ho-He Hertha BSC" von jüngeren Fans immer hektischer und undeutlicher ausgerufen wird. Helmut Friberg, Fan der ersten Generation, verriet dem Magazin *11 Freunde*, wie man eigentlich mehr Wirkung entfacht, „mit Ruhe und Bedacht. Denn bei dem Genuschel der Jungen versteht man ja kein Wort." Bei besonderen Anlässen lassen sich die Fans jedoch etwas einfallen: So wedeln in der Ostkurve schon mal tausende von kleinen Fähnchen, was Berliner Zuschauer der älteren Jahrgänge aber eher an straff durchorganisierte Polit-Aufmärsche aus dem ehemaligen Ostteil der Stadt erinnert. Wo bleiben eigentlich die Fähnchen danach? Nicht selten wird zum nächsten Spiel nur noch eine Handvoll Fahnen geschwenkt, die zudem auch noch schwer dem Verein zuzuordnen sind. Oft zieren Zeichnungen von Bulldoggen, Comic-Figuren oder Fäusten den Stoff. Bei diesem Anblick beschleicht einen eher das Gefühl, sich auf einer „Comic Con" zu befinden als in einem Fußball-Stadion. Vorbei die Zeiten, als die großen schlichten blau-weißen Fahnen der „Frösche" über dem Wassergraben hingen und der „Frösche"-Block einem einzigen Fahnenmeer glich – ohne vorherige Absprachen, nicht mühsam durchorganisiert, dafür aber in den Vereinsfarben. Wenn sich früher die Begeisterung nach einem Treffer überschlug, war es durchaus möglich, dass in verschiedenen Bereichen des Fan-Blocks unterschiedliche Lieder gesungen wurden. Ganz spontan, was den Anhängern in ihrer Begeisterung gerade in den Sinn kam – ehrlich, nicht abgesprochen. Schwungvoll, sodass einem in diesem wilden Durcheinander der Gesänge durchaus eine Gänsehaut überkommen konnte. Ohne Megaphon, manchmal sogar ein wenig chaotisch. Spontane Freude bleibt eben individuell.

Rein optisch waren die „Frösche" in diesen Jahren auf Eigeninitiative angewiesen. Im Gegensatz zu den heutigen Fans, die zu großen Teilen wie ein wandelnder Hertha-Shop ausgestattet oder schlicht in Schwarz gekleidet sind, was nebenbei bemerkt nichts mehr mit den Vereinsfarben zu tun hat, war die „erste Generation" überaus kreativ, was das Outfit anging: blauweiß gestreifte Hosen, eigenhändig genäht und nicht gekauft („Pepe" Mager trat sogar in einem komplett blau-weiß gestreiftem Anzug auf), Bau-Helme in Herthas Farben eigenhändig bemalt oder beklebt, selbst gestrickte Pudelmützen. Viele Fans standen schon in Baumwolltrikots in ihrem Block. Was beim Betrachten alter Spiele noch auffällt: Hut und Mantel, in den 60er-Jahren noch von vielen Zuschauern in den Stadien getragen, hatten endgültig ausgedient. Je weiter das siebte Jahrzehnt voranschritt, desto häufiger waren zwei andere Kleidungsstücke auszumachen: Der wasserabweisende „Friesennerz" in Gelb, vorwiegend getragen bei schlechtem Wetter, und der olivfarbene „Bundeswehr-Parka", der ebenso schnell auftauchte wie die langen Haare, der „Schnauzer", Schlaghosen, grelle Farben der Hemden mit überdimensionierten Kragen und die „Koteletten" – sowohl bei Fans als auch Spielern.

Erlaubt war bei einem Stadionbesuch beinahe alles, was gefiel. Heute ist es schwer vorstellbar, dass man Herthas Fans erlauben würde, zur Unterstützung ihrer Mannschaft eine Öltonne (!), riesige Trommeln, Trompeten oder Tamburine spontan mit ins Stadion zu bringen. Heute muss alles sorgfältig angemeldet werden. Das gefährliche Abbrennen von bengalischem Feuer, heute immer wieder ärgerlicher Auslöser von Spielunterbrechungen und vom Großteil des Publikums nur angewidert zur Kenntnis genommen, lag zwar noch in weiter Ferne, dafür aber wurden bei Spielen, die kurz vor den Weihnachtsfeiertagen, erst recht aber bei Partien, die unmittelbar nach dem Silvesterfest ausgetragen wurden, Feuerwerkskörper („China-Böller") im Überfluss abgefeuert. Das geschah überwiegend nach Treffern der eigenen Mannschaft – ein zwar stimmungsvolles, aber nicht weniger riskantes Unterfangen.

Anlässlich der Fußball-Weltmeisterschaft 2010 in Südafrika bemängelte ARD-Co-Kommentator Günter Netzer die allgemeine Stadionatmosphäre. Völlig genervt vom immer gleichmäßigen Dröhnen der Vuvuzelas spannte er den Bogen zu den heimischen Stadien. „Wenn ich heute an einem Stadion vorbeigehe, kann ich nicht erkennen, was sich im Innern abspielt. Es klingt immer gleich. Ich weiß nicht, ob die Zuschauer unzufrieden mit ihrer Mannschaft sind oder ob sie haushoch führt." Kein Vergleich zu den 70er-Jahren, als die Hertha-Mannschaft die volle Unzufriedenheit oder Ungeduld ihrer Fans zu spüren bekam. „Heute kannst du 1:2 oder 1:3 verlieren und bekommst Applaus dafür. Das richtige Verhältnis ist etwas abhandengekommen", kritisierte auch Erich Beer am 29. Juli 2017 in einem Interview mit Marcel Braune von der *BZ*. Herthas Idol findet, man solle im Stadion „schon noch unterscheiden, ob eine Mannschaft gut oder Mist gespielt hat. Und dann muss man sie auch kritisieren dürfen. Spieler merken doch sonst gar nicht, wenn sie schlecht waren und machen immer so weiter. Wenn wir damals ein schlechtes Spiel gemacht haben, kamen beim nächsten Spieltag fünf- bis zehntausend Zuschauer weniger. Wir wurden völlig zu Recht richtig ausgepfiffen. Heutzutage kommen trotz einer Niederlage wieder 40.000 Zuschauer. Es ist eben ein Event geworden." Damals war das noch anders. Ein gesungenes „Wooo bleibt denn das Eins-zu-null?" nach Franzl Langs Melodie „Ja, wir san mit'm Radl da!" konnte sowohl Hoffnung als auch schon erste Unzufriedenheit ausdrücken. Ein langgezogenes „Aufhör'n! Aufhör'n" ließ allerdings keine Zweifel zu. Wer jetzt am Stadion vorbeifuhr wusste sofort, dass es bei Hertha nicht rund lief. Die „Schieber"-Rufe, die eher nach „Schieba" mit „a" klangen, galten natürlich dem Unparteiischen, der wieder einmal eine Berliner Mannschaft eindeutig und ganz ohne Zweifel benachteiligt hatte. Einige Male war die Kritik am Referee sogar mehr als berechtigt – und das ausgerechnet in Herthas wichtigsten Partien. Ein „Einhau'n, Einhau'n" machte klar: Entweder gab es einen Freistoß oder einen Eckball für Hertha. Wenn es nur wenige Sekunden nach einem Hertha-Treffer erst leise, dann immer energischer „Zugabe, Zugabe!" durchs Stadion donnerte, bekam man nach dem Tor zusätzlich noch eine Gänsehaut. Man wusste, dass eine Partie zugunsten von Hertha entschieden war, wenn das gesamte Stadion ein „Hi-Ha-Ho – ... ist k.o." anstimmte. Wobei vor rund 45 Jahren ein „Bayern ist k.o." oder „Gladbach ist k.o." besonders laut gerufen wurde. Viel Feind, viel Ehr. So konnte man durchaus draußen vor der großen Arena sitzen und dem Spielverlauf drinnen einigermaßen folgen.

Aber auch an Stadionsprecher Jochen Schröder und seine typischen Ansagen erinnern sich heute noch viele. Eine von ihnen hatte das Zeug zum „Klassiker": „Für alle, die sich verabredet, aber nicht getroffen haben: Treffpunkt Olympia-Glocke am Südtor!" Für heitere Stimmung aber sorgte er mit seinen Aufforderungen: „Der Fahrer mit dem amtlichen Kennzeichen B-...möchte bitte zu seinem Fahrzeug kommen, es wird sonst kostenpflichtig abgeschleppt", oder „eine Scheibe wurde offen gelassen" aber auch „die Schwiegermutter sitzt noch im Wagen." Interessierte Blicke der Zuschauer folgten, wer sich nun eiligst von seinem Platz erheben würde.

Begonnen wurde immer mit den Mannschaftsaufstellungen, bei denen nach jedem verlesenen Namen der Gästespieler ein lautstarkes „Na und?" folgte. So selbstverständlich dieses Ritual für Berliner war, in westdeutschen Stadien war es völlig unbekannt. Für diejenigen, die zu spät kamen, bot die elektronische Anzeigetafel die wichtigsten Informationen: Spielstand, Torfolge, Torschützen inklusive Minutenangabe, wann das Tor gefallen war.

Heute geht es um ständigen (auch unwichtigen) Informationsfluss. Über die Spielstände aus den anderen Stadien wird das Publikum zeitnah auf dem Laufenden gehalten oder versorgt sich dank Smartphone selbst mit den aktuellen Spielständen. Ein Gong läutet, das Ergebnis wird auf der Tafel eingeblendet. Wer braucht da noch ein Transistor-Radio im Stadion? „Wie steht's in Gladbach?", „Gibt's was Neues aus Köln?" Diese spannenden Fragen scheinen wie aus einer fernen Zeit – für immer verloren. Auch das Brodeln einer Gerüchteküche ist nicht mehr möglich. Vorbei die Zeiten, als Fans, die im Besitz eines Radiogerätes waren, auf dem Weg zur U-Bahn umlagert wurden wie Schwarzmarkt-Händler vor einem WM-Finale. Man erklärte sie für verrückt, weil sie von einem angeblichen 12:0-Sieg der Gladbacher über Borussia Dortmund berichtet hatten oder einem 7:0-Auswärtserfolg vom FC Schalke 04 bei Bayern München. „Der spinnt doch!", hieß es dann häufig, aber besser wussten es die anderen auch nicht. Auch unvorstellbar, dass im Frühjahr 1975 im Berliner Olympiastadion rund 3.000 Berliner gleichzeitig „Tor" brüllten, obwohl der Ball irgendwo im Mittelfeld hin- und hergeschoben wurde. Beim Bundesligaspiel zwischen Tennis Borussia und Kickers Offenbach war für die Berliner Zuschauer das müde Geschehen auf dem Rasen längst zur Nebensache geworden. Ihre Ohren hingen am Radio, der seinerzeit wichtigsten Informationsquelle außerhalb der eigenen vier Wände, ihre Gedanken weilten rund 600 Kilometer entfernt im Frankfurter Waldstadion, wo der Reporter gerade Herthas Siegtreffer durch Grau schilderte und Hertha im Meisterrennen geblieben war. Unvergessen auch der letzte Spieltag der Saison 1979/80, als die Drähte zwischen Köln und Berlin glühten. Hertha hatte gegenüber Bayer Uerdingen einen Sechs-Tore-Rückstand gutzumachen und war auf Kölner Schützenhilfe angewiesen. Hier spielte der Hörfunk seinen eigentlichen Stellenwert voll aus, der darin bestand, dass er gegenüber dem Fernsehen einen Aktualitätsvorsprung besaß und eine Konferenzschaltung anbieten konnte. Im Gegensatz zu heute, wo die Übertragungen meist schon mit Vorberichten eingeleitet werden, startete *RIAS aktuell* seine Sendung *Sport und Musik* erst um 16:05 Uhr, in den Stadien war zu diesem Zeitpunkt bereits eine gute halbe Stunde gespielt. Welche innere Spannung sich in der Zeit zwischen 15:30 Uhr, dem Anpfiff, und 16:05 Uhr daheim vor dem Gerät aufbaute, kann nur nachvollziehen, wer es selbst erlebt hat.

Da beide Berliner Mannschaften auswärts ihre Schwächen hatten, gab es eher selten frohe Kunde über den Äther. Was mir persönlich aus dieser Zeit in Erinnerung blieb? Das knappe 1:0 im DFB-Pokalhalbfinale in Uerdingen 1977, bei dem die Schlusssekunden einfach nicht vergehen wollten und Jochen Hageleit, Reporter des Westdeutschen Rundfunks, seine Sympathie für Gastgeber Bayer nicht verhehlte und die Berliner Hörer mehr in Angst und Schrecken versetzte, als es dem Spielverlauf entsprach. Was im Stadion schon zu einem Nervenkitzel gerät, ist daheim am Radioapparat schier unerträglich. Mehr noch aber erfreuten einen die Spiele, in denen man nicht bis in die letzten Sekunden bangen musste. Unvergesslich, weil auch völlig unerwartet, sind daher die 5:0- und 4:0-Erfolge Herthas bei Eintracht Frankfurt vom Januar 1978 und März 1980. Obwohl die Übertragungen von Jürgen-Dieter Rehahn im Hessischen Rundfunk mitreißend und packend waren, die Bilder der Spielzüge im Kopf entstanden, konnte man doch kaum glauben, was einem da geschildert wurde. Man kam aus dem Staunen kaum heraus, als der Moderator aus dem Funkhaus in kurzen Abständen immer wieder rief „Wir geben nach Frankfurt, dort ist schon wieder ein Treffer gefallen." Alles wurde verfolgt am Radio mit Reportagen, die unvergessen bleiben, ebenso wie diejenigen, die sie uns geschildert haben: Kurt Brumme, Oskar Klose, Wolfgang Mönch, Jochen Sprentzel, Werner Hansch, Helmuth Poppen, Heinz Deutschendorf und Rudi Michel, um nur einige zu nennen. Eine während einer Autofahrt verfolgte Radioreportage kann auch heute noch eine ungemein spannende Angelegenheit sein, doch in den Stadien gehören die Zeiten der Transistorgeräte der Vergangenheit an, Smartphones stellen den ununterbrochenen Kontakt in alle Welt her. „Und damit zurück in die angeschlossenen Funkhäuser."

Verändert hat sich selbstverständlich auch die Fernsehlandschaft. Sie prägt den heutigen Fußball sogar derart, dass sich die Spieltage inzwischen nach denen richten, die die Bundesligavereine zu einem Großteil finanzieren – den Bezahl-Sendern. Die klassischen Fußballtermine früherer Jahre wurden aufgeteilt. Weitere Anstoßzeiten wie Sonnabend um 18:30 Uhr, zwei oder drei Begegnungen am Sonntag, manchmal sogar montags waren die Folge immer unglaublicher Fernsehgelder. In den 70er-Jahren wurde das Wochenende mit maximal zwei Spielen am Freitag eingeläutet. Der Rest folgte am Sonnabend um 15:30 Uhr, nicht selten aber wurden alle neun Spiele gleichzeitig angepfiffen. Für die heutigen Fans, die sich mit ihrer Aktion „Pro 15:30 Uhr" für dieses alte Szenario stark machen, muten diese Zeiten an wie das Fußball-Schlaraffenland.

Aufgrund mangelnder Informationen war die Durchsage der Halbzeitresultate noch ein Höhepunkt des Nachmittags. Erinnert sich noch jemand daran, dass nach dem Verlesen der Ansetzung immer noch eine kurze Pause folgte, bis das Resultat verkündet wurde? So erzeugte man Spannung auf einfache, aber doch effektvolle Weise. Wer nach dem Besuch des Olympiastadions zuhause noch die *Sportschau* sehen wollte, musste sich auf dem Heimweg wirklich sputen. Beginn der Sendung war um 17:48 Uhr, nicht 17:45 Uhr, wie vielfach publiziert, das Ende auf 18:30 Uhr festgelegt. Für viele Fußballfreunde, die vorher selbst im Stadion gesessen hatten, war es einfach nicht zu schaffen, zu dieser ungewöhnlichen Anfangszeit rechtzeitig den Fernsehsessel zu erreichen. Für diejenigen aber, die pünktlich zu Beginn vor dem Fernseher Platz genommen hatten, und die seit dem 23. März 1970 die Sendung nun auch in Farbe empfangen konnten, begann jetzt die Zeit des Bangens. Welche Begegnungen der Bundesliga hatte die WDR-Redaktion wohl ausgewählt? Weil früher immer nur drei Spiele in der Sportschau gezeigt wurden, gab es jeden Montag eine Schaltkonferenz der ARD, in der alle Sender zusammenkamen. Dabei wurde beschlossen, welche Spiele am folgenden Sonnabend in der Sportschau laufen sollten. „Da zitterten wir auch immer, ob wir mit

Hertha BSC oder Tennis Borussia dabei sein würden“, gab SFB-Reporter Sprentzel zu, dass es auch für die Journalisten eine spannende Frage war, welche Spiele in Bild und Ton gezeigt würden. Wenn „Mister Sportschau“ Ernst Huberty mit seinem aus heutiger Sicht wohltuend erscheinenden distanzierten Stil und freundlicher Sachlichkeit seine Moderation begann, erschienen hinter ihm auf einer Tafel die kompletten Spielansetzungen. Hinter dreien war statt des Resultats das Symbol einer Kamera abgebildet. Dies war das Zeichen, dass von diesen Spielen im Bild berichtet wurde, sodass man als Zuschauer immer auf die „Kamera“ hinter der Ansetzung der eigenen Mannschaft hoffte. Hinter den restlichen Begegnungen wurde nun jeweils eine Tafel weggezogen, die das Resultat freilegte. Huberty versorgte die Fußballgemeinde zu diesen Spielen mit dem Nötigsten: Torschützen, Zuschauerzahl und eine kurze Einschätzung zum Spielgeschehen, wie zum Beispiel „verdienter Sieg“ oder „überharte Partie“. Dass nur von drei, manchmal sogar nur von zwei Begegnungen berichtet wurde, hatte übrigens weniger mit Fernsehrechten zu tun als vielmehr mit den technischen und personellen Möglichkeiten des Senders. Das Filmmaterial wurde mit Motorrädern zur Aufbereitung nach Köln oder in ein nahe gelegenes Fernsehstudio transportiert.

Die Entscheidung der Redaktion über die Spielauswahl führte bei den Fußballfans oft zu Enttäuschungen und Unmut, weil sehr schnell offenbar wurde, dass es natürlich am leichtesten war, von der nur wenige Kilometer entfernten Kölner Radrennbahn bzw. später dem Müngersdorfer Stadion das Filmmaterial zum Sender zu transportieren. Während sich beispielsweise die Ereignisse in Berlin oder Braunschweig überschlugen, ein Tor nach dem anderen fiel, zeigte der Sender stattdessen ein mäßiges 0:0 aus Köln. Spiele aus Berlin, München, Braunschweig oder Hamburg besaßen eher Seltenheitswert. „Das Verzweifeln darüber, dass ausgerechnet das Spiel der Lieblingsmannschaft nicht im Bild zu sehen war, gehörte für zwei Drittel der Zuschauerschaft zum Samstag dazu“, schrieb Claus Vetter am 26. April 2023 im *Tagesspiegel* dazu. Und er erinnert sich, dass es „also doppelt spannend war, wenn Ernst Huberty um 17:48 Uhr die Nation zur Bundesliga-Nachbetrachtung bat, die für viele die Erstbetrachtung war. Denn wer nicht Radio gehört hatte, der wollte die Ergebnisse nicht vorher wissen.“ Die *Sportschau* gehörte in jenen Tagen zum festen Ritual eines jeden Fußballfans. Wem das in (West)-Berlin noch nicht reichte und wer am frühen Abend zuhause war, weil Hertha vielleicht auswärts spielte oder Tennis Borussia in der 2. Liga Nord erst sonntags antrat, dem bot sich vorher die Möglichkeit, über „die Mauer“ zu blicken. „DDR 1“ berichtete ausführlich von der DDR-Oberliga, so konnte die Zeit bis zur *Sportschau* mühelos mit Fußball „von drüben“ überbrückt werden.

Bevor die Sendung jedoch pünktlich beginnen konnte, hatten auch in Berlin die Reporter, Ton- und Kameraleute sowie Entwickler und Mitarbeiter im Schneideraum Schwerstarbeit zu verrichten. Die 70er-Jahre standen zwar für die Zeit des Übergangs von Film zu Video, zu Beginn aber war noch das klassische Filmmaterial vorherrschend. „Wir arbeiteten mit einem Kopierwerk zusammen, das sich noch nicht einmal in unserem Hause beim SFB, sondern in Neu-Westend in der Nähe der Ahornallee befand", begann Sprentzel mit der Schilderung der Mühen des Nachmittags. „Dorthin haben wir schon während des Spiels alle 20 Minuten das Material gebracht, damit die Filmrollen schon entwickelt waren, wenn wir später im Funkhaus eintrafen, um die Berichte zu schneiden." Auch im Vorfeld hatten Sprentzel und seine Kollegen einige Hürden beiseitezuräumen. Zum Beispiel wenn es um die Kapazitäten an Kamerageräten ging, „denn ich musste jedes Mal begründen, warum ich neben einer Haupt- und einer Zeitlupenkamera vielleicht noch eine dritte Kamera wünschte, um andere Blickwinkel zu haben." Wenn er aber Pech hatte und ihm und seinem Kameramann nur ein Gerät zur Verfügung stand, konnte es passieren, dass beim Wechseln der Kassette das entscheidende Tor nicht „eingefangen" wurde, was später gegenüber dem Zuschauer mit der unsinnigen Begründung „Die MAZ streikte" entschuldigt wurde. Auch der Schnitt „war abenteuerlich. Jede einzelne Szene wurde nach der Entwicklung an einen sogenannten ‚Galgen' zum Sortieren gehängt, ohne Ton. Der Ton, extra von einem Mitarbeiter aufgenommen, wurde erst anschließend untergelegt. Zum Schluss wurde die Szene von der Cutterin wirklich mit einer Schere auf Länge geschnitten, was wirklich noch ‚Steinzeit-Fernsehen' war." Erschwerend kam hinzu, dass das Filmmaterial zu dieser Zeit noch teuer war, erst recht, als das Farbfernsehen aufkam. „Auch hier mussten wir begründen, warum wir denn in Farbe drehen wollten. Das war immer mit Diskussionen verbunden: ‚Die Sportschau muss in Farbe sein', haben wir vorgegeben. Antwort: ‚Ja, muss denn das unbedingt sein?' ‚Ja, es muss in Farbe sein.' Es war stets ein Kampf um das Material." Tatsächlich war dies einer der Gründe, weshalb bei den Spielen nie durchgedreht, nie das komplette Spiel aufgenommen wurde. „Die Kameraleute setzten wegen der Kosten mit dem Drehen immer erst an, wenn sich eine torreife Szene andeutete. So waren Szenen oft viel zu kurz, die Entwicklung und Entstehung der Tore wurde gar nicht gefilmt", erklärte Sprentzel die Problematik, dem Zuschauer entscheidende Szenen vollständig im Bericht zu zeigen. „Oft fuhren wir schon in der Halbzeit ins Funkhaus am Messedamm, weil wir es sonst zeitlich gar nicht geschafft hätten, und fingen an zu schneiden. Den Zusammenschnitt habe ich gemeinsam mit der Cutterin gemacht und dabei immer schon grobe Notizen angefertigt – einen kompletten Text schaffte man in der Kürze der Zeit nicht, und das war auch gar nicht Sinn der Sache." Für die zweite Halbzeit, die Sprentzel selbst nicht mehr im Stadion verfolgen konnte, hatte er einen Informanten im Stadion, der ihm per Telefon berichtete, was noch geschehen war. „Später habe ich meine 6–8 Minuten weitgehend frei kommentiert, denn unsere Berichte wurden live in Köln eingespielt." Im digitalen Medienzeitalter muten solche Voraussetzungen beinahe skurril an. Nicht zu unrecht sind daher Sprentzel und seine Kollegen schon etwas stolz auf das Geleistete: „Dass die Berichte dann noch einigermaßen gelungen waren, ist aus heutiger Sicht fast schon ein großes Wunder."

Wer also nach Stadionbesuch oder DDR-Oberliga vergeblich gehofft hatte, Ausschnitte von Herthas oder Tennis Borussias Spielen in der *Sportschau* zu sehen, hatte noch drei weitere Möglichkeiten. Zum einen gab es die *Berliner Abendschau*, zu vorgerückter Stunde die Spätausgabe der *Tagesschau* und natürlich das am 24. August 1963 erstmals im ZDF ausgestrahlte *Aktuelle Sportstudio*, das in diesen Jahren in der Regel um 21:50 Uhr begann und in seiner unterhaltenden Form das publizistische Pendant zur ARD-*Sportschau* bildete. Das ZDF war mit seinem „Paradepferd" von Beginn an bemüht, neue Wege und journalistische Darstellungsformen zu entwickeln. Während sich die *Sportschau* aufgrund des Zeitmangels auf die reine Schilderung des Spielgeschehens konzentrierte, präsentieren die ZDF-Journalisten Live-Schaltungen, Filmberichte, Nachrichten und Vorgeschichten. Spezielle Kameraeinstellungen auf Trainer oder einzelne Akteure sowie Interviews, unmittelbar nach Spielschluss geführt, ergänzten schon damals die Beiträge. Nicht selten kam es sogar vor, dass die Reporter während einer Partie auf der Ersatzbank Platz nahmen, um mit den Reserve-Spielern oder gar Trainern ein Gespräch zu führen. „Läuft heute nicht so gut, oder, Herr Keßler?" Das ist heutzutage unmöglich. ZDF-Reporter Markus Harm wies in der Dokumentation von Christian Bock „Die Rasen-Reporter – 100 Jahre Fußballberichterstattung" auf die aktuelle Problematik der Journalisten hin: „Früher konnten Journalisten wie Rolf Töpperwien noch den Spielern ihrer Wahl das Mikrofon unter die Nase halten. Das ist für die Live-Reporter heute ein großes Problem. Heute kommt man in die Mixed-Zone, der Pressesprecher des Vereins steht daneben, und man weiß, dass man eine Minute und 30 Sekunden zur Verfügung hat. Der Spieler muss dann in dieser Zeit Folgendes von sich geben: Nächstes Spiel, der nächste Gegner, und wir konzentrieren uns von Spiel zu Spiel. Dann ist das Interview vorbei." Herthas Erich Beer erinnert sich heute noch an jeden einzelnen Journalisten: „Jochen Sprentzel, Lutz und Rudi Rosenzweig, Micky Weise, Heinz Beyer, Popp und Mierel. Früher konnte man noch offen mit ihnen sprechen, da hat nicht gleich alles am nächsten Tag in der Zeitung gestanden. Das wäre heute nicht mehr möglich." Der Berliner Journalist Jochen Sprentzel konnte in den 70er-Jahren noch ein sehr enges Verhältnis zu den Spielern von Hertha BSC und Tennis Borussia pflegen. Er reiste mit den Mannschaften im Flieger und war stets im selben Hotel untergebracht. „Gerade auf den Reisen von Hertha BSC zu den Spielen im UEFA-Cup saß ich häufig neben Erich Beer. Wir haben locker über das anstehende Spiel gesprochen und uns schon für ein kurzes Gespräch nach der Partie verabredet", erzählte Sprentzel. Einen Pressesprecher benötigte man nicht, „das haben wir immer selbst geregelt. Dadurch entstand natürlich ein sehr persönlicher Kontakt, und man musste sehr darauf achtgeben, dass es nicht zu sehr Kumpanei wurde." Sprentzel wusste, dass er die Rolle des Journalisten zu beachten hatte, schließlich wollte er nicht in den Verdacht geraten, sich gemein zu machen mit den Teams, für die er Sympathien hegte. Im Gegensatz zur Fußball-Nationalmannschaft konnte Sprentzel auf dem Vereinssektor seine privaten Kontakte zu Spielern ungehindert ausnutzen. „Dafür wurde ich ein Leben lang auch beschimpft, wenn ich zum Beispiel zu kritisch über Hertha berichtet habe, auch, weil ich ja eher zu Tennis Borussia tendierte", erklärte er sein Dilemma. „Aber", so ergänzte er, „das musste ich dann eben auch ertragen. Später sagte Wolfgang Holst einmal zu mir: „Herr Sprentzel, Sie gehören jetzt aber auch zur blau-weißen Familie!"

Doch zurück zum *Aktuellen Sportstudio.* Aus aktuellem Anlass eingeladene Studiogäste rundeten die Sendung ab, ganz zu schweigen vom heimlichen Höhepunkt, dem Schießen auf die Torwand. Einen festen Platz im deutschen (Sport-)Sprachgebrauch nahm die Vorgabe „Drei unten, drei oben“ ein, was so viel bedeutete wie „Drei Schuss auf die untere Öffnung, drei auf die obere.“ Günter Netzer erzielte am 18. Mai 1974 als erster fünf Treffer. Als erste Frau zog Inka Grings im Oktober 2019 nach. Ein weiteres Merkmal des *Aktuellen Sportstudio*s waren zu jener Zeit die humoristisch synchronisierten Fußball-Trainer, denen Rainer Brandt seine Stimme „lieh“. Die ARD setzte dem in der *Sportschau* ein Fußball-Ballett entgegen, indem man Spielszenen zu Musik schlicht vor- und zurückspulte. In zwei wesentlichen Punkten unterschieden sich die *Sportschau* und *Das aktuelle Sportstudio*: im Ton und in der Aufzeichnung. Zwar wurden bei beiden Sendern die Kommentare live eingesprochen, aber während die Spielberichte der *Sportschau* mit dem Originalton aus dem Stadion gesendet wurden, kam die Stadionatmosphäre des *Aktuellen Sportstudios* aus der Retorte. Das ZDF unterlegte die Partien mit Stadionatmosphäre aus einer Endlosschleife vom Band, wobei bei einem erzielten Tor der Ton einfach lauter gedreht wurde. Während *Das aktuelle Sportstudio* damals aufgezeichnet wurde, sodass bis heute beinahe sämtliche Sendungen lückenlos vorliegen, existieren von kompletten *Sportschau*-Sendungen – inklusive der Moderation – nur noch wenige Aufzeichnungen, da sie in den ersten 25 Jahren der Bundesliga nicht archiviert wurden. Selbst die eingespielten Spielberichte gelten zu großen Teilen als verloren. Sind sie vorhanden, fehlt meist der gesprochene Kommentar.

Apropos Kommentar! Im Vorfeld der Fußball-Weltmeisterschaft in Brasilien 2014 bemerkte Bernd Berke am 3. Juni auf *Revierpassagen:* „Wenn man dieser Tage Béla Réthy, Tom Bartels, Steffen Simon, Marcel Reif und Co. über Fußball palavern hört, dann sehnt man sich manchmal zurück in die alten Zeiten eines Kurt Brumme, Rudi Michel – oder Ernst Huberty. Wie nüchtern und abgeklärt wirkte das, verglichen mit heute.“ Er empfahl als Parade-Beispiel, sich noch einmal Hubertys Fernsehkommentar zum sogenannten „Jahrhundertspiel“ zwischen Deutschland und Italien (3:4 nach Verlängerung) bei der Fußball-WM 1970 in Mexiko anzuhören. „Man mag sich gar nicht ausmalen, wie heutige Sprecher bei einem solchen Match simulieren würden, dass sie von einer Ohnmacht in die andere fallen. Huberty blieb hingegen die Ruhe selbst. Ein leise, aber irgendwie doch intensiv dahingesagtes ‚Ausgerechnet Schnellinger‘ markierte schon den Gipfel der Gefühle.“ Huberty verstarb am 24. April 2023 im Alter von 96 Jahren. Aus diesem Anlass schrieb Claus Vetter im *Tagesspiegel,* dass Huberty jahrelang am Samstagabend derjenige war, „der den Spannungsbogen auflösen musste. Und er löste die Verkrampfung beim Publikum ohne das heute übliche Sensationskrakeel. Mit sonorem, ruhigem Tonfall führte er eine Stunde lang durch die *Sportschau.*“ Es fällt auf, dass während des Spiels oft einfach nur geschwiegen wurde. „Es gibt ja auch nicht immer was zu schwätzen“, spricht Berke vielen Fans aus dem Herzen und fügt hinzu, „dass die Sprecher der 60er und 70er-Jahre wohltuend unaufgeregt klingen." Aber wahrscheinlich hat er damit Recht, dass heutzutage viele die Geduld für einen solchen Stil gar nicht mehr aufbringen würden. Als Huberty 1990 beim Bezahlsender Premiere (heute Sky) ein kurzes Comeback gab, „waren die alten Zeiten schon vorbei – und das unaufhörliche Geschrei über Fußball hatte begonnen."

Obwohl sich in den 70er-Jahren die Sportberichterstattung etablierte und erheblich ausweitete, die Sparte „Sport" inzwischen eine führende Rolle im Gesamtprogramm einnahm, blieben Live-Übertragungen eine Seltenheit. Oft wurden erst wenige Stunden vor dem Spiel die Verhandlungen zwischen den Sendeanstalten und dem Deutschen Fußball-Bund bzw. dessen Vereinen abgeschlossen. Besonders bei zuschauerkräftigen Partien wie Länder- oder Europapokalspielen wurden dem Veranstalter seitens der Fernsehbeauftragten zugesichert, die Ankündigung über die stattfindende Übertragung erst wenige Minuten vorher bekanntzugeben. Diese sogenannten „Ankündigungssperren" waren für Josef Hackforth, der 1975 in seinem Band „Sport im Fernsehen" die Sportpublizistik in ARD und ZDF für den Zeitraum 1952–1972 ausführlich analysiert hat, „völlig unverständlich." Schließlich zahlten die TV-Anstalten fünf- oder sechsstellige Summen für eine solche Übertragung. Das war zwar verständlich aus Sicht der Vereine, die fürchten mussten, dass die Zuschauer bei einer Außenübertragung, wie es damals noch hieß, den Stadien fern bleiben würden, gerade bei schlechtem Wetter. Doch blieb der Sendeanstalt so die Möglichkeit verwehrt, ihre Kunden rechtzeitig zu informieren, was sich in den Einschaltquoten niederschlug. Der Konsument, schließlich auch Finanzier des Programms, wurde somit in Fernsehzeitschriften und Programmankündigungen vorsätzlich falsch informiert, die im Vertrag der öffentlich-rechtlichen Anstalten verankerte Informationspflicht ignoriert. Es war gängige Praxis, dass vor wichtigen Spielen die Telefone in den Rundfunkhäusern und Presseredaktionen nicht still standen. Die Anrufer erhielten stereotyp immer wieder dieselbe Antwort: „Beachten Sie unsere Programmvorschau eine Minute vor Acht." In dem einen oder anderen Fall sickerten die Informationen durch, obwohl die Journalisten angehalten wurden, dieses „Versteckspiel" mitzumachen. Häufig aber einigte man sich auch nicht, wie am 20. Oktober 1971 im Fall des legendären 7:1-Erfolgs von Borussia Mönchengladbach gegen das italienische Spitzenteam von Inter Mailand. Den grandiosen Erfolg im Europapokal, der wegen des Büchsenwurfs später aberkannt wurde, bekamen nur die Zuschauer im ausverkauften Bökelbergstadion zu sehen. Gladbachs Manager Helmut Grashoff und Ernst Huberty, als Verhandler auf Seiten der ARD konnten sich nicht einigen – „wegen 6.600 Mark Mehrwertsteuer", wie es im *Kicker* anlässlich des 50-jährigen Jubiläums des Spiels zu lesen war. So blieb der Bildschirm schwarz und den Zuschauern das wohl beste Vereinsspiel der Gladbacher verwehrt. In diesem Kontext scheint auch erwähnenswert, dass die Live-Übertragung eines so bedeutenden Spiels wie das des EM-Halbfinales 1972 zwischen Deutschland und Belgien erst eine Viertelstunde nach Anpfiff einsetzte, nämlich um 20:15 Uhr. Die ARD hatte sich geweigert, den Sendebeginn der *Tagesschau* zu verschieben, die deshalb wie immer um 20 Uhr begann.

Die Presselandschaft in Berlin hat sich seitdem kaum verändert, sieht man einmal davon ab, dass der Fußball in der täglichen Berichterstattung einen wesentlich breiteren Raum eingenommen hat. Die *Fußball-Woche* und der *Kicker* existieren auch nach über 40 Jahren noch. Die *Fußball-Woche*, die ausschließlich montags erscheint, kann auf eine lange Geschichte zurückblicken – am 24. September 2023 feierte sie ihr 100-jähriges Bestehen. Sie widmet sich fast ausschließlich dem Berliner Fußball bis hinein in die untersten Spiel-Klassen, ergänzt um Damen-, Senioren- und Junioren-Fußball – ein klares Unterscheidungsmerkmal zum *Kicker*, in dem der Amateursport keine Berücksichtigung findet. Die starke Konzentration auf den Berliner Amateurfußball hat zu einer festen „Leser-Blatt-Bindung" geführt. Konkurs anmelden musste dagegen der von mir wegen der fundierten Hertha-Artikel von Lutz Rosenzweig gern gelesene *Abend*. Bevor sein Erscheinen am 23. Januar 1981 endgültig eingestellt wurde, war dem ein letzter Rettungsversuch durch den damaligen Teppichhändler Hossein Sabet (Motto: „Ehrliche Preise") vorausgegangen, der jedoch einen starken Qualitätsverlust mit ausbleibendem Absatz zur Folge hatte. Lutz Rosenzweig hob sich unter anderem durch seine Hochrechnungen von den Kollegen ab. Besonders in den Spielzeiten 1974/75, als es für Hertha um die Meisterschaft ging, und 1979/80, als die Blau-Weißen verzweifelt gegen den Abstieg strampelten, waren seine Einschätzungen heiß begehrter Lesestoff – auch bei den Profis.

Was ich persönlich vermisse? In der Donnerstags-Ausgabe des *Kicker* tippten in den 70er-Jahren immer Profis oder Trainer den folgenden Spieltag. Mutig!? Aus heutiger Sicht erscheint das unmöglich. Warum wagt das keiner mehr? Der Verzicht auf das Tippspiel steht für mich sinnbildlich für den heutzutage kommerzialisierten Fußball: Niemand mag (oder darf?) sich mehr die Finger daran verbrennen, schließlich könnte der Gegner dies als zusätzliche Motivation verwenden. Als hätte es dieses Argument nicht damals auch schon gegeben – trotzdem wurde munter getippt. Aber „Politische Korrektheit" scheint zu wichtig geworden im Millionenspiel, „Bloß nicht anecken" inzwischen das oberste Gebot der Branche – oder ist es vielmehr mangelnde Eigenständigkeit? Rudi Völler äußerte sich anlässlich seines Abschieds vom Bundesliga-Alltag im Mai 2022 in einem Interview gegenüber Peter Müller und Marian Laske für die *Berliner Morgenpost* zu diesem Thema: „Die Jüngeren reden geschliffener, jedes Wort ist überlegt. Das hängt natürlich mit der neuen Medienwelt zusammen." Für viele Fragesteller sind heutzutage die Antworten der Spieler oder Offiziellen leicht vorhersehbar, würde man sich diese Form der Interviews ersparen, an Informationsgehalt würde es einem nicht fehlen.

Das Schlusswort liefert Jochen Sprentzel, es entspricht genau dem Gedanken dieses Buches: „Im Grunde meines Herzens bin ich bis heute ‚Berliner', mir war egal welcher Verein."

Quellen

Printmedien:

„Berliner Morgenpost"
„Der Abend"
„BILD Berlin"
„BZ"
„Der Tagesspiegel"
„Kicker Sportmagazin"
„Fußball-Woche"
„Das Berliner Fußball-Programm"
„Borussen-Echo", Stadionheft von Tennis Borussia
„Hertha BSC – Die 100 wichtigsten Spiele" von Michael Jahn
„25 Jahre Berliner Hallenfußball" von Harald Tragmann und Harald Voß
„Sport im Fernsehen" von Josef Hackforth
„HA-HO-HE Hertha BSC" von Eberhard Wittig
„Blau-Weiße Wunder – Die Geschichte von Hertha BSC" von Michael Jahn
„125 Hertha BSC" von Michael Jahn und Hardy Grüne
„Fußball in Berlin" Bearbeitet und zusammengestellt von Lutz Rosenzweig, 1987
„Hertha BSC 1979/80", Herausgeber Hertha BSC e. V.
11 Freunde Spezial „Sonderausgabe Skandale" von 2019
„Traum Fußball" von Arnd Zeigler,
„Dieter Kürten – Drei unten drei oben – Erinnerungen eines Sportjournalisten"
„100 Jahre Fußball in Berlin" von Wolfgang Hartwig und Günter Weise
„Hertha 1970–1990 – Ehemalige Spieler erinnern sich" von Gilbert Blecken

Audio-visuelle Medien:

„Die Sportschau" (diverse Sendungen)
„Das aktuelle Sportstudio" (diverse Sendungen)
„RIAS aktuell, Sport & Musik" (diverse Ausschnitte)
Sendebeiträge des SFB, WDR, NDR, SDR, RB, HR, BR, Archiv Deutschlandradio
Spätausgabe der „Tagesschau" (diverse Sendungen)
„Die Rasen-Reporter – 100 Jahre Fußball-Berichterstattung – Film von Christian Bock" (ZDF)
„Der Tag des Trainers – Ein Fußball-Protokoll" Eine Dokumentation der Journalisten Frank Krink und Dieter Berger (WDR)

Abkürzungen

ARD (Arbeitsgemeinschaft der öffentlich-rechtlichen Rundfunkanstalten der Bundesrepublik Deutschland)
AVUS (Automobil-Verkehrs- und Übungsstraße)
BR (Bayerischer Rundfunk)

BVG (Berliner Verkehrsbetriebe)
DFB (Deutscher Fußball-Bund)
DFL (Deutsche Fußball Liga)
HR (Hessischer Rundfunk)
NDR (Norddeutscher Rundfunk)
RB (Radio Bremen)
RBB (Rundfunk Berlin-Brandenburg)
RIAS (Rundfunk im amerikanischen Sektor)
SDR (Süddeutscher Rundfunk)
SFB (Sender Freies Berlin)
UEFA (Union of European Football Associations/ Europäischer Fußballverband)
WDR (Westdeutscher Rundfunk)
ZDF (Zweites Deutsches Fernsehen)

Dank an

Henning Caje von der Programmgruppe Sport des WDR
Chris Gebert, Editorial Manager DFA der Firma Sportcast GmbH (100%ige Tochtergesellschaft der DFL Deutsche Fußball Liga GmbH)
Mario Heinrich, Editorial Manager DFL Media Hub
Frank Schurmann von Hertha BSC
Uwe Kliemann, Norbert Stolzenburg und Jürgen Schulz, die mir ihr Vertrauen schenkten und ihre private Sammlung an Fotos für viele Tage zur Verfügung stellten
Damian Gracht von der Deutschen Welle
Florian Maly vom ORF
Gabriele Bohm, Nora Eimeke und Juliane Riedel von der rbb media GmbH
Jakob Rüger von der Sportredaktion des Rundfunk Berlin-Brandenburg (rbb)
Rainer Müller von der ZDF Service GmbH
Horst Bläsig und Rainer Fritzsche von der Fußball Woche
Andrea Lindow-Bahl für ihre wertvollen Hinweise, Tipps und zahlreichen Korrekturen
Meine Frau Kerstin für viele wichtige Anregungen sowie ihre unendliche Geduld und Unterstützung

Ein besonders großer Dank geht an Chris Gebert und Mario Heinrich von der DFL. Sie gewährten mir ohne Bürokratie einen Einblick in sämtliche noch vorhandene Spiel-Aufzeichnungen. So war ich in der Lage, viele Spiele, zum Teil in voller Länge oder in längeren Aufzeichnungen, noch einmal anzuschauen und einen Eindruck zu gewinnen, wie dramatisch die Partien wirklich waren, welche Stimmung in den Stadien herrschte, wie Begegnungen von den Moderatoren angekündigt wurden und in welchem Stil sie berichteten. Ein besonderer Dank geht auch an Christian Becker vom Arete Verlag. Seine Leidenschaft zum Fußball und sein Vertrauen, das er mir geschenkt hat, haben mich erst dazu ermutigt, dieses Buch tatsächlich auch zu vollenden.

Interview- und Gesprächspartner

Erich Beer (4.8.2022), Gerd Bialek (1.8.2020), Immanuel Bieder (2017), Gino Ferrin (18.8.2020), Uwe Hammer (6.5.2022), Jürgen Hanisch (2017), Herbert Hochheim (1.8.2020), Otto Höhne (2017), Michael Kellner (13.6.2020), Uwe Kliemann (6.8.2020), Pierre Littbarski (2017), Prof. Dr. Wolf-Dieter Ludwig (1.8.2020), Ulrich Pfisterer (1.8.2020), Jürgen Schulz (27.4.2022), Jochen Sprentzel (21.4.2022), Michael Steinert (2017), Norbert Stolzenburg (5.8.2020), Wolfgang „Sprotte" Sühnholz (2017/verstorben am 27.12.2019), Dieter Wimmer (2017), Dieter „Pimpel" Winter (1.8.2020), Michael „Zippo" Zimmer (14.7.2020)

Weitere Fußball-Bücher aus dem Arete Verlag

Peter Czoch, Daniel Küchenmeister, Thomas Schneider
Fußballheimat Berlin
100 Orte der Erinnerung
216 Seiten, Klappenbroschur, € 20,00
ISBN 978-3-96423-054-6

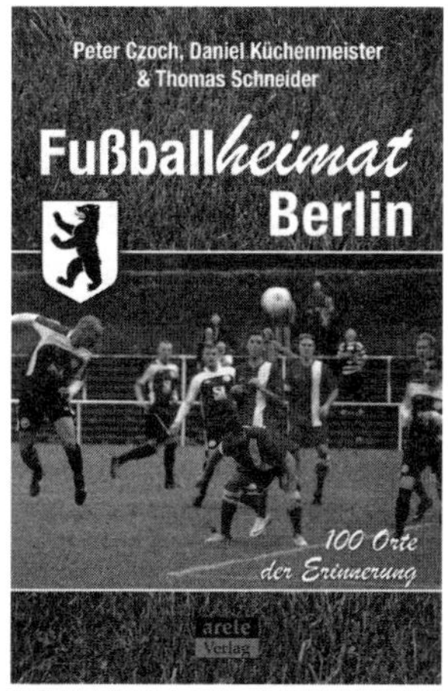

Daniel Küchenmeister & Thomas Schneider
125 Jahre Berliner Fußball
Geschichte und Geschichten in Porträts
240 Seiten, Hardcover, € 24,00
ISBN 978-3-96423-096-6

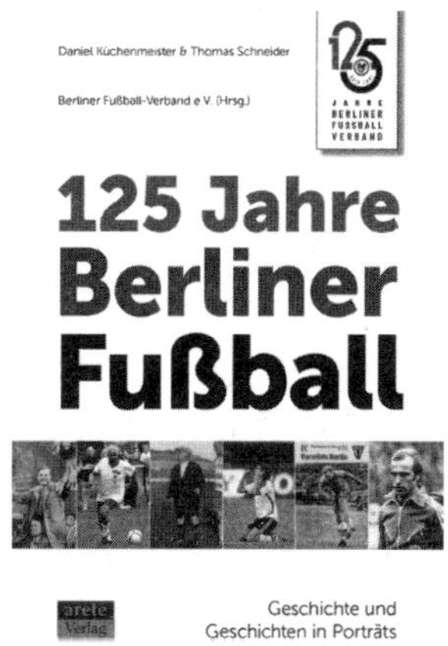

Daniel Küchenmeister & Thomas Schneider
Fußball-Einheit in Berlin
1990–2015
164 Seiten, Hardcover, € 19,95
ISBN 978-3-942468-65-7

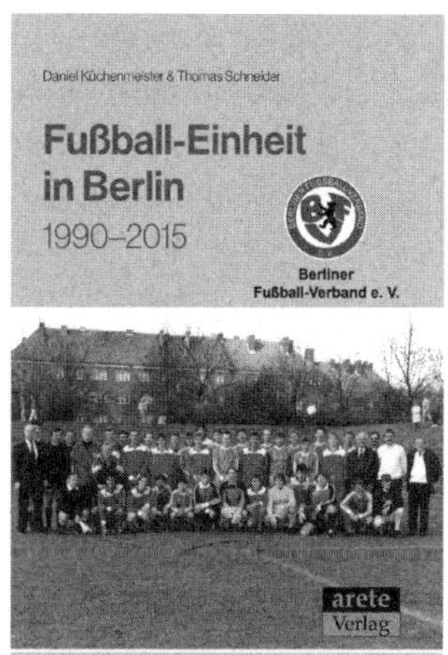

www.arete-verlag.de

Weitere Fußball-Bücher aus dem Arete Verlag

Michael Jahn
Hertha BSC. Die 100 wichtigsten Spiele
Geschichten, Berichte und Statistiken
144 Seiten, kartoniert, € 16,00
ISBN 978-3-96423-082-9

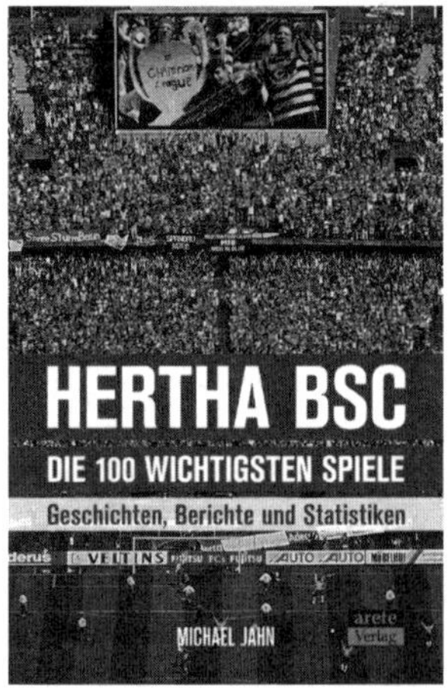

Michael Jahn
„Nur nach Hause geh'n wir nicht"
30 Jahre Frank Zanders Hertha-Hymne
104 Seiten, kartoniert, € 12,00
ISBN 978-3-96423-105-5

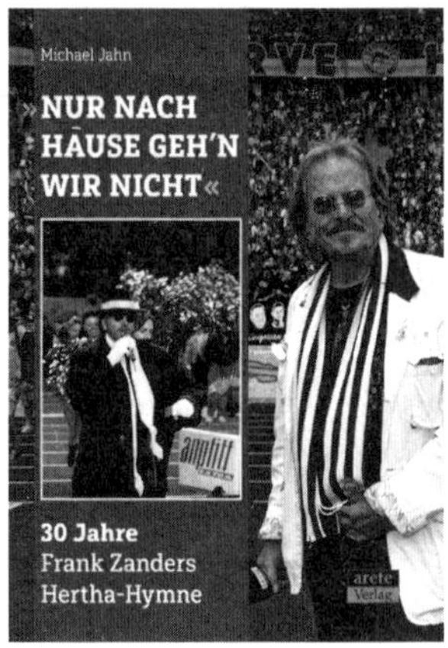

Marco Bertram
Fußballheimt Brandenburg
100 Orte der Erinnerung
216 Seiten, Klappenbroschur, € 20,00
ISBN 978-3-96423-032-4

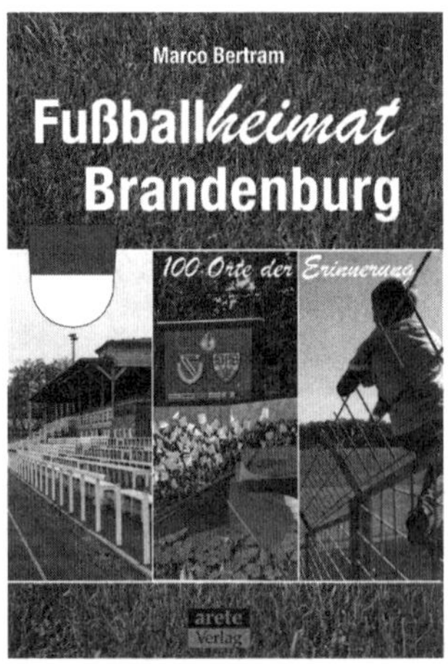

www.arete-verlag.de